社会科学における善と正義

ロールズ『正義論』を超えて

大瀧雅之・宇野重規・加藤晋［編］

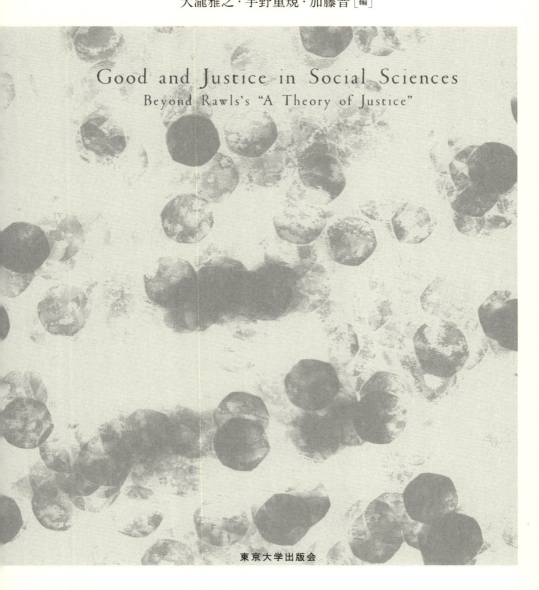

Good and Justice in Social Sciences
Beyond Rawls's "A Theory of Justice"

東京大学出版会

Good and Justice in Social Sciences:
Beyond Rawls's "A Theory of Justice"
Masayuki Otaki, Shigeki Uno and Susumu Cato, Editors
University of Tokyo Press, 2015
ISBN 978-4-13-030206-7

はじめに

　政治哲学者ジョン・ロールズが死去してから早くも10年以上が経過したが，ロールズが考察した社会正義の問題はますますその重要性を増している．1971年に刊行された『正義論』はしばしば「政治哲学の復興」をもたらしたと評されるが，今日，彼の影響は狭義の政治哲学の枠を越え，現代における1つの知のフレームワークを形成するに至っている．本書は，このようなロールズの研究を中核に，さらに広く「社会科学における善と正義」の問題を考察するものである．

　ロールズの最大の貢献の1つは，「善」と「正義」の相克の問題を社会科学における最重要な主題として掲げて，体系的な理論の構築を試みたことにある．「善」と「正義」は人間にとって社会生活を営む上での基本的価値であるが，その理解は論者によって多様である．「善」と「正義」をどのように定義し，両者の関係をいかに規定するかをめぐっては，歴史的にさまざまな議論がかわされてきた．ロールズはこの問題に正面から取組み，その内容を科学的に分析する可能性を模索した．ロールズが示した枠組みが，それに反対するものを含め，現代において社会科学を論じる上での大前提になった最大の理由の1つがここにある．

　ロールズの基本的立場は，正義が善に優先するというものである．これは言うまでもなく，功利主義に対するアンチテーゼである．伝統的功利主義においては，善の概念が最優先の価値を持つ．そして，このような善に照らした上で，望ましい行為・制度こそが正義に適っているとされる．このような功利主義は，ある意味で首尾一貫した社会的判断を下すことを可能にするため，特に英米圏において長らく支配的な思想となっていた．ロールズは，このような功利主義の考え方に異を唱え，あらためて正義の優先性を説いたのである．

　とはいえ，ロールズの功利主義批判については，『正義論』の刊行直後から多くの論争が起きている．はたして，ロールズの功利主義批判は妥当なのか．

そもそも、その前提となっている功利主義理解はいかなるものなのか．本書は、ロールズの功利主義批判自体をあらためて再検討する．それ故に，現代における功利主義論の水準と照らして，正義の善に対する優先というロールズの中核的主張はどのように評価されるか，という論点が本書を貫く第一の軸となるであろう．

関連して，ロールズの政治哲学における経済学的側面があらためて問い直される．ロールズの『正義論』に見られる思考は，しばしば「経済学的」であると評されるが，そのような評価は適切なのだろうか．確かにロールズは「パレート効率性」をモデルに議論を組み立てる．とはいえ，彼の正義論とは社会的基本財となる制度の構想にあり，直接的に市場を扱ったものではない．はたして，ロールズの政治哲学がどれだけ経済学と親和性があるのか，功利主義との関係においても問題となるだろう．

本書の第二の軸となるのは，市場と倫理をめぐる考察である．善と正義について，経済学はどのように議論してきたのであろうか．はたして，ロールズの功利主義批判に見られるように，経済学は善の多様性を否定し，個人の善と社会の善の対立を無視してきたのだろうか．必ずしもそう言い切れないことを，経済学の多様な展開を探ることで論じることが，本書の重要な課題となる．他方，コモンズや共有をめぐって，現代において新たな考察が展開されているように，私的所有の論理についても歴史的に再考察したい．

さらに，民主主義論と経済学の関わりを第三の軸として指摘しておきたい．ここまで検討してきたロールズをめぐる善と正義をめぐる議論は，民主主義論に対していかなるインプリケーションを持つのだろうか．実をいえば，ロールズの議論と民主主義論の関係は微妙である．彼の示した正義の二原理，とくに「無知のヴェール」で知られる原初状態の設定や相互に無関心な人間像は，民主的意志決定との間に一定の緊張をはらんでいる．本書では，この問題をより広く，アローの不可能性定理や，世代間の衡平性といった問題を視野に入れつつ考えていく．

＊

ここで本書を構成する諸論文について，簡単に紹介しておきたい．

第1章（宇野）は，「リベラル・コミュニタリアン論争」の歴史的再評価を

行うものである．サンデルをはじめとするコミュニタリアンは，ロールズに対し「負荷なき自我」の概念をもって批判を加え，これに対しロールズも一定の譲歩を行ったとされる．しかしながら，その後もサンデルは，選択の自由を自己目的化することは，有徳な市民の涵養に対して否定的な効果をもつだけでなく，さらにリベラリズムの精神的基盤そのものを掘り崩すとして，ロールズへの批判を続けた．本論文はこのようなサンデルの批判を分析する一方で，はたしてそのような批判がロールズの『正義論』の本質を捉えたものであるかを再検討する．デモクラシーを自己制御するための原理を，超越的な理念に頼ることなく，あくまで多様な個人を抱えるデモクラシー社会の内的な「均衡」によって導こうとするロールズの理論的意義は，サンデルらの批判によっても否定しえないというのが同論文の結論である．

次の第2章（井上）は，現在のロールズ研究の水準を示すものである．『正義論』といえば，原初状態という仮想的な契約論に基づいて正義の二原理を導出する第1部に注目が集まりがちであるが，本論文はむしろ『正義論』の第3部に焦点をあてる．なぜ，思考実験に基づく契約がわれわれを規範的に拘束するのだろうか．第3部はこの問いに対し，経済学および道徳心理学によって答えようとする．ロールズは原初状態を構成する概念装置の妥当性を，社会的な一般的事実をもって明らかにしようとしたが，ここにこそ彼の反照的均衡の方法のエッセンスがあった．第2章は，この第3部の試みが最終的には論証に成功していないことを明らかにする一方で，経験科学の最新の知見をふまえて契約論的正義論を再検討しようとしたロールズの試み自体の意義は失われないと主張する．

続く第3章と第4章はいずれも，功利主義をめぐる論考である．

第3章（中井）は，功利主義の嚆矢を「最大多数の最大幸福」を打ち出したベンサムに求め，それ以降，ジョン・ステュアート・ミル，シジウィックにより，どのように彫琢されていたかを検討する．とくに第5章（大瀧）でも強調されている，心理的快楽主義（各個人は自分自身の幸福を追求する）と倫理的快楽主義（各個人は一般幸福を追求すべきである）の間の緊張感に，彼らがいかに悩まされてきたが詳述される．さらに，のちの世代に属するムーアやケインズがその問題にどう関わってきたかにまで記述はおよび，現代の経済学者のある

種「無倫理的」な態度へ批判が加えられる．

「経済学の領域において，功利主義の是非そのものが争点となることは，昨今では比較的少なくなっているように感じられる．あるいは経済学者が，自らを功利主義者と認識すること自体が，以前より少なくなっているのかもしれない．しかしながら，経済学の発展に貢献した主要な人物たちは，彼ら自身が自覚している場合であれ，あるいは周囲からの評される場合であれ，その多くが功利主義者と見なされる人物たちであった」という指摘は，昨今の経済学者を大いに反省させるべき材料を提供してくれるだろう．

第4章（児玉）は，功利主義の立場から，ロールズやサンデルらに対する痛烈な批判を展開している．同論文によれば，ロールズの功利主義批判は，(1) 功利主義は正義について常識的な信念を適切に説明できない，(2) 個人の選択原理を社会選択の原理に拡張する功利主義は原理的に分配的正義の考慮を欠く，(3) 目的論的理論としての功利主義は正義に反する欲求も等しく考慮に入れる，(4) 功利主義は各人の平等な自由を尊重するリベラリズムではないという点に集約される．

(1) について第4章（児玉）は，キムリッカによる功利主義の平等論的解釈を援用し，功利主義の問題は公平性の理解にあり，功利主義は上で見たように正を善の最大化として定義しているわけではないと論じる．そして，「人々の利益が等しく重要であり，人々の利益を等しく考慮に入れないことは不正義であることを認めている」という意味では，功利主義は他の理論と同様，「義務論的」である」とする．(2), (3) については，「功利主義は人々の選好や実質的な幸福の内容を問題にせず，不道徳な選好なども平等に考慮している点である」とされ，個人の自由や正義は，功利原理によって正当化されるという意味で，それらはロールズが言うように二次的ルールであり，功利主義は道徳原則に関する一元論をとっていると言えると反論する．

さらに功利主義が原理的に分配的正義の考慮を欠くことを認めるとしても，常識的な正義の考え方が正しいものである理由あるいは正義が絶対的に守られねばならない理由を示さなければ，有効な批判だとは言えないだろうとの主張に及ぶ．最後に (4) については，「リベラルな「社会において各人が自由に自分の「よき生の構想」を追求してよいと言われるとき，それは各人に「道徳的

な生き方をせよ」ということではない」という立場から,「道徳的なよさ」と「非道徳的なよさ」の峻別を強く求めることになる.

　第4章(児玉)は第3章(中井)と共に野心的な著作であるが,同時に,可測的効用(基数的効用)を前提とし外部不経済の存在を認めない功利主義においては,いわば「反社会的」な欲求をも認めざるを得ない,あるいは「心理的快楽主義」と「倫理的快楽主義」の相反が生じうるという問題について,共通の「悩み」を抱えている.

　この点を補完しているのが,第5章(大瀧)である.すなわち可測性を前提としない序数的効用の下でも,第3章(中井)の語るところの「心理的快楽主義」と「倫理的快楽主義」の乖離が解決可能であり,そのための施策こそが功利主義における「正義」足りうるものであることを例を用いて示している.この意味で功利主義は効用の可測性を排除しても,第4章(児玉)の指摘の通り,道徳原則に則った一元論なのである.

　これと同時に第5章(大瀧)では,他の主体に害をなすという意味での「反社会的」欲求が,ある適当な条件のもとで「心理的快楽主義」(第3章中井)あるいは「非道徳的なよさ」(第4章児玉)に基づいても,社会的に排除しうることが提示されている.第3章・第4章と第5章の間に,政治哲学者と経済学者の間の功利主義理解に,ある種の懸隔を見いだすこともできるであろう.

　第6章(間宮)は,所有と共同体との関係を歴史的に考察する.ジョン・ロックは個人の私的所有権を固有権(プロパティ)として論じることから議論を展開したが,歴史的に振り返るならば,所有権は共同体とのかかわりにおいて発展してきた.いわゆる「コモンズの悲劇」についても,私化によって共有地が分割されたことによって生じたものであると同論文は説く.はたして,共同体をはじめとする団体的所有は過去の遺物なのであろうか.それとも現代においてなお考察すべき重要な所有権のあり方なのか.第6章は入会権など歴史的な考察を展開する一方,共有や総有などの現代的可能性を探ることで,このような問いに答えようと試みる.

　第7章(加藤)は,社会的選択理論の中心的命題であるアローの不可能性定理について検討を行っている.この定理は,コンドルセのパラドックスを一般化したものであり,いくつかの望ましい性質を満たすような社会的決定方法が

存在しないことを述べている．本論文は，この定理が通常言われるような「民主主義の不可能性」を意味するかどうかについて考察するものである．とくに，アローの社会的選択理論枠組みを意味論的側面と構文論的側面という2つの側面から検討し，アローの定理の解釈を行っている．同論文によれば，意味論的側面が民主主義の制度的／形式的理解を促進する一方で，構文論的側面は討議による民主主義などの柔軟な民主主義理解を促進する．社会的選択理論のさまざまな側面が民主主義のさまざまな理解と連関しており，社会的選択理論は民主主義の理解を深めるための理論的装置と見ることができるのである．加藤論文の主張は，アローの定理の「民主主義の不可能性」という解釈に対して留保を要求するものである．

第8章（釜賀）は，理論厚生経済学の分野で近年注目されている世代間衡平性についての論文である．現在から将来にわたるすべての世代を考慮に入れて政策判断を行うためには，無限の個人の状況について比較衡量しつつ評価下す必要がある．このような評価に際して，経済学分野における多くの研究では，現在世代の効用に対する将来世代の効用の割引を行っている．第8章で焦点となっている「匿名性」は，各世代を同様に（不偏的に）扱うことを要求するような規範的条件である．例えば，第1世代と第4世代の効用水準が入れ替えられた（1, 0, 0, 0, 0, …）と（0, 0, 0, 1, 0, …）という2つの効用流列について，匿名性は2つを同等に評価することを要求する．この条件の下では，将来世代の効用を割り引くことは許されない．こうした世代間の不偏的取り扱いは，ヘンリー・シジウィック，アーサー・ピグー，フランク・ラムゼイなどによって検討されており，ケンブリッジの功利主義的伝統の中に位置づけられるものである．第8章は，世代間衡平性の研究分野についての展望を与えるとともに，規範的条件や評価方法の解釈を詳細に検討しており，専門家にも役立つ内容となっている．

＊

ちなみに本書は，書評を極めて重視している点がその特徴の1つになっている．「社会科学における善と正義」というテーマをめぐってとりあげるべきテーマは何か．必要な文献は何か．本書では，このような視点から，可能な限り幅広いテーマの文献を，新旧を問わず取り上げた．その意味では狭い意味での

書評というだけでなく，必要な知見を得るためのブックガイドとしての性格をもっていると言えるだろう．

　正と善のどちらが優先されるべきか，あるいは二者択一以外の可能性があるのかというテーマは，現代になって急に論じられるようになったわけではない．ある意味で，ロールズが考察の対象とした正と善の緊張関係は，啓蒙の時代以来の義務論者と目的論者との対立の現代版と言える．また，ジョン・メイナード・ケインズがレッセフェールの終焉の背後に見たのも，市場によって解決され難いこの緊張関係と解釈することもできるだろう．このように「社会科学における善と正義」はなるべく広い歴史的・理論的射程において捉えられねばならない．

　それゆえに，この問題にアプローチするにあたっては，個別のディシプリンの専門性を前提としつつも，その枠を越えた対話が不可欠である．「善」と「正義」を巡る政治哲学と経済哲学との間の対話が 70 年代以降継続されているが，本特集もまたそのような伝統を継承しつつ，さらに幅広い文脈において問題の再検討を目指すものである．この特集がきっかけになって，「社会科学における善と正義」をめぐる議論がさらに活性化することを願ってやまない．

大瀧雅之・宇野重規・加藤　晋

目　次

はじめに　　大瀧　雅之・宇野　重規・加藤　晋　　i

序　章　社会科学における善と正義 …………………加藤　晋　1
1　ロールズと功利主義　1
2　市場と倫理　10
3　民主主義と経済学　15

第Ⅰ部　ロールズと功利主義

第1章　ロールズにおける善と正義……………宇野　重規　25
──リベラル・コミュニタリアン論争再訪
1　「論争」をふりかえる　25
2　サンデルの正義論　29
3　歴史に探るアメリカの公共哲学　34
4　ロールズを読み直す　39
5　結び　45

第2章　ロールズ『正義論』における契約論的プロジェクト
………………………………………………井上　彰　49
──その批判的再検討と今日的意義をめぐって
1　ロールズ『正義論』の再検討──第3部を中心に　49
2　契約論と反照的均衡の方法　50
3　原初状態と一般的事実　54

  4　『正義論』第3部の議論とその問題点　61
  5　『正義論』における契約論的プロジェクトの今日的意義　71

第3章　イギリスにおける功利主義思想の形成……中井　大介　77
  ——経済社会における一般幸福の意義を通じて
  1　功利主義の現状　77
  2　J. S. ミル——ベンサムの功利主義を乗り越えて　79
  3　シジウィック——古典的功利主義の完成　86
  4　おわりに　92

第4章　功利主義批判としての「善に対する正の優先」
  　の検討 …………………………………………児玉　聡　99
  1　「善に対する正の優先」というフレーズ　99
  2　「善に対する正の優先」についての議論の俯瞰　101
  3　「善に対する正の優先」に対する筆者の見解　115
  4　「善に対する正の優先」というフレーズと翻訳について　121

 ［Book Guide Ⅰ］　129
  Ⅰ-1　ロールズ『ロールズ政治哲学史講義』／随所からにじみ出る，リベラルな政治哲学　小田川　大典　131
  Ⅰ-2　サンデル『民主政の不満——公共哲学を求めるアメリカ』／政治における道徳の論じ方　一ノ瀬　佳也　137
  Ⅰ-3　テイラー『世俗の時代』／「世俗」再編の試み　高田　宏史　143

第Ⅱ部　市場と倫理

 第5章　理論経済学における善と正義………………大瀧　雅之　151
  ——個人と社会の相互作用
  1　新自由主義批判　151
  2　善と正義の関係——状況と独立の普遍的な善はあり得ない　154

3　個人的善と社会的善の相互作用——正義の役割　156
　　4　理論経済学における正義とは　159
　　5　ムーアとロールズ，サンデル　164
　　付論　サンデルにおける Bailout Outrage に関する誤謬　166

第6章　分割の正義と不正義 ………………………… 間宮　陽介　169
　　1　所有と共同体の相関性　169
　　2　共同所有の諸形態　178
　　3　現代総有論の可能性　189

　［Book Guide II］　195
　　II-1　ヴェブレン『有閑階級の理論』／市場の発展と慣習の進化
　　　　　岡田　尚人　198
　　II-2　ヴェブレン『特権階級論』／「市場」と「倫理」の関係を見切った深き洞察力　薄井　充裕　204
　　II-3　ケインズ『ケインズラジオで語る』／マスメディアにおけるケインズ・スピリット　神藤　浩明　210
　　II-4　ケインズ『ケインズ説得論集』／歴史的文脈の中での，資本主義の相対化　玉井　義浩　229
　　II-5　フリードマン『資本主義と自由』／市場経済の光と影　堀内　昭義　237
　　II-6　ドスタレール『ケインズの闘い——哲学・政治・経済学・芸術』／経済学者のディシプリン・生き様とは？　渡部　晶　243
　　II-7　ワプショット『ケインズかハイエクか——資本主義を動かした世紀の対決』／色合いの異なった二人のリベラリスト　高田　裕久　252

第III部　民主主義と経済学

第7章　社会的選択理論と民主主義 ………………… 加藤　晋　265
　　1　アローの定理とサミュエルソンの「輸出宣言」　265
　　2　社会的選択理論の基礎　268

3　社会的選択理論の Semantics と Syntax　276
　4　社会的選択理論と民主主義　283
　5　不可能性定理と民主主義の意味　290

第8章　世代間正義の公理的分析　釜賀　浩平　295
―― 功利主義と世代の不偏的処遇

　1　世代間正義の公理的分析とは　295
　2　公理的分析と反照的均衡　299
　3　世代の不偏的処遇と効率性　302
　4　功利主義に基づく優劣評価と世代の不偏的処遇　307
　5　キャッチング–アップ基準と世代の不偏的処遇　313
　6　演繹の前提と非効用情報　318

[Book Guide III]　321

　Ⅲ-1　ウィットマン『デモクラシーの経済学――なぜ政治制度は効率的なのか』／シカゴ・アプローチによる政治経済学　海老名　剛　323

　Ⅲ-2　ブキャナン，タロック『公共選択の理論――合意の経済論理』／合理的計算による国家形成　加藤　晋　328

　Ⅲ-3　ドゥオーキン『いま民主主義は実現できるか？――新たな政治議論のための原則』／平等論と租税論について経済学からの批判的検討　田村　正興　334

　Ⅲ-4　アセモグル，ロビンソン『独裁制と民主制の経済的起源』／「近代化」の経済学　加藤　晋　338

あとがき　大瀧　雅之　347

索　引　349

初出一覧　355

執筆者紹介　356

序章
社会科学における善と正義

加藤　晋

　アウレーリウスは『自省録』の中で，以下のように述べている．「正しい道を歩み，正しい道に従って考えたり行動したりすることができるならば，君の一生もつねに正しく流れさせることができる．……また善とは正義にかなった態度と行動にありと考え，そこに自己の欲望をかぎること」[1]．

　この古代の皇帝は，「正しい」と「善い」という2つの語を区別し，明らかに前者を重視している．優先性の問題を抜きにしたとしても，社会において価値を希求する場合には，われわれは「正」と「善」に対して特別な注意を払う必要がある[2]．本書の目的は，政治哲学，倫理学，経済学などの諸分野のさまざまな視角から，この2つの概念を問い直すことにある．本章においては，本書を読むうえで基礎となる議論を展望する．

1　ロールズと功利主義

　ベンサムによれば，「功利性の原理の正当性を，議論によって否認することは不可能である」[3]．事実，ベンサムの功利主義はさまざまな攻撃にさらされながらも，社会科学における価値基準として中核にあり続けている．ジョン・ロールズの『正義論』(Rawls, 1999 [1971]) の目的は，功利主義を「議論によって否認」し，その長期政権を打倒することにあった．以下では，古典的功利

---
1) アウレーリウス (1956, p. 78).
2) 「正」と「善」についての厳密な議論については本書第4章（児玉）を参照されたい．
3) Bentham (1996 [1789]; 邦訳, p. 86).

主義とロールズの正義論を概観したい.

1.1 古典的功利主義基準とパレート基準

　古典的な功利主義は,「社会構成員の効用の総和」を目的とする.すなわち,各人の効用の総和が増加するような変化は,《功利主義基準》によって是認される.功利主義的な観点から最適な状況とは,《功利主義基準》によって是認されるような変化の余地がない場合である.換言すれば,効用の総和が最も高くなるような状況こそが,功利主義的観点から最適である.功利主義者にとって,すべての政策はこの功利主義原理に基づいて選択されなければならない.

　功利主義は,ベンサムによって創始され,J. S. ミルやシジウィックらによって彫琢された[4].19 世紀の熟成期を経て,功利主義思想は社会科学の広範な領域で政策判断の中核的基準として確固たる地位を築いた.アマルティア・セン (Sen, 1979; 1987) によれば,功利主義は以下の 3 つの性質によって特徴付けられる.

(1) 帰結主義 (consequentialism)
(2) 厚生主義 (welfarism)
(3) 総和主義 (sum-ranking)

「帰結主義」が成立している場合,ある行為の評価はそれが引き起こした結果のみによって定まる.この立場の下では結果が主体の《目的》に適っているかどうかが重要となるため,《善》が評価の唯一の源泉となる.倫理的な問題を数学的最大化問題として記述できるという立場が帰結主義と言えよう.帰結主義の立場を採用するにしても,さまざまな目的があり得ることには注意すべきである.例えば,生産された財の大きさで評価するような立場なども帰結主義の範疇に含まれる.

「厚生主義」は,帰結主義の一変種であるが,善の中でも効用／厚生に基づいて社会的評価を下すような立場である.この立場によれば,最大化のための目的関数は個人の効用関数から構成されなければならない.1 億人の社会においてたった一人の王の効用を最大化すべし,という原理もこの範疇に含まれ

---

[4] 古典的功利主義の歴史的変遷については第 3 章(中井)を参照されたい.

る．「総和主義」は，このような効用の集計方法について述べている．各個人の効用の総和によって社会的評価を下すというのがこの立場である．

　古典的功利主義を経済学的分析に体系的に導入したのは，1920年に初版が出版されたピグーの『厚生経済学』であった（Pigou, 1920）．ピグーの主要な命題は，与えられた所得の分配を考えるならば，所得の高い個人から低い個人に所得移転を行うことで厚生を改善できる，という言明に要約できる．これは，ピグーの第二命題として知られている．ピグーは，各人の効用は受け取った所得に対して定まり，「限界効用」は逓減的であると想定する．加えて，社会構成員が同質的な効用関数を持っていると仮定する．第二命題によれば，このような仮定の下で，すべての個人が同じ所得を受け取るような平等配分が功利主義的観点から最適となる[5]．

　功利主義に基礎を置いたとき，政策課題は2つに分けられる．第一の課題は，より大きな富を形成するということである（ピグーの第一命題）．第二の課題は，第二命題に基づいて富を社会的に望ましく分配するということである[6]．大著『厚生経済学』においては，この2つの課題に包括的解答を与えることが試みられている．

　しかし，古典的功利主義に立脚したピグーの厚生経済学は誕生して間もなくライオネル・ロビンズによって厳しい批判に晒された（Robbins, 1932）．善は主観的な価値であって，個人間で比較することができない，というのがロビンズによる批判の要諦である．明らかに功利主義においては政策による効用の増進を個人間で比較する必要がある．ロビンズの批判を受けて，効用の個人間比較をすることなく政策的評価を下すための基準が探索された．

　この探索の成果は《パレート基準》と呼ばれている．ある社会的状況の下での誰の効用も下げることなく誰かの効用を上げることができるような変化は，

---

5) この命題の証明はよく知られている．完全に平等ではない所得分配を考えよう．このとき何らかの2人の個人A, Bがいて，異なる所得を受け取っている．一般性を失うことなく，AのほうがBより高い所得であると仮定できる．効用関数が同質的で限界効用が逓減的であるために，限界効用はAよりBが高い．そこで，AからBに所得を移転することで効用の総和が改善する．つまり，改善の余地が存在するために最適でない．ゆえに，最適な配分は平等的でなければならない．

6) ピグーの3つの命題の明快な説明はPigou（1912）の第Ⅰ編第2章に含まれている．第三命題は富の時間を通じた変動が望ましくないことを述べている．1932年に出版された『厚生経済学』第四版には第三命題は含まれていない．

《パレート基準》によって是認される．《パレート基準》によって是認されるような変化の余地がない場合に，パレート主義的な観点から最適な状況と呼ぶ[7]．パレート基準においては，効用を比較する必要がない．しかし，パレート基準は功利主義と異なり常に判断が下せる基準ではない．すなわち，パレート基準が是認も否認もしないような変化が存在する．この基準の下では全会一致のときのみ社会的判断を下すことが許されるため，かなりの場合にそのような事態が起こる．このような留保の可能性は，パレート主義の弱点とも言えよう．

　ここで，パレート主義基準と功利主義基準の論理的関係について検討したい[8]．まず，パレート基準が功利主義基準を弱めたものであることに注意する必要がある．すなわち，次の命題が成立する．ある変化がパレート基準によって是認されるとすれば，そのような変化は功利主義基準によって是認される[9]．しかし，この命題の逆は成り立たない．換言すれば，功利主義基準で是認されたとしても，パレート主義基準では是認されないような変化は存在する．社会構成員の誰かに犠牲を求めるような政策は，功利主義者であれば認める可能性があるがパレート主義者が認めることはないという事実が反例となる．

　一方で，最適な状況に着目した場合には次の命題が成立する．功利主義的な観点から最適な状況は必ずパレート主義的な観点から最適となる[10]．先述の命題と同様に，この命題の逆は成り立たない．すなわち，パレート主義的な観点から最適な状況が，功利主義的な観点から最適とは限らない．

---

[7] 近年では，「パレート最適性」という単語より，「パレート効率性」あるいは「効率性」という単語が好まれる傾向がある．

[8] 2012年11月のミニカンファレンスにおいて，井上彰氏・児玉聡氏とパレート主義基準と功利主義基準の関係について議論した．

[9] この命題は次のように証明できる．ある変化がパレート基準によって是認されると仮定する．そのような変化の下ではすべての個人の効用が増加しなければならない．すべての個人の効用が増加する変化の下では，効用の総和も増加している．ゆえに，このような変化は功利主義基準によって是認される．

[10] この命題は次のように証明できる．ある状況が功利主義的な観点から最適な状況だと仮定する．このとき定義によって，功利主義基準によって是認されるような変化の余地がない．効用の総和が増加する余地が存在しない．もしこのような状況がパレート主義的な観点から最適でないとすると，定義によってパレート基準によって是認されるような変化の余地が存在する．命題2により，功利主義基準によっても是認されるため矛盾．

これら2つの命題に示されるように，功利主義とパレート主義は密接な結び付きを持つ．パレート主義は，功利主義の特徴から総和主義を除いたものと述べてもよい．この意味において，パレート基準は最も厚生主義的評価方法の弱い形式と見なすことができる．

　厚生主義あるいはパレート基準は社会的評価の土台となり得るのだろうか．ここで，功利主義批判に対するベンサムの印象的な文章を挙げておこう．「ある人が，功利性の原理を攻撃しようと試みる場合にも，その人はそれと気づくことなしに，功利性の原理そのものから引き出された理由によって攻撃しているのである[11]」．ここで，ベンサムは功利主義の「善し悪し」を問うことの不自然さを述べている．功利主義を評価するにあたっては何らかの基準が必要となる．結局，その基準は功利主義そのものにならざるを得ないというのがベンサムの主張である．

　総和主義まで受け入れた古典的功利主義について言えば，このベンサムのこうした主張は言い過ぎがあるかもしれない．総和をとるという操作には，明らかに恣意性があるためである．人々を同等に扱うような厚生主義的評価方法はほかにも多く存在するため，総和という集計方法に特別な注意を払う必要性は感じられない．しかし，厚生主義あるいはパレート主義というより一般的な立場について述べるものとすれば，ベンサムの主張は非常に強力である．パレート基準によって是認されているのであれば，定義により必ず自分にとっても望ましい変化とならなければならない．このとき，自身の効用に基づいて反対する理由はないはずである．最も厚生主義の弱い形式であるパレート原理が規範的なものであるということをしばしば忘れられる理由は，ベンサムのこの主張と関連しているように思われる．

　ベンサム流の議論に従えば，厚生主義は非常に自然な要請ではある．しかし，この厚生主義というより基礎的要素に関して功利主義批判を試みるのが，次に解説するロールズの正義論である．

---

11) Bentham（1996 [1789]；邦訳，p. 85）.

1.2 ロールズの正義論

　ロールズの正義論の論点は多岐にわたるが，その主たる目的は，ベンサムと同じく，社会の制度設計を行う際に基準となる原理を発見し適用することである．ところで，社会の基本原理を構築する上では以下の2点が明らかにされなければならない．

(1) 個人の福祉／価値を評価する指標
(2) 上で特定化された個人の福祉／価値の集計方法

　まず，功利主義の特徴のうち帰結主義と厚生主義は，(1)の個人の福祉の評価方法と関わっていることに注意されたい．そして，(1)により個人の評価を確定した後に，(2)によって，それらをいかに集計し社会原理を構築するかを明らかにする必要があるが，功利主義の第三の特徴である総和主義はこの点に関する典型的な立場と言える．ロールズは，これらの両方の点において性質を異にする次の「正義の二原理」を定式化した（Rawls, 1999 [1971]，第46節）．

　　第一原理．「各人は，平等な基本的諸自由の最も広範な全システムに対する対等な権利を保持すべきである．ただし最も広範な全システムといっても〔無制限なものではなく〕すべての人の自由の同様〔に広範〕な体系と両立可能なものでなければならない．」[12]
　　第二原理．「社会的・経済的不平等は，次の二条件を充たすように編成されなければならない．
　　(a) そうした不平等が，正義にかなった貯蓄原理と首尾一貫しつつ，最も不遇な人びとの最大の便益に資するように．
　　(b) 公正な機会均等の諸条件のもとで，全員に開かれている職務と地位に付帯する〔ものだけに不平等がとどまる〕ように．」[13]

　この原理は複数の価値基準を含んでおり，古典的功利主義より複雑な構成をしている．第一原理は「平等な自由」を要求し，第二原理は「機会均等」と「不平等の是正」を要求している．第二原理の(b)は「格差原理」と呼ばれ，特

---

12) Rawls (1999 [1971]; 邦訳, pp. 402-403). 括弧内の補足は訳者による.
13) Rawls (1999 [1971]; 邦訳, p. 403). 括弧内の補足は訳者による.

によく知られている．これらの各原理は辞書的に適用される．すなわち，2つの社会制度を比較するにあたって，まず，第一原理に基づいて判断を行う．自由が平等であるために第一原理によって判断ができない場合にのみ，第二原理の(b)による判断が求められる．この点でも判断ができない場合にのみ，第二原理の(a)が適用される．然るに，自由と機会が平等に配分されている場合にのみ，不平等が許される．しかも，そのような不平等は最も不利な個人の便益を最大にした結果でなければならない．辞書的といっても，ロールズは第一原理を満たすが第二原理(b)を満たさないような社会的状況は想定していないように思われるため，平等な自由と公正な機会均等のもとで，最も不遇な人々をなるべく考慮に入れなければならない，ということが正義の二原理の実践的意味である[14]．

　この原理において，人々の福祉はどのように規定されているのだろうか．特に，第二原理(a)において最も不利な個人を特定する指標は重要である．功利主義において，福祉の指標は厚生／効用にほかならない．一方で，ロールズが注目しているのは《社会的基本財 (social primary goods)》である．基本財は①自由と機会，②所得と富，③職務と地位に結び付けられた権力，④自尊心の社会的基盤などから構成される (Rawls, 1999 [1971]，第11節)．社会における個人の状況は，これらの基本財によって評価されなければならない．ロールズは，功利主義の特徴である厚生主義を拒否し，「財（goods）」というより客観的な指標を採用している．社会に生きる人間の生活を捉えるために，「善（goods）」を多元的に捉えようとしている点もロールズのアプローチの特徴だろう．

　先述の社会原理を構築する上で考慮すべき2点に沿って説明しよう．正義の二原理において，ロールズは，(1)基本財を個人の福祉を評価する指標とし，(2)辞書的ルールとマキシミン基準を組み合わせて集計している．この社会原理は，個人の福祉を比較可能な効用とし，総和によって集計する功利主義と大き

---

14) 第二原理に述べられている公正な貯蓄原理についても触れておこう．この原理は，世代間の公平性と関係している．正義の二原理は現代世代を対象とするが，世代間についての要請を付け加えないと，すべての資源を現代世代が使ってしまうことになりかねない．このような事態は適切な資源を将来のために貯蓄するということを要請する貯蓄原理によって避けられる．この際，ロールズが格差原理を世代間資源配分には適用していないことに注意する必要がある．世代間公平性の問題については第8章（釜賀）を参照されたい．

く異なる．また，個人の福祉を比較不可能な効用と考え，全会一致のときのみ社会的判断を下すパレート主義とも異なる．はたして，ロールズの原理は功利主義やパレート主義より適切な原理と言い得るのだろうか．功利主義批判が困難であるというベンサムの主張は，功利主義（あるいは厚生主義）以外の社会原理は正当化するのは難しいという警告にほかならない．

　二原理の正当性という困難な問題に対して，ロールズは《原初状態（original position）》というアイディアで答えようとする（Rawls, 1999 [1971], 第3章）．原初状態は古典的社会契約論の《自然状態》に対応する概念である．ロールズにとって，社会を統率する正義の原理は，公正な状態に置かれた主体によって合意されるものでなければならない．ロールズは，公正な初期状態における合意という仮想的思考プロセスに基づいて，社会制度が正義に適ったものかどうかを評価していく．このような手続きをとる点が，ロールズ正義論が現代における社会契約論とされるゆえんである．原初状態こそがロールズが適切と考える公正な初期状態である．原初状態の最も特徴的な性質は《無知のヴェール（veil of ignorance）》とロールズが呼ぶものである．原初状態に置かれた主体は，自分自身の地位や資産・嗜好・能力などを知らないことが想定されている．そういった知識は無知のヴェールの向こう側にあり，正義原理の合意時点では社会構成員の誰も知らないということが想定される．ゆえに，原初状態では各人は完全に平等な状態に置かれている．

　ロールズは，正義の二原理が公正な原初状態の下で社会構成員の合意により選択されると考えている．ロールズによれば，無知のヴェールの下では，二原理が社会の原理の集合の中で最適な選択肢となっており，功利主義などの他の基準は棄却されてしまう．その理由としてさまざまなものが挙げられているが，ロールズの議論の趣旨は以下のようにまとめられよう（Rawls, 1999 [1971], 第3章：第26～29節）．原初状態に置かれた個人は，そもそも平等な自由人であって，基本的な諸自由に対して優先性を付与する[15]．そして，分厚い無知のヴェールの下で，平等原理を出発点として合意形成を行うために，最も不遇な立場の者が納得するような基準にたどり着く[16]．

---

15) Rawls（1999 [1971], 第26節：邦訳, pp. 206-207).
16) Rawls（1999 [1971], 第26節：邦訳, pp. 204-205).

無知のヴェールのアイディアは，ルールの公正な決定／変更のわれわれの直観と整合的である．例えば，スポーツで競技ルールの変更が行われた際，その変更が不公正だと批判されることがある．しばしば，批判の根拠として特定の個人や団体に有利・不利になるように仕向けられているというものが挙げられる．この立場からすると，公正な競技のルール変更は，特定の個人・団体の状況を想定せずに行われなければならない．特定の個人・団体の状況を知らないものとしてルールを決めるべきだというこのような「直観」は，無知のヴェールの正当性と結び付いている[17]．

ロールズは正義の二原理を定式化と正当性を検討するとともに，その原理の制度への適用，人間倫理の実践を論じている．1971年の『正義論』の出版後，政治哲学・倫理学・法理学・経済学などのさまざまな社会科学分野の研究者がロールズの議論を批判的に検討した．ここで網羅的なサーベイを行うことはできないが，簡単にいくつか本書の内容に関連した批判と代表的批判者をリストアップしておきたい．

(1) 適切に設定された原初状態からは正義の二原理は導けない．(Harsanyi, 1975)
(2) 原初状態で想定されている個人像は不適切である．(Sandel, 1982)
(3) ロールズによる正義原理の基礎付けは結局のところ直観主義に過ぎない．(Hare, 1973)
(4) 正義の二原理に描かれている自由の概念の取り扱いが曖昧である．(Hart, 1973)
(5) 社会的基本財は個々人によって異なるニーズを配慮しない．(Sen, 1999)
(6) 貯蓄原理は不自然な経済成長の経路を与える可能性がある．(Arrow, 1973)

こうした批判を受けて，70年代以降，ロールズは自ら正義論の構想を部分

---

[17] ロールズは原初状態の正当性について《反照的均衡（reflexive equilibrium）》というアイディアで答えようとする．それは，合意された社会原理を，われわれの直観的判断と照合し，適切かどうかを判断するプロセスである．反照的均衡については，本書の第2章（井上）および第8章（釜賀）を参照されたい．

的に変更し，その内容を深めていった[18]．本書の第Ⅱ部および第Ⅲ部には，こうした正義論の広がりを踏まえつつ制度的側面に焦点を当てた論文が収録されている．以下では，それらの議論の中核となる市場と民主主義について説明したい．

2　市場と倫理

どのような財をいかに受け取るのかは主体的な善の追求にとって本質的に重要である．市場の主たる役割は，財の交換によって，社会構成員の間の資源配分を改善することにある．ロールズは市場の役割を積極的に評価している．すなわち，適切な政府の部門が与えられた下で市場は正義に適った社会の構築に役立つ．ロールズの見方によると，「市場を活用することによってのみ，分配の問題を〈純粋な手続き上の正義〉の一事例として扱うことができる[19]」．以下では，市場メカニズムの意義について，経済学の標準的枠組みに基づいて説明する．

2.1　市場交換の科学としての経済学

アダム・スミスが市場の意義について深い洞察を与えたのは，市場交易が急激に拡大しつつあった18世紀においてであった．スミスにとって重要な問題は市場を通じた交換による厚生の改善というよりは，動学的な経済発展（dynamic progress）であった．価格シグナルに基づいた交換の科学／カタラクティクス（catallactics）として，経済学が厳密な分析的枠組みを整えたのはいわゆる「限界革命」以降である．スミスは交換を他者と対話する人間の性向に基づくものと考えていたが，カタラクティクスにおいては交換は効用を最大化する個人の合理的選択の結果と捉えられている．

市場における交換とはどのように形式化できるのだろうか．交換についてさまざまな定式化があり得るが，最も標準的なものは以下のようなものであ

---

[18]　本書第1章（宇野）では，サンデルを旗手とするコミュニタリアンとの論争について検討が行われている．
[19]　Rawls（1999 [1971]；邦訳，p. 368）．

る[20]．個人は，何らかの財を保有して市場に参加する．各個人は，自身の嗜好を表現する効用関数を持っており，各個人は効用関数と保有している財の組（初期保有）によって特徴付けられる．このような個人は，財の価格が与えられれば，どの財をどの程度売り，どの程度買うべきかを計算する．こうした計算の下での供給と需要が一致するような価格こそが「均衡価格」であり，この価格の下での配分は「均衡配分」にほかならない．

現代の経済学において，交換の価値は厚生経済学の基本定理によって特徴付けられる．基本定理は，第一定理と第二定理からなる．第一定理によれば，市場において達成される配分はパレート主義的な観点から最適となる．第二定理によれば，任意のパレート主義的な観点から最適配分は，政府が適切な初期保有の再配分を行うことで市場を通じて達成することが可能である[21]．この2つの定理は，1930年代以降の新厚生経済学の大きな成果の1つである．第一定理はスミスの神の見えざる手（invisible hand）の命題を証明するものと解釈されることが多い．しかし，Blaug（2007）はこのような解釈に対して異論を唱えている．すなわち，スミスは富の形成とその動学的な経済発展に対する市場の積極的役割を論じているのであって，静学的交換における効率性を論じてはいない．

第二定理は，市場の有利性を考える上で非常に強力な結果である．パレート最適性は，配分の公平性を保証しない．例えば，ある個人が世にある財のすべての所有している状況を想像されたい．このような状況は明らかに不平等であるが，状況に何らかの変更を加えることは，必ずこの個人の効用を下げてしまう．ゆえに，この不平等な配分はパレート最適となる．このことは不公平なパレート最適な配分が存在することを意味する．

では，「不平等な配分になる可能性があるため市場機構は望ましくない」という主張は妥当だろうか．当然，正義に適っていないパレート最適な配分が存在するということは，すべてのパレート最適な配分が正義に適っていないことを意味しない．パレート最適な配分のうち公正なものを達成することができる

---

[20] 典型的な定式化と分析は Debreu（1959）によって与えられている．
[21] この命題の詳しい説明と証明は省略するが，経済学の標準的教科書に書かれている．例えば，奥野（2008）および根岸（1989）を参照されたい．

のであれば市場メカニズムは十分に機能し得ると言えよう．社会原理として功利主義を採用しているような社会を想定し，この点を検討しよう．功利主義的な観点から最適な配分はパレート主義的な観点から最適であり，第二定理によりすべてのパレート最適な配分は再配分によって市場で達成可能であることから次の命題が成立しなければならない．功利主義的な観点から最適な配分は，政府が適切な再配分を行えば市場メカニズムを通じて達成することが可能である．それゆえ，ベンサムの理想社会は市場と両立可能である．

　第二定理によれば，政府の再配分さえ適切に行えば，いかなるパレート最適な結果も市場を通じて達成可能である．一般的に，功利主義に限らず厚生主義的社会評価を維持するかぎり，最適な配分はパレート最適となるため，それは市場において達成可能となることがわかる[22]．不正義な配分を避けたいのであれば，正義に適った配分になるように再配分すればよいのである．この意味において，市場メカニズムは平等主義と両立可能である．

　以上は第二定理の正義論への含意であるが，厚生経済学の第一定理の含意について触れておきたい．いま，正義の二原理が達成する配分がパレート最適でないものとする．実際，格差原理においては，社会的基本財を善としているため厚生主義的立場が棄却されているため，一般的にはその最適配分はパレート最適とならない．第一定理により，市場においてはパレート最適な配分しか達成できないため，格差原理に基づいた最適配分は市場において達成することができないことになる．このことは，市場メカニズムが非厚生主義的な目的を達成する制度としてはうまく機能しないことを意味する．

2.2　市場の価値と倫理

　市場がほかの制度に代えがたい価値を持ちうるのだろうか．この問題は1920年代から1940年代の「経済計画論争」の中核にあったといってよい．われわれが帰結主義的な立場を採るかぎり，ある制度の価値はそれが達成する配分（の集合）によって定められる．このとき，もし市場経済で達成できるすべ

---

[22]　例えば，功利主義の代わりに最も効用の低い個人の便益となるように配分することを要求するような厚生主義的マキシミン原理を考えてみよう（社会的基本財に基づくロールズの格差原理とは異なる）．この原理の下で最適な配分はパレート最適となることが簡単に確かめられる．

ての配分が計画経済のもとで達成できるならば,計画経済の価値は市場の価値と少なくとも同等に望ましい.

実際,もし社会計画者が社会に偏在する情報をすべて持ち得るのであれば,計画者は適切な計算を通じてパレート最適な配分を達成できる(Hayek, 1945).さらには,パレート最適でない配分も達成可能であろう.おそらく,格差原理に基づく最適配分も達成可能となる.このとき,計画経済は市場経済より強力な資源配分メカニズムとして機能すると言って差し支えない.

こうした議論は論理的には正しいけれども議論の前提そのものが成立しないために無意味だというのが,経済計画論争の中でフリードリッヒ・ハイエクがたどり着いた到達点の1つと言えよう.名論文「社会における知識の利用」(Hayek, 1945)において強調されたのは,計画者が最適な配分を計算するために必要な「知識」を集めることは不可能であり,そのような知識は市場において各主体が分権的に行動した際にはじめて適切に利用されるということである.市場においては,各主体は価格シグナルのみを知る必要があるだけで,その他の市場参加者の嗜好や技術を気にかける必要がない.この意味において,計画経済において市場均衡の配分が達成できるというのは誤りであるというのがハイエクの主張である.

ハイエクの推論は厚生経済学の第二定理に基づく市場を通じた「社会的最適配分」の達成を考える場合にも応用されうることに注意しなければならない.すなわち,第二定理に述べられるような政府による介入には,計画経済の場合と同様に嗜好や技術といった分権化された情報を必要とする.すなわち,ハイエクは政府の分権的情報に基づいたあらゆる計画／介入に疑問を投げかけている.情報の偏在性を前提にすると,パレート最適性を超えた社会基準の下での最適配分の達成という市場の役割は実践上限定される[23].

これらの点を踏まえると,帰結的側面に関するかぎり,市場は厚生主義的立場,特に最も弱い形式であるパレート主義的価値と密接に結び付いた制度と言えよう.格差原理を始めとする非厚生主義原理と結び付いた価値の追求は各人

---

[23] 政府が分権化された情報を顕示させつつ介入を行うことの可能性は厳密に検討されるべき問題である.今日までに,遂行理論(implementation theory)という分野において多くの研究成果が蓄積している.この分野の研究成果については,Maskin and Sjöström(2002)および坂井・藤中・若山(2008)を参照されたい.

が効用最大化をするかぎり，そもそも困難である．また，厚生主義的立場であっても，パレート主義より強い功利主義の実践はハイエクによって指摘された問題が存在する．

以上においては，帰結主義的立場から市場の価値を検討してきたが，非帰結主義的立場を重視すれば，市場にはまた別の価値が見いだせるかもしれない．政治哲学者には市場のこうした価値を論じた者も少なくない．本節の冒頭に引用した文章において，ロールズは明らかに帰結主義的価値以上のものを市場に見いだしているように思われる．また，アマルティア・センは競争的市場がパレートの意味で自由を最大限引き出すことを論じている（Sen, 1993; 1999）．彼は予算集合を選択の自由と関連付け，帰結上の効用ではなく選択機会／自由への評価を考察した．センの示すところによれば，効用と自由が一定の関係にあるとすれば，市場で達成される選択の機会は，誰の機会も小さくすることなく誰かの機会を大きくできないという意味において，最大限に大きなものとなっている（Sen, 1993）．これらの議論は，市場がさまざまな価値と結び付いていることを示している．

市場は交換システムの1つのメカニズムに過ぎない[24]．企業もそれ自体として資源配分機構として機能しており，市場を介さない贈与に基づいた交換なども現代においてもしばしば観察することができる．市場以外のシステムの下では，しばしば所有権が曖昧となり，価格以外のシグナルを通じて交換がなされている．これらは，所有権を基礎とした市場ではなし得ないことを達成する可能性を持っている．すなわち，固有の価値を持つ．

交換システムの多様性とそれらの価値の多元性は注目に値する．明らかに，それらは人間観と関わっている[25]．すなわち，人間の合理性をどのように捉えるか，人間の道徳的感覚をどのように考えるかといった問題と切り離してシステムの価値を評価することは不可能である．実際，交換システムの価値について論じたスミス，ケインズ，ヴェブレン，ハイエクといった著述家の思想には人間に対する深い洞察が含まれている．多様な人間観こそが，交換システムの

---

24) 共有地において資源配分を行う際には市場メカニズム以外の交換システムが採用されてきた．第6章（間宮）を参照されたい．

25) 堂目（2010）を参照されたい．本書第5章（大瀧）は理論経済学の人間観に基づいてサンデルやロールズのアイディアを検討している．

多元的価値の根拠にほかならない．

3　民主主義と経済学

　政治と善はいかに関わるのであろうか．例えば，アリストテレスは
「「人間というものの善」こそが政治の究極目的でなくてはならぬ」と述べてい
る[26]．諸個人が善の追求を行うという点において，政治活動は経済活動と同様
である．経済活動は私的領域（オイコス）に属し，政治活動は公的領域（ポリ
ス）に属するというようなギリシア的分断が存在するのであれば，個別に議論
することが可能かもしれない[27]．しかし，近代以降，経済活動の舞台となって
いる市場は適切な政治組織の運営があって初めてその本来の価値を実現する．
また，民主主義のもとでの政治活動の帰結を，社会構成員の経済利益から切り
離して捉えることが可能であるという考え方は，現代においては幻想に近い．
それゆえ，経済的領域と政治的領域の分析はそれぞれ密接に関連している．

3.1　投票ルールと功利主義

　多数決原理は個人間の利害を調整し，政治的決定を行うための制度である．
多くの民主主義的な政治システムがなんらかの意味での多数決原理に特別な注
意を払っていることは疑いようがない．多数決原理が抱えている問題が指摘さ
れて久しいが，われわれはそれ以外の適切な決定方法を発見できていない．ロ
ールズも多数決原理を正義の理論の中核へは据えないが，正義に適った社会を
実現するために有用であるとして，その必要性を認めている（Rawls, 1999
[1971]，第54節）．

　多くの研究者が，多数決原理はより高次にある社会原理を近似的に実現する
制度と捉えようとしてきた．コンドルセの陪審定理の議論やBuchanan and
Tullock（1962）による多数決原理の正当化などもこの系列の試みと言える．
以下では，むしろ，どのような場合に社会正義の原理と多数決原理は厳密に一
致するとのかという問題を検討してみたい．

---

[26]　アリストテレス（1971, p. 17）．
[27]　Arendt（1958, 第2章）およびアリストテレス（2001, 第1巻）を参照されたい．

まず、18世紀にジャン＝シャルル・ド・ボルダによって提案されたボルダ・ルールを説明しよう．いま5つの選択肢（A, B, C, D, E）と4名の投票者（1, 2, 3, 4）が存在するものとする．投票者1および2は，A, B, C, D, Eの順番に選択肢を評価しているとしよう．また，投票者3は，A, B, E, D, Cの順番で，投票者4は，B, E, C, D, Aの順番で，それぞれ選択肢を評価し選択肢を評価しているものとする．このとき最も望ましい選択肢の名前を記入し，記入された数が多い選択肢が勝つような一般的な選挙方式のもとではAが勝利することに留意されたい．

ボルダの考えた政治的決定方法は次のようなものである．ある個人に一番よいと判断された選択肢は5点を得る．2番目の場合は4点，3番目の場合は3点と，評価が下がるたびに1点ずつ下がっていく．すなわち，各個人が選択肢に対して5点から1点までの得点をつける．上記の手続きで定められた評点を各選択肢について総和をとり，総和が最も高い評点となるものを社会的に望ましいと考えるのがボルダ・ルールである．このような決定方法のもとでのAの得点は16であり，Bの得点（17）より少ない．ほかの選択肢の得点はこれより低いため，Bが最も望ましい選択肢となる[28]．ボルダ・ルールの結果は，上述の多数決での結論と異なる．

このようなボルダ・ルールの背後にある考え方は功利主義にほかならない．B, E, C, D, Aの順に評価している投票者4は，上から順に5, 4, 3, 2, 1の効用を得るものと「想定」しよう．Aが最も高く評価されているということ自体は序数的な情報であるが，基数的な指標5を割り当てるものとする．同様の手続きによって構成されるこの効用関数は各個人の序数的選好・選択行動を「表現」することができる（効用表現）．効用表現は，一意とは限らないが，5, 4, 3, 2, 1と割り当てるこの特定の効用表現をあたかも基数的と見なして効用の総和を考えることができる．このように効用を捉えて集計手続きを行えば，求められる効用の総和はボルダ・ルールの得点に一致する．

そこで，ボルダ・ルールは特定の効用表現を採用した場合の功利主義と解釈ができる．すべての投票ルールが厳密に功利主義と対応づけられるわけではな

---

28) このような得点は「ボルダ得点」と呼ばれる．

いが，多くの多数決制が帰結上の選好を何らかの手続きで総和をとっており，帰結主義・厚生主義・総和主義という功利主義の特徴を満たしている．それゆえ，多数決制を通じた個人の選好の集計は，厚生主義的な社会の基本原理の形成と構造上の共通部分を持つ．さらに，社会の基本原理を達成するための制度として市場や政治過程・政治的手続きを理解すれば，これらは活動領域を異にするものの類似の構造を持つと考えられる．民主主義の経済学的分析はこうした共通部分に着目し，基本原理や制度の分析を試みるものと総括できよう．

3.2 民主主義の経済分析

最後に網羅的とはなり得ないが，民主主義を捉えようとする経済学のいくつかの試みを紹介したい．こうした試みは大雑把に規範的分析と事実解明的分析の2つに分けられる．典型的な規範的分析が，Arrow (1951) の研究を嚆矢とする社会的選択理論（social choice theory）である．この分野においては，民主主義が満たすべき条件（公理）を定式化し，論理的関係を明らかにすることで，民主的投票システムの規範的基礎が特徴付けられる．一連の民主的投票ルールの必要条件を同時満たすことができない，ということを述べるアローの不可能性定理を理論的主柱とするために，否定的な分析に終始するものと思われることもあるが，肯定的結論を与える研究も多くある[29]．社会的選択理論におけるボルダ・ルールや単純多数決制の特徴付けはそれぞれのルールの見過ごされがちな性質を明らかにしてきた．さらには，社会的選択理論の枠組みは功利主義，ロールズの格差原理，ジニ係数やタイル測度を含む不平等指標を体系的に分析することを可能にしてきた[30]．

事実解明的分析には非常に多くの分野が含まれる．ブキャナンとタロックは，経済的なインセンティブに基づいて行動する投票者がどのような意思決定を行うのかについて具体例を交えながら詳細に検討している（Buchanan and Tullock, 1962）．アンソニー・ダウンズによって強調されているのは，政党あるいは政治家が選挙の際，どのように政策提案を行うのかという問題である

---

[29] 本書第7章（加藤）はアローの定理についての詳細とその意義を解説している．
[30] Blackorby, Bossert and Donaldson (2002) は社会的選択理論の枠組みにおける功利主義の分析を展望している．

(Downs, 1957). 現代の政治経済学においては政治活動に携わるさまざまな主体の行動とその社会的帰結が分析されている[31].

このような多角的展開の中で，主導的な役割を演じている2つの政治経済学の潮流について触れておきたい．シカゴ学派の政治経済学においては，政治的交渉も経済における交渉と同様にして効率的な資源配分をもたらすと考える[32]．すなわち，アセモグル（Acemoglu, 2003）が《政治的コースの定理》と呼ぶところのものが成立していると考えている．この立場を貫くのであれば，政治制度が結果に対して本質的影響を与えないため重要でないということになる．投票権のあり方といった制度的性質は市場経済における初期保有に応じていると見なせるため，極端なシカゴ学派の立場においては平等な投票権という民主主義の基本的要件ですら意味がなくなる．

一方で，ブキャナンとタロックを先導者とする公共選択学派（ヴァージニア学派）の立場では，政治的結果の非効率性が強調される（Buchanan and Tullock, 1962）．非効率性の存在は，政治制度が重要であることを意味する．すなわち，効率性の歪みの少ない政治制度もあれば，効率性の歪みの大きい制度もあるために，政治制度の望ましさに効率性の観点から差ができてしまう．このとき，政治制度を選択するプロセスを考察する必要が出てくる．ブキャナンとタロックはこの立憲的プロセスについては幾分か楽観的に考えているように思われる．彼らの考える立憲段階においては，全会一致が要件になるために，効率性の点において次善的制度が選択されるはずである．

これら2つの潮流の両方において，パレート基準が規範原理として中核に組み込まれている．もちろん制度の評価の上でパレート基準は非常に有用な基準である．しかしながら，民主主義の本質的価値を序数的効用という薄弱な帰結情報によって捉えようとするのは，限界があるのではないか．ピグーの厚生経済学の基盤を厳しく糾弾したロビンズも，政策を検討する際には，より豊かな効用情報を前提とする功利主義を採用していた[33]．民主主義の特質のいくつかはパレート基準では捉えきれない非厚生的帰結情報に関連している上に，民主

---

31) 例えば，Persson and Tabellini (2002) および小西 (2009) を参照されたい．
32) 典型的なシカゴ学派の政治経済学については Wittman (1995) を参照されたい．
33) Robbins (1952) および堂目 (2010) を参照されたい．

主義の価値は帰結主義的なものだけにとどまらない点についても注意する必要がある．独裁制の下で押し付けられた最善の結果よりも，民主主義の下で実現された次善の結果のほうがより高い価値を有していると考える個人も少なくないように思われる．このような事実は，民主主義に対する多元的な見方が存在し，無視するべきものではないということを示唆する．

　市場の場合と同様に，民主主義のどのような見方が適切かという問題はわれわれが負っている人間観に依存しているように思われる．民主主義の意義を考える上での困難性の主たる原因は，それ自体が人間形成のプロセスを含んでいるという点にある．経済学の枠組みで言うとすれば，選好が民主主義の内部で形成されるということになる．すなわち，価値そのものがその過程において内生的に定められるために，民主主義の価値というものを簡単に考えることはできない，というのが民主主義の困難性の1つではないだろうか．

参考文献

外国語文献からの引用は原則として翻訳書を利用している．表現を若干変更している箇所もある．

アウレーリウス，マルクス（1956）『自省録』神谷恵美子訳，岩波書店．
アリストテレス（1971）『ニコマコス倫理学』高田三郎訳，岩波書店．
―――（2001）『政治学』牛田徳子訳，京都大学学術出版会．
奥野正寛編（2008）『ミクロ経済学』東京大学出版会．
小西秀樹（2009）『公共選択の経済分析』東京大学出版会．
坂井豊貴・藤中裕二・若山琢磨（2008）『メカニズムデザイン――資源配分制度の設計とインセンティブ』ミネルヴァ書房．
堂目卓生（2010）「経済学の基礎としての人間研究」日本経済学会編『日本経済学会75年――回顧と展望』有斐閣，pp. 367-401．
根岸隆（1989）『ミクロ経済学講義』東京大学出版会．
Arrow, K. J. (1951), *Social Choice and Individual Values*, New York: Wiley (2nd edition, 1963).
―――(1973), "Rawls's principle of just saving," *The Swedish Journal of Economics*, 75-4, pp. 323-335.
Acemoglu, D. (2003), "Why not a political Coase theorem? Social conflict, commitment, and politics," *Journal of Comparative Economics*, 31-4, pp. 620-652.
Arendt H. (1958), *The Human Condition*, Chicago: Chicago University Press. （志水速雄訳『人間の条件』筑摩書房，1994年）．
Bentham, J. (1996 [1789]), *An Introduction to the Principles of Morals and Legislation*, Oxford: Oxford University Press. （山下重一訳「道徳および立法の諸原理序説」『世界の名著　38　ベンサム，J. S. ミル』中央公論社，1967年）．

Blaug, M. (2007), "The fundamental theorems of modern welfare economics, historically contemplated," *History of Political Economy*, 39, p. 185.

Blackorby, C. W. Bossert and D. Donaldson (2002), "Utilitarianism and the theory of justice," in K. J. Arrow, A. K. Sen and K. Suzumura, eds., *Handbook of Social Choice and Welfare Vol. 1*, Amsterdam: North-Holland, pp. 237-282.

Buchanan, J. M. and G. Tullock (1962), *The Calculus of Consent: Logical Foundations of Constitutional Democracy*, Ann Arbor: The University of Michigan Press.（宇田川璋仁監訳，米原淳七郎・田中清和・黒川和美訳『公共選択の理論——合意の経済論理』東洋経済新報社，1979年）．

Debreu, G. (1959), *Theory of Value: An Axiomatic Analysis of Economic Equilibrium*, New York: Wiley.

Downs, A. (1957), *An Economic Theory of Democracy*, New York: Harper Collins.（古田精司監訳『民主主義の経済理論』成文堂，1980年）．

Hare, R. M. (1973), "Rawls' theory of justice, Part I, II," *Philosophical Quarterly*, 23, pp. 144-155: pp. 241-251.

Harsanyi, J. C. (1975), "Can the maximin principle serve as a basis for morality? A critique of John Rawls's theory," *American Political Science Review*, 69, pp. 594-606.

Hart, H. L. A. (1973), "Rawls on liberty and its priority," *The University of Chicago Law Review*, 40, pp. 534-555.

Hayek, F. A. (1945), "The Use of Knowledge in Society," *The American Economic Review*, 35, pp. 519-530.

Maskin, E. and T. Sjöström (2002), "Implementation theory," in K. J. Arrow, A. K. Sen and K. Suzumura, eds., *Handbook of Social Choice and Welfare Vol. 1*, Amsterdam: North-Holland, pp. 237-282.

Persson, T. and G. Tabellini (2002), *Political Economics: Explaining Economic Policy*, Cambridge, MA: The MIT Press.

Pigou, A. C. (1912), *Wealth and Welfare*, London: Macmillan.（八木紀一郎監訳，本郷亮訳『ピグー 富と厚生』名古屋大学出版会，2012年）．

―――― (1920), *The Economics of Welfare*, London: Macmillan (4th edition, 1932).

Rawls, J. (1999 [1971]), *A Theory of Justice* (Revised edition), Cambridge, MA: Harvard University Press.（川本隆史・福間聡・神島裕子訳『正義論［改訂版］』紀伊國屋書店，2010年）．

Robbins, L. (1932), *An Essay on the Nature and Significance of Economic Science*, London: Macmillan.（中山伊知郎監修，辻六兵衛訳『経済学の本質と意義』東洋経済新報社，1957年）．

―――― (1952), *The Theory of Economic Policy in English Classical Political Economy*, London: Macmillan.（市川泰治郎訳『古典経済学の経済政策理論』東洋経済新報社，1964年）．

Sandel, M. J. (1982), *Liberalism and the Limits of Justice*, Cambridge: Cambridge University Press.

Sen, A. K. (1979), "Utilitarianism and welfarism," *The Journal of Philosophy*, 76, pp. 463-489.

―――― (1987), *On Ethics and Economics*, Oxford: Basil Blackwell. (徳永澄憲・青山治城・松本保美訳『経済学の再生――道徳哲学への回帰』麗沢大学出版会, 2002年).

―――― (1993), "Markets and freedoms: Achievements and limitations of the market mechanism in promoting individual freedoms," *Oxford Economic, Papers*, 45, pp. 519-541.

Sen, A. K. (1999), *Development as Freedom*, New York: Alfred A. Knopf. (石塚雅彦訳『自由と経済開発』日本経済新聞社, 2000年).

Wittman, D. A. (1995), *The Myth of Democratic Failure: Why Political Institutions are Efficient*, Chicago IL: University of Chicago Press. (奥井克美訳『デモクラシーの経済学――なぜ政治制度は効率的なのか』東洋経済新報社, 2002年).

第I部
ロールズと功利主義

第 1 章
ロールズにおける善と正義
リベラル・コミュニタリアン論争再訪

宇野　重規

1　「論争」をふりかえる

　かつて「リベラル・コミュニタリアン論争」なるものがあった．このようにもって回った言い方をするのは，その論争当時も，そしてそれから 30 年近くたった今日でも，論争の本質について，いまひとつ腑に落ちない部分が残るからである．筆者自身 10 年以上前にこの論争についてコメントした際，その一文の冒頭に次のように書いている．「『論争』と呼ばれるものにしばしば見られる傾向として，同時代的には厳しい二者択一を迫る抜き差しならぬ対立であるかに見えたものが，一時代過ぎてしまうと，対立を生み出した熱気のようなものが見えにくくなり，そもそも何が論争を引き起こしたのかはっきりしなくなるということがある」（宇野，1999，p.19）．はたして「リベラル・コミュニタリアン論争」もまた，そのような論争の 1 つであったのか．あるいは，今日の目で見るとき，むしろその意義がはっきりとするのか．ここで論争の歴史的再評価を試みてみたい．
　文献的事実を確認するならば，言うまでもなく，この論争の口火を切ったのはジョン・ロールズの『正義論』（Rawls, 1971）である．この本が現代アメリカにおける政治哲学復興の出発点になったことについては，すでにコンセンサスが確立している．この本の刊行に刺激を受けて，ハーバード大学の同僚であったロバート・ノージックが『アナーキー・国家・ユートピア』（Nozick, 1974）を刊行し，リバタリアン思想を再活性化させる一方，マイケル・サンデル，チャールズ・テイラー，アラスデア・マッキンタイア，そしてマイケル・

ウォルツァーといった一連の論者は，ロールズ批判を通じて「コミュニタリアン（共同体論者）」と呼ばれることになる．ロールズの『正義論』に対する最も明確かつ体系的な方法論的批判であるサンデルの『自由主義と正義の限界』(Sandel, 1982) をはじめ，コミュニタリアンのロールズ批判は 1980 年代の前半にそのすべてが出揃っている．その意味では，この時期を「リベラル・コミュニタリアン論争」の時代と呼ぶことができるだろう[1]．

コミュニタリアンのロールズ批判のポイントは多岐にわたるが，サンデルに即してみれば，その最大の批判はロールズのいわゆる「正義の優位性 (the primacy of justice)」や，「正の善に対する優先性 (the priority of the right over the good)」に向けられている．これはロールズの次のような主張を反駁するものである．人間がどう生きるべきか，何を倫理的に善いとするかは人によって多様である．したがって，善の構想をめぐってはつねに潜在的な対立の契機があり，そうである以上，単一の秩序ある社会を成立させるためには，特定のいかなる「善き生」の構想にも依拠することはできない．むしろ善とは区別され，あらゆる善の構想に優位する規範的原理が打ち立てられる必要があり，それが正義にほかならない．

これに対しサンデルは，「負荷なき自我 (unencumbered self)」という概念を提示して対抗する．ロールズが言うような「無知のヴェール」をかけられた原初状態における人間とは，いわば歴史的・社会的な属性をはぎ取られた，抽象的な自己にすぎない．しかしながら，そのような抽象的な自己に，はたして道徳的な判断ができるのだろうか．人間は歴史的・社会的に状況づけられて生きている．そのような状況と切り離された人間は，いわば剝奪された自己であり，そのような自己はいかなるものにも愛着をもてず，「自分はいかなる存在なのか」について内省することもできない．したがって，そのようなロールズの議論では善を選択することも，正義を構成することもできない，というのがサンデルの結論である．具体的な善と切り離された抽象的正義の空疎さを批判したものといえよう．

---

1) なぜ，この時期に「リベラル・コミュニタリアン論争」が起きたのかは興味深い論点である．資本主義・社会主義の体制選択論に代わる新たな思想的対立軸への要求，社会哲学におけるアメリカの地位の優越などが，その理由として考えられよう．

このようなサンデルのロールズ批判は，その限りでみれば，もっともな部分がある．社会理論で人間像を想定するにあたって，それを歴史的・社会的に状況づけられたものと考えるか，あるいはそのようなものとは無関係に抽象的な存在として捉えるかは，重要な論点の1つである．とはいえ，このような論点は何も，サンデルが初めて唱えたわけではなく，ヘーゲルをはじめとする長い議論の伝統がある．その意味では，なぜロールズ批判においてあらためてこの論点を提起するのか，その必要性・必然性はけっして自明ではない．また，ロールズの原初状態という方法論的議論だけを取り上げて，あたかもリベラルな社会とは「負荷なき自我」から構成されるかのごとく論じるのもおかしいといえる．ロールズの方法論的議論と，その人間観とはあくまで区別して論じるべきだからである．その意味で，サンデルのロールズ批判には，最初からどこか行き違いがあった印象を否めない（宇野，1999）．

このような「行き違い」の印象は何もサンデルに限られた話ではない．そもそも，「リベラル・コミュニタリアン論争」には，いくつかの留保を付け加える余地があった．まず，この論争には著しい非対称性がある．すなわち，「コミュニタリアン」とされる側が，サンデル，テイラー，マッキンタイア，ウォルツァーと多様なのにくらべ，「リベラル」の側は，ロナルド・ドゥオーキンがいるものの，ほとんどの場合，ロールズただ一人である．これはいかにもバランスの悪い話である．しかも，サンデル，テイラー（二人は師弟関係にあるが，哲学的・思想的背景はかなり異質である[2]），マッキンタイア，ウォルツァーの間には，ロールズを批判しているということ以外には，実はあまり共通性がない．その意味では，「リベラル・コミュニタリアン論争」なるものの実質は，ロールズの議論にかこつけて，多様な論者が好きなことを言っているという側面も否定できないのである．したがって，この「論争」だけでロールズの議論を評価することは，ロールズの『正義論』の本質を見失うことにもつながりか

---

[2] カナダに生まれたテイラーは，イギリスのオックスフォード大学で学び，『ニューレフト・レビュー』の編集長を務めるなど，イギリスのニュー・レフトとのつながりが濃い．カナダに帰国後のテイラーは多文化主義に深く関与したほか，近年では『世俗の時代』（2007年）をはじめ，宗教論への強い傾斜を見せている（本書 Book Guide I-3（高田）による紹介を参照）．これに対しサンデルの議論は，後に検討する『民主政の不満』（Sandel, 1996）に明らかなように，基本的にはアメリカ合衆国の文脈を念頭に置いて議論を展開している．

ねない.

　さらにもう1つの留保をつけるとすれば,ロールズと多くの「コミュニタリアン」は,実をいえば,かなりの程度,価値観を共有している.というのも,ロールズの『正義論』における正義の第一原理,すなわち「各人は,基本的自由に対する平等の権利をもつべきである」という原理はもちろん,第二原理におけるいわゆる格差原理についても,コミュニタリアンの論者たちはけっして批判を加えていないからである.言い換えれば,ノージックのようなリバタリアンが一切の社会的再配分を否定するのに対し,コミュニタリアンたちは,これに原理的に反対していないのである.むしろ,アメリカの政治的文脈においていえば,ロールズとコミュニタリアンの多くはともに中道左派,大まかに言って「リベラル派」に属しているといってもいい.その意味からすれば,ロールズがあくまで普遍的原理に基づいて格差是正を正当化するのに対し,例えばサンデルであれば,同じことを,価値を共有するコミュニティのメンバー間での再配分として正当化するというわけである.したがって,政策的方向性において両者の間に対立はなく,基本的価値が共有されているということもできる.その限りにおいては,「リベラル・コミュニタリアン論争」とは,平等な自由を基本原則とするアメリカにおいて,社会的再配分を是とする立場を共有する人々の間での,もっぱら方法論をめぐる論争であると評価しても,あながち不当とはいえないだろう.

　実際,論争後の経過を見ると,コミュニタリアンによる批判を踏まえ,ロールズは後に『政治的リベラリズム』(Rawls, 1993) を執筆しているが,ここでロールズは正義の二原理を微妙に修正しつつも,本質的には変更を加えていない.ただし,この原理を正当化するにあたって,「原初状態」と「無知のヴェール」という方法論的仮説よりはむしろ,「重なり合う合意 (overlapping consensus)」という概念を前面に打ち出している点が特徴的である.ロールズは,繰り返し自らの正義の理論が「包括的な教義 (comprehensive doctrine)」ではなく,異なる包括的教義からなる社会における「政治的な構想」であり,西欧などの近代民主主義社会において共有されてきた「背景文化 (background culture)」であると主張する.「原初状態」における合理的選択というモデルを離れ,むしろ公共的な理性をもつ立憲政体の構成員による合意という側面を強調

することで，ロールズはコミュニタリアンの批判に応えたわけである．その限りで確かにコミュニタリアンに対する応答になっているものの，はたしてこの修正によって論争が深化したといえるかは疑問である．

　他方，ロールズは『万民の法』（Rawls, 1999）を発表し，正義の原理が国際社会においてどのように適応されうるかを検討している．その後のいわゆる「グローバル・ジャスティス」論との関係でも重要な論考であるが，ある意味で，正義の原理自体には修正を加えず，もっぱらその原理が，リベラルな先進諸国の枠を超えてどこまで適用しうるかを論じているともいえる．その限りでは，「リベラル・コミュニタリアン論争」が理論的に深められたというよりは，ある意味で両者の妥協の下に論争の横への移動が起きたという評価のほうが近いかもしれない．すなわち，リベラルとコミュニタリアンの双方が歩み寄って，その原理が世界の各地域でどのように適用されるかに関心が移ったというわけである．

　これに対し，コミュニタリアンの側ではどうであろうか．やはり注目に値するのはサンデルである．『正義――何をなすのが正しいか（邦題は『これからの「正義」の話をしよう』）』（Sandel, 2009, 以下『正義』と略す）は学部生向けの内容ではあるが，あらためて功利主義，ロールズの正義論との関係において，自らの思想を位置づけている．これを，論争から30年近くたっての，サンデルなりの「リベラル・コミュニタリアン論争」の総括として読むことも可能である．またこの間にサンデルは，第二の主著ともいえる『民主政の不満』（Sandel, 1996）を世に問うている．この本でサンデルは，意外なことにアメリカ憲法裁判や経済論争の歴史を振り返っているが，ある意味で，哲学からアメリカ史へと自らの主戦場を移したサンデルの意図はどこにあったのか．そこで本章ではまず，この『正義』と『民主政の不満』というサンデルの2つの著作を再検討し，そこで得られた視点を元にあらためてロールズの『正義論』のもつ意義，特に正義と善を区別したことの意義を考えてみたい．

2　サンデルの正義論

　サンデルの『正義』は，現実に起きたものを含む多様な事例を用いて，読者

が正義についての自らの思考を再検討するよう促す仕組みになっている．妊娠中絶やアファーマティブ・アクションから代理出産や徴兵制まで，アメリカ社会を切り裂く多様な論点についてサンデルは検討を進めていく．特徴となるのは，これらの論点を検討することが，最終的には政治哲学の特定の伝統を選択することにつながっている点である．より具体的に言えば，サンデルは本書において，政治哲学の伝統を「幸福の最大化」を目指す功利主義，「自由の尊重」を重視するリベラリズム，そして「美徳の涵養」を強調するコミュニタリアン（という言い方をしていないのであるが）の3つに分けている．それぞれについて，もう少し詳しくみてみよう．

　第一の立場は，ベンサムによって基礎が築かれ，ジョン＝スチュアート・ミルによって修正された功利主義である．サンデルによれば，ベンサムにとっての道徳の至高の原理は幸福であり，言い換えれば，苦痛に対する快楽の割合を最大化することにある．そのようなベンサムにとって正しい行いとは，効用を最大化することに等しい．効用の最大化は個人だけでなく立法者の原理でもあり，したがって政府は「最大多数の最大幸福」を実現することがその責務となる．

　このようなサンデルの功利主義の説明は至ってオーソドックスなものであり，特別なものではない[3]．また，功利主義への反論として指摘する，「最大多数の最大幸福」は社会全体の効用の最大化を目指していて，個人の権利やその尊厳を十分に尊重していないという批判や，道徳的に重要なことをすべて快楽と苦痛という単一の尺度に還元するのは誤りだとする批判も，ごく一般的なものだろう．さらに，このような批判に応えようとしたジョン＝スチュアート・ミルによる功利主義の修正は，結果的に功利主義の本質を大きく変更しているという指摘も格別珍しいものではない．

　第二の立場は，カントの道徳哲学に源を発し，ロールズの『正義論』によって体系化されたリベラリズムの潮流である．この立場からすれば，最大多数の最大幸福のために個人の権利を犠牲にすることが許されないのはもちろん，そもそも，その時々での利害や人々の欲望を基準に道徳を論じることも否定され

---

[3] サンデル，さらにいえば，ロールズの功利主義理解が，はたしてどれだけ功利主義を正当に理解したものかについては，議論の余地がある．本書の諸論文，特に第4章（児玉）を参照．

る．これらはどうしても偶然に左右されるが，道徳とはそもそも普遍的な基準に立脚しなければならないからである．いわゆる「無知のヴェール」の想定により，性別，階級，人種などの特殊条件抜きに正義の原理を導こうとするロールズの立場もここから来ている．重要なのは，あくまで普遍的な個人の自由の尊重である．この場合，カントにとっての自由とは自律的に行動することであり，言い換えれば，自分が定めた法則に従って行動することである．行為の道徳性は，その行為がいかなる結果をもたらすかではなく，その動機が正しいかどうかによって図られる．ロールズもまたこのようなカントの発想を継承し，社会契約が道徳的な力をもつのは，契約の当事者双方が自発的に同意したという自律性に基づくとする．「無知のヴェール」という理論的仮説が登場するのも，このような理想を実現するためにほかならない．

　以上の説明もまたオーソドックスといえるが，興味深いのは，個人の才能は社会全体の資産である，というロールズの議論に対するサンデルの評価である．競争の勝利者は成功を完全に自らの手柄とすることはできず，恵まれない人への社会的再配分が認められるべきというロールズの主張に対し，サンデルは好意的である．以下に述べるように，サンデルはロールズの議論に対し基本的には批判的であるにもかかわらず，社会的再配分についてはけっして反対していない．このことはやはり強調しておく必要があるだろう．

　そして第三の立場である．明らかにサンデルはこの立場に好意的なのであるが，興味深いことに，これを特定の名称で呼んでいない．「コミュニタリアン」という語は慎重に回避しているのである[4]．その理由は後述するとして，この第三の立場はアリストテレスの正義論として紹介される．この立場は，ある社会において，価値あるとされる生き方に着目するものである．すなわち，すでに述べた第二のリベラリズムの立場が，あくまで普遍性にこだわり，一人ひとりの個人が抱く「善き生き方」の構想に対しては中立的であろうとするのに対し，この第三の立場においては，善き社会の土台となるのは特定の心構えや意識であり，それがあってこそ品位を育むことも可能になるとされる．いかなる

---

[4] これ以前からサンデルは，自らの立場を「コミュニタリアン」よりは「共和主義」と呼ぶことが多くなっていた．そのような名称の違いが，どれだけ中身の違いを示すかは重要な論点であるが，ここでは触れない．

行為が賞賛され，名誉とされるか．正義と権利をめぐる議論もまた，報いられるべき美徳は何かということと無関係ではありえない．そうだとすれば，それぞれの社会における善き生の構想に中立的に道徳を論じても無力であり，あくまで「美徳の涵養」こそが政治の目的でなければならない．このようにサンデルはアリストテレスの正義論をまとめる．

以上のように，サンデルはすべての議論を3つの立場へと関連づけていくのであるが[5]，この三分法はけっして自明でもなければ，中立的でもない．むしろサンデルが自らの立場の正当性を証明するために，意図的に構成したものであるといっていいだろう．

このような三分法は明らかに"ポスト・ロールズ的"なものである．それも，もっぱらアメリカを中心とするアングロサクソン的文脈を前提にしているといってもいい（大陸ヨーロッパでは，このような三分法は必ずしも共有されていない）．その特徴は何よりもまず，すべての議論が功利主義に対する批判的な評価から始まっている点にある．このことは，裏返しにいえば，アングロサクソン的文脈において，いかに功利主義の占める位置が大きいかを示している．功利主義についてはすでに指摘したように，これまでにも多様な反論がなされてきたが，道徳哲学としての影響は今日でも依然としてきわめて大きい．

その意味で，1971年に刊行されたロールズの『正義論』が，現代アメリカにおける政治哲学の復興として大きな脚光を浴びた理由も明らかであろう．ロールズが標的にしたのは何よりもまず功利主義であった．自由を擁護するといっても，「幸福を最大化するから」というのでは，自由を手段にしていることになる．そうではなくて，自由それ自体を目的として擁護しなければならない．この課題に答えるためにロールズはカントにヒントを求めた．結果として，道徳原理の普遍主義と人格の尊重を構想の中核に据える，ロールズ独自の『正義論』が生まれたのである．

本書におけるサンデルの議論を見てみても，功利主義に対する批判はきわめてオーソドックスである．あたかも，ロールズによる功利主義をほとんどその

---

5) 実を言えば，第四の立場としてリバタリアンの立場が想定されており，言うまでもなく，市場と美徳の関係はサンデルにとってきわめて大きなテーマである．とはいえ，『正義』は基本的に「幸福」「自由」「美徳」の三分法に依拠しており，この分類法においてリバタリアンは「自由」のグループに入れられて，独立した位置づけは与えられていない．

第1章　ロールズにおける善と正義

まま受け入れているかのようであり，実際にサンデルの記述からは，功利主義に対する共感は見いだしにくい．このようなサンデルの功利主義に対する姿勢は，ロールズに対する批判がつねに両義的であるのと著しいコントラストを描いている．サンデルは『正義』を暴走する路面電車の話から始めているが，そこからすでに彼の功利主義批判の狙いは明らかである．

このようにサンデルは，功利主義批判ということに関しては，ロールズとまったく立場を同じくしている．問題は，そのような立場を共有したうえでなお，サンデルはロールズに対して批判的であるということである．『正義』を通じて浮かび上がるのは，サンデルのロールズ批判がいかに微妙であり，ニュアンスに富んでいるかである．確かに自律的な人格の平等な尊重というロールズの基本原理には，否定しがたいものがある．とはいえ，ロールズのように，あらゆる「善き生き方」の構想から完全に中立的に政治や道徳の原理を構想することには無理があるのではないか．サンデルはあくまでこの点にこだわり続けるのである．

『正義』の最後でサンデルは，ケネディとオバマについての興味深い対比を行っている．カトリック出身であることを前面に出さず，あくまで宗教を自らの政治的人格から切り離そうとしたケネディに対し，オバマはリベラルでありながら，あえて宗教の問題に正面から取り組もうとしている．サンデルの共感は明らかにオバマにある．ケネディとオバマの違いは時代の違いでもあるが，サンデルの脳裏にあるのはむしろ，ロールズと自分の違いなのかもしれない．サンデルはロールズによって基礎を据えられたリベラリズムの伝統に誠実でありながら，宗教，そして何よりも連帯や帰属の問題に正面から取り組む道を模索しようとしている．あたかも宗教について正面から論じられないリベラリズムには，リベラリズムとして何か決定的な欠陥があるとサンデルはいわんばかりである．

さらにサンデルは，本人がしていないこと，本人が同意していないことに関して責任を取らされることはない，という原理的な道徳的個人主義者にも異を唱える．現実の人間は時として，ある共同体に属することで，自分自身は直接関与していなくても，その共同体の現在はもちろん，過去に行った行為についても道徳的な責任を感じることがある．例えばアメリカ人として，過去の奴隷

制について謝罪と補償を行うべきではなかろうか．確かに厳格な道徳的個人主義をとれば，このような謝罪は不要になるが，そこには何か欠落があるのではないかとサンデルは問う．

とはいえ，サンデルは特定の共同体への帰属それ自体が絶対的に正しいとも考えていない．また，その共同体において価値あるとされるものが，普遍的な原理と緊張関係に立つことがありうることも認めている．その意味で，共同体への帰属を個人主義に対して優先させているわけではけっしてない．このあたりのニュアンスは『正義』によく出ていて，サンデルは自らの立場が絶対的に正しいとはけっしていわない．ただ，人間はどうしても自分が同意しない関係に対するコミットメントをもってしまうのであり，それゆえに忠誠のジレンマを抱え込んでしまう．そのことはきちんと認めたうえで道徳を議論すべきではないか，と彼は主張する．

サンデルが自らを「コミュニタリアン」として主張していない点も，ここから理解できるかもしれない．彼は，あくまでもリベラリズムを基本線としながら，現代アメリカ人として生きるうえでの道徳的葛藤を，そこに盛り込みたいと考えている．このことを本章の課題に即して言い換えれば，サンデルは「正義」の意義を認めつつ，政治哲学の世界から一人ひとりの個人や集団の抱く個別的な「善」の構想を完全に排除することに抵抗を示している．サンデルとロールズの距離はかなり近づいているものの　その違いはなお無視しがたいものがあるといえるだろう．

3　歴史に探るアメリカの公共哲学

3.1　憲法判例史

このようにサンデルはかなりの程度ロールズに共感を示しつつもなお，正義からこぼれ落ちる善にこだわり続けている．彼のこだわりの意義を理解するためにはやはり，彼のもう1つの主著である『民主政の不満』(Sandel 1996) を再検討しなければならないだろう[6]．サンデルはこの本で，アメリカの公共哲

---

6) サンデルの『民主政の不満』の詳しい内容については，本書 Book Guide I-2（一ノ瀬）による紹介を参照．

学を再検討する．彼によれば公共哲学とは，単なる抽象的な哲学的学説ではない．それはむしろ，現実にアメリカを動かしている制度や実践の中に潜在している原理や原則，いわば「生きている理論」である．公共哲学は，明確に言語化されているとは限らないが，制度や実践を間違いなく支え，突き動かしている．サンデルは，このような意味での公共哲学をアメリカ社会において探るために憲法判例史，さらに経済論戦史へと向かうのである．

　アメリカの政治哲学を読むものは，それがきわめて密接に司法と結びついていることに気づくだろう．一般的に言って，アメリカの場合，法哲学と政治哲学の距離がきわめて近い．あるいは，法哲学がほとんど政治哲学の主要部分を占めていると言ってもいいかもしれない．これは他の国では必ずしも見られない現象である．その意味で言えば，サンデルがアメリカの公共哲学を憲法判例の歴史に探ることは，とても自然なことかもしれない．興味深いのはむしろ，サンデルが，アメリカ最大の公共哲学であるリベラリズムがきわめて司法的な性格をもっていると強調している点である．

　なぜリベラリズムは司法的な性格をもつようになったのか．サンデルによれば，その第一の理由は独立の経緯による．イギリスからの独立にあたっての北米植民地としての課題とは，イギリスに押し付けられた不当な法に抵抗し，その抵抗を理論的に正当化することであった．この場合，イギリスが不文憲法の国であったことが問題となる．すなわち，成文憲法がないイギリスにおいて，憲法と法律は明確に区別されない．したがって，いかなる法律も違憲ではないことになる．そうだとすれば，イギリスがアメリカに課した法律をどうすれば批判することができるのだろうか．ここで出てきたのが，アメリカ的な立憲主義である．すなわち，「政府を制約する確定された憲法」と「法に先行する自然権」という思想が，イギリス帝国の権力による侵害に対抗して自由を確保する闘争の中で形成されたのである．ここに司法に基礎を置くリベラリズムの第一歩が始まった．

　次に重要なのが，アメリカ憲法に権利章典が修正条項として挿入されたことである．憲法制定当初は，各州の憲法に権利章典が規定されている以上，限定された権限しかもたない連邦政府の憲法にあらためて権利章典を置く必要はないとされた．とはいえ，反連邦的な気分は強く，結局連邦政府による人権侵害

に備えるために修正条項が加えられた．しかしながら，歴史の中でこの権利章典は，当初の目的とは異なる趣旨で活用されるようになる．すなわち，州政府による個人権の侵害に対し，連邦政府が介入するための口実としてこの修正条項が用いられたのである．きわめて限定的な役割をはたすことを期待されて出発した連邦政府は時代とともに権限を拡大し，やがて20世紀の「大きな政府」に基づくリベラリズムの時代へと移行していく．その際，連邦政府の権限拡大を最も有効に正当化することになったのが，司法権であり，連邦憲法の権利章典であった．

　サンデルは『民主政の不満』の前半を割いて，このようなアメリカ立憲主義の覚醒から，宗教的自由，言論の自由，さらにプライバシー権についての最近の議論へと至る過程を描き出している．彼が問題視するのは，このようにして発展してきた司法的リベラリズムが，ある独特な価値観や人間観を無自覚なままに発展させてきたことである．すなわち，司法の基礎は価値中立性に置かれるべきであり，多様な価値観を自由に選択する個人こそが前提とされるべきであるという考え方が，無自覚のうちに影響を増していったとサンデルは言う．一例としてサンデルは，憲法判例史を通じて，宗教を論じるにあたっての重点が大きく移動した点を指摘する．政府は宗教に対して中立的であるべきだという点には変わりはない．ただし，初期の頃は，世俗の権威に依存しないことで，宗教は腐敗をまぬがれるという点がポイントであった．これに対し，やがて強調点は個人の選択に移っていく．宗教自体ではなく，宗教を信じる個人の自己こそが尊重されるようになったのである．宗教的信条が尊重に値するのも，その内容というより，自由かつ自発的な個人の選択の所産であることが強調されるようになった．

　サンデルは，このような個人の選択の自由に基礎を置いた中立性の原則は，実は一定の価値判断をしているのではないかと疑う．すなわち，選択の自由に基礎を置く中立性の原則は，「いかなる信条は尊重に値するか」という実質的な議論を棚上げにするものではないかとサンデルは言う．というのも，いかなる信条であれ，個人の選んだものであれば尊重するというのは，信条の中身は無視して，選択する個人の自己だけを絶対化していることに等しいからである．さらにサンデルは，信条の中身をすべて棚上げにして寛容ははたして意味

をもつのか，信条の中身に一顧だにせずしてどうしてそれを尊重できるのか，それは寛容のもつ道徳的意義を，結果として掘り崩しているのではないのか，と畳み掛ける．

このようなサンデルの議論を，典型的な道徳的保守主義として批判することはたやすいだろう．ただし，繰り返し指摘するように，サンデル自身はリベラル派に近い立場にある．そうだとすれば，あくまでリベラリズムを是としつつ，はたして価値中立性と選択の自由だけで，リベラル派の主張する価値を擁護していけるのか．このことをサンデルは真剣に悩んでいるといえるだろう．

3.2 経済論戦の歴史

さらにサンデルは『民主政の不満』の後半を，時代時代の経済論戦の分析にあてる．もちろん，サンデルが論じるのは，あくまで政治哲学としての経済論である．サンデルの問題意識は，今日における経済論の軸が一方の経済成長と繁栄，他方の富の公正な分配であるのに対し，過去の経済論戦のポイントはそこにはなかったという点にある．サンデルに言わせれば，かなり最近になるまで論争の主眼であったのは，ある経済政策がよき市民を育てるか，デモクラシーに対していかなる影響をもつか，という論点であった．

アメリカの建国期において，初代の財務長官であったハミルトンらの商工業立国論と，ジェファソンらの農本主義的な路線の間に激しい対立があったが，この場合も議論のポイントは，どちらの路線が合衆国の繁栄をもたらすかという点ではなかった．問題はむしろ，どちらのほうがよりよい市民を生み出すかであった．ジェファソンらにとって，自由で有徳な市民を生み出す基盤は土地所有にあり，独立自営農民こそがよき市民となると考えられた．これに対しハミルトンらは，地方自治よりも集権的国家を重視したという意味では確かに古典的な共和主義とは距離をとったが，有徳な市民が政治を行うべきであり，政府もそのような市民を涵養すべきであることはやはり議論の大前提であった．

やがて19世紀も半ばになると，工業化をめぐる論争には決着がついたが，これに代わり，はたして賃労働は自由と両立するかが問題となる．工業化が進んだとはいえ，この時期までのアメリカ工業の担い手は，職人や熟練工を中心とする，典型的な小生産者であった．彼らは自由で独立しており，市民として

行動する素養をもつと見なされた．これに対し，工業生産の拡大とともに，人々は大工場で働くようになり，賃金を得ることを目的に労働するようになる．そのような賃労働者にとって経済的に独立することは容易でなかった．もちろん，賃労働者であっても，自らの意志に反して働かされているわけでない．とはいえ，古典的な共和主義の立場からすれば，経済的独立こそが政治的独立の基盤であり，賃労働者たちがはたして自由な市民になりうるかについては疑問が残った．この論争についても，南北戦争終了後くらいから問題意識の変化が見られるようになる．賃労働が自由と両立するかという問題意識に代わり，その労働が個人の自由な意志による選択であるかどうかが重視されるようになっていったのである．

19世紀末から20世紀初頭にかけては，いよいよ拡大していく経済的権力と組織化の趨勢に対し，対抗する動きが生まれてくる．社会を動かす巨大な非人格的な組織の力をどのようにコントロールしていくか．このような課題に向き合うべく，この時期に革新主義の動きが台頭する．その第一の方向性は，経済的権力の分散を通じて，市民による民主的統御を可能にしようとする道であった．もう1つの潮流は，経済を分権化するよりはむしろ，中央政府の権限を拡大することによって，企業の力に対抗しようとした．第一の道がより伝統的な共和主義と連続的なのに対し，第二の道は中央権力を強化するという意味で，共和主義的な政治思想への決別を告げるものであった．さらにサンデルの見るところ，革新主義には第三の路線があった．大企業と集権化された市場に対峙するためには，啓蒙され，力をもった消費者の連帯こそが民主政の希望となるという考えである．ただし，この路線には，消費者の立場からよりよい商品をより安く手に入れることを最重視するという意味で，選択の自由を重視するリベラリズムとの親近性もあった．

サンデルの視点に立てば，ニューディール政策で最終的に勝利したケインズ主義は，連邦政府の支出による景気拡大を通じて，以上の経済論戦を棚上げしてしまうことを意味した．なぜならそこでは，「現代の経済的条件においてよき市民は可能か」という問いや，「巨大な経済的権力をいかに民主的に統制するか」という問題意識は，もはや振り返られることがなかったからである．

このような指摘を繰り返すことで，サンデルは，はたして私たちは本当に自

由になったのかと問い直す．確かに選択の拡大という意味では，自由は発展してきたのかもしれない．伝統社会で人々を拘束していたものが取り除かれてきたという意味では，リベラリズム史観は正しい．とはいえ，自分たちで自分たちの暮らしや社会を自己統治していく能力という意味では，人々はより自由になったとは言えない．むしろ，現代人を悩ませているのは，巨大な組織や経済権力を前にした無力さである．そのような無力感は，選択の無内容化とあいまって，自由の内実を蝕んでいっているとサンデルは訴える．

このようなサンデルの議論は，選択の自由を重視するリベラリズムと，有徳な市民の育成を強調する共和主義の対立としてアメリカ史を捉えるものである．リベラリズムの共和主義に対する勝利を歴史的に説明する一方で，なおも共和主義的伝統の意義を再評価し，その復活を期待するものといえるだろう．とはいえ，本章の視点からしてより重要なのは，選択の自由を重視するリベラリズムが，はたして本当に自らの価値を擁護しきれるかというサンデルの問題提起である．リベラリズムは，その歴史的成功によってむしろ自らの基盤を掘り崩しているのではないか．サンデルは繰り返しそう問いかける．『正義』に見られるサンデルの両義的でニュアンスに富んだロールズ批判の背景には，このような歴史理解があったのである．

4　ロールズを読み直す

4.1　道徳的理想と経済学的思考

以上，「リベラル・コミュニタリアン論争」以後の展開を振り返ることで，論争の意義を再考察してきた．ここまでの議論からもわかるように，ある意味でロールズとサンデルの理論的距離は近づいており，ある意味で「妥協」すら成立したかにも見える．とはいえ，少なくともサンデルの側から，繰り返しロールズへの微妙な距離感をともなった「異議申し立て」がなされてきたのも事実である．人間とは，必ずしも自分をめぐる諸関係をすべて選択できるわけではない．むしろ自分で選んだわけではない諸関係へのコミットメントこそが人間を動かす大きな原動力であり，そのために個人は時として，複数の忠誠の間で引き裂かれることもある．とはいえ，そのような葛藤こそが人間を人間にす

るのであって，そのような葛藤から切り離された抽象的な選択の主体としての個人像は，寛容や互恵性に支えられたリベラリズムすら支えることはできない．選択の自由の自己目的化は，リベラリズムにとって自己破壊的であるとサンデルは主張する．

そうだとすれば，いまこそ問い直さなければならないのは，このようなサンデルのロールズ批判が，本当にロールズ批判として妥当なものか，ということである．サンデルの目に映ったロールズは，あたかも具体的な善の中身に無関心で，正義の名の下に選択の自由をひたすら自己目的化する抽象的な思想家かのようである．しかしながら，はたしてこのような評価は，ロールズの『正義論』の読解として，どれだけ的を射たものか．

というわけで，あらためて『正義論』を読み直してみたい．この本についての予備知識，すなわち正義の二原理や，「無知のヴェール」といった方法論的仮説を取り除いて向き合ったとき，この本はどのような印象を読者に与えるか．『正義論』をひもといてみると，冒頭からパレート効率性の原理が出てくる．また，けっして数は多くないが，ポイントとなるべきところで需給曲線を思わせる図表が登場し，「均衡」が1つの思考モデルになっていることもわかる．その意味では，ロールズが経済学的なモデルを念頭に『正義論』を書いていることは間違いない．この点について，フランスの哲学者ジャン＝ピエール・デュピュイは，哲学者と経済学者の間に相互への無知と無理解が目立つフランスにくらべ，アメリカでは哲学と経済学の間に親近性が見られ，ロールズはまさに哲学と経済学の思考が結びついた傑出した例であると指摘する (Dupuy, 1992, p. 13；邦訳，p. 9)．

もちろん，『正義論』は経済学の書ではない．ロールズは正義の原理に基づいて社会の基本構想を提示しようとしているのであり，これを市場や「(神の)見えざる手」に委ねるわけではない．社会の基本原理である正義を定めるのは市民の合意であって，需要と供給の均衡でないことは議論の大前提である．とはいえロールズは，このことを前提としてなお，正義の決定にある種の経済学的思考を導入しているといえる[7]．

---

7) このようなロールズによる「経済学的思考」の活用ははたして妥当なものか．第5章（大瀧）は，むしろ経済学の立場からこの問いを再考する．

第1章　ロールズにおける善と正義

　ロールズ的諸個人は「原初状態」において等しく理性をもっており，自分の納得できる諸原理を選択する能力をもっているとされる．ただし「無知のヴェール」によって，人々は自らの社会条件，すなわち，個別的な利害や能力がわからなくなっている．これはもちろんカント的な普遍主義によるものであり，道徳はいかなる経験的理由，すなわち人々の具体的な利害や欲求にも依拠してはならないという原則に基づく理論的仮説である．ただしカントの道徳潔癖主義と比べると，ロールズの場合は，もう少し現世的というか，ある種の人間のかけひきを許容しているのが特徴的である．すなわち，ロールズの想定する原初状態の個人は，自分の利益を最大化することを願っても，何ら非難されることはない．ただし，「無知のヴェール」があるために，自分の利益を最大化しようにも，そもそも自分がどのような境遇にあるかがわからない．となると，最悪の場合を想定して，最も恵まれない人々にとっての最善を考慮するマキシミン・ルールを採用せざるをえないというわけである．

　ちなみにロールズは，不平等の存在それ自体を否定しているわけでもない．正義にかなった社会においても，不平等は存在するのである．一人ひとりの個人が異なった能力をもち，異なった生産力を有している以上，生産性の高い優れた能力をもつ個人が，その能力をいかんなく発揮して報酬を受けることは，何ら否定されない．また，最も生産性の高い人々から他の人へと分け前を移転する再分配が必要であるとしても，それが行きすぎてはならない．行きすぎれば，最も生産性のある人々の生産意欲を減退させてしまうからである．そうなると，かえって移転させる分け前が減ってしまい，結果として，恵まれない人にとっても不利益となる．その意味で，ロールズの格差原理とは，これ以上正義を追求すれば（格差を是正すれば），かえって正義に反する（最も恵まれない人の不利益になる）「均衡」点を模索するものであるといえるだろう．

　ロールズの『正義論』に一貫して見られるのは，道徳的理想主義と経済学的思考の独特な結合である．ロールズは，個人の能力や資質すらも偶然の結果であり，人生の成功・不成功もまた偶然による部分が大きいと説く．それゆえに，偶然の結果として生じる不平等をそのまま放置するわけにはいかず，最も不遇な個人が，それでも自分の人生の前途に絶望することがないように，社会の基本原理が構想されなければならないとされる．他方でロールズは，一人ひ

とりの能力や資質は，その人の私的所有物ではなく，むしろ社会の公共的な財産である以上，それは社会全体のために有効活用されなければならないと考える．もしある個人が，その能力や資質を十分に生かすことができないならば，それはその個人にとっての挫折であるだけでなく，社会の公共的財産の管理の失敗なのである．ロールズの『正義論』に見られる経済学的思考は，このような考え方に基づくものであろう．

4.2　正義の二原理の「辞書的順序」

　ところで，ロールズの正義の二原理というと，とかく第二原理のうちの格差原理にのみ注目が集まることが多い．とはいえ，ロールズの正義論には第一原理，すなわち，「各人は，基本的自由に対する平等の権利をもつべきである」という「平等な自由の原理」，および第二原理についても「公正な機会均等の原理」が条件としてつけ加わっていることに注意しなければならない．しかも，この「平等な自由の原理」「公正な機会均等の原理」「格差原理」は，このような順序で並んでいるのであり，けっしてアトランダムではない．これをロールズは「辞書的順序」と呼んでいるのだが，この順序こそ原理間の優先順位，すなわちロールズにとっての価値観を示しているのである．

　「辞書的順序」とは言い得て妙である．すなわち，辞書の語義説明を見れば，①，②，③，……と語の説明が続いている．人はまず①の説明を読むだろう．そしてもしこれが適切とは思えない場合に限り，②に移る．以下，それを繰り返すわけだが，ここで重要なのは，人はまず①を見るということである．①を飛ばして②から始めるわけにはいかないのである．すなわち，第一原理は第二原理に優先するし，第二原理のうちでは，「公正な機会均等の原理」が「格差原理」に優先するのである．これは何を意味するのであろうか．

　一言でいえば，ロールズにとって最も恵まれない人々の暮らし向きを改善することは大切な課題であるが，平等な自由という原理の重要性よりは劣る，ということである．逆にいえば，ある施策がいかに最も恵まれない人々の暮らしを改善するとしても，それが諸個人の平等な自由を損なうものであれば，許容される余地はないということである．まずは，諸個人の平等な自由を確保すべきであり，それがみたされている限りで，恵まれない人々の暮らしの改善を考

える，というのがロールズの基本的スタンスである．格差原理だけをとってみればロールズは確かに再分配政策を重視するリベラル派であるが，自由を犠牲にしてまで再分配を行うことははっきりと拒否している．公正な機会均等が大前提であることも言うまでもない．その限りでいえば，ロールズの立場はヨーロッパ的な意味での社会民主主義と，古典的な自由主義の中道に位置するのかもしれない．

4.3 相互に無関心な個人

さらに注目したいのは，第3章の原初状態論の中の第25節「当事者たちの合理性」にある次の言葉である．「本書が設ける特別な想定として，合理的個人は嫉みに悩まされないというものがある」(Rawls, 1999a, p. 124；邦訳，p. 193)．また続いて次のようにも言う．「彼らは愛着や憎しみによっては動かされない．また当事者たちは，相互比較の上に立った相対的な利得を得ようともしない．彼らは嫉妬深くもなければ，虚栄心が強いわけでもない」(Rawls, 1999a, p. 125；邦訳，p. 195)．要するに，ロールズが想定する個人は，ひたすら自己の利益を最大化することだけを考えており，それを他者のものと比較してみようとは思わない．その意味で，エゴイストではあるが他人には無関心な合理的個人といえる．これもある種の経済学的思考といえるが，社会理論，なかんずく政治理論として考えるとき，独特の意味をもってくる．

ロールズがこのような想定をするのは，言うまでもなく，いかにして原初状態における個人たちに1つの合意をもたらすかという問題意識から来ている．ロールズの思考法において，パレート効率性が1つのモデルになっていることにはすでに触れた．これによれば，ある一人の状況を，ほかの一人の状況を悪化させることなく改善できるなら，現在の財の分配のありようは効率的ではない．逆に，このような改善を繰り返し，なおある個人の境遇を向上させる可能性が残っていても，それをすれば他の一人の暮らし向きを悪化させる場合，そこでストップになる．すなわち，それが最も最適な状態であるということになる．

肝心なのは，このような最適な状態であるなら，当事者の誰もが同意するはずだという想定である．理想の財の配分となると，意見は分かれる．しかしな

がら，このように，これ以上やったら別の誰かが損をするというギリギリまで，一人ひとりの状況の改善を図ることには，反対するものはいないだろう．すなわち嫉妬はありえない．このような思考法が，ロールズの場合にも重要である．もしロールズ的個人が自分と他人を比較し，言い換えれば，嫉みに悩まされることがあるとすれば，それはこのような効率性への大きな障害となるだろう．嫉妬する個人は，仮に自分の境遇が改善されないとしても，他人の状態がよりよくなることに不満を感じるからである．あくまで自分の利益の最大化だけを考えて，他人のことには無関心な個人というロールズの想定は，ここから来ている．

　このようなロールズの個人は，政治的に見ると，いかなる特徴をもっているか．彼らは，一人ひとり，他人との比較抜きに，自分の利益を最大化することを考えている．ある意味で，それは孤独な自己計算である．自分と同じような人間がいることはわかっている．それらの人々は，自分と同じく，何らかの善を追求し，その実現を願っているであろう．また，自分の利益を最大化するために何が望ましいかを知る程度には，合理的なはずである．そういう人々と自分が一緒に社会のルールを考えていることはわかっているが，その姿ははっきりと見えず，あくまで自分のことを考えるしかない．そのような状態に置かれているのがロールズ的な個人である．

　ある意味で，このようなロールズの思考法は，反デモクラティックでもある．すなわち，デモクラシーを，相互に異なる利害や信念をもつ人々が，それでも対話を繰り返し，そのことを通じて自己修正していくプロセスであるとすれば，そのようなプロセスはロールズの正義論からは排除されている．ロールズに言わせれば，正義の原理を決定するのは１回限りのことであり，以後の修正は許されない．もちろん，正義の原理を確定したからといって，すべてが決まるわけではない．正義の原理を前提に，不確定部分を民主的に決定していく余地は残されるだろう．とはいえ，社会の基本的枠組みである正義については，一人ひとり孤独に自己計算した個人たちの均衡として一義的に確定でき，以後の民主的熟議の対象からは外されるのである．残されるのは，各個人が自らの内面の内で行う，自己の信念と正義の原理とをすり合わせていく「反照的均衡（reflective equilibrium）」のプロセスだけである[8]．

5 結び

　以上の議論をまとめたい．「リベラル・コミュニタリアン論争」はある意味で終わった論争である．というのも，コミュニタリアンからの批判に応えて，ロールズは自らの正義の二原理こそ撤回しないものの，この原理を導入するにあたって「原初状態」における合理的選択という色彩を薄め，むしろ公共的な理性をもつ立憲政体の構成員による合意という側面を強調するに至っているからである．特にそれを，西欧などの近代民主主義社会において共有されてきた「背景文化」，さらには「重なり合う合意」であるとしたのは，ロールズにすれば大きな譲歩であったといえるかもしれない．

　とはいえ，ある意味でサンデルはこれにも食い下がった．彼が『民主政の不満』で指摘したように，確かにリベラリズムはアメリカの公共哲学における1つの合意として歴史的に形成されてきた．とはいえ，そのようなリベラリズムとは，選択の自由を自己目的化するものであり，美徳の涵養による有徳な市民の育成や，寛容を支える道徳的信条に対する敬意といったものを掘り崩す原因ともなっている．さらに『正義』でサンデルは，ロールズによる功利主義批判を1つの達成として認めつつも，一人の人間を構成する連帯・帰属・忠誠の葛藤を捨象した正義論にあらためて不満を表明している．その意味で，表面的に妥協したように見えるとしても，ロールズの『正義論』の本質はけっして変わったわけでない——これがサンデルの結論であると考えられる．

　このようなサンデルの結論はある意味で正しい．すなわち，ロールズの議論は本質的には変化していない．とはいえ問題は，このような変わらざるロールズに対して依然として残るサンデルの違和感である．はたしてサンデルの違和感はロールズの問題意識にどれだけ向き合っているのだろうか．このことを最後にもう一度考えてみたい．

　確かにロールズの『正義論』は政治哲学として見るとき，独特な性格をもっている．それはあたかも孤立した個人が，相互に関心をもつことも，あるいは

---

8) 本書第2章（井上）は，『正義論』第Ⅲ部を中心に，ロールズの反照的均衡について考察している．

熟議を交わすこともなく，しかしながら最後は必ず同意せざるをえない「均衡」として示される．それをもって，ある種の経済学的思考ということもできるし，さらには反デモクラティックとして批判することも不可能ではない．およそ政治における支配−服従という契機を顧慮せず，さらには現実の人間を集団や社会に関与させる多様な情念をも捨象した，きわめて抽象的で，反政治的な政治哲学という評価も，けっして根拠のないものではないだろう．

しかしながら，ロールズが求めたのは誰もが同意できる正義の原則である．一切の支配−服従関係を排したうえで，多様な価値的コミットメントをもつ人々が，自発的に同意できるような正義の原則を見定めることが，ロールズにとっては何よりも大切であった．その意味で，上記の批判はすべて，ロールズにとっては織り込み済みのものであった．ただし問題は，ただ同意が得られればいいというわけではなかったことにある．ロールズは，「政治的な交渉や社会的な利害計算」によって正義をめぐる合意がなされることをけっして望まなかった．その限りでロールズは現実の政治過程に不信感をもっていたことは間違いない．

ロールズが追求したのは，ある意味で，神の力を借りることなく，デモクラシーが自らを制御することであったと言えるかもしれない．ロールズ自身は敬虔なプロテスタントの家庭に育ち，大学で哲学を専攻した際も，その卒業論文のテーマは「罪と信仰の意味」であった（Rawls, 1999a，訳者あとがき）．そのようなロールズが，信仰とははっきり一線を画して展開した哲学的考察の対象として選んだのが正義，それも「社会の諸制度の第一の徳目」（Rawls 1971）としての正義であった．正義なき社会は社会ではない．この信念の下に，1つの社会がいかに正義に合意しうるかを探り続けたのがロールズの知的人生であった．

それではデモクラシーの社会が，自らの意志に反することなく課すことができる自己制約とは何か．ロールズに言わせれば，それはまず「平等な自由」であり，ついで「公正な機会の平等」であり，そしてそのうえでの「格差原理」であった．デモクラシーの社会は何らの権力的強制もなしにこれらの原理に同意できるし，これらの原理をこの順番で適用することで，デモクラシーは自らを制御できるというのが，ロールズの揺るぎない信念であった．そのためにも

正義の諸原理は超越的な理念ではなく，あくまで多様な個人を抱えるデモクラシー社会の内的な「均衡」によって得られねばならないとロールズは論じ続けた．

ロールズは，サンデルが言うように，自らの社会哲学から善を排除しているわけではない．ただし，ロールズは善をあくまで個人や集団のものであるとして，社会の道徳性を問う場合には，正義だけが問題になると説いた．あとは各個人が自らの内面において，そのような社会の正義と自らの善をつき合わせて，1つの「均衡」を生み出していくしかない．このように考えるロールズにとって，サンデルが持続的に行っている批判はやはり，どこか「行き違い」であった．仮にロールズがいま生きているとしても，苦笑するばかりであまり明確な反応はしないのではないか．そう思われてならない．

参考文献

宇野重規（1999）「『自由主義－共同体論論争』の行方」『千葉大学法経論集』14-2, pp. 19-49.

Dupuy, Jean-Pierre (1992), *Libéralis meet justice sociale: Le sacrifice et l'envie*, Calmann-Lévy.（米山親能・泉谷安規訳『犠牲と羨望——自由主義社会における正義の問題』法政大学出版局，2003年）．

MacIntyre, Alasdair (1981), *After Virtue, A Study in Moral Theory*, University of Notre Dame Press.（篠崎榮訳『美徳なき時代』みすず書房，1993年）．

Nozick, Robert (1974), *Anarchy, State, and Utopia*, Basic Books.（嶋津格訳『アナーキー・国家・ユートピア——国家の正当性とその限界』木鐸社，1992年）．

Rawls, John (1971), *A Theory of Justice*, Cambridge, MA: Belknap Press of Harvard University Press.（矢島鈞次監訳『正義論』紀伊國屋書店，1979年）．

——— (1993), *Political Liberalism*, New York: Columbia University Press.

——— (1999a), *A Theory of Justice* (revised edition), Oxford: Oxford University Press.（川本隆史ほか訳『正義論 改訂版』紀伊國屋書店，2010年）．

——— (1999b), *The Law of the People*, Cambridge, MA: Harvard University Press.（中山竜一訳『万民の法』岩波書店，2006年）．

Sandel, Michael J. (1982), *Liberalism and the Limits of Justice*, Cambridge University Press.（菊池理夫訳『自由主義と正義の限界』三嶺書房，1999年）．

——— (1996), *Democracy's Discontent: America in Search of a Public Philosophy*, Cambridge, MA: The Belknap Press of Harvard University Press.（金原恭子・小林正弥監訳『民主政の不満——公共哲学を求めるアメリカ』勁草書房，2010-11年）．

——— (2009), *Justice: What's the Right Thing to Do*, New York: Farrar, Straus and Giroux.（鬼澤忍訳『これからの「正義」の話をしよう——いまを生き延びるた

めの哲学』早川書房,2010年).
Taylor, Charles (1985), *Philosophy and the Human Sciences, Philosophical Papers 2*, Cambridge University Press.
Walzer, Michael (1983), *Spheres of Justice, A Defense of Pluralism and Equality*, New York: Basic Books.(山口晃訳『正義の領分——多元性と平等の擁護』而立書房,1999年).

第 2 章
ロールズ『正義論』における契約論的プロジェクト
その批判的再検討と今日的意義をめぐって

井上　彰

1　ロールズ『正義論』の再検討——第 3 部を中心に

　ジョン・ロールズが 1971 年に公刊した『正義論』が，政治哲学の発展に大きく寄与したことを否定する者はほとんどいないように思われる．そのインパクトたるや，いまなお『正義論』で展開されている種々の議論をめぐってさまざまな論考が世に問われていることに鑑みれば，文字どおり計り知れないといえる．しかしそうした議論の中でも，真正面から論じられることが少ないものが存在する．『正義論』第 3 部の議論が，それである．
　『正義論』第 3 部「諸目的」は，第 1 部，第 2 部で展開した正義構想をめぐる議論，特に第 1 部の正義原理に関する議論を，善の理論および道徳心理学的議論によって確定的なものにするためのパートである．すなわち第 3 部の主題は，第 1 部において（道徳的）直観に裏打ちされた諸々の仮定に依拠して導かれた正義原理が，われわれが真に求めるものであって，だからこそ安定的に実現しうるものとなる点を明らかにすることである．『正義論』で展開される正義構想の説得力は，この第 3 部の議論の成功にかかっているといっても過言ではない．
　そこで本章では，第 3 部の議論が『正義論』において，いかに重要な役割を果たしているのかについて明らかにしたうえで，その内容に批判的に迫っていくことにする．そのうえで，『正義論』における契約論的プロジェクトの今日的意義について，昨今，進展著しい経験的道徳心理学の議論を参照しながら確認することとしたい．

2 契約論と反照的均衡の方法

　ロールズの『正義論』が，社会の基本的諸制度に関わる正義構想を明らかにしようとする作品であることは周知のとおりである．その議論が，契約論の枠組みに従って組み立てられたものであることは，あまりにも有名である．契約論とはいうまでもなく，自然状態を想定して政治社会の成立原理を解明しようとする社会契約論のことを指す．ロールズの契約論が，この伝統的な意味での社会契約論をふまえたものであることは，ロールズ自身が認めるところである（TJ, p. 11/10; 邦訳, p. 16）．確かに社会の成立原理が正義構想となるのは，当該社会の全成員が当の原理を全員一致で採択する場合に限るとする点では，従来の社会契約論との違いはない．しかし従来の社会契約論とは異なり，ロールズの契約論は，原理を全員一致で採択する（受容している）ことを当事者間の実際の契約として位置づけないことから，その実際性に正義構想の規範的源泉を見出す議論構成をとっていない．すなわちロールズの契約論は，「純粋に仮想的（purely hypothetical）」なものなのだ（TJ, p. 12/11; 邦訳, p. 18）．

　では純粋に仮想的な契約論で，正義構想の規範的源泉となるものとはいったい何だろうか．そもそも思考実験上の契約が，なぜわれわれを規範的に拘束する力をもちうるのか．この問いに答えるために，当の思考実験の成立条件，すなわち全成員が最初で最後の契約に臨む初期状況の設定に目を向ける必要がある．もし一人でもその初期状況に不公正な要素を見いだすとすれば，全員が意欲的にコミットしうるような契約は望むべくもないだろう．そのことからロールズは，原理を選別するにあたって道徳的に恣意的な要素たる社会的地位や身分，そして生来の能力といった偶然性が関わらないように，そうした情報を欠いた当事者からなる初期状況，すなわち原初状態（original position）の構想を提起する．この原初状態が，われわれが全員納得して受け入れられるような初期状況かどうか——ロールズ流の言い方をすれば「適理的に受容可能な（reasonably acceptable）」初期状況かどうか（TJ, p. 18/16; 邦訳, p. 26）——，そしてもしそれが適理的と判定しうるとしたら，その適理性を支える世界の構成要素とは何か，この2点が問われてくる．

ちなみに，初期の頃のロールズ批判の多くは，この原初状態をめぐって展開されたことは周知のとおりである．その類型を2つに分けると，1つは，ロールズの原初状態の直観依存的性格を問題視する批判があげられる．その批判の急先鋒であったリチャード・ヘアは，原初状態の構想はロールズが直観的に望ましいと見る原理を導くために仕立て上げられた（rigged）ものであって，それゆえロールズの主観をあたかも客観的なものであるかのように偽装するための構想にすぎないと批判した（Hare, 1973）．第2の類型は，ロールズの正義論の本質は原初状態の構想にはないとする批判である．ロールズの契約論は「平等な配慮と尊重」を受ける根本権利という深層理論（deep theory）があって初めて成立するといったものや（Dworkin, 1973），自律的な市民の理想があって初めて成立するといったものなどがそれにあたる（Scanlon, 1973）．

当然ながら『正義論』を改めて検討するにあたって，この2種類の批判が正当なものかどうかが問われてくる．その点に迫るにあたって注目すべきなのは，『正義論』が仮想的な契約の成立条件に関する議論を，全体を通して展開している点である．『正義論』をひもといた者ならば誰もが知っているように，第1章では，原初状態の構想を構成するさまざまな前提（概念装置）を真だと仮定して議論する形式をとっている．例えばロールズは，原理適用の対象となる社会の基本的諸制度を意味する基本構造（basic structure）概念のあいまいさを認めたうえで，「直観的に理解された基本構造に確実に含まれる部分，その部分に適用される原理について論じることから始めたい」と宣言している（TJ, p. 9/8; 邦訳, p. 14）．もちろんロールズは，そうした直観的理解を提示することに終始しているわけではない．直観はあくまで「暫定的な固定点（fixed point）」にすぎないからだ（TJ, p. 20/18; 邦訳, p. 28）．後で詳しく見るように，議論が第2章，第3章と進んでいくにつれて，われわれの熟慮ある判断（considered judgments）を裏づける世界の一般的事実が，原初状態の適切性をも明らかにするものとして提示されていく．すなわち，原初状態を構成する概念装置の妥当性が，重要な一般的事実によって明らかにされていく形をとっているのだ．

この，暫定的な固定点たる直観からスタートし，その判断がいかなる一般的事実によって説明しうるのかを段階的に明らかにしていき，最終的にその当初

の判断に依拠して組み立てられた議論——具体的には，原初状態およびその条件で合意される正義構想——を正当化しようとするやり方こそ，ロールズが従来の概念分析的手法に代わるものとして提唱する，かの反照的均衡（reflective equilibrium）の方法（のエッセンス）にほかならない．

　　正義の理論は，紛うかたなき理論であることを強調しておきたい．それは（18世紀を代表する著作を提起するなら）道徳感情の理論であって，われわれの道徳的能力——より特定的には，われわれの正義感覚——を司る原理を提示するものである．推測された諸々の原理をチェックしうるような，限られてはいるものの明確な事実の集合が存在している．この集合こそ，反照的均衡におけるわれわれの熟慮ある判断にほかならない．正義の理論は，他の理論と同じルールに従う．意味の定義や分析は，特別の地位を占めない．定義は理論の一般的構造を提示する際に用いられる1つの装置でしかない．いったん全体のフレームワークが次第に明らかにされていくと，定義は顕著な位置づけをもたなくなり，その成否は理論そのものにかかってくる．いずれにせよ，論理や定義の真理にのみ基づかせて正義の実質的理論を展開することは，明らかに不可能である．道徳的概念の分析もアプリオリなものも，それがどれほど伝統的なものとして理解されてきたにせよ，1つの基礎としては弱すぎる．道徳哲学は不確かな仮定と一般的事実を気の向くままに自由に用いるものでなければならないのである．
　　（TJ, pp. 50-51/44；邦訳, pp. 70-71）

ここで注目すべきなのは，反照的均衡の方法に基づいて正当化される正義の理論を，道徳感情の理論として位置づけている点である．『正義論』でこの道徳感情の理論が本格的に展開されるのは，その最終パートである第3部，特に第8章「正義感覚」においてである．このことからもうかがえるように『正義論』は全体を通して，当初は直観的判断に依存する不確かな仮定から導かれる正義原理を，（正義感覚に代表されるような）道徳感情の存在を示す明確な一般的事実によってチェックする，文字どおり体系的な作品なのである．このチェック作業を通じて，当初は直観に依拠して仮設的に用いられていた概念装置

第2章 ロールズ『正義論』における契約論的プロジェクト

が，一般的事実が示す世界の重要な構成要素と一致することが示されていくのである．

それゆえ，反照的均衡の方法ということでよく引き合いに出される熟慮ある判断と（正義）原理の整合性を高めるプロセスは，初期状況の適理性を支える一般的事実を軸に成立するというべきである．実際ロールズは，そのプロセスを経て到達した反照的均衡の事態を，「われわれが適理的な条件を表現するとともに，十分簡潔にされ訂正されたわれわれの熟慮ある判断と合致する原理を生み出す初期状況の記述を見出しうる」事態として描いている（TJ, p. 20/18;邦訳, p. 29）．すなわち，熟慮ある判断と原理の不整合は主に初期状況の内容変更を迫るものであって[1]，逆に言えば原初状態は，一般的事実を正確に記述する説明によって反照的均衡に至った事態をふまえて，適理的に受容可能な初期状況だと謳われている点に目を向けるべきである[2]．

ここで当然気になってくるのは，その一般的事実をどのように指定すべきか，である．思い起こしてほしいのは，契約の成立条件たる初期状況が，実際に誰一人として適理的には拒絶できないものでなければならないという点だ．それゆえ，その初期状況を構成する諸々の前提を最終的に解き明かす一般的事実は，われわれにとっての一般的事実でなければならない．現にロールズはたびたびそれが，単なる一般的事実ではなく「人間社会についての」一般的事実であることを強調している（TJ, pp. 137ff/119ff; 邦訳, pp. 186ff）．したがって，まずその事実は，われわれが正義構想を求めている状況に置かれていることを反映するものとなる[3]．そしてなにより重要なのが，（そうした状況を含めた）

---

1) 熟慮ある判断のほうが修正される場合にも，一般的事実による裏づけが得られないことが根拠になるケースが多いように思われる．人種偏見などは，（経験科学的に措定される）一般的事実による裏づけが得られない典型的なケースであろう．

2) 類似の指摘については，盛山（2006, pp. 97-98）．反照的均衡の方法をめぐっては，狭義と広義の区別も含めて，さまざまな議論が展開されている．ここでその全貌についてふれることはできないが（詳細は Daniels, 1996, part 1，および，渡辺, 2001 を参照のこと），少なくとも『正義論』での反照的均衡の方法のエッセンスは，それが一般的事実を軸に構成されているところにあるという理解で問題ないように思われる．本章を最後まで読めば，なぜそのような理解の仕方で問題ないのかがわかるだろう．

3) ロールズは『正義論』第22節でそうした状況を「正義の情況（the circumstances of justice）」と呼び，それが資源の穏やかな希少性と（善の多様性を背景にした）相互の個別利害の無関心から構成される一般的な制約状況であるとの説明を加えている（TJ, pp. 126-128/109-110; 邦訳, pp. 170-172）．

一般的事実について徹底して記述的に説明する知見である．ここで単に「説明」ではなく「記述的（descriptive）説明」とするのは，そうでなければ道徳的直観が正義構想の直接的根拠となってしまい，第一類型の批判（ヘアによる批判）があてはまってしまうからである．逆にいえば，一般的事実についての一貫した記述的説明は，ロールズが直観的に望ましいとするだけの正義構想ではないことを示すために欠かせないものなのだ[4]．

ではどのような知識に訴えることで，一般的事実に関する正確な記述的説明が可能となるのだろうか．後に詳しく見るようにロールズは，信頼しうる経験科学的知見として経済学と特に心理学をあげ，それらに大方依拠する形で一般的事実についての記述的説明を展開している．このことは，経済学（の標準的原理）や心理学が人間の動機構造にふみ込むものであることと関係している．もしこの2つの知見を用いて，人々が正義構想への純粋な動機づけを示すことができれば，人々が最初で最後の原理選択を行う原初状態の構想に規範性を見出す理由が明らかとなり，原初状態が『正義論』において不可欠な構想であることを証明したことになる．もっともそのためには，一般的事実に関する（経験科学的知見をふまえたうえでの）記述的説明が妥当性を有するものでなければならない．その妥当性を検証するには，その説明が本格的に展開される第3部の議論を検討する必要がある．

3 原初状態と一般的事実

3.1 原初状態の構想

第3部の議論が，原初状態を適理的なものにする構成要素を示す一般的事実の記述的説明として，はたしてどれだけ成功しているかを検討するにあたって

---

[4] もっともロールズは『正義論』の結論部（第87節）で，「原初状態の構想が利用する概念群が倫理的に中立であるとは主張しない」と述べていることから，原初状態を適理的なものにする成立条件をめぐっては，その記述的説明に徹するべきだとする認識を示してはいないように思われるかもしれない（TJ, p.579/507；邦訳，p.762）．しかしその直後に，「私は単にこの問題について議論せずにおく」と述べていることから，非道徳的概念を用いた記述的説明に徹するあり方を，論証的に否定しているわけではないことが窺える．より重要なのは，第3部で展開されるロールズの善の理論や正義感覚に関する道徳心理学的説明は，概して記述的になされており，記述的説明に徹することが望ましいとする認識を（少なくとも『正義論』の段階では）もっていたように思われる．この点については後述する．

は，原初状態の構想を支える重要な諸前提を明らかにする必要があるだろう．繰り返すが，原初状態は契約論において重要な，すべての人が合意するかどうかの判断を下す一度限りの契約の成立条件，すなわち初期状況の一種である．その初期状況が誰一人として適理的に拒絶することのない，いってみれば公正な原理選定状況でなければ，採択される原理は正義原理としての安定性を欠くものとなる．そのことをふまえて提案されるのが，原初状態の構想である．

　　原初状態はもちろん，実際に起こった歴史的事態として見なされるものではないし，ましてや文化が生まれる原始的条件でもない．それは，正義の一定の構想を導くために特徴づけられる，純粋に仮想的な状況として理解されるものだ．この状況の本質的特徴には，いかなる者も社会における自分の地位，すなわち階級的立場や社会的地位を知らないということ，いかなる者も知性や強さといった自然的資産や能力の配分上の無形の財産について知らないということなどが含まれる．私は，当事者が自身の善の構想やおのおのに特有の心理的性向についても知らないということさえも仮定する．正義の原理は，無知のヴェールの背後で選ばれるのである．このことが原理の選択の際に，誰もが自然のチャンスの結果や社会環境の偶然性によって利益ないし不利益を被らない，ということを保障するのである．すべての人間が同じような状況に置かれ，誰も自分の特定の条件に有利なように原理を企図できないがゆえに，正義の原理は公正な合意や交渉の結果となる．というのも，全成員の相互の関係が対称性を有しているという原初状態をふまえれば，こうした初期状態は道徳的人格を兼ね備えているとされる諸々の個人にとって公正なものとなるからだ．ここで道徳的人格とは，自分自身の目的をもち，正義感覚を発揮しうることが想定される合理的存在のことである．（TJ, p. 12/11; 邦訳, p. 18）

この原初状態にて合意・採択に至るとされるものこそ，最も不遇な者に最大限の利益をもたらす限りにおいて不平等分布を許容することを謳う格差原理（difference principle）を含む，かの正義の二原理である．
　さて本章の目的からして重要なのは，ここでロールズが2つの重要な想定を

行っている点である．1つは，「当事者が自身の善の構想やおのおのに特有の心理的性向についてさえも知らない」という仮定であり，もう1つは「原初状態の当事者が正義感覚を発揮しうる合理的存在である」という想定である．実は第1部の第2章から特に第3章「原初状態」で明らかになるのは，この2つの想定（仮定）がともに，「当事者が自分に関わる特定的事実を知らないという無知のヴェールの背後に置かれること」および「その当事者が正義感覚を保有していること」という，原初状態を適理的に受容可能なものにする成立条件に関わってくるという点である．この点について，2つの想定に関わる議論，すなわち，無知のヴェールで排除されない一般的事実に関する議論と，コミットメントの重圧（strains of commitment）に関する議論に沿って詳しく検討したい．

3.2 無知のヴェールで排除されない情報──一般的事実

　無知のヴェールは，公正な原理選択状況をつくるための条件，すなわち原理選定に際して，特定の当事者を利する要素が一切，介在しないようにするための条件である．そうした要素としてあげられるのが，階級や社会的地位，そして生来の能力といった社会的・自然的偶然性に関わるものである．誰もが適理的に受容しうることを大前提とする原初状態の構想からすれば，当事者を自らの地位や生まれつきの能力について知らない初期状況に置くべきとする要請は，欠くことのできないものである．しかし先に見たように無知のヴェールは，各人固有の善の構想やおのおのが一意に有する心理的特徴さえも知らない状況を含意する．このようにロールズの無知のヴェールは，個人に関する特定の事実を徹底的に排除する点で「厚い（thick）」ヴェールであるといえる（Freeman, 2007, p. 157)[5]．

　ではなぜ公正な原理選定条件を成立させるために，個別的な善の構想や心理的性向について知らない状況を想定しなければならないのだろうか．それは正

---

[5] 「薄い（thin）」ヴェールの場合は，個人に関する特定の事実を排除せずに，どの事実が自分と関わりがあるのかという同一性に関する知識だけを排除する．その代表例が不偏的観察者の想定，特にジョン・ハーサニによる無知のヴェールの設定である（Freeman, 2007, p. 158）．ちなみに，ハーサニの薄い無知のヴェールに基づく功利主義的正義論に対するロールズによる批判は，『正義論』第28節で展開されている（TJ, p. 167-175/144-153；邦訳，p. 225-238）．

義原理が適理性を備えるために必要な形式的制約としてあげられている5つの条件のうちの公開性(publicity)という，正義の二原理の安定性に関わる条件と関係している[6]．公開性とは，正義原理が公示されるのはもちろんのこと，その採択のための初期状況から採択された原理によって統御された状態に至るまでのプロセスが，すべての人に知られていることを要求する条件のことである(TJ, p. 133/115; 邦訳, p. 179)．この公開性の条件が，個別的な善の構想や心理的性向が排除されていない初期状況と相性が悪いのは，その内容からして明らかだと思われる．個別的な善の構想が原理の選定に関わる場合も，個別の心理的性向——例えば，単に慣習的に身についた感覚や個人的な慎慮——が初期状況で排除されない情報としてある場合にも，その原理がすべての人に正当に評価される（したがって，公的に承認される）ものでなくなる可能性が高くなるからだ．

ここで1つ疑問が提起されよう．すなわち，個別的な善の構想や心理的性向は正義原理を含む実践的考慮にとって重要な動機づけとなりうるものであって，それを当事者が保持する情報から排除してしまうと，そもそも正義原理への動機づけがなくなってしまうのではないか，という疑問だ．この疑問にロールズの議論がどう応えているのかを見るためには，無知のヴェールでは排除されない情報，すなわち原初状態で当事者が把握している情報に目を向ける必要がある．それこそが「人間社会の一般的事実」であり，それについて説明するものが，「経済理論の原理」と「人間心理の法則」である(TJ, p. 137/119; 邦訳, p. 186)．

この，経済学（の標準的原理）と人間心理の法則の解明を目指す心理学という，20世紀の経験科学を代表する知識が人間社会の一般的事実を説明するものとして強調されている理由は明白である．ロールズは（正義の理論を道徳感情の理論であるといい切っているように），人々が正義原理へと実際に動機づけられるかどうかに強い関心をもっている．なぜなら，もし正義原理への動機づけが実際に生じなければ，それが人間社会で求められる正義原理とはなり得ない

---

[6] 他の条件は，原理の一般性，適用に際しての普遍性，衝突する権利主張に優先順位を付けること，そして確定性(conclusiveness)の4つである(TJ, pp. 131-135/113-117; 邦訳, pp. 176-182)．

――単なる絵空事になりかねない――だろうし,そもそも安定的に受容されるものとはなり得ないからだ.そうした動機の生起に関わってくる知識こそ,経済学の標準的原理や人間心理の法則である.ロールズはそれらが原初状態の「当事者の熟慮を可能にする諸前提を形成するがゆえに,彼らの原理選択はそうした事実に関連するものとなる」として,厚い無知のヴェール下で正義原理への動機は間違いなく生起すると考える(TJ, p. 158/137; 邦訳, p. 214).

　注目すべきなのは,ロールズがその叙述の後で,「もちろん本質的なことは,そうした諸前提が真であり,十分に一般的であることである」と述べている点である(TJ, p. 158/137; 邦訳, p. 214).このことが意味するのは,経済学と心理学の一般原理ないし一般法則が真であるとするロールズの強い確信である.このように『正義論』では経済学および心理学ともに,われわれが実際に正義原理へと動機づけられる一般的事実を説明するものとして,きわめて重要な役割を担っているのである.

3.3　コミットメントの重圧と動機

　以上の議論は,コミットメントの重圧に関する議論ともつながっている.コミットメントの重圧とは,他の成員がその合意へのコミットメントを維持し得ない,あるいは相当な困難をもってかろうじて維持しうることが予想される場合には,原初状態において合意の輪に入らないことを含意するものである(TJ, p. 145, 176/125-6, 153; 邦訳, pp. 196-197, 239).なぜなら人々は,他の成員がコミットし得ない,あるいは相当な困難をもってかろうじてコミットできる程度の原理に,安定的な支持を表明することはないと想定しうるからである.このようにコミットメントの重圧は,全員が恒久的にその原理にコミットしうることが明らかでなければ,けっして合意には至らないことを示唆するものである.

　では原初状態において人々に,このコミットメントの重圧を押しのけて正義の二原理を選ばせるものとはいったい何だろうか.それは,原初状態で当事者全員が正義の二原理を強く支持する動機を有しており,それがすべての人に知られている――すなわち,公開性が充たされている――状況以外にはあり得ないだろう.その動機を裏づける,無知のヴェールの背後であっても排除されな

い一般的事実を説明するものこそ，経済学の標準的原理たる合理的選択の原理と，心理学で見出される一般法則をふまえての道徳心理（学）の原理にほかならない．すなわちその一般的事実とは，正義の二原理を原初状態において選択することの合理性と，（合理的に選択した）正義の二原理に恒久的にコミットする心理的動機の頑健性である．

　まずは，経済学の標準的原理に基づいて説明される，正義の二原理への合理的動機づけから見ていこう．ロールズは人々の正義の二原理への合理的動機を，「善の希薄理論（the thin theory of good）」に基づいて説明する[7]．善の希薄理論とは，善の特定の構想を同定できなくても，考えうるさまざまな人生計画の実現のための手段については，十全に明らかにしうるとする理論である．具体的にそれは，「あらゆる目的の手段（all-purpose means）」となりうる基本財（primary goods）の構想を同定するものである．周知のように基本財は，諸々の権利や自由，機会，権力，所得そして富，さらには自尊の社会的基礎という，いかなる人生目的であってもその実現を促進する財（善）で構成されるものである（TJ, pp. 92-93/79-80；邦訳，pp. 124-125）．

　この善の希薄理論が，経済学において標準的原理となっている合理的選好の構想と結びつくことは容易に推察できる．経済学でいうところの「合理的個人」とは，「当人に開かれている選択オプションに関する一貫した選好」，すなわち「自分の目的をどれほど促進するのかに応じてランクづけ，自分の欲求を少ししか充たさないものではなく，より多く，かつ成功裡に遂行する可能性の高い計画に従う」存在である（TJ, p. 143/124；邦訳，p. 193）．自分の人生計画を含むあらゆる特定的事実について知らない原初状態の当事者は，人間社会の一般的事実に組み入れられている，この合理的選択の原理に依拠して選好を形成し，意思決定を行わざるを得ない．しかも，自分がどういう地位ないし能力を保持しているのかがわからない状況では，人々は最も恵まれない状態にある可能性をふまえて，できるだけ多くの基本財を保持している事態を選好するの

---

[7] 「善の希薄理論」というタームが初めて出てくるのは，第3部第7章であるが（TJ, pp. 395-399/347-350；邦訳，pp. 518-522），内容的には第1部第2章第15節で本格的にふれられている．これも，直観に依拠した想定と，その適切性を担保する世界の構成要素に関する理論的説明を，段階を追って明示する契約論的プロジェクトに沿った論証スタイル——反照的均衡の方法——に基づくものであるといえよう．

が合理的だとロールズは見る（TJ, pp. 94-95/80-81；邦訳，pp. 126-128）．それゆえ，原初状態で最も不遇な者に基本財を優先的に多く分配することを要請する，かの格差原理を含む正義の二原理が全員一致で採択されるのは，無知のヴェールの背後での（善の希薄理論に照らしての）人々の合理的選好から生まれた当然の帰結だとされる[8]（TJ, pp. 150-161/130-139；邦訳，pp. 204-217）．このように経済学の標準的原理は，原初状態における当事者が保持しうる，正義の二原理への合理的動機づけを説明する役割を担っている．

そして，このようにして合理的に選ばれた正義の二原理を永久に安定的なものにするのが，正義原理を厳格に遵守する人々の心理的動機の頑健性である．この正義原理への頑健な心理的動機は定義上，正義感覚を能力的に有している者であれば誰もがもっているものとされる．それゆえ，正義原理の厳格な遵守を実現するのは，人々が「正義感覚の能力をもっており，その事実が人々の間で公共的知識」として共有されている場合——すなわち，公開性が過不足なく充たされている状態——のみである（TJ, p. 145/125；邦訳，p. 196）．この状態を想定するにあたってロールズが強調するのは，原初状態の当事者が共有する「人間心理の一般的事実と道徳習得の原理」，すなわち「道徳心理（学）についての一般的事実」の存在である（TJ, p. 145/125；邦訳，p. 196）．この一般的事実によって，人々が他の当事者も正義感覚を有することを知り，だからこそ正義の二原理によって統御された社会に躊躇なくコミットしうるというわけだ．この道徳心理（学）の一般的事実と先の合理的選好に関する事実をふまえれば，先の「原初状態の当事者が正義感覚を発揮しうる合理的存在である」とする想定が適理的なものであることが理解できるだろう．

以上からわかるように『正義論』では，コミットメントの重圧をはねのけるほどの強い合理的・心理的動機に関する一般的事実が，経済学と心理学という経験科学的知見をふまえて提出されているといえる．もっとも第3章までの段階では，先の2つの想定の適理性を担保する一般的事実についての説明が本格的に付されているわけではない（その2つの想定が真であるとの確信に沿った素描的説明にとどまっている）．それら一般的事実に本格的な記述的説明を加える

---

[8] この推論や帰結に対してはさまざまな批判が投げかけられている——その最も有名な批判が，ハーサニによるものである（Harsanyi, 1975）——が，ここでは扱わない．

のは，第3部の主たる役割である．以下では，その第3部での善の構想に関する記述的理論と，正義感覚の発達段階を説明する原理によって，正義の二原理によって統御された社会が安定的であることを示そうとする議論について検討し，それが抱える問題点について明らかにしたい．

4 『正義論』第3部の議論とその問題点

4.1 合理性としての善さをめぐって

ロールズの善の希薄理論が，自らの善の構想を把握していない原初状態でも機能しうるものであり，それゆえ正義の二原理の定立に際して欠かせない前提であることは，すでに確認したとおりである．その内容および位置づけについての議論を本格的に展開するのが，第7章「合理性としての善さ（goodness as rationality）」である．

興味深いのは当該章で，ロールズが善の希薄理論の内容説明にとどまることなく，善の完全理論の提出を試みている点である．その目的は，「正義に従って行為する欲求がわれわれの善の一部」であって，その結果，「正義と善の構想が両立可能で，理論が全体として調和する」ことを明らかにすることである（TJ, p.456/399；邦訳, p.598）．つまりロールズは，正義原理定立の前提として導入された善の理論が，実は正義体系を安定的に支える構想でもあることを示すために，善の完全理論を彫琢しようとするのである．この善の希薄理論から完全理論への展開は，複雑な論証を伴うものとなっている．というのも善の完全理論は，善の希薄理論（で説明される基本財の構想）を前提にして導かれた正義原理に依拠して提出されるものだからだ．

一見すると，この善の希薄理論と善の完全理論の関係は，正義構想を媒介にした一種の循環構造になっている．しかし，『正義論』全体で契約論的プロジェクトが成功裡に展開されているとすれば，それが循環論法に陥ることはない．なぜなら，契約論的プロジェクトが要請する反照的均衡の方法によって，特定の正義構想を導く善の希薄理論は，善の完全理論による善の解明を通じて記述的に再定位されるからである．事実，ロールズが第7章で行っているのは，主として善の定義づけ，それも「純粋に形式的な」定義づけである（TJ,

p. 424/372；邦訳，p. 557)．ロールズの契約論的プロジェクトにおいてこの定義づけが重要になるのは，善の道徳中立的な記述的説明によって，原初状態の構想の一部を担う善の希薄理論を適理的なものにする世界の構成要素について明らかにしなければならないからである．

したがって，ロールズが善の完全理論を展開するにあたって，正義の概念とは比較にならないほど，善の定義づけにこだわっているのも頷ける[9]．そのこだわりは，循環論法を避けるべく，善を非道徳的観念によって一貫して記述的に解明しようとする姿勢に現れている．その非道徳的観念こそ，ほかでもない「合理性」である．ロールズは，合理性の基準を洗練化させるための3つのステップを設定し，それをふまえることで善の道徳中立的な定義を完成させていこうとする．第一のステップでは，目的の達成のために特定の事物を欲求することとその事物の善さが等しいことを示すことである．第二のステップでは，その目的が個人を取り巻く状況や能力および意図，すなわち人生計画をふまえて，その達成のために特定の事物を欲求することとその事物の善さが等しいことを示すことである．第三のステップでは，その人生計画それ自体が合理的であることを示すことである（TJ, pp. 399-400/350-351；邦訳，pp. 523-524)．

ロールズにいわせれば，第一と第二のステップは特段論争的ではない．2つのステップで明らかとなる善の意味はすでに日常的に確立している．多くの人が類似の利害関心や能力，状況を共有している中での，欲求対象を合理的に措定しうることをふまえて成立する商取引等の慣習的規準は，その典型的な例である．スポーツや趣味の追求に代表されるように，個人を取り巻く状況や能力の違いが顕著な文脈では，欲求対象に異なる価値が付されことになる．このように，第一ステップから第二ステップへはそのまま自然に移行しうるし，「善」の語の使用という観点から見ても，第一ステップと第二ステップで善の意味に違いが生じているわけではない．このことからもわかるように，合理性を基準

---

9) この点は，正義の定義づけをほとんど行わないうえに，そもそもそうした定義づけに限定的な役割しか認めないロールズのスタンスと齟齬を見せる部分でもある．しかし，善に一貫して記述的な説明を与えることは，善をめぐる議論で循環論法に陥らないために必要なことである．この方法論的齟齬（と思しきもの）が何を含意するのかを見極めるためには，管見のかぎり，ロールズの概念分析に対する，一見すると全般的に批判的に映る姿勢をどう評価するかが鍵となる．詳しくは，井上（2014)．

とする善の定義づけの強みは、われわれにとってなじみ深い事例や語の日常的な使用を適正に反映させることができる点にある（TJ, pp. 400-407/351-358；邦訳, pp. 524-534）．

さてこの2つのステップ——特に第一ステップ——に関する議論が、個別的な善の構想について知らない状況でも成立しうる善の希薄理論に関する説明と重なることは、いうまでもないだろう．しかし人生計画それ自体の合理性を射程に入れる第三ステップになると、合理性が個別の目的の選別にも関与してくる以上、合理性に基づく善の定義は論争的になる．このことがロールズをして経済学（の標準原理）という、人間社会の一般的事実を記述する経験科学的知見に依拠せしめる1つの背景となっている．実際ここにきて初めてロールズは、善の希薄理論を支える合理的選択の原理の内実に迫っていく．それは、第一に特定の目的に対する効果的な手段の選択を要請し、第二に達成目標をより多く実現する計画を選好し、第三にその目標群の実現可能性がより高いものを選好する、という3つの構成要素からなるものである（TJ, pp. 408-413/358-362；邦訳, pp. 536-542）．この、信念と欲求の連携をふまえた選好の一貫性をその主要内容とする合理的選択の原理が、経済学の標準原理と軌を一にすることを否定する者はいないだろう[10]．

しかしロールズは、人生計画それ自体の合理性を問うにあたって、自分を取り巻く状況および目的の相対的重要性を決めるには、この合理的選択の原理では不十分であると考える．そこで、ヘンリー・シジウィックのアイデアに従う形で新たに導入されるのが、「熟慮ある合理性（deliberative rationality）」の概念である[11]．熟慮ある合理性の定義は、「計算や推論に誤りがなく、しかも諸々の事実が正確に評価されている」ことに加え、「行為主体は当人が本当に望んでいることについて誤認がない」ことがあげられる（TJ, p. 417/366；邦訳,

---

10) もっとも今日、すでに確立した知識としてさまざまな分野で応用されている行動経済学は、人間の知識と計算能力が限られているせいで、多くの日常的な経済行動が選好の一貫性を要諦とする合理性基準を充たし得ないことを、広範にわたる調査や実験によって明らかにしている（Kahneman and Tversky, 2000；竹村, 2009）．このことをふまえると、ロールズの合理性としての善さの構想との相性が悪い経験科学的知見——行動経済学のことだが——こそが、人間社会の一般的事実に関する記述的説明を与えるものとなっているといえるのではないか．この点をふまえて、ロールズの議論枠組みを基本的に継承しつつも、正義の二原理とは異なる正義構想を提出する試みとしては、井上（2012）．
11) シジウィックについては、本書第3章（中井）を参照のこと．

p. 548)．この理想的基準によりわれわれは，人生計画全体の中での諸目的の合理性を問う「個人の善の基準」を手に入れることになる（TJ, p. 423/372；邦訳，p. 556）．もちろん，この熟慮ある合理性によって規定される各人の善き人生計画は，実際にはほとんどの人にとって完全には成し遂げられるものでない．つまり，熟慮ある合理性に基づく「善の基準は，正義の基準と同様の仕方で仮想的である」ことを免れ得ないのである（TJ, p. 421/370；邦訳，p. 554）．

　このように，熟慮ある合理性に基づく善の定義づけは，仮想的性格を有するものとなる．だがそれは，あくまで道徳中立的なものである．なぜなら，その理想（の成立条件）はあくまで記述的に示されるものだからだ．実際ロールズは，熟慮ある合理性に基づく人生計画の策定に際して援用される考慮や時間に関連する基準や原理を列記するのだが，それらすべてが記述的なものである（ことが強調されている）．例えば，ハーバート・サイモンの限定合理性概念を援用しつつ，実際に意思決定に至るまでの熟慮のプロセスは複雑で，熟慮のコストが原因で最善の計画を目指さないことは必ずしも合理性に反しないことが示されている（TJ, p. 418/367；邦訳，p. 549）．また，熟慮ある合理性に基づく人生計画が前提とする時間に関わる——あくまで時間に関わるものであるがゆえに道徳中立的な——原理，すなわち，人生計画が時系列からなる予定表であって，それをふまえて行動すれば全体としての統一性が保たれるとする連続性（continuity）の原理や，人生の後半でより幸せな生を送ることができるように，初期の段階で予期評価を行うとする原理の存在なども強調されている（TJ, pp. 420-421/369-370；邦訳，pp. 552-553）．

　ロールズがこうした議論を展開するのは，繰り返すが，善の定義を構成する熟慮ある合理性の基準が，一般的事実についての記述的説明に沿ったものであることを示す必要があるからだ．このことは，目的のいっそうの選別を可能にするアリストテレス的原理（the aristotelian principle）を，合理的動機づけに関する基本原理として導入する際にも強調されている（TJ, p. 424/372；邦訳，pp. 557-558）．アリストテレス的原理とは，「他の条件が等しければ，人間は自らの実現される能力（先天的な能力であろうと訓練されて得られる能力であろうと）の行使を堪能し，その堪能の程度は，その能力が実現されればされるほど，それが複合的なものであればあるほど大きくなる」とするものである

第2章 ロールズ『正義論』における契約論的プロジェクト　　65

(TJ, p. 426/374; 邦訳, p. 560). この原理は, なぜわれわれがより困難な目的を人生計画の中に組み込み, その実現を図ろうとするのかを説明しうるものとなっている. もしこの原理が「われわれの欲求のパターンにおける変化を統御する心理学的法則」を意味し (TJ, p. 427/375; 邦訳, p. 562), それゆえにそれが「自然本性的事実」として受け入れられるならば (TJ, p. 428/376; 邦訳, p. 563), さまざまな困難かつ複合的な目的への合理的動機づけを説明する強力な原理となる.

　事実, ロールズはこのアリストテレス的原理を, 正義原理への合理的な動機づけを説明するにあたってのコアとして位置づけている. というのも, 友情を大事にしたり, 社会的に有意義な仕事に就いたり, 知識の追究といった困難かつ複合的な活動の大部分は, 正義が許容するないし促進するものと関わっているからである (TJ, p. 425/373; 邦訳, pp. 558-559). そうした活動の価値は社会的な相互依存性をもち, それに伴い諸々の活動の価値についての共通の理解が促進されるとすれば, 自分の活動のみならず, 他の人の活動も尊重する枠組み, すなわち公共的なアソシエーションの重要性が認識されるはずである (TJ, pp. 441-442/387-388; 邦訳, pp. 579-580). このように, アリストテレス的原理にカント的解釈が加えられることで, 正義原理への合理的動機づけが心理学的事実に反することなく導けるようになる (Freeman, 2007, pp. 274-278). それゆえアリストテレス的原理は, 正と善の一致を図る『正義論』第3部の目的を達成するための最重要原理であるといっても過言ではない.

　ここで問われてくるのは, その最重要原理たるアリストテレス的原理が, 善の記述的意味をあますところなく明らかにするという, 善の完全理論が目指す方向性と整合的かどうか, である. もし整合的でないなら, 反照的均衡の方法から逸脱していることになる. 管見のかぎり, アリストテレス的原理は十分記述的とはいいがたい説明原理となっており, 反照的均衡の方法から逸脱するものとなっている.

　ロールズは, アリストテレス的原理が「日常生活の多くの事実によって, また子どもや高等動物の行動によって裏づけられるように思われる」とし, さらには人間の自然本性的な発達に訴える形で「進化論的説明さえ可能かもしれない」とまで主張する (TJ, p. 431/378; 邦訳, pp. 566-567). しかしその主張だけ

では，(「思われる」や「可能かもしれない」といった推量的表現に見られるように）一般的事実との関係は必ずしも明確にはならない．何よりも問題なのは，ロールズが，ある人にとって草の葉を数えることがその人の合理的な人生計画下での活動の中心である可能性，すなわち，その人にとってそれが善である可能性を否定できないことを受けて，「ある人にとっての合理的な計画という観点からその人の善を定義することの精確さは，・ア・リ・ス・ト・テ・レ・ス・的・原・理・が・真・で・あ・る・こ・と・を・要・求・し・な・い」といい切ってしまっている点である（TJ, p. 433/380; 邦訳, p. 569〔傍点引用者〕）．それが意味するのは，「他の一般的事実や合理的計画の構想と連携して，価値についての熟慮ある判断を説明する深い心理学的事実」を示すほどの記述的説明とはなっていない，ということにほかならない（TJ, p. 432/279; 邦訳, p. 568)[12]．

　以上をふまえると，正義への動機づけが善の一部であることを示すにあたっての最重要原理たるアリストテレス的原理は，善の理論を（循環論法に陥らないために）徹頭徹尾，記述的に構成しようとする目論見と矛盾するものとなっているといわざるを得ない．

4.2　正義感覚をめぐって

　もっとも，正義への動機づけが善の一部であることを示そうとする合理性に基づく議論が失敗に終わっているにしても，もしわれわれが正義の二原理によって統御された社会で正義感覚を十全にもちうることが明らかになれば，コミットメントの重圧をはねのける心理的動機については保証されることになる．その動機が頑健であることの重要性は，正義原理が充たすべき公開性の条件との関係で確認できる．すなわち，原初状態の当事者が正義原理によって統御された社会が永続する見通しを得るには，すべての人が当の原理に進んでコミットすることが事前にわかっていれば十分である．このことが意味するのは，原初状態から導かれる正義の二原理の安定性は，正義感覚の頑健性を証明するだけでも確証されるということにほかならない．正義の理論が「道徳感情の理論

---

[12]　以上の指摘は，ブライアン・バリーによるものと大方重なっている．バリーも，アリストテレス的原理が合理性に関する経験的一般化ないし道徳中立的定義の範疇から（問題ある形で）逸脱している点について指摘している（Barry, 1973, pp. 27-30）．

であって，われわれの道徳的能力——より特定的には，われわれの正義感覚——を司る原理を提示するものである」とするロールズの認識は，こうした背景に根ざすものだといえよう．

それゆえ，正義の二原理が安定的であるかどうかは，当該社会における正義感覚の習得いかんにかかっている．だが，現実のわれわれの社会が正義の二原理によって統御された社会ではない以上，その説明は「もしわれわれの社会がよく秩序づけられた社会だとしたら，社会の成員は正義感覚をどのように習得するのだろうか」という反実的問いに応答する形式をとらざるを得ない．重要なのは，こうした問いに応答する仮想的議論が，反照的均衡の方法に反することのないように徹頭徹尾，記述的説明に基づいてなされる必要があるということだ．換言すれば，ロールズの原初状態を適理的に受容可能なものにする正義感覚について，「基本的な心理学の原理を含む，世界の一般的事実」に即して説明することが求められるのだ．それはひとえに，そうした事実が与える「当初の合意への影響」を循環論法に陥ることなく説明するためである（TJ, p. 456/399；邦訳，p. 598）．

ロールズはその線に沿って，正義の二原理によって統御された社会で「社会心理学的に見込まれる現象を見極める，複雑な想像を伴う努力」により（Richardson, 2005），道徳心理（学）の3つの原理（法則）を提示するに至る．

　第一の法則：家族制度が正義に適っており，しかも両親が子どもを愛し，子どもの善を気に掛けていることで自分たちの愛情を表に出しているとすれば，子どもは親の自分に対する明白な愛情を認識し，親を愛するようになる．

　第二の法則：第一の法則に則って愛着を習得することを通じて，仲間としての感覚をもつ個人の能力が実現されており，社会の編成が正義に適っていて，さらにすべての人によって正義に適っていると公的に知られていることを前提とするならば，その人は，他の人々が明白な意図をもって自分たちの義務と責務を遵守し，それぞれの居場所の理想に即して生活を送っている場合には，アソシエーションの中でその人たちに対する友情や信頼を発達させる．

第三の法則:最初の2つの法則に従って愛着を形成することによって,仲間としての感覚をもつ個人の能力が実現されており,かつ社会の諸制度が正義に適っていて,またすべての人に正義に適っていると公的に知られているならば,その人は,自分や自らが世話をする人たちがそうした制度配置の受益者であることを認識する場合,それに対応した正義感覚を習得する.(TJ, pp. 490-491/429-430; 邦訳, pp. 642-643)

　この3つの原理(法則)がそれぞれ道徳的能力の発達に関する3つの段階を示していることは,罪(guilt)の感情を例にとるとわかりやすい.第一の法則の段階では,子どもが抱く罪の感覚は,自然本性的に愛情関係が見出される親の命令(禁止事項)に従わないときに生じる.それが第二の法則の段階になると,家族から友人関係ないしより広い信頼に基づくアソシエーションに参加する中で,自分の役割を果たすことができなかった場合に感じるようになる.この段階では知的発達も見込まれることから,不正の認識や罪を償おうとする性向も現れるようになる.第三の法則の段階になると,人々は特定の個人や共同体といった偶有的なものを超えた他者との社会的な相互依存関係を認識し,それを成立させる(正義原理に適う)基本構造——主に法的諸制度——の理解に基づいて,それが規定する義務に反している場合に罪の感覚を抱くという意味で,原理基底的な道徳感情をもつようになる.この原理基底的な道徳感情こそ,正義原理への動機づけを強く含意する正義感覚(に相当するもの)にほかならない.

　さて,この正義感覚の完成段階を描く3つの原理は,先述したとおり,仮想的な性格の強いものである.しかしそのことをもってして,経験的な裏づけに欠く議論と断じるのは拙速にすぎる.見落としてはならないのは,それが心理学的に示される一般的事実(法則)をふまえてロールズが提出したものである,という点だ.実際,ロールズはその3つの段階的原理を析出するにあたって,功利主義の伝統やルソーの『エミール』にふれながらも,それらの議論を経験科学的に裏づける心理学的議論を参照している.社会学習理論を提唱したアルバート・バンデューラの議論や,ロジャー・ブラウンによる当時広く使われていた社会心理学の教科書,そしてその内容からしてロールズに最も影響を

第2章 ロールズ『正義論』における契約論的プロジェクト

与えたと考えられるローレンス・コールバーグの道徳性発達理論が，そうした心理学的議論の代表的なものである（TJ, pp. 458-462/402-404；邦訳，pp. 603-607）．こうした議論は，『正義論』公刊時に定評ある心理学的知見として受け入れられていたものであり，ロールズの正義感覚の習得に関する仮想的議論の記述的性格をある程度，担保するものとなっている[13]．

とはいえ，それはあくまで「ある程度」である．というのもロールズの三段階の原理では，道徳感情と（記述的な説明が施される）自然本性的態度の結びつきに不確定な部分が残るからである．愛情を通じて道徳上の権威を両親に見出す第一の法則と，友情や信頼関係に基づいて道徳感情の対象がアソシエーションにまで拡張する第二の法則に照らせば，万が一ある個人が道徳感情をもたない場合には，その人には親への愛やアソシエーションへの愛着に代表されるような自然本性的態度が欠落しているといえるだろう．しかし第三の法則を見ればわかるように，正義の二原理の成立下で発達を見せる道徳感情，すなわち正義感覚は，愛情や友情に対応するような自然本性に関わる構成要素が明示されることなく，あくまで第一と第二法則に対応する自然本性的態度の延長線上で捉えるべきものとして扱われている．それゆえロールズは，例えば法に反する行為を行ったときの罪の感覚は，友情や信頼といったアソシエーションへの「愛着の証拠としてしばしば見なしうるにしても，それ以外の説明もありうる」ことを認めざるを得ないのである（TJ, pp. 486/425-426；邦訳，p. 637）．となると，肝心の正義感覚と自然本性的態度の関係にはかなり不確定な要素が介在してしまい，実際にどのようにして正義の二原理によって統御された社会の人々が正義感覚を習得するのかは，不十分にしか解き明かされないことになってしまう．その不確定部分の大きさに，反照的均衡の方法遵守の不徹底を見てとることは難しくない[14]．

---

13) もっともそのことは，ロールズの参照する議論が論争的でないことをまったくもって意味しないし，そもそも今日における社会心理学の進展をふまえると，その内容的な古さは否めない．ただし，それを理由にロールズの第3部の議論を間違っている，ないし過去のものとして扱うべきだと断じるのは早計であり，むしろ最新の社会心理学的手法を用いた道徳心理学的考察によって，正義感覚が確証しうるのかどうかについても視野に入れるべきである．この点については後述する．

14) もちろん，正義感覚が人間の自然本性的態度を含む一般的事実ではなく，そうした事実には還元し得ない道徳的事実のようなものと照応しているとしたら，話は別である．『正義論』には，「道徳的事実は原初状態において選択されるであろう原理によって定められる」という記述もあり（TJ, p. 45/40；邦訳，p. 64），それを受けて正義の二原理によって統御された社会で習得される正

管見のかぎりこの不徹底性は，功利主義に代わりうる正義構想を提示したいロールズにとって致命的な問題となる[15]．というのもそれは，正義の二原理が功利（主義の正義）原理よりも安定的であるとする議論に，大きく影を落とすものとなるからだ．功利原理は，利益や厚生で測られる福利（well-being）の総和ないし平均を最大化する営為——より精確には，そうした行為の連なりを可能にする制度——が正義に適っているとする正義原理で，それが『正義論』の最たる批判対象であることは周知のとおりである．ロールズはこの，一部の者の不利益を場合によっては容認してしまう功利原理では，「より幸運な人たちによる功利原理の受容が，なぜ彼らに対しそれほど恵まれていない人たちが友情をもつようになるのだろうか」という問いに十全に応答することができないとして，功利原理の不安定性を看取する（TJ, p. 500/437; 邦訳, p. 654）．

　しかし功利原理の特徴は，道徳的直観に依拠することなく，非道徳的な記述的事実と論理のみで福利の善さを解きほぐし，その増大を是とする傾向性を前提に導かれている点にある（児玉，2010，第2章）．それゆえ，もしその傾向性に反しない形で友情や信頼関係を醸成する個人の心理的動機の存在が自然本性的事実として確認できれば，福利の最大化に基づく正義に適った制度は，社会における恵まれない同胞への配慮を反映したものになるのはもちろんのこと，当の心理的動機を阻害することなく成立しうるものとなる．それゆえ，もしこの論証が成功裡に終われば，功利原理の安定性は正義の二原理と比べて，恵まれない者への配慮という意味でも，そして何より安定性という点でも見劣りしない（どころか，優位に立つ可能性さえある）ことになる．

　こうした論証を企てた論者として著名なのが，リチャード・ブラントである．ブラントは，（ロールズとは比べものにならないほどの）豊富な心理学の知識を援用して，他者の利益や福利の状態に配慮する動機を構成する仁愛（benevolence）が，完全に合理的な欲求の対象となることを明らかにしようとしたこ

　　義感覚を，一般的事実とは異なる道徳的事実としてロールズは位置づけていると解釈する向きもある（福間，2007, pp. 209-210）．しかし，原初状態を成立させる構成要件となる正義感覚の発達が，その動機づけを排除しない原初状態で選択される正義原理によって端的に導かれるとすれば，どう循環論法を回避しうるのだろうか．『正義論』において，契約論的プロジェクトを支える反照的均衡の方法が循環論法を回避するためのものであることをふまえると，ロールズがいうところの道徳的事実が一般の事実とは別の性質を反映するとする解釈には懐疑的にならざるを得ない．
　15）　ロールズの功利主義批判については，本書第4章（児玉）を参照のこと．

とで知られている (Brandt, 1979, pp. 138-148). このブラントによる議論の成否はさておき，心理学的事実と記述的合理性という非道徳的観念のみに訴えるやり方で，仁愛の対象となる善の範囲が社会全体に広がりうることが示されるとしたら，仁愛はロールズがいうところの正義感覚に類するものとなるどころか，それ以上に強固な自然本性的基盤をもっていることになる．

　結局，合理性の基準と心理学的事実を駆使した功利主義の洗練された議論を不安定だと断罪するためには，正義の二原理（に適う制度）へのコミットメントに対応する自然本性的事実をはっきりさせる必要がある．ロールズがその部分をためらうことなく未決とする以上 (TJ, p. 486/426; 邦訳, p. 637)，反照的均衡に至ってないのはもちろんのこと，功利主義的正義論を斥けるに至ってないことも明らかだろう．

5 『正義論』における契約論的プロジェクトの今日的意義

　本章では，ロールズの契約論的プロジェクトが『正義論』全体で反照的均衡の方法を実践する中で展開されているとする解釈に基づいて，その軸となる第3部を中心に批判的検討を行った．その結果は，善の合理性基準に基づく記述的説明にしろ，正義感覚の発達に関する道徳心理学的説明にしろ，反照的均衡の方法に則っているとはいいがたいというものであった．したがって『正義論』第3部は，原初状態の構想が依拠する諸々の前提の真理性を記述的に明らかにする試みとしては，失敗に終わっているといわざるを得ない．

　しかし，だからといって，第3部を最終パートとする『正義論』の契約論的プロジェクトから学びうることなどもはや存在しない，と結論づけるのは拙速にすぎる．本章の理解が正しければ，ロールズが正義論を反照的均衡の方法に則して提示したことの意義は，スタート段階では直観を頼りにしながらも，人間社会の一般的事実についての記述的説明をふまえて正義論の構築を図ったことにある．その記述的説明を託されるのが，経済学と特に心理学という20世紀後半に著しい発展を見せた経験科学的知見である．善に関する記述的説明にしても，正義感覚を醸成する道徳心理（学）の発達原理にしても，1971年当時の段階ですでに確立していた経済学と心理学の知見をふまえて提出されたも

のであることは，これまでに確認したとおりである．このロールズの試みは，経験科学的知見を正義構想の彫琢に欠かせないものとして位置づけるものであったといえる．

となれば『正義論』(特に第3部を)，次のような取り組みにつながる議論として，再評価(ないし援用)しうるのではないか．すなわち，一般的事実について説明する経験科学的知見をふまえて，直観的に措定される前提群に対応する世界の記述的性質を順次明らかにすることによって，初期状況と正義構想からなる契約論的正義論を構築する試みとしての再評価である．本章では紙幅の関係上，その本格的な議論を展開することは差し控えたいが，今日進展著しい経験的道徳心理学をふまえることで，そうした試みが有意義なものとなる可能性についてふれておきたい．

経験的道徳心理学は，今日の社会心理学で用いられる調査や実験等の手法をふまえて，人々の道徳的直観を醸成する人間の心理メカニズム——認知から推論に至るまでのプロセスを意識せずに，半ば反射的に判断する能力に関わるもの——が，(認知や推論を司る能力が入り込めないほどの)頑健性を有する点について明らかにしようとする議論である (Haidt and Bjorklund, 2008; Haidt and Kesebir, 2010)．それによると，われわれは日常の道徳判断において，その判断対象についての探究や証拠に関する評価等を必ずしも意識的に行うことなく，即座にその対象の価値評価を行い，意思決定を下している．この経験的道徳心理学的知見のインパクトは，そのメカニズムが遍在的に見られることを経験的に示そうとする点にある．実際，特に害のないタイプのタブーを犯すケースを前に人々がどういった判断を示すかについて，広範な調査によってデータを収集したり，催眠によって道徳的直観が攪乱されるかどうかについての実験を行うことで，道徳的直観の頑健性を見ようとしたり，fMRIを使って実験するなどの手法を用いて，道徳的直観の存在を科学的に解明しようとする研究などが活発になされている (Haidt and Bjorklund, 2008, pp. 196-201)．もしその知見がさらにいっそうの洗練化を経て，一般的知識としての地位を確立するに至れば，心理メカニズムに基づく直観的判断は，道徳的原理を共有しての判断に相当するとさえいえるだろう[16]．

この経験的道徳心理学の進展は，正義の二原理の安定性を支える正義感覚に

関する議論に対しても示唆的である．正義の二原理によって統御された状態をうまく反映する調査なり実験なりが文化横断的に行えるのであれば，正義感覚を自然本性的事実として示すことも可能かもしれない．もしそれに成功すれば，選択肢に関する熟慮ある評価を所与とすることで成立する合理的選好ベースの善の（希薄）理論に依拠することなく，正義の二原理が安定的な正義原理であることを示すことも不可能ではないだろう．記述的合理性の基準を充たし得ない選好逆転現象を実証的に明らかにする行動経済学の進展を見ると，その線以外に正義の二原理を正当化する有望な議論は望み得ないとさえいえるのかもしれない[17]．もちろんこの場合，原初状態は別の初期状況に書き換えられるべきものとなるだろう．なぜならこの場合，（善の希薄理論と両立可能であることが強調される）無知のヴェールという思考実験上の契約の成立条件は，もはや初期状況の適理性を担保するものではなくなるからである．むろん，新たなる初期状況およびそれに基づく推論の成否は，社会心理学やその手法を採用する経験的道徳心理学の進展次第で変わっていくだろう．

　反照的均衡の方法がそうした経験科学的知見の進展を前提にしたものであることは，「この均衡は必ずしも安定的なものではなく，契約状況に課せられるべき条件のさらなる検討によって均衡は覆されやすい」とするロールズの認識が物語っている（TJ, p. 20/18；邦訳，p. 29）．さらにこの認識は，なぜロールズがブラントのように一般的事実に関する記述的説明と論理だけで正義論を展開せずに，（道徳的）直観からスタートするのかについて考えるうえでも示唆的である．私の見立ては，こうだ．いかなる経験科学的知見も確実なものはあり得ず，初期状況のさらなる精査を不要とするほどの盤石なものではない．だからこそロールズは，暫定的な固定点としての役割を果たしうるという消極的な理由で，直観からスタートしたのだ，と．この点は，一般的事実に関する完全に真なる記述的説明と論理をふまえて議論を組み立てようとする功利主義との決定的な違いを見せる部分であり，経験科学的知見の可謬性に鑑みれば強みに

---

16) もっとも直観的判断を算出する心理メカニズムが熟慮のメカニズムを圧倒し，後者が前者に影響力をもつことは少ないとする見方に対しては，その概念装置や方法論を中心に疑義が提起されている（Huebner, 2011；Campbell and Kumar, 2012）．こうした経験的道徳心理学に関する批判的議論も含めて，正義感覚をめぐる議論を突き詰めていく必要があることはいうまでもないだろう．

17) 詳しくは註10を参照されたい．

なるとさえいえる要素である．こうした点もふまえると，反照的均衡の方法を正義論を展開するうえでの要とする『正義論』の契約論的プロジェクトは，読まれざる第3部も含めて依然として意義を失っていないといえる．

付記

本章は，文部科学省科学研究費補助金（課題番号：26285002）による研究成果の一部である．

参考文献

ロールズ『正義論』からの引用・参照は，以下のように略記した．なお引用にあたっては，部分的に訳し直しているところもある．

TJ: John Rawls, *A Theory of Justice*, Cambridge, MA: Belknap Press of Harvard University Press, 1971; revised edition, 1999.（川本隆史・福間聡・神島裕子訳『正義論［改訂版］』紀伊國屋書店，2010年）．

井上彰（2012）「正義としての責任原理」宇野重規・井上彰・山崎望編『実践する政治哲学』ナカニシヤ出版.
──── （2014）「分析的政治哲学とロールズ『正義論』」『政治思想研究』第14号, pp. 6-32.
児玉聡（2010）『功利と直観──英米倫理思想史入門』勁草書房.
盛山和夫（2006）『リベラリズムとは何か──ロールズと正義の論理』勁草書房.
竹村和久（2009）『行動意思決定論──経済行動の心理学』日本評論社.
福間聡（2007）『ロールズのカント的構成主義──理由の倫理学』勁草書房.
渡辺幹雄（2001）『ロールズ正義論再説──その問題と変遷の各論的考察』春秋社.
Barry, Brian (1973), *The Liberal Theory of Justice: A Critical Examination of the Principal Doctrines in A Theory of Justice*, Oxford: Clarendon Press.
Brandt, Richard B. (1979), *A Theory of the Good and the Right*, Oxford: Clarendon Press.
Campbell, Richmond and Victor Kumar (2012), "Moral Reasoning on the Ground," *Ethics*, 122, pp. 273-312.
Daniels, Norman (1996), *Justice and Justification: Reflective Equilibrium in Theory and Practice*, New York: Cambridge University Press.
Dworkin, Ronald (1973), "The Original Position," *University of Chicago Law Review*, 40, pp. 500-533.
Freeman, Samuel (2007), *Rawls*, London: Routledge.
Haidt, Jonathan and Fredrik Bjorklund (2008), "Social Intuitionists Answer Six Questions about Moral Psychology," in W. Sinnott-Armstrong, ed., *Moral Psychology: The Cognitive Science of Morality: Intuition and Diversity*, 2, Cambridge, MA:

MIT Press.
Haidt, Jonathan and Selin Kesebir (2010), "Morality," in S. Fiske, D. Gilbert, and G. Lindzey, eds., *Handbook of Social Psychology*, (5th edition), Hobeken, NJ: Wiley.
Hare, R. M. (1973), "Rawls' Theory of Justice," *Philosophical Quarterly*, 23, pp. 144-155.
Harsanyi, John C. (1975), "Can the Maximin Principle Serve as a Basis for Morality? A Critique of John Rawls's Theory," *American Political Science Review*, 69, pp. 594-606.
Huebner, Bryce (2011), "Critiquing Empirical Moral Psychology," *Philosophy of the Social Sciences*, 41, pp. 50-83.
Kahneman, Daniel and Amos Tversky, eds. (2000), *Choices, Values, and Frames*, New York: Cambridge University Press.
Richardon, Henry (2005), "John Rawls (1921-2002)," *Internet Encyclopedia of Philosophy*. (http://www.iep.utm.edu/rawls/).
Scanlon, T. M. (1973), "Rawls' Theory of Justice," *University of Pennsylvania Law Review*, 121, pp. 1022-1069.

第3章
イギリスにおける功利主義思想の形成
経済社会における一般幸福の意義を通じて

中井　大介

1　功利主義の現状

　功利主義（utilitarianism）は，ある意味長い歴史をもつアイディアであるが，本格的に定式化され，広く認識されるようになったのは，一般にジェレミー・ベンサム（1748-1832）以降とされている．彼が「最大多数の最大幸福（the greatest happiness of the greatest numbers）」というフレーズを明示的に用いたことで，功利主義という考え方が広く知られることになったからである[1]．

　ベンサムは，「効用原理（功利性の原理，the principle of utility）」について，「その利害が問題となる人々の幸福を増加させる見込みがあるか，もしくは減少させる見込みがあるかどうかに基づき，……すべての行為を是認ないし否認する原理である」（Bentham 1996 [1789], pp. 11-12）と述べている．すなわち，広い意味での功利主義とは，諸個人の幸福をすべて足し合わせた「一般幸福（the general happiness）」の最大化を究極目的に据えた，規範的主張ないし価値観といえる．

　もう1つ注目されるのは，功利主義はその対象として，個人の行為だけでなく政府の政策をも包含する，とベンサムが付言している点である．実際現代においても，倫理学や哲学だけでなく，経済学，政治学，社会学といった多岐にわたる学問領域において，功利主義という名称がしばしば登場するのである．

1）　ベンサムが「最大多数の最大幸福」というフレーズを用いた最初の人物ではない．ベンサム自身認めているように，ジョセフ・プリーストリー（1733-1804）の著作において，このフレーズはすでに使用されていた．また周知のように，功利主義思想の形成にとっては，ベンサムと並んでディヴィッド・ヒューム（1711-1776）の存在も重要である．

とはいえ功利主義にたいする評判は，ベンサムの時代から現代に至るまで，必ずしも好意的ではない．例えば，単なる刹那的な快楽至上主義に過ぎず，快楽よりも望ましい崇高な美徳や価値観が存在する事実をないがしろにしてしまっている．あるいは，「一般幸福」という全体のパイの拡大を至上目的とするために，過度の効率性追及へと陥ってしまったり，少数派の幸福の犠牲を正当化してしまったりする，といった評価である．本書第1章でも指摘されているように，最近巷を賑わせたサンデルの議論においても，功利主義にたいして同様の厳しい批評が加えられている．近年では，こうした批判に応えるべく，倫理学などの分野において，「行為功利主義（act-utilitarianism）」と「規則功利主義（rule-utilitarianism）」を区別し，より厳密な形式で功利主義の性質を精査し，特に後者の有効性を打ち出そうとする展開も存在する．あるいは，人間性の発展や人格の完成なども，幸福や快楽を構成する重要な要素として位置づけ，「理想的功利主義（ideal utilitarianism）」という観点から功利主義を肯定的に再評価しようとする傾向も見られる[2]．

本章の背景にあるテーマは，経済学や政治学といった社会科学の文脈において，功利主義がいかなる意義を有するのかを検討することである．社会全体にとっての究極目的として「一般幸福」を据えることには，どのようなメリットが存在するのだろうか．以下では，ベンサムによって打ち出された功利主義が，J. S. ミルの手を通じて内在的な問題点があぶりだされ，19世紀後半にシジウィックによって古典的功利主義として完成されるに至った足跡をたどることにしたい．ベンサム，ミル，シジウィックは，ひとくくりに古典的功利主義者と呼ばれるものの，彼らの経済思想やその背後にある倫理思想は，重要な点でその性質を異にしている．古典的功利主義の形成とその変遷に着目することで，経済思想としての功利主義の特徴を浮かび上がらせることにしたい．また，以上のように形成された功利主義にたいする反応や受容過程についても，若干の検討を加えたい．とりわけムーアやケインズにとって，功利主義をいかにして継承すべきか——あるいは継承すべきでないのか——が，課題の1つであったとも考えられるからである．

---

[2] 理想的功利主義について，あるいは19世紀後半から20世紀初頭にかけての自由主義・理想主義の立場からの功利主義への反応などについては，Weinstein（2007）を参照．

第3章　イギリスにおける功利主義思想の形成　　　　　　　　　79

　本章では，経済学という社会科学の領域において，功利主義というアイディアがどのような意義を有するのかについて検討したい．しかし，ベンサム，ミル，シジウィックにおいて，経済や政治は，倫理や哲学と不可分の問題でもあった．すなわち古典的功利主義について検討する場合，私たちは倫理学，政治学，経済学の深い相互関係に直面するのである．あるいは，各自の思想形成や相互交流とも重ね合わせながら，功利主義の形成と受容をたどることにしたい．実際本章で対象とする人物の間には，緊密な関係が存在している．J. S. ミルの父であるジェームズ・ミルは，ベンサムの弟子であった．シジウィックは，ベンサムとミルから大きな知的影響を受け，自らの抱えた倫理的・哲学的問題をミルに打ち明け，助言を求めたこともあった．あるいはシジウィックとムーアやケインズとの間には，「使徒の会」を通じた特別な絆が存在した．功利主義の形成と受容を理解する際に，こうした背後にある彼らの個人的経験や相互関係が1つの手がかりとなるのである．

2　J. S. ミル——ベンサムの功利主義を乗り越えて

　J. S. ミル（1806-73）は，この世に生を受けたそのときから，功利主義との深いつながりをもっていた．哲学者・歴史家として，あるいは経済学者としても知られる彼の父，ジェームズ・ミル（1773-1836）は，ベンサムの弟子であり，ベンサムの功利主義から深い感銘を受けた人物であった．この父ジェームズは子ミルにたいして，幼児期から徹底した英才教育を施したのであった．

　父の期待に応える形で，早くからミルはさまざまな言語や学問分野に習熟し，順調に歩み出しつつあった．とりわけベンサムの著作が自らに与えた決定的影響について，次のように振り返っている．「1821年の冬，初めてベンサムを読んだそのときから，……世界の改革者（a reformer of the world）になるという，まさしく生涯の目的と呼ぶべきものを私は抱くようになった」（Mill, 1873, pp. 132-133）．若きミルは，ベンサムの功利主義思想に感化され，彼自身の幸福もこの理想の実現にあると考えたのであった．

　しかし，その5年後の1826年の秋頃から，ミルは深刻な「精神の危機」へと陥ってしまう．当初ミルは，「神経の鈍麻した状態」にあった．そこで，こ

れまで自身が懸命に取り組んできた「生涯の目的」が，今すべて実現されたとすれば，それははたして自身にとって幸福といえるのかどうかを自問してみた．その結果，抗いがたい彼の自意識が導き出した答えは，「No!」であった．この自らの内面から発せられた声を耳にしたことで，それまで彼の活動と信念とを支えてきた基盤が崩壊してしまったのである[3]．

「精神の危機」は，とりわけ 1826 年から 1827 年頃にかけて，ミルを深く苦しめることになる．そして，ここからミルが立ち直り，自らの思想を確立していくその過程において，さまざまな要因が彼に影響を与えていくことになる．例えば，次第に活発に議論されつつあった社会主義や共産主義であり，当時の風潮でもあったロマン主義であり，あるいはハリエット・テイラーとの実際のロマンスでもあった[4]．そして彼は，ベンサムの功利主義にたいして一定の疑念を抱くようになり，ここから乖離しながら「私の理論」を形成していくのである．

> 実際，幸福こそがあらゆる行動規則の試金石であり，そして人生の目的であるという信念が揺らぐことはなかった．しかし，こうした目的は，それを直接の目的としない場合に限って，むしろ達成されるのだと考えるようになった．自分自身の幸福ではなく，他の人々の幸福であれ，人類の改良であれ，あるいは何らかの芸術や探究であれ，手段としてではなくそれ自体理想的な目的としての他の対象へと精神を固定させる．そうした人びとだけが，幸福であると私は考えた．（Mill, 1873, pp. 142-143）

ミルは依然として功利主義者であることを自認していたものの，幸福の追求を直接の目的とはしないという，新たな「哲学的基礎」を確立することになったのである．これは，少なくともベンサム流の功利主義からは，大きく踏み出

---

[3] その原因には，過度の英才教育や厳格な父親へのコンプレックスがあったとも指摘されている．ミルの『自伝』を手掛かりとしながら，「精神の危機」を心理学的に考察した Levi (1945) では，子ミルにたいして冷淡で厳格であり，愛情や思いやりに欠いた「神」のごとく存在であった，父ジェームズの強い影響が指摘されている．

[4] ミルのロマン主義的な傾向については，例えば矢島 (2006) に詳しい．またミルの生涯や人物像については，Bain (1882) や Capaldi (2003) などを参照．

すものであった.

　以上のような経緯を通じて形成されたミルの功利主義は，1861 に出版された『功利主義論』において明確に表現されている．ミルの『功利主義論』のテーマは，厳しい批判にさらされていた功利主義を擁護し，誤解を解消し，さらに修正を施すことであった．ここでミルの強調した論点が，「快楽の質的差異」であった.

　幸福最大化にとって，その中身が「プッシュ・ピン（子どもの遊戯）であろうが詩歌であろうが何ら変わりはしない」といったベンサムの主張は——むろんベンサムはあえてそう主張したのだが——，反発を招くことになった．確かにこれは，単なる低俗な快楽至上主義と受け止められかねないからである．幸福や快楽の性質は重要ではなく，単にその量的な増減でもって，あらゆる個人の行為や政府介入の善し悪しを判定できるとする部分に，ミル自身もはや同意できなかったのである.

　そこでミルは，「快楽の質的差異」を提唱することで，功利主義の修正を前面に打ち出すのである．彼の主張は，「満足した豚であるよりも不満足な人間であるほうがよく，満足した愚か者であるよりも不満足なソクラテスであるほうがよい」(Mill, 1863 [1861], p. 14) という有名なフレーズにおいて，鮮明に表明されている．すなわち，胃袋が満たされるような低俗な快楽で充足している「愚か者」が，本当の意味で幸福な存在なのではない．むしろ，現状に満足しきることはなく，真理のために非業の死を遂げる命運にあったとしても，高尚な快楽を感受できる資質を備えたソクラテスこそが，本当の意味で幸福な状態にあるに相違ない．こうしたミルの主張は，ベンサム流の功利主義の修正と見なすことも可能だが，快楽に基づく帰結主義という観点からすれば，功利主義から逸脱した見解といえる．あるいは彼は，「ほかのすべてのことを評価する際には，量だけでなく質についても考慮されているというのに，快楽の判断は量のみに依拠すると想定されるべきだというのは馬鹿げたことであろう」(Mill, 1863 [1861], pp. 11-12) とも主張している.

　それでは，幸福最大化において快楽の「量」よりも「質」を重視するミルの立場とは，具体的にどのような性質のものなのだろうか．あるいは，愚か者の享受する低俗な快楽とソクラテスの享受する高尚な快楽をわかつ相違は，いっ

たいどこにあるのだろうか．この快楽の「質」の観点からミルが強調するのは，利他的な人間性である．

> 他の人々の善のために自らの最大善を犠牲にする力が人類に備わっていることを，功利主義の道徳は認める．それは，犠牲がそれ自体として善であるということを認めないだけである．それは，総計としての幸福を増加させない，もしくは増加させる傾向のない犠牲については，無駄であると見なす．……行為において何が正しいのかに関する功利主義の基準を形成する幸福とは，行為者自身の幸福ではなく，関わり合いのあるすべての人の幸福である．彼自身の幸福と他の人々の幸福との間で，公平無私で博愛に満ちた観察者として，完全に不偏であることを功利主義は彼に要求する[5]．(Mill, 1863 [1861], p. 24)

自分自身の幸福を利己的に追求するのではなく，他人や社会の幸福についてもフェアな立場から考慮し，むしろ率先してこれらを利他的に追求すること——あるいはそうした利他的な人間性を発展させること——が，その個人にとって本当の意味での幸福最大化に結び付きうる，という論理である．あるいはミルは，『経済学原理』や『代議制統治論』においても，個人の利己的な振る舞いにたいして，警鐘や批判を繰り返すのである．最終的にミルが理想の人間像と見なすのは，他人や社会の幸福のためには，自分自身の幸福や命までをも差し出すことさえいとわない，自己犠牲の精神を蓄えた「道徳的英雄」であった．

　以上のミルの主張は，功利主義を単なる快楽至上主義と見なすような，偏見や誤解を払拭すべく発せられたものであるが，同時にこれはベンサムから乖離する見解でもあった．むろんベンサム自身の立場が，単純に利己的な快楽最大化を推奨しているかといえば，そうとは限らない．例えばベンサムの死後出版

---

5) あるいはミルは，次のようにも述べている．「あらゆる社会的結束の強化，そしてあらゆる社会の健全な成長は，他の人々の福利を実質的に考慮しようとする強い関心を各個人に付与するだけではない．それは，自らの諸感情をいっそう他の人々の善と同一視するようにも，あるいは少なくとも他の人々の善をいっそう実質的に考慮するようにも，彼を導くのである」(Mill, 1863 [1861], pp. 46-47)．

第3章 イギリスにおける功利主義思想の形成

された『義務論（Deontology）』では，幸福と美徳が一致することなどが強調されているからである[6]．しかし，功利主義にたいする上述のような反発が強く存在しており，ゆえに「快楽の質的差異」を強調することで，功利主義を修正する必要性をミルは感じたのであった[7]．あるいは，ベンサムとミルとを比較した場合，少なくとも後者のほうが利他主義的な道徳や人間観へと強く踏み出していることは確実である[8]．

それでは，『功利主義論』で展開されたミルの倫理論ないし人間観は，経済学という社会科学の文脈において，どのように発現するのだろうか．ミルの『経済学原理』（1848年）は，スミスの『諸国民の富』（1776年）に始まり，リカードやマルサスを経て洗練された古典派経済学を完成へと導いた，画期的著作として評価されている．

『経済学原理』をめぐって，しばしば論争となっているのは，社会主義ないし共産主義にたいするミルの態度とその変化である．例えば1848年の初版では，社会主義とその問題点にたいして，厳しい見解が示されていた．しかし，1852年の第三版以降では，社会主義にたいするミルの態度は軟化し，好意的なものへと変化しているからである．社会主義および共産主義の将来的な可能性について，ミル自身次のように述べている．

> 現在の世代が可能であると想定するよりもはるかに大きな程度で，公共精神を身に付ける能力が人間には備わっている．人類のより多くの部分が，公的な利益を自らのものとして感受できるように訓練されていく．こうした成功を，歴史は目の当たりにすることになるだろう．そして，共産主義的な協同以上に，そうした感情の育成にとって好ましい土壌は存在しない．なぜなら，目下のところ分断して利己的な諸利益の追求へと注がれている，あらゆる野心，肉体的ないし精神的活動は，その他の領域でその居

---

[6] ベンサムの『義務論』については，西尾（1999）や児玉（1999）を参照．
[7] ミルの『功利主義論』にたいする評価は研究者の間で意見が分かれる．例えばSchneewind（1976）は，『功利主義論』にたいするさまざまな評価や反応について検討している．
[8] ミルの功利主義を逸脱と呼ぶべきかどうかについても，評価は分かれている．むしろRiley（1988）やWeinstein（2007）のように，逸脱と見なすのではなく，そこに功利主義における自由主義的ないし理想主義的な積極的意義を見いだそうするものも存在する．ミルの功利主義と正義の関係については，本書第4章（児玉）を参照．

場所を見出すことを必要としており，共同体の一般利益の追求においてその居場所を自然に見出すことになると考えられるからである．(Mill, 1871 [1848], p. 206)

上述のように，社会主義や共産主義にたいする彼の見解は，それ自体として論争となっている[9]．例えば別の場所では，当時の社会主義者たちの言葉にたいして，ミルは強い警告を発しているからである．

彼らの教えの最も顕著で最も激しく怒りをぶつける部分，すなわち競争にたいする宣告について，私は完全に意見を異にしている．さまざまな点で既存の社会における取り決めをはるかに凌駕する道徳的諸理念について，彼らは一般にその実際の作用に関する非常に混乱した誤った諸概念を抱いている．そして私が思うに，彼らの最も深刻な過誤の1つは，現在存在しているあらゆる経済的諸悪を競争のせいにしている点である．(Mill, 1871 [1848], p. 792)

市場での競争や資本主義自体を全面的に排斥すべきだとする社会主義者や共産主義者の主張にたいして，ミルは決してゆずることはなかった．現状では，社会全体をより豊かで幸福な状態へと導く原動力として，競争にかわるものは存在しないと彼は認識していたからである．とはいえ，少なくとも将来の社会においては，共産主義的な共同体を形成することが望ましく，現状でも一部の人々の間では実現可能であると彼が真剣に考えていたのも事実である．なぜなら，ミルにとっての真の「一般幸福」とは，単に量的な快楽の最大化によって実現されるものではなく，そこに存在する人々の人間性の発展を通じてのみ実現されるものだったからである．

ミルの社会主義や共産主義への強い共感の背後には，当時のロマン主義的な風潮が強くはたらいているともいわれる．周知のように，経済成長の限界を迎えた後の「定常状態」の到来について，われわれはそれを忌避する必要はな

---

9) 例えば，Davis (1985) を参照．

く，むしろ進んで受け入れるべきだと彼は論じている．経済成長の実現のために，あらゆる資源を使い果たし，自然環境を破壊し尽くしてしまう前に，ある一定の豊かさに達した時点で，私たちは利己的な競争や足の引っ張りをやめて，人間性を洗練させることで真の豊かな社会を実現していくべきだと彼は訴えかけるのである．

　以上のような人間性の問題に関するミルの見解は，『自由論』（1859年）や『代議制統治論』（1861年）といった著作でも，一貫していると考えられる．例えば，普通選挙の実現に向けた活発な論議の最中に刊行された『代議制統治論』では，すべての人にたいして完全に平等な選挙権を認めてしまう危険性について，彼は繰り返し強い口調で警告を発している．彼の目からすれば，読み書きさえおぼつかない当時の労働者階級の知的水準は，まったく不十分であった．彼らが完全に平等な選挙権を手にすることになれば，数の上では多数派を占める彼らの浅薄な判断によって，社会全体の利益が損なわれてしまう恐れがあることを懸念したのである．

　同時にミルは，すべての人々が——あるいは男性だけでなくすべての女性もが——選挙権を手にすべきであるとも主張している．なぜなら選挙権を通じて人々が社会全体の問題に関心をもつようになれば，彼らの知性を向上させる教育効果が期待できるからである．将来的には，労働者階級をも含むすべての人々が，より優れた人間性を獲得しうることにミルは疑念を抱いていなかった．とはいえ，現状ではその知性や人間性に差異があることを前提とした上で，彼が実践的提案として掲げたのは，すべての人に選挙権を認めつつも，同時に富裕層による複投票を実施すべきというものであった[10]．

---

10) 教育水準が一般に高くその投票は社会全体の真の利益により近いと考えられるが，数のうえでは少数派となる富裕層にたいしては，複数の投票権を与えることによって全体のバランスをとるべきだとミルは提案している．もう1つの彼の提案は，記名投票の実施である．秘密投票の場合よりも，階級利害に捉われにくく，各個人がいっそう社会全体の利益の観点から投票するように導かれうると彼は考えたのであった．

3 シジウィック──古典的功利主義の完成[11]

シジウィック（1838-1900）は，ベンサム，ミルに続く，最後の古典的功利主義者とされる．現代においても，功利主義を批判したロールズからでさえ，シジウィックの功利主義は「最も明晰で最も利用しやすい定式化」（Rawls, 1971, p. 22）として称賛されている．彼は倫理学の分野で名を知られた存在であるが，経済学や政治学においても重要な足跡を残しており，ベンサムやミルと同じタイプの広い意味での哲学者であった．

シジウィックの知的形成における重要な契機は，ケンブリッジの学生であった 1856 年の秋に，秘密主義的・エリート主義的なサークルである「使徒の会（the Apostles）」に招待されたことであった．その様子を，彼は次のように述懐している．「……使徒の会の精神は，次第に私を夢中にさせ虜にした．それは親密な友人たちのあいだで，絶対的な情熱と完全に率直な態度でもって，真理を追求するという精神であった」（Sidgwick, 1906, pp. 34-35）．

もう 1 つの契機は，功利主義との出会いであった．1959 年にケンブリッジを卒業し，研究活動を開始した当時の様子を，シジウィックは次のように語っている．

> ……主として J. S. ミルの影響のもとで，その理念は私の精神を徐々に支配することになった．……社会的側面から私たちが目指したのは，包括的で不偏的な調和に導かれる科学の光をかざすことによって，政治・道徳・経済に関わるあらゆる人間関係を見直すことであった．無暗な改革は，科学の裁きによって，一般幸福に寄与しないと宣告された．（Sidgwick, 1906, pp. 39-40）

彼は，「それまで教え込まれてきた道徳諸規則による外在的で恣意的な圧力からの救済をミルに見出した」（Sidgwick, 1901 [1874], Preface to the 6th edi-

---

11) 本章は，中井（2009）を一部再構成したものである．また，シジウィックの生涯や人物像については，Sidgwick（1906）や Schultz（2004）を参照．

tion) のであった．

　こうして，真理を追究する使徒の精神と一般幸福に照らして人間社会を見直す功利主義が，シジウィックの学術的態度を方向づけたのであった．しかし，こうした態度は，彼自身の信仰心への疑念を生じさせることにもなる．特に彼を苦しめたのが，宗教試験の問題であった．当時ケンブリッジでは，教員にたいしてイギリス国教会への宣誓が求められており，彼自身も1859年にフェローシップを受ける際，この「39箇条」に署名していた．しかし，自らの信条とは相容れないと確信するようになった彼は，宣誓を撤回して辞職に踏み切ったのである[12]．ちなみに，ベンサムもオックスフォードに入学する際，同様の問題に直面している．

　この問題に苦慮していた1867年の夏，シジウィックは面識のなかったミルに手紙を送り，自らの境遇を打ち明けている．ミルからは丁寧な返答が寄せられたものの，シジウィックの抱えた宗教的・道徳的問題の解決を決定づけるものとはならなかった[13]．

　以上のような内面における葛藤と向き合いながら，シジウィックが自らの思想を形成していく上で，次第に彼はミルから距離を置くようになる．その過程は，「精神の危機」を経て，ベンサムから距離を置くようになったミルの場合と重なり合う．シジウィックにとって，受け入れがたく感じられるようになったのは，利他主義を強調するミルの議論であった．

> 私はミルを理解するうえで，心理的快楽主義（各個人は自分自身の幸福を追求する）と倫理的快楽主義（各個人は一般幸福を追求すべきである）という2つの要素を区別している．当初この両者に魅了されて，それらが相矛盾しうることに気付かなかった．……両者は快楽や幸福といった同じ用語を用いており，そこにはミルの説得力も加わって，行為の自然的な目的（私的幸福）と義務的な目的（一般幸福）とが対立しうることは，包み隠されていた．(Sidgwick, 1901 [1874], Preface to the 6th edition)

---

12) 宣誓抜きにして新たに職を用意されるという例外的な待遇によって，彼は慰留されることになった．
13) シジウィックがミルから受け取った手紙は，ケンブリッジ大学トリニティ・カレッジ図書館所蔵のシジウィック文書の中に収録されている．

「一般幸福」という包括的な理念を掲げる功利主義こそが、ドグマティックな美徳や価値観に束縛されない、客観的な規範原理であるとシジウィックは捉えていた。とはいえ、各個人の私的幸福の追求は、社会全体としての一般幸福と常に一致するのか。もしもそれが他人や社会の幸福と衝突するならば、どのように解決されるべきなのか。利他的な人間性の発展を通じて、個人の内面で私的幸福と一般幸福とが一致しうるというのがミルの提示した——少なくとも将来的な——解決策であった。

しかしシジウィックは、一般幸福の追求のために個人の自己犠牲をも正当化するミルの主張を拒否したのであった。とはいえ彼は、自己犠牲や利他主義が不合理であると見なしたわけではなかった。他人や社会の幸福のために、何かすべきであるという義務観を個人が抱くこともまた合理的である。けれども、社会的な義務観が私的幸福の追求と対立する場合には、個人が後者を優先させたいと考えることもまた合理的である、と考えたのであった[14]。そこでミル以外に手掛かりを求めるべく、アリストテレスやカントなどを再検討した上で、彼が達した結論が「実践理性の二元性（the dualism of practical reason）」であった。

> 利己心だけでなく社会的福利を守りたいという共感と諸感情からも、私たちは一般幸福につながる諸規則の順守を望みたくなるに違いない。義務と見なされることが利己心とうまく調和するような有り触れた諸事例において、実践理性は断固として義務を履行するように私たちを駆り立てるであろう。しかし、利己心と義務との衝突が認められる数少ない諸事例において、実践理性は分断されてしまい、いずれかにつこうとするのを止めてしまうであろう[15]。（Sidgwick, 1901 [1874], p. 508）

---

[14] Schneewind (1977) は、この点に関してシジウィックは「明らかにミルの議論を拒否している」と指摘している。

[15] 次のようにも述べている。「普遍的視野に立つならば、少ない善よりも多い善を選好するほうが——少ない善が当為者の私的幸福である場合にせよ——合理的であろう。にもかかわらず、自らの幸福を選好することが個人にとって合理的であることもまた、否定し難く思われた。自己犠牲だけでなく自愛もまた合理的であることは、否定し難く感じられた。カントやミルといった私の教師たちは、これを進んで認めようとはせず、それぞれ異なる方法で拒否した。しかし私は、こうした確信を放棄することはできなかった」(Sidgwick, 1901 [1874], Preface to the 6th edition)。

第3章 イギリスにおける功利主義思想の形成

シジウィックの『倫理学の諸方法』(1874年初版)の課題は,個人のなすべき行為に関する究極的な原理を突き止めることであった.そして,自分自身の私的幸福を利己的に追求する「利己主義の方法」と社会全体の幸福を利他的に追求する「功利主義の方法」は,ともに合理的であり,両者は対立する場合さえあると彼は結論づけた.『倫理学の諸方法』は高い評価を得たものの,折衷的・両義的な結論は,さまざまな反発を招くことになった[16].

以上のような見解は,経済学や政治学といった彼の社会科学の著作とどのような関係にあるのだろうか.社会全体にとって望ましいのは,一般幸福の最大化であるとシジウィックは考えていた.これこそが,「政治的立場が顕著に異なる人々」からも同意され得る,客観的基準であると確信していたからである(Sidgwick, 1908 [1891], pp. 39-40).そして,個人の私的幸福の追求はある程度一般幸福と合致し得るが,常に調和するとは限らない.ゆえに,一般幸福の観点からの政府の積極的な役割が求められ得る,というのが彼の理解であった.『倫理学の諸方法』の終盤で,シジウィックは次のように述べている.

> 経済学者が提示しているように,文明社会における人々のあいだで複雑な協業制度が組織化されていくにつれて,幸福の諸手段は大幅に増加している.そうした制度のもとで,各個人が自由な契約に基づき,好き勝手にサービスを交換するように任せておくことが,一般に最善であると考えられる.しかし,こうした一般原理にたいしては,多くの例外が存在する.……とりわけ必要なサービスへの要求は,明らかに功利主義に依拠するであろう.実際こうした義務を適切に果たすことは,社会の福利にとって重要であるために,近代の文明社会においてそれはある程度政府活動の領域に位置づけられているのである.(Sidgwick, 1901 [1874], pp. 435-436)

そこで,倫理学に続いて彼が取り組んだのが経済学であり,その成果は『経済学原理』(1883年初版)として登場することになる.同著は,ピグーの厚生

---

[16] 「実践理性の二元性」に関して,特に近年ではFrankena (1992) やSchultz (2004) などのように,その意義を肯定的に捉えようとするものある.しかし,『倫理学の諸方法』が出版された当時においては,たとえばBarratt (1877) のような批判を招くことになった.

経済学への橋渡しとなった点などが評価されている[17]．さらに彼は『政治学要論』（1891年初版）において，『経済学原理』の議論を踏襲しながら，いっそう包括的な政府介入論・経済政策論を展開したのであった．

『経済学原理』や『政治学要論』が執筆されたのは，1870年代以降の長期不況の最中であった．労働問題が社会的関心となり，社会主義・集産主義を要求する議論が注目を集め，革命さえ囁かれる不安定な状態にあった．ここで，市場原理や自由放任を軸とする従来の経済学にたいする信頼が，大きく揺らぐことになった．この混乱した情勢の下で，むしろ一般幸福という客観的な基準に照らしながら，望ましい政府の経済的役割を慎重に検討しなければならない，というのがシジウィックの立場であった．

> 分配への政府介入について，私は純粋に経済的視点もしくは功利主義的視点から議論することを提案したい．産業の生み出す生産と分配に関する限りで，個人主義や社会主義はどの程度最大限の幸福を導くと期待されるのだろうか．2つの見解の間にある対立は，一見したところ調停不可能である．しかしながら私が思うに，両学説を注意深く考察することでその対立を大幅に縮小させること，そして究極的には両者の間で有益な議論が行われうる共通の土台を見出すことが可能となるであろう．（Sidgwick, 1901 [1883], pp. 498-499）

そこで，まずは各個人の利己心に基づく自由な経済活動こそが，社会全体を豊かで幸福な状態に導く原動力であると論じることで，個人主義にかわる経済社会の基盤は存在しないとシジウィックは強く主張する．

> アダム・スミスとその後続に導かれつつ，社会生活の経済面を真剣に考察する人のうち，利己心という動機が間断なく強力に作用する点に疑念を抱

---

17) O'Donnell（1979）などがそうである．とはいえStigler（1990）のように，ミルの経済学と対比させながら，シジウィックの経済学を後ろ向きの著作と見なすような評価がつきまとうのも事実である．しかし特に最近では，Backhouse（2006）やMedema（2009）などのように，ケンブリッジ学派の形成への貢献や「市場の失敗」にたいする極めて優れた認識として，その積極的意義を評価する傾向も存在する．

く人はいない．そして，利己心に代わるような推進力と調整力を備えたものを見出す困難は，現在の個人主義的基盤以外の基盤の上に社会秩序を再構成しようと目論む，あらゆる巨大スキームを拒否する際の，最も重要な根拠となる．(Sidgwick, 1908 [1891], pp. 401-402)

　社会主義や集産主義を牽制する一方で，市場経済や個人主義を強く擁護することが，シジウィックのねらいであった．
　しかし同時に彼は，個人主義における「補助的で副次的な要素」として，「社会主義的介入」を講じる余地が存在すると主張する．ただしこれは，ミルのような，次なる段階としての社会主義・共産主義の実現に期待する立場とは異なる．むしろシジウィックは，個人主義を経済社会の基盤としながら，その問題点を補完し，一般幸福をさらに増進させる副次的な要素として，「社会主義的介入」を位置づけるのである．こうした認識こそが，厚生経済学へ通じる重要な一歩であったと評することができる．そして，こうした認識へと彼が達し得た理由は，1つには個人の内面で利己心と利他心を完全に統合することはできず，各個人の私的利益の追求と一般幸福が必ずしも一致しないという，彼の倫理学研究を通じた確信があったから．もう1つは，社会全体としての客観的基準として，一貫して功利主義を据えるべきだという彼の確信があったからである．
　シジウィックが提唱したのは，公共財の提供や独占・寡占にたいする規制といった，いわゆる市場の失敗への政府介入であり，これを彼は広義の社会主義的介入と呼んでいる．しかし，再分配政策のような踏み込んだ狭義の社会主義的介入ないし集産主義にたいしては，極めて慎重であった．例えば，「富のより大きな平等化は，産業的発展の依拠する資本蓄積を阻害し，蓄積される資本の管理を悪化させることになりかねない」(Sidgwick, 1908 [1891], p.161) として，こうした方針を一般幸福の観点から彼は批判する．あるいは同じ観点から，政府権力の強化がもたらす危険性を強く牽制するのである．
　望ましい社会の基準として一般幸福を掲げるシジウィックの方針は，『政治学要論』後半や彼の死後出版された『欧州政体発展史』(1903年) で展開される，彼の政治体制論でも同様である．シジウィックは政府のあるべき構造につ

いて，貴族政と民主政のバランスを軸に議論を展開する．民主政へと過度の傾きつつある当時の政治情勢を危惧しつつ，ミル同様に，民主政には多数派の利害のために少数派の利害を犠牲にし，ひいては真の一般幸福をも阻害してしまう危険性があると主張する．また，本来の政府の職務遂行には特別な資質が必要であり，これは民主政において損なわれる危険性があり，むしろ貴族政のメリットはこの点に求められると彼は論じる．シジウィックの主張の背景には，1880年代後半における労働運動の激化や1884年の第3回選挙法改正などがあった．結局のところ，「その選挙権が普遍的であっても，代議政府は民主政を系統立てる単なる一形態ではなく，むしろ民主政と貴族政の結合ないし融合である」(Sidgwick, 1908 [1891], pp. 616-617) として，彼は功利主義の観点から両者の望ましいバランスを問うべきだとするのである．

4　おわりに

　功利主義は，18世紀後半のベンサム以降に本格的に展開され，J. S. ミルによる修正を経て，シジウィックの手で古典的功利主義として完成されることになった．彼らの間には，重要な共通点が存在する．いずれも功利主義者であることを自認し，幸福を基準として道徳や社会の問題について論じた点である．何らかのドグマや特定の価値観に依拠するのではなく，幸福ないし快楽という弾力的で包括的な基準こそが，時に思想信条を異にする私たちすべてにとって，本当に望ましい客観的基準であると彼らは確信したのであった．こうして，一般幸福に照らしながら，さまざまな実践的提案を導き出したのであった．

　しかし，個人の道徳と社会全体の問題がどのように結節されるのかという点で，彼らの間に顕著な相違が存在する．ミルはベンサムの功利主義を乗り越えるべく，快楽の質的差異を打ち出し，人間性の発展や利他主義を正当化したのであった．そして将来の経済社会の構想として，個人主義ではなく社会主義が望ましいと彼が確信した理由も，ここにあったと考えられる．こうしたミルの立場は，ある意味理想主義に接近するものであった．

　他方シジウィックは，ベンサムとミルとを折衷した立場を示した．彼は道徳

の問題に関して,ミルに反発する形で,個人の内面で利己心と利他心を統合することは不可能であると見切った.ゆえに個人主義を擁護する一方,副次的要素としての社会主義的介入について論じることで,厚生経済学の形成に貢献することになった.彼は価値判断の客観性を保つために,質的差異に関する議論を退け,幸福に関する帰結主義を一貫させながら,個人の道徳と社会全体の関係を整合的に論じたのであった.ここにシジウィックは,古典的功利主義を完成に導いたと評することができる[18].

以上のように形成・展開された功利主義が,どのように受け止められたのかについて若干言及しておくことにしたい.1つの重要な反応として,T. H. グリーン(1836-1882)をはじめとする,理想主義や完成主義からの反発が挙げられる[19].人格の完成などを強調する理想主義は,功利主義における「その快楽主義的心理学から生じる誤謬」(Green, 1883, p. 361)を糾弾する[20].しかし,他方で彼らは,快楽の質的差異や人間性の発展を強調するミルにたいしては,好意的な評価を与えている.こうした反応からも,ミルの功利主義が特異である様子がうかがえる.例えばグリーンは,「快楽の価値は単にその量に依存するという厳密な功利主義の学説からミルが逸脱した本当の原因は,あらゆる欲求が快楽のためにあるという学説を彼が放棄してしまった点に求められる」(Green, 1883, p. 189)と好意的に評している.ミルが理想的功利主義と呼ばれるのも,このためである.

もう1つ,ケンブリッジにおけるシジウィックの後輩たちの反応を取り上げたい.彼らのシジウィックに対する反応は微妙である.ラッセル(1872-1970)は,かつてシジウィックを時代遅れの人物に過ぎないと見なしていたと述べている.あるいは若き日のケインズ(1883-1946)の場合,「彼はキリスト教が真理であるかどうかを疑い,それが真理ではなかったことを証明し,真理であればよかったのにと願っただけである」(Harrod, 1951)と書き綴っている.ケイ

---

18) Rawls(1993)は,ベンサムとシジウィックの功利主義を「厳密な古典的学説」と呼ぶのに対して,ミルが功利主義者であるかは「怪しい」とする.Medema(2009)は,「このようにシジウィックはミルがしたよりもその功利主義においてはるかに一貫性を示した」と評している.
19) T. H. グリーンとシジウィックはともにヨークシャーの出身であり,同じパブリック・スクール(ラグビー校)の出身であり,また友人関係にあった.
20) 実際グリーンは『倫理学序説』(1883年)において,シジウィックの功利主義を繰り返し批判している.

ンズを魅了したのは，愛や美に包まれた心の重要性や直観的に把握される善の絶対性を説くムーア（1873-1958）であり，むしろ「ベンサム主義的伝統」や「経済的基準の過大評価」を嫌悪した彼の眼には（Keynes, 1938），シジウィックは優柔不断な存在に映ったのである．

しかし，シジウィックの人物像に関しては，彼らは憧憬と親愛の念を抱いていた．例えばラッセルは，シジウィックが宣誓を拒否した一件を取り上げながら，「彼の知的な誠実さは絶対で揺るぎなかった」（Russell, 1959）と語っている．ケインズの場合も，「彼の良心は並み外れており，彼の道徳的善良さを疑う余地は全くない」（Harrod, 1951）と述べている．あるいはケインズを感化したムーアの『倫理学原理』（1903 年）自体，シジウィックの功利主義から影響を受けた著作である．例えばムーアは，利己心が普遍的善の一部でもあることを無視したシジウィックの利己主義に関する議論は，「馬鹿げた結論」であると批判しつつも，シジウィックがミルの快楽の質的差異を拒否した点などを高く評価している[21]．これは，グリーンの反応とは対照的である．

使徒の会の後輩たちが，はたしてシジウィックの功利主義のどの部分を受容し，そしてどの部分を受容しなかったのかを見極めるには，本章の対象を超えた議論が必要となる．とはいえ，親密な友人同士で誠実に真理を追求するという使徒の精神を 1 つの媒介として，シジウィックの功利主義がムーアやケインズなどに何らかの積極的な影響を与えた側面が存在するとも考えられる．

最後に，道徳の問題を論じる際や倫理学の領域において，功利主義の是非に関する活発な議論や根強い反発がいまなお存在する一方で，経済学の領域において，功利主義の是非そのものが争点となることは，昨今では比較的少なくなっているように感じられる．あるいは経済学者が，自らを功利主義者と認識すること自体が，以前より少なくなっているのかもしれない．しかしながら，経済学の発展に貢献した主要な人物たちは，彼ら自身が自覚している場合であれ，あるいは周囲から評される場合であれ，その多くが功利主義者と見なされる人物たちであった．少なくともロールズの目からすれば，19 世紀以前における功利主義と経済学の関係は，次のように極めて密接なものであった．

---

21) Shionoya（1991）では，シジウィック，ムーア，ケインズへと連なる道徳観の存在が示されている．

第3章　イギリスにおける功利主義思想の形成

1900年以前のイギリスの伝統の中で，重要な経済学者たちと著名な功利主義者たちを見渡そうとするならば，彼らが同一の人物たちであったことを，私たちは見出すであろう．ここにリカードが欠けてはいるが，ヒュームとアダム・スミスは，いずれも功利主義的な哲学者であり，なおかつ経済学者であった．ベンサムとジェームズ・ミル，ジョン・スチュアート・ミル，……そしてシジウィックについても，同様であった．（Rawls, 2007, p. 162）

ある意味現代においては，功利主義は私たちの経済観の背後にある思想として，すでに広く浸透しているのかもしれない．確かに一般幸福を社会的規範として掲げることは，私たちの経済に関する見解とうまく合致するようにも思われる．経済成長を実現すること，全体として効率的で豊かな社会を実現することは，少なくとも他の事情にして等しいかぎり，私たちすべてにとって望ましいと考えられるからである．これは経済の問題に照準を向ける場合，ベンサム，ミル，シジウィックを通じて形成・洗練された功利主義が，多様な価値観を包摂しうる普遍的な価値観と見なされる可能性を示唆している．しかし同時に，功利主義にその内在的な問題が備わっているとすれば，その問題が私たちの経済観に跳ね返ってくることをも意味するのかもしれない．

付記
　本章は，「イギリスにおける功利主義思想の形成——経済社会における一般幸福の意義を通じて」『社会科学研究』第64巻第2号所収を一部修正したものである．

参考文献
加藤尚武（1997）『現代倫理学入門』講談社.
児玉聡（1999）「ベンタムにおける徳と幸福」『実践哲学研究』22.
―――（2010）『功利と直観——英米倫理思想史入門』勁草書房.
中井大介（2009）『功利主義と経済学——シジウィックの実践哲学の射程』晃洋書房.
西尾孝司（1999）「ベンサム『義務論』を読む」『神奈川法学』32-3.
矢島杜夫（2006）『ミルの『自由論』とロマン主義——J. S. ミルとその周辺』御茶の水書房.

Backhouse, Roger E. (2006), "Sidgwick, Marshall, and the Cambridge School of Economics," *History of Political Economy*, 38-1, pp. 15-44.
Bain, A. (1882), *John Stuart Mill: a Criticism: with Personal Recollections*, London: Longmans.
Barratt, A. (1877), "The «suppression» of egoism," *Mind*, 1.
Bentham, Jeremy, (1996 [1789]), *An Introduction to the Principles of Morals and Legislation*, In *The Collected Works of Jeremy Bentham*, Oxford: Clarendon Press.（山下重一訳「道徳および立法の諸原理序説」『世界の名著 38 ベンサム J. S. ミル』中央公論社，1967 年）.
Capaldi, N. (2003), *John Stuart Mill: a biography*, Cambridge: Cambridge University Press.
Davis, Elynor G. (1985), "Mill, Socialism and the English Romantics," *Economica*, 52, pp. 345-358.
Frankena, W. K. (1992), "Sidgwick and the history of ethical dualism," in B. Schultz, ed., *Essays on Henry Sidgwick*, Cambridge: Cambridge University Press.
Green, T. H. (1883), *Prolegomena to Ethics*, Oxford: Clarendon Press.
Harrod, R. F. (1951), *The Life of John Maynard Keynes*, London: Macmillan.（塩野谷九十九訳『ケインズ伝』1-3 巻，東洋経済新報社，1954-56 年）.
Keynes, J. M. (1938), "My Early Beliefs," printed in *Two Memoirs* (1949), London: Rupert Hart-David.（大野忠男訳「若き日の信条」『ケインズ全集 10 人物評伝』東洋経済新報社，1980 年）.
Levi, A. W. (1945), "The 'Mental Crisis' of John Stuart Mill," *Psychoanalytic Review*, 32, pp. 86-101.
Medema, Steven G. (2009), *The Hesitant Hand: Taming Self-Interest in the History of Economic Ideas*, Princeton and Oxford: Princeton University Press.
Mill, J. S. (1871 [1848]), *Principles of Political Economy* (7th ed.), *The Collected Works of John Stuart Mill*, Toronto: University of Toronto Press.（末永茂喜訳『経済学原理 (1-5)』岩波書店，1959-1963 年）.
——— (1861), *Considerations on Representative Government*, London: Parker.（水田洋訳『代議制統治論』岩波書店，1997 年）.
——— (1863 [1861]), *Utilitarianism*, London: Parker.（伊原吉之助訳「功利主義論」『世界の名著 38 ベンサム J. S. ミル』中央公論社，1967 年）.
——— (1873), *Autobiography*, London: Longmans.（朱牟田夏雄訳『ミル自伝』岩波書店，1960 年）.
Moggridge, D. E. (1992), *Maynard Keynes: An economist's biography*, London: Routledge.
Moore, G. E. (1903), *Principia Ethica*, Cambridge: Cambridge University Press.（泉谷周三郎他訳『倫理学原理』三和書籍，2010 年）.
O'Donnell, M. G. (1979), "Pigou: an extension of Sidgwickian thought," *History of Political Economy*, 11-4, pp. 588-605.
Rawls, J. (1971), *The Theory of Justice*, Cambridge: Harvard University Press.（矢島鈞次監訳『正義論』紀伊國屋書店，1979 年）.
——— (1993), *Political Liberalism*, New York: Columbia University Press.

―――― (2007), *Lectures on the History of Political Philosophy*, Cambridge, MA: Harvard University Press.
Riley, J. M. (1988), *Liberal Utilitarianism: Social Choice Theory and J. S. Mill's Philosophy*, Cambridge: Cambridge University Press.
Russell, B. (1959), *My Philosophical Development*, London: George Allen & Unwin. (野田又夫訳『私の哲学の発展』みすず書房, 1960 年).
Schultz, Bart (2004), *Henry Sidgwick-Eye of the Universe: An Intellectual Biography*, Cambridge: Cambridge University Press.
Schneewind, J. B. (1976), "Concerning Some Criticism of Mill's Utilitarianism, 1861-76," in John M. Robson and Michael Laine, eds., *James and John Stuart Mill: Papers of the Centenary Conference*, Toronto: University of Toronto Press.
―――― (1977), *Sidgwick's ethics and Victorian moral philosophy*, Oxford: Clarendon Press.
Shionoya, Y. (1991), "Sidgwick, Moore and Keynes: A Philosophical Analysis of Keynes's 'My Early Beliefs'," *Keynes and Philosophy: Essays on the Origin of Keynes's Thought*, Aldershot: Edward Elgar.
Sidgwick, A. and E. M. Sidgwick (1906), *Henry Sidgwick: A Memoir*, London: Macmillan.
Sidgwick, Henry (1901 [1874]), *The Methods of Ethics* (6th edition), London: Macmillan.
―――― (1901 [1883]), *The Principles of Political Economy* (3rd edition), London: Macmillan.
―――― (1908 [1891]), *The Elements of Politics* (3rd edition), London: Macmillan.
―――― (1902), *Philosophy: its scope and relations*, London: Macmillan.
―――― (1903), *The Development of European Polity*, London: Macmillan.
Skidelsky, R. (1983), *John Maynard Keynes: Hopes Betrayed 1883-1920*, London: Macmillan. (宮崎義一監訳, 古屋隆訳『ジョン・メイナード・ケインズ：裏切られた期待／1883-1920 年』東洋経済新報社, 1987 年).
Stigler, George J. (1990), "The Place of Marshall's Principles in the Development of Economics," in J. K. Whitaker, ed., *Centenary Essays on Alfred Marshall*, Cambridge: Cambridge University Press.
Weinstein, D. (2007), *Utilitarianism and the New Liberalism*, Cambridge: Cambridge University Press.

第4章
功利主義批判としての
「善に対する正の優先」の検討

児玉　聡

1　「善に対する正の優先」というフレーズ

　ジョン・ロールズが非凡な政治哲学者であることは衆目の一致するところであろう．その彼の非凡な才能の1つに，魅惑的とさえ言えるフレーズを考案する能力がある．「公正としての正義」から始まり，「原初状態」「無知のヴェール」「反省的（反照的）均衡」「カント的構成主義」など，訳語だけを見ても，多くの者を魅了する響きがある．『正義論』や『政治的リベラリズム』といった書名も同様である．ロールズの『正義論』の魅力は，その厚みのある著書から容易に看取できる類まれな博識さと，独自の理論体系を組み立てる強靱な思考能力だけにあるのではなく，こうした記憶に残るフレーズを作り出す彼の才能にもあると考えられる．

　「善に対する正の優先」もそのようなフレーズの1つである．よく知られているとおり，このフレーズはロールズ『正義論』以降の政治哲学の主要な論点を形成してきたものである．「現代の政治哲学では，しばしば正と善は区別され，そして善に対する正の優先を主張する議論がなされている．すなわち，人々が自分の善の構想を追求することが許される限界を特定するような正の概念が存在するというのである」とスーザン・メンダスが述べているように (Mendus, 1989, p. 119; 邦訳, p. 167)，このフレーズによって要約される中立主義的なリベラリズムの是非をめぐり，これまで多くの議論がなされてきた．

　このフレーズは原語ではいくつか違った表現があるが，その基本形は the priority of the right over the good である．また訳語も priority が「優位」と

訳されたり「優先性（優先権）」と訳されたりしている．しかし，それについては後述するとして，これも見栄えのよい表現であることには異論がないだろう．「正」と「善」という，それぞれ単体でも十分に魅力的な言葉を一度に用いるだけではなく，それを「優先性」という言葉で手早く構造化してしまうロールズの腕前には，誰しもが唸らざるを得ない．

　だが，ことにこのフレーズに関しては，表現上の美を追求するあまり，内容が不明瞭になってしまった嫌いがある．ロールズの表現を拝借すると，内容に対して美が優先されたと言ってよい．実際，このフレーズが意味する内容をめぐっては，これまでに多くの論者によるさまざまな解釈が示され，議論が戦わされてきた．ロールズ自身も，後にこのフレーズが誤解を招きかねないものだったことを認めて，その意味の明確化を試みる論文を著している（Rawls, 1988）．

　このフレーズを聞くと，いわゆるリベラル・コミュニタリアン論争を思い浮かべる人が少なくないと思われる（Mulhall and Swift, 1992）．しかし，忘れられがちかもしれないが，もともとロールズはこれを功利主義批判の文脈で用いていた．そこで本章では，「善に対する正の優先」というこのフレーズが，功利主義批判としてどの程度有効なのかという点に焦点を絞って論じたい．しかし，今述べたようにこのフレーズにはいくつもの解釈があり，ロールズ自身のテキストを読むだけでは彼がこのフレーズにこめた意味を理解することは困難である．そこで本章では以下の手順を踏むことにする．まず，ロールズ自身の議論と，代表的な論者の解釈や論争を概観することにより，このフレーズの意味をできるだけ明らかにする．次に，このフレーズによってロールズが行っている功利主義批判がどの程度成功しているかを検討する．結論は，「正」も「善」もロールズは多義的な意味で用いており，どのような解釈をするにしても，功利主義批判としては不当であるか，決定的ではない，というものである．また，このフレーズは日本語に訳したときにはいっそうの多義性を持ちかねないものであるため，不用意に使用しないことを提言したい．

2 「善に対する正の優先」についての議論の俯瞰

「善に対する正の優先」という表現が持つ大きな問題は，人によって「正」と「善」を思い思いの意味で解釈することである．例えば，ロールズの正と善の区別の淵源はギリシア哲学にまで遡ることができるとする論者もいる．善に対する正の優先を最初に言ったのはソクラテスで，正に対する善の優先を最初に言ったのはアリストテレスだという（Doǧan, 2011）．すなわち，人は行為の帰結が自分の幸福に役立つかどうかではなく，行為の正不正を考慮すべきだとソクラテスが考えたのに対し，アリストテレスは幸福を最善のものと考え，道徳的行為は幸福をもたらすために価値があると考えたというのである．

一般に，哲学的なテーマに関するたいていの事柄は，ソクラテスかプラトンかアリストテレスのいずれかが最初に言っていると書いておけば間違いないと言える．しかし，今回に限って言えば，そうすることは正しくないように思われる．本章を最後まで読めばわかるように，ロールズによる「善に対する正の優先」は，道徳と自分の幸福のどちらを優先するかという問題ではない．しかし，研究者でさえそう読んでしまうところが，このフレーズの罪つくりなところである．

そこでまず，ロールズによるこのフレーズの使用法，および研究者らによる代表的な解釈について見る前に，英米倫理学における一般的な正と善の区別と，ロールズ自身が正と善の区別をするときに念頭に置いていると思われるG. E. ムーアやロスの使い方について見ておこう．

2.1 ムーアとロス，ブロード

筆者が以前に検討したように，思想史上でロールズが用いた意味での正と善の区別が明確に出てくるのは，ムーアからだと思われる（児玉，2010, pp. 106-109）．ムーアは，1903年に出された『倫理学原理』（Moore, 1993）の初版序文において，これまでの倫理学の議論において明確に分けられてこなかった「よさ」と「正しさ」の問題を区別して論じるべきだと主張した．すなわち，「それ自体に価値があるために存在すべき事物は何か」という「よさ」についての

問いと,「どのような行為をなすべきか」という「正しさ」についての問いを区別すべきだと述べた.そして,ムーアは「よさ」については直観的にしか知ることができず,これを快や望ましさなどによって定義することはできないとした.その一方で,「正しさ」についてのムーアの考えは功利主義的(帰結主義的)であり,正しい行為とは,その状況で最大の善を生み出す行為だと定義された.

しかし,W. D. ロスはその名も『正と善(The Right and the Good)』という著作において,このような功利主義的なムーアの思考法を批判し,「よさ」についてムーアが定義できないと言ったのと同じ論法で,「正しさ」についても「最大の善を生み出す行為」とは定義できず,正しさの規則については直観しかできないと述べた(Ross, 1930, pp. 8-9).これにより,義務論と目的論の立場が大枠で区別されることになる.同時期に C. D. ブロードは,義務論と目的論を次のように分けた.

> 義務論は次の形式の倫理的命題があることを支持する.「かくかくしかじかの種類の行為は,その帰結のいかんにかかわらず,かくかくしかじかの状況において常に正しい(あるいは不正である)」.……目的論は,内在的に善いまたは悪い帰結を促進する傾向によって,行為の正・不正が常に決定されることを支持する.(Broad, 1930, pp. 206-207)

この区別は後に「価値の理論」と「義務の理論」としても知られるようになる(例えば Bayles, 1968, p. 2).『正義論』におけるロールズの正と善の区別の正確な由来については,さらなる思想史的研究が必要だと思われるが,ロールズもこの区別——とりわけ後で言及するフランケナ(Frankena, 1963)による記述——を踏まえて論じていると考えられる.もう一度強調しておきたいが,これは 20 世紀に入って明確化された新しい区別であり,哲学の歴史において普遍的になされてきた区別と考えたり,不用意に過去の区別を結びつけたりすると,読み込みすぎになる点に注意すべきである.

2.2 ロールズのテキスト

次に，ロールズ自身が『正義論』でどのように正と善の関係について語っているかを確認する．ここで取り上げるのは，第5節「古典的功利主義」と第6節「付随する複数の相違点」である．なお，第68節「正と善との間のいくつかの相違点」も重要な節であるが，重複しているところが多いので，ここでは詳細な検討は控える．

まずロールズは，（古典的）功利主義の中心となる発想を「社会に帰属するすべての個人の満足を総計した正味残高が最大となるよう，主要な制度が編成されている場合に，当該の社会は正しく秩序立っており，したがって正義にかなっている」（Rawls, 1999, p. 20; 邦訳, p. 32）と説明する．そして，これは一個人にとって合理的な思考法を，社会全体に適用したものだと述べ，有名な次の言葉を記している．

> 功利主義の正義観の特筆すべき特徴は，ひとりの人間が自分の満足を時間の流れに沿ってどう分配するかは（間接的な場合を除いて）重要ではないのと同様，諸個人の間で満足の総和がどのように分配されるかも（間接的な場合を除いて）重要な問題にはならない，というところにある．（同書, p. 23; 邦訳, p. 37）

それゆえ，これまた有名な一節だが，「功利主義は諸個人の間の差異を真剣に受け止めていないのである」（同書, p. 24; 邦訳, p. 39）と述べてこの節を締めくくっている．

正と善の区別は，その途中においてやや唐突な仕方で導入される．ロールズは，功利主義の発想の魅力は次の考察によってよりよく理解されると述べ，この区別を導入している（第5節第3段落）．彼は倫理の2つの主要概念として「正（正しさ）および善（望ましさ）の概念」（同書, p. 21; 邦訳, p. 34）があると言い，倫理理論の構造は，「これら2つの基礎的観念をどのようにして定義しかつ両者をどう結びつけているのかによってほぼ決定される」と述べる（同書）．そしてその両者を組み合わせる最も単純なやり方は，目的論的な諸理論がやるように，「正とは独立に善を定義しておいて，その善を最大化すること

を正だとする」仕方である（同書，pp. 21-22；邦訳，p. 34）．ロールズは，このような目的論的な諸理論は合理性の理念を体現していると見えるがゆえに直観に強く訴える力を持つと述べ，この発想に抗いがたい魅力があると持ち上げる．

さらに，その次の段落（同第4段落）で，ロールズは目的論的な理論においては善が正から独立に定義される点を強調する．まず善が何かが決まり，それを最大化するのが正になるという第3段落でした話を繰り返すのだが，その途中で，「財の分配」は正の考慮であるから，善には入らず，仮にそれを善に入れると，「古典的な意味での目的論的な見解ではなくなる」（同書，p. 22；邦訳，p. 36）と述べている[1]．これは功利主義のような目的論的理論は原理的に分配の考慮を組み込めないという伏線である．

そして，その次の第5段落では，目的論的な理論には「善の構想」をどのように具体的に規定するかによって，アリストテレスやニーチェのような卓越主義になったり，快楽主義になったり，幸福主義になったりすると述べている．目的論的理論の話をするときに「善の最大化」という表現が再三出てくるので，一読したところでは目的論的理論＝功利主義と読みたくなるところだが，実はさまざまな理論が目的論的理論にあることがわかる[2]．これらの理論がありうる中で，典型的な功利主義は善を（合理的）欲求の満足と定義し，社会的協働の適切な条件は何かという問題を，「一定の情況のもとで諸個人の合理的な欲求の満足の最大総和を達成するもの」によって決定する（同書，p. 23；邦訳，p. 36）．この考え方が一見したところ持つ説得力と魅力を否定することはできない，とロールズはここでも功利主義を持ち上げる．

こうしてロールズは功利主義を一通り持ち上げたあと，手の平を返したように，上記の「功利主義の正義観の特筆すべき特徴は云々」と一刀両断するのである．彼はさらに追い討ちをかけ，「少数者の自由を侵害することで多くの人

---

1) ロールズは明示的に述べていないが，このような立場についてはフランケナ（Frankena, 1963, pp. 34-5；邦訳，pp. 61-62）が詳しく検討している．
2) ロールズが依拠しているフランケナによる目的論の定義では「最大化（maximize）」ではなく，「促進（promote）」という言葉が使われている（Frankena, 1963, p. 13；邦訳，pp. 23-24）．なぜロールズがフランケナの言葉をそのまま使わなかったのかは謎だが，最大化という語を用いると目的論の立場が限定されすぎてしまうという批判については Fink (2007, p. 144) も参照せよ．

第4章　功利主義批判としての「善に対する正の優先」の検討　　105

びとがより大きな利益を分かち合えているとしても，それでもって正しい事態がもたらされたとは言えない」（同書，p. 23; 邦訳，p. 38）といった正義についての常識的な判断を社会の第一原理として認める理由を功利主義は示すことができず，あくまで功利原理の下位にあり偶然的に成り立つ二次的ルールとしてしか認められないと批判する．ここまでが第5節の議論である．

　続く第6節では，功利主義とロールズの公正としての正義の際立った違いとして，以下の三点が指摘されている．一点目の指摘は，「〈自由と権利とを要求することは正当である〉および〈社会全体の福祉の集計量が増えることは望ましい〉，この2つを原理上〔別種の〕ことがらとして区別し，かつ前者の主張に（無条件の重要性を付与するところまではいかなくても）一定の優先権を認める」（同書，p. 24; 邦訳，pp. 39-40）という，多くの哲学者や常識的信念によっても支持される考えを，公正としての正義は適切に説明できるが，功利主義は説明できない，というものである．つまり，一般に人々は正義と社会的効用という2つの第一原理があると考えているにもかかわらず，功利主義者は正義に対して，社会的効用から派生するものとしての地位しか認めていないという指摘である．

　このように，「正義の優先権に関する私たちの確信〔＝判断〕を全面的に信頼できるものとして承認するのが契約説」すなわち公正としての正義の立場であるのに対して，「それらの確信を社会的に有用な幻想のひとつに過ぎないと見なすのが功利主義なのである[3]」（同書，p. 25; 邦訳，p. 41）．

　二点目は，一個人の選択原理を社会選択の原理に拡張する功利主義と違って，公正としての正義は契約説であり，社会選択の原理は原初状態における諸個人の合意によって成立するという違いである．ここから，功利主義は公正としての正義とくらべて十分に個人主義的でないと言われる．これは第5節でも述べられた，功利主義は個人間の区別を重視しないので分配の考慮に欠けるという批判だと考えられる．

---

[3]　なお，ここで「全面的に」と訳されているのは on the whole であり，むしろ「全般的に」「概して」などと訳すべきだろう．「全面的に」というのは，「完全に」の同義語だと考えられるが，それだと on the whole の意味としては不正確なのではないかと思われる．この点について訳者の一人である川本隆史氏に尋ねたところ，次回の増刷時に「総じて」などに変更するとのことであった．快く検討してくれた氏に謝意を表する．

三点目の指摘は，功利主義が目的論的な理論であるのに対し，公正としての正義は義務論的な理論だというものである．ここで言われる義務論とは，目的論的理論の持つ特徴を否定することによって特徴づけられるもので，「〔1〕正とは独立のものとして善を特定・詳述しない理論であるか，あるいは〔2〕善を最大化するものが正であると解釈しない理論のいずれか」である（同書，p. 26；邦訳，p. 42）．公正としての正義は〔2〕の立場を取り，ロールズはその理由を，正義にかなった制度は必ずしも善を最大化するとは限らないからだと述べている．

さらに，それと関連する（四点目の）論点として，功利主義ではあらゆる欲求の満足に価値があり，何が正しいかを決める際にそれらすべてを考慮に入れる必要があるのに対して，公正としての正義においては，正義に反するような善の構想やそれに基づく欲求の満足は価値をもたない．これをロールズは公正としての正義においては「正の概念が善の概念に対して優先権をもっている」（同書，p. 28；邦訳，p. 44）と表現している．そのため，「正義の侵害を要求するような諸利益はまったく価値をもたない」（同書，p. 28；邦訳，p. 45）のである．そして，この「善に対する正の優先権」こそが，公正としての正義という構想の「中枢的な特色」をなすと述べている（同書）．

このように，第5節で目的論的理論である功利主義の思考方法を特徴づけるために導入された「正」と「善」の区別は，第6節では「善に対する正の優先」として，ロールズの公正としての正義の特色を述べる際に用いられることになる[4]．

川本隆史は上記のロールズの功利主義批判を，功利主義は個人間の差異を真剣に受け止めていない，（それゆえに）分配原理が欠如している，正義に反するような欲求充足も等しくカウントされる，の「3つの欠陥」にまとめている（川本，1995，p. 26）．これでも要約として間違いではないだろうが，一点目は二点目の欠陥が成り立つための特徴であり，林芳紀も指摘しているように，少なくとも論証抜きにはこれ自体を「欠陥」と言うことはできないと考えられる（cf. 林，2003，pp. 112-113）．そこで筆者はここまで見てきたロールズの功利主

---

[4] 公正としての正義と呼ばれるロールズ自身の理論については，本書第2章（井上）および児玉（2010）の第7章を参照せよ．

第4章 功利主義批判としての「善に対する正の優先」の検討

義批判の要点を，下記の3点にまとめておく．(1) 功利主義は正義についての常識的な信念を適切に説明できない，(2) 一個人の選択原理を社会選択の原理に拡張する功利主義は原理的に分配的正義の考慮を欠く，(3) 目的論的理論としての功利主義は正義に反する欲求も等しく考慮に入れる．

なお，ロールズはこの箇所では明示的に述べていないが，周知のように，「善に対する正の優先」は，ロールズを始めとする現代リベラリズムを特徴付ける信条である「中立性」あるいは「反卓越主義」の主張（Mulhall and Swift, 1992, pp. 25ff；邦訳，pp. 31ff；Mendus, 1989, p. 119；邦訳，pp. 167-168）として知られている．ロールズ自身も『正義論』の第68節で次のように述べている．

> 契約論にあっては，自由の根拠は既存の選好から完全に分離している．実際，私たちは正義の諸原理を，他の人びとの振る舞いを評価するときに特定の感情を考慮に入れないという合意と考えてもよい．……こうした点は古典的リベラリズムの学説のよく知られた要素に数えられる．(Rawls, 1999, p. 395；邦訳，p. 591)

この特徴は，目的論的理論である功利主義や卓越主義には共有されていないとされる（第50節，同書，p. 290；邦訳，p. 437）．それゆえ，功利主義の4つ目の批判点として，(4) 功利主義は各人の平等な自由を尊重するリベラリズムではないという点が指摘できるだろう．ロールズは言わば「義務論にあらずんばリベラルにあらず」と主張することで，功利主義にとどめを刺したのだ．以上四点の功利主義批判が，「善に対する正の優先」というロールズのフレーズに暗に含まれていると考えられる．

さて，善に対する正の優先というロールズの主張についてはすでにさまざまな解釈と論争がなされているので，上記の四点にわたるロールズの功利主義批判を念頭に置きながら，主要な解釈について検討することにしよう．かなり恣意的な選択になるかもしれないが，以下で見るのはマイケル・サンデル，井上達夫，ウィル・キムリッカ，サミュエル・フリーマンの議論である．なお，繰り返しになるが，この区別はリベラリズムとコミュニタリアニズムの論争の文脈でも大きく取り上げられているが，以下では功利主義批判の文脈に限定して

論じることにしたい．

2.3　サンデルの解釈

サンデルは『自由主義と正義の限界』（Sandel, 1998）の序章で，『正義論』におけるロールズに代表される「正義を優位とする理論」を「義務論的自由主義」と呼び，義務論的自由主義が主張する正義の優位には，道徳的意味と基礎付け的意味の2つがあるという．道徳的意味とは，正義の考慮が一般的福祉やその他の考慮に優先するということである．しかし，サンデルによれば，これはJ. S. ミルの功利主義に基づく自由主義でも認めうる．ミルは『功利主義』の第5章で，功利主義によって正義の重要性を正当化しようと試みている．ミルによれば，正義が「すべての道徳性の主要部分であり，比較を絶した最も神聖で，拘束力の強い部分」と適切に見なされるのは，正義が有する「社会的功利性の程度が他の要件より高く，したがって，責務が他の要件よりもとびぬけて強い」ためである．そこでサンデルによれば，道徳的意味における正義の優位だけでは，義務論的自由主義を特徴づけるのに十分ではない（Sandel, p. 3; 邦訳, p. 45）．

もう1つの基礎付け的意味は，正義が道徳的に優先される理由に関わるもので，ここで正と善の関係が再び顔を出す．正の概念は善の概念に依存するとする功利主義と異なり，義務論的自由主義においては，「正義の原理は，いかなる特定の善のヴィジョンにも依存しないように，正当化される」（同書, p. 2; 邦訳, p. 43）．つまり，義務論的自由主義とミルのような功利主義的自由主義は，正義の（道徳的）優位を正当化するための理論的構造が違うというのである．

以上のサンデルの説明については，2点だけコメントしておきたい．第一に，『正義論』におけるロールズの説明と微妙に異なると思われる点があるということだ．ロールズは上記第5節のところで功利主義は原理的に分配や個人の権利に対する配慮がないと述べている．これは一見するとロールズはサンデルの言う「道徳的意味」における正義の優位さえも功利主義に認めていないように思われる．ただし，このあとサンデルは，ミルとカントの見解を丁寧に見ていく中で，功利主義的な正義の経験的な基礎付け——つまり，長い目で見れ

第 4 章 功利主義批判としての「善に対する正の優先」の検討　　109

ば，正義や個人の自由を他の考慮より優先的に考えたほうが，社会全体の幸福が増大するだろう——が，カントの義務論的なそれにくらべて頼りにならず，結局他人の善の構想を押し付けられる可能性があると述べている（同書, pp. 4-5；邦訳, pp. 45-8）．そうすると，功利主義では厳密には道徳的な意味での「正義の優位」は結局のところ十分には確立できないことになり，ロールズが第 5 節で述べていたことと近似することになるだろう．やはり，(2) 功利主義は原理的に分配的正義の考慮を欠くのである．

　第二に，上で引用した，義務論的自由主義においては「正義の原理は，いかなる特定の善のヴィジョンにも依存しないように，正当化される」という部分からすると，その含意として，目的論的自由主義においては正義の原理がある特定の善の構想に依存しており，それゆえ，(4) 功利主義はリベラルではない，という見方をサンデルも支持しているように思われる点である．この点は，次に見る井上が言うように，功利主義の不当な評価であるように思われる[5]．

2.4　井上達夫の解釈

　次に井上達夫の議論を見る．彼は『共生の作法』（井上, 1986）の中で，リベラリズムの議論において正義と善の区別が占める位置について詳しい検討を行っている．まず彼は，この区別を彼独自の仕方で整理する．そして，「正義の問題に関する決定は，「善き生」についてのいかなる特殊な解釈にも依存することなく正当化可能でなければならない」という要件を独立性の要請，「「善き生」についてのいかなる特殊な解釈に基づいた行動であっても，正義の要求に牴触することは許されない」という要件を制約性の要請と呼び（井上, 1986, p. 216），正義と善のこの区別がロールズやサンデルが述べている区別と対応しているとしている．しかし，彼は善に対する正義の「優位 (priority or primacy)」という表現は「善よりも正義の方が人間にとって重要な価値であるとい

---

[5] ただし，サンデルがロールズの議論を敷衍して定式化したこの見解を，ロールズ自身が取っていたかどうかには疑義がありうる．すなわち，功利主義がリベラルでない理由として，サンデルは，功利主義においては正義の原理が特定の善の構想に依拠している点を挙げたが，ロールズ自身は，功利主義は正義に反する欲求も等しく考慮に入れるために各人の自由を平等に保障しえない，とだけ考えていた可能性もある．

う考え方に，リベラリズムがコミットしているかのような印象を与える点で」不適切だとして，正義の善に対する「基底性」という表現を用いるとしている（井上，1986, p.217）．井上によれば，リベラリズムは「自ら善く生きることが最大の道徳的関心事であることを承認するが故に，……人々の多様な営みを可能にする条件として，正義の基底性を受容する」（同書，p.239）のである．

続けて井上は，功利主義は善に対する正の優先を認めてないがゆえに「リベラル・クラブ」（同書，p.224）に所属していないというサンデルやロールズらの批判，つまり先ほど指摘した（4）功利主義はリベラルではないという批判に対する応答を行っている．その際井上は，正と善の区別をする際の善の概念（善の構想）が一般的なものか特殊なものかの区別が重要だと指摘する．すなわち，功利主義が正義の基底性に反しており，それゆえリベラルでないと言えるためには，功利主義が善き生の特殊な構想によって正義を基礎付けていると言える必要があるが，実際のところ功利主義は善き生に関して中立的である．引用が長くなるが，彼は次のように述べている．

> 功利主義の特質は単にその目的論的構造にのみあるわけではなく，同時に，あるいはそれ以上に，究極目的を善き生についてのさまざまな特殊構想に対して中立的に規定しているところにある．諸個人の幸福の総和ないし平均値として理解された社会的幸福度の査定のための功利主義的計算においては，諸個人の多様な選好はその内容の質的優劣を問われることなく，強度が等しければ同等の比重を付与される．他者に与える影響その他の帰結を無視できるならば，パチンコにふける人生も詩作にふける人生も，本人の満足度が等しければそれ自体としては等価なものとして社会的幸福計算に算入するのが功利主義の真骨頂である．……功利主義は最大化された社会的幸福という集合善を社会制度の正当化根拠とする点で，善を正義に論理的に先行させているように見えるが，これは外見にすぎない．功利主義は何らかの特定の善き生の構想と結び付いた特定の選好を，内在的に優れたものとする前提に依存することなく，「何人も一人として，且つ一人としてのみ数えられるべし」という平等算入公準に表現されるような，独立の普遍主義的原理に基づいてこの集合善を規定している点で，む

しろ，正義を善に先行させていると見るべきである．従って，功利主義も，正義の基底性を前提とするリベラリズムの問いを共有しており，リベラリズムの企てに参画していると言ってよい．（同書，pp. 226-227）

すなわち，功利主義においても正義は特定の善の構想に依拠していないという意味で，正義の善に対する（井上の言う）「独立性」を保持しており，その限りにおいて功利主義も「正義を善に先行させている」と述べられている．
さらに井上は，(3) 功利主義は正義に反する欲求も等しく考慮に入れる，という批判についても，これをドゥオーキンの言う「外的選好」——他者への財・機会等の分配に関する選好（同書，p. 125）——の算入の問題として理解して，次のように反論している（同書，pp. 229-230）．すなわち，仮にこのような選好を功利計算の際に含めた結果，特定の人々の差別あるいは優遇につながったとしよう．だが，それはそのような選好を持つ人の特定の善の構想が尊重あるいは軽蔑に値するものだからという理由でそうするわけではなく，「飽くまで，社会全般の選好充足の最大化を理由にして」（同書，p. 230）そうしたのである．つまり，この場合でも，正義は善の最大化によって決められているのであり，特定の善の構想に依存して決められているわけではない．それゆえ，功利主義は中立性の要求（井上の言葉では「独立性の要請」）に反していないと考えられる．
目的論的自由主義においては正義の原理がある特定の善の構想に依存するという理由から功利主義はリベラルでないと論じる議論を，このようにして退けた井上の議論は卓見であり，その功績は大きい．なお，このように功利主義に対する不当な評価を退けつつも，井上は本書（井上，1986）や別の著書（井上，1999）などで彼が考える功利主義の欠点について論じているが，その検討は本章の目的からは外れるため，別稿に譲ることにしたい．

2.5 キムリッカの解釈とフリーマンの批判

続いて，キムリッカの議論とそれに対するフリーマンの批判を見る．キムリッカは「善に対する正の優先」という言葉遣いはミスリーディングであり，使うのをやめたほうがよいと手厳しく述べている（Kymlicka, 1989, p. 22）．彼に

よれば，ロールズは義務論と目的論の対比によって「人々の本質的な利益」の定義にかかわる問題と，人々の利益が等しく重要だと考えることから生じる分配原理に関わる問題の2つのことを混同して論じており，しかもそのいずれも善に対する正の優先とは関係がない．前者については，卓越主義に関わる論点で功利主義とは直接関係がないため，ここでは後者の分配の問題について詳細に見ることにする．

　すでに見たように，ロールズは（2）功利主義は原理的に分配的正義の考慮を欠くと批判していた．しかし，キムリッカによれば，ロールズが分配に関して見いだしている功利主義の問題点は，功利主義が正を善の最大化と定義する目的論であるというところにあるのではない（同書, p.25）．なぜなら，功利主義は「一人を一人として数え，何人も一人以上として数えない」といういわゆるベンサムの格言（平等算入基準）に見られるように，各人を平等な配慮と尊重をもって扱っているという意味では，ロールズの言うような一個人における合理的思考を社会選択に適用しているとは言えないからである（同書）．功利主義は，別個の諸個人を公平に扱おうとして，各人の利益に——それがいかなるものであれ——等しい重みを置く．そうすると利益の最大化が功利主義の適切なプロセスになるが，功利主義にとっては利益の最大化そのものが直接の目的なのではなく，あくまで人々の利益を公平に扱うことが目的なのである．言い換えると，人々を等しく尊重するからこそ彼らの利益を最大化するのであり，その逆ではない．キムリッカは，多くの功利主義者が目的論的解釈ではなく，このような平等論的な解釈を取っているという（同書, pp.25-26）．

　キムリッカによる功利主義の平等論的解釈では，功利主義の問題は公平性の理解にある．すなわち，功利主義は上で見たように正を善の最大化として定義しているわけではなく，「人々の利益が等しく重要であり，人々の利益を等しく考慮に入れないことは不正義であることを認めている」という意味では，功利主義は他の理論と同様，「義務論的」である．問題は，功利主義は人々の選好や実質的な幸福の内容を問題にせず，不道徳な選好なども平等に考慮している点であるとされる（同書, pp.26-27）．

　というわけで，キムリッカに言わせれば，功利主義も「各人を等しく扱う」というところから出発している．すなわちドゥオーキンの言う「平等論の土俵

第4章 功利主義批判としての「善に対する正の優先」の検討   113

(egalitarian plateau)」に乗っているという意味では「義務論的」である．そして，たしかにロールズの言うとおり功利主義による平等の解釈には欠陥があるものの，それは功利主義が正に対する善の優先の立場，つまり目的論を取っているからではない（同書，pp. 32-33）．

　キムリッカの主張は，井上とは論拠が異なるものの，結論が似ている．つまり，功利主義は平等論の土俵の上に立っており，その意味で井上の言う「リベラル・クラブの会員資格」を持っているというものである．したがって，(2) 功利主義は原理的に分配的正義の考慮を欠くという批判と，(4) 功利主義は各人の平等な自由を尊重するリベラルではないという批判に対する答えとなっている．ただし，キムリッカは (3) 功利主義は正義に反する欲求も等しく考慮に入れるという批判は認めており，それゆえ (1) 功利主義は正義についての常識的な信念を適切に説明できないという批判も受け入れるものと思われる．

　このようなキムリッカのロールズ批判に対して，フリーマン（Freeman, 1994）がロールズ擁護の立場から，論文丸ごと1本を費やして批判を行っている．本章に関係するかぎりでその要点を記しておくと，以下の三点にまとめられる．

　第一に，キムリッカの言うように功利主義にも平等な配慮という発想はあるが，それは功利原理を正当化する段階で不偏性や普遍化可能性という形で現れたり，功利原理の二次規則として現れたりはするが，功利原理そのものには分配の平等の考慮は含まれておらず，善の総和最大化だけである（同書，p. 322）．これは，ロールズの正義の二原理には平等の考慮が含まれている（第一原理）のと対照的であり，これが義務論と目的論を分けている点である．キムリッカがこのような誤解をするのは，彼が「1人を1人として数え，何人も1人以上として数えない」というベンタムの格言を功利主義における分配の考慮として理解しているからかもしれないが，それは誤解である．「平等な配慮は純粋に手続的な指令であり，実質的に平等な扱いを保証するものではまったくない．……この意味で功利主義は分配に無関心なのである．その分配の実質的原理は誰に割り当てがいくにせよ善の総和を最大化することである．……まさにこの意味で功利主義は目的論的立場なのだ」（同書，p. 329，強調はフリーマンによる）．つまり，功利主義は意思決定の過程においては平等を考慮に入れて

いるが，その結果生じる財の配分には平等に独立の重要性を与えていない．したがって，(2) 功利主義は原理的に分配的正義の考慮を欠くというロールズの批判は妥当である．なお，林芳紀もフリーマンの議論を参照して，キムリッカのような解釈に対して同様の批判を行っている（林，2003, pp. 118-119)[6]．

第二に，安藤（2007, p. 259）でも指摘されている点だが，キムリッカは各人を等しく配慮すると善の最大化につながると主張するが，これは直ちに明らかではなく，（ロールズが一個人の合理性を社会選択に拡張したと述べたときのように）何らかの合理性概念を導入することが必要と思われる（Freeman, 1994, pp. 332-334)．この意味でもやはり，功利主義は平等論ではなく目的論と解釈されるべきだとされる．

最後に，キムリッカやサンデルらの考えとは異なり，『正義論』においては義務論と正の優先は同一のことを意味しない．確かに，そのいずれもが倫理理論の構造とその実質的内容を記述しているが，義務論と異なり，正の優先は，道徳諸原理が正と善をどう内的に結びつけているかを記述しておらず，むしろ，正と正義の感覚によって動機づけられた道徳行為者の実践的推論における正の原理の位置を記述している（同書，p. 335)．すなわちこれは，道徳的に重要な「理由」に制約（範囲）を与えるものであり，特定の欲求や利益をそこから排除する．そのようなものとして，正の優先は社会において許容可能な目的や，許容可能な善の構想を定義する（同書，p. 336)．他方，功利主義的な思考方法においてはそのような制約は存在せず，すべての欲求が等しく考慮に入れられることになる（同書，p. 340)．これにより功利主義者は，(3) 正義に反する欲求も等しく考慮に入れるという，ロールズが指摘した問題を抱えることになる．

このように，フリーマンは「善に対する正の優先」をめぐるキムリッカの解釈は誤解だとして，(2) 功利主義は原理的に分配的正義の考慮を欠くというロールズの批判は妥当であると論じた．とはいえ，功利主義と公正としての正義では平等な配慮の解釈が異なるだけだというキムリッカと，功利主義には原理

---

6) さらに言えば，フランケナはすでに 1963 年の段階で，功利主義に原理的に分配の原理が含まれているという主張を，ミルの議論を引き合いに出して批判している（Frankena, 1963, pp. 33-34; 邦訳，pp. 59-60)．

的に分配の考慮が入っていないというフリーマンの主張は，功利主義は人々の選好を無批判に集計して正義に反する結論を支持するという批判，つまり (3) 功利主義は正義に反する欲求も等しく考慮に入れるという批判を共有していると言える．

3 「善に対する正の優先」に対する筆者の見解

それでは，以上の先行研究を踏まえ，以下で筆者の見解を述べることにしたい．上で見たように，功利主義は「善に対する正の優先」を認めていないというロールズの批判は，次の4点にわたる批判だと考えられた．(1) 功利主義は正義についての常識的な信念を適切に説明できない，(2) 功利主義は原理的に分配的正義の考慮を欠く，(3) 功利主義は正義に反する欲求も等しく考慮に入れる，(4) 功利主義は各人の平等な自由を尊重するリベラルではない．以下ではこの順番に批判を検討し，最後に「正に対する善の優先」というフレーズそれ自体と，この翻訳表現について私見を述べることにする．

3.1 功利主義は正義についての常識的な信念を適切に説明できない

すでに見たように，ロールズによれば，功利主義は正義に関する事柄を効用最大化とは原理上別個の事柄と考えず，正義を功利原理の二次的ルールに位置付ける．ロールズがこのように言うときに念頭にあるのは，ミルの『自由論』や『功利主義』ではないかと思われる．ミルは1859年に公刊された『自由論』のなかで，いわゆる他者危害原則の正当化について，次のように述べている．

> 功利とは無関係なものとしての抽象的な正義の観念から，私の議論のために引きだしうる利点を私は利用しない，とここで断わっておくのが適当である．私は，功利はすべての倫理的問題の究極的な判定基準であると考える．しかしそれは，進歩する存在としての人間の恒久的な利害を基礎におく，もっとも広い意味での功利でなければならない．(Mill, 1993, p. 79; 邦訳, p. 226)

また，サンデルが正しく指摘していたように，ミルが1863年に公刊した『功利主義』第5章における正義の観念の分析においても，「功利性に基礎づけられていない空想的な正義の基準を打ち立てているあらゆる理論の主張に対して異議を唱える」(Mill, 1993, p.61; 邦訳, p.338) と述べているように，ミルは正義を功利原理によって正当化している．このように，個人の自由や正義は，功利原理によって正当化されるという意味で，それらはロールズが言うように二次的ルールであり，功利主義は道徳原則に関する一元論を取っていると言える (cf. 児玉, 2010, p.121).

　しかし，ロールズが言うように，多くの哲学者や常識的信念によって支持される正義の観念を，功利主義は「社会的に有用な幻想のひとつに過ぎない」と言うのだろうか．これはロールズの筆が滑ったとしか考えられない表現である．『功利主義』第5章を読めばわかるとおり，正義の重要性はミルも認めており，正義を特別視することは「妄想にとりつかれている」ことにはならない．功利主義は人々の常識的な正義の感覚を幻想だと否定することはしない．ただ，何が正義にかなっているのかについては，「多くの見解の相違や多くの議論」があり，「異なった国民や個人は異なった正義の観念をもっている」ため，「何らかの外的な基準か個人的な好み」のいずれかによって判断することが必要となるのであり，功利原理がその究極の基準となるべきだと言っているのである (Mill, 1993, p.57; 邦訳, pp.331-332).

　そこで，功利主義の立場からすれば，この批判（1）に関してはロールズの言いがかりだと安心して結論してよい．付言すれば，このような議論は義務感や道徳感情の起源をめぐる功利主義と直観主義の論争の再燃であり，ロールズが新しい議論を提示しているわけではない (cf. 児玉, 2010, p.63ff).

3.2　功利主義は原理的に分配的正義の考慮を欠く

　直前の議論でも見たように，功利主義は功利原理を唯一の第一原理とする一元論を取っており，その功利原理に分配の原理が内包されていないことはそのとおりだと思われる．井上やキムリッカが指摘するように，特別な理由がないかぎり，「1人を1人として数え，誰も1人以上として数えない」というベンタムの格言が功利原理には内蔵されていると考えられるものの，キムリッカに

第4章 功利主義批判としての「善に対する正の優先」の検討　　117

対するフリーマンの批判のなかで明らかにされたように，このような不偏性は「同様のものは同様に扱え」という形式的正義の要請であり，実質的な平等を保証するものではない．そこで，先にロールズが指摘したとおり，功利主義においては正義は飽くまで二次的なルールとして扱われることになる．

　しかし，功利主義においては原理的に正義の考慮が含まれておらず，二次的ルールとしか捉えられていない，というのがそれだけで批判になるわけではなく，そのどこがまずいのかを説明しなければならないだろう．1つの説明は，それは正義についての常識的な発想とは異なるというものであろう．すると，規範理論が常識的な発想と異なる場合，規範理論は常識的な発想をありのまま受け取ったほうがよいのか，それとも常識的な発想を吟味し場合によってはそれに修正を施したほうがよいのか，という議論になる．これは上で論じたとおりである．

　もう1つは，二次的ルールだと，正義の絶対性が減じられるという説明である．これについても，ミルは正義が道徳のなかでも「飛びぬけて神聖で拘束力の強い部分である」と答えており（Mill, 1993, p. 61；邦訳，p. 338），功利主義においても正義は神聖なものと見なされることに変わりはないと考えている．ただし，原則として正義は神聖だとはいえ，個別の例外的な場合においては，正義の要請がより大きな社会的義務に道を譲る場合もあるとミルは述べている．

　　　人命を救うために，必要な食料や薬を盗んだり力ずくで奪ったり，ただ一
　　　人の資格をもつ医師を連れ去ってきて無理やり診察させたりすることは許
　　　されるだけでなく，義務であるかもしれない．（同書，p. 66；邦訳，p. 344）

　この例のように，ミルは功利主義においては正義が絶対的な優先性を必ずしも持っていないことを認めている．ただし，ミルによれば，人々はこのような事例について，これは正義に反していると述べるよりも，一般的な正義の考慮がこのような事例では当てはまらないと言うことで，正義の不可侵性を守ろうとするだろうと述べているが（同書），それにしても実質的には正義に絶対的な優先性を認めないことは明らかである．しかし，これが功利主義の欠点なの

か，あるいは正義は何があっても絶対的に守られなければならないという立場が狂信的なのかは議論の分かれるところであろう．そうすると，(2) の批判にあるように功利主義が原理的に分配的正義の考慮を欠くことを認めるとしても，常識的な正義の考え方が正しいものである理由あるいは正義が絶対的に守られねばならない理由を示さなければ，有効な批判だとは言えないだろう．

3.3 功利主義は正義に反する欲求も等しく考慮に入れる

上で見たように，井上達夫は外的選好を等しく考慮に入れたとしても，それは特定の善の構想とは独立に正義を決めなければならないというリベラリズムの要請に抵触しないと論じていた．しかしこの場合，形式的にはリベラリズムの要請に抵触しないとはいえ，場合によっては同性愛の禁止も人種差別も正当化される実質的に反リベラルな社会になってしまう可能性がある．

この問題に十分に答えるには別の論文を書く必要があるが，筆者の現在の答えは簡単に言えば以下のようなものである．まず，選好であれ快苦であれ，功利原理はそのすべてを計算に入れるというのはそれでよいと思われる．ベンタムも 1789 年の『道徳および立法の諸原理序説』の中で，「最も卑しむべき犯罪人が，彼の犯罪から得た最も下劣な快楽」も功利計算に入れるべきだと主張していた (Bentham, 1996, p. 18; 邦訳, p. 90)．むしろ彼は，例えば同性愛者が感じる快楽など，倫理に反するとされる「不道徳な」快が無視されることを問題視していた（児玉，2010, pp. 202-203）．とはいえ，功利主義は毎回毎回ある行為に対する選好やそれによって生み出される快をスナップショットのように取って正しさを判断するわけではなく，行為が一般的に持つ傾向を考慮して，法律や行為指針を作ろうとする．最も下劣な快楽の話にしても，ベンタムがその快楽を功利計算に入れてよいと考えるのは，「それと比べれば快楽などは問題にならないほどの多量の苦痛が……必然的にその快楽にともなう」からであり，このことが「その犯罪行為を処罰するための，真実で唯一の，しかしまったく十分な根拠」だと述べている (Bentham, 1996, p. 18; 邦訳, p. 90)．

しかし，そもそも功利主義においては正義は二次的ルールであり所与のものではない．そのため，正義が何かが決まらないかぎり，正義に反する欲求が何かも決まらない．そこで，上述のように，正義や個人の自由のような重要な規

則を功利主義の二次的ルールとして確立しようとする．その際には，短期的な快苦あるいは欲求ではなく，ミルが言うような「進歩する存在としての人間の恒久的な利害に基礎をおく，最も広い意味での功利」(Mill, 1993, p. 79; 邦訳, p. 226) が考慮されることになるだろう．このような形で個人の自由や正義について大枠のルールがいったんできた場合には，この批判にあるような，正義に反する欲求をいちいち考慮するということは起こらず，例えば他者危害原則に応じてさらに具体的なルールを作ればよいことになる．

同様なことがフリーマンの言う「思考方法としての善に対する正の優先」についても当てはまる．極端な直接かつ行為功利主義者でないかぎり，常に功利原理を用いて意思決定しているわけではなく，通常はヘア (Hare, 1981) の言う一見自明な直観的規則を用いて，普通の人と同じように思考してよい．その中には人の権利を侵害しないなどの正義の規則も含まれており，それを用いつつ意思決定すればよいので，フリーマンの言うような「実践的推論において正義の発想が入らない」という批判は当てはまらない．もっとも，ヘアの言う批判的思考が必要とされる場合には，あらゆる選好が考慮に入れられるだろうが，批判的思考のレベルでは普遍化不可能であったり，事実に反するような仮定に基づいたりする選好は排除されるため，その結果が通常の正義感に基づく直観的判断と大きく異なるとは考えられないし，仮に大きく異なったとしても，そのような場合において通常の直観的判断のほうが正しいかどうかはわからないのである (Hare, 1981, pp. 140-146; 邦訳, pp. 210-218, cf. 児玉, 2010, pp. 149ff)．

3.4 功利主義はリベラルではない

この批判については，筆者は井上達夫の議論が適切であり，まったく当てはまらないと筆者も考えている．これまでの議論から明らかだと思うが，功利主義が支持する正義が特定の善の構想に基づくというのは誤解である．

例えば，ベンタムが悪人の卑しい快も考慮すると述べたように，彼の考えでは功利原理にはどのような快も考慮に入れられる．それどころか，ある人々が感じる一定の快（例えば同性愛行為から得られる快）を不道徳だとして考慮から排除するような思考法を「禁欲の原理」として批判していた (Bentham, 1996, pp. 17-18; 邦訳, p. 90). また, 快楽の質を認めていたミルは, その限りで特定の善の構想（満足したブタの人生よりは, 不満足なソクラテスの人生のほうがよい）を持っていたと思われるが, だからといってそのような生き方を人々に押しつけようとしたわけではなく, 『自由論』で力説していたように, 各人が自由に生きることの重要性を認めていた. これらの点を考慮すると, 功利主義が特定の善の構想に依存しているがゆえにリベラルではないという批判は当てはまらないと言えるだろう.

もちろん, メンダス（Mendus, 1989）なども議論しているように,「他者危害原則」を中心とするミルのリベラルな理論がどこまで各人の平等な自由を保障できるかというのは議論になりうる. また, 正義を二次的ルールとする功利主義は, 個人の自由より社会全体の善を優先するようなケースを例外的に認める場合もあるかもしれない. しかし, そうした問題は, 功利主義は特定の善の構想に依拠しているがゆえに原理的にリベラルな立場を支持できないという議論とは別の話であろう. 仮にロールズが, 自分の正義原理が保障するのと全く同じだけの自由を各人に平等に保障しない理論はリベラルとは呼べないと考えていたとすると, それは別途論証が必要になるように思われる.

というわけで,「善に対する正の優先」というフレーズによってロールズがやったことは, 功利主義は目的論でありロールズの立場は義務論であると両者の立場を分けただけで, 功利主義批判としては不十分だったように思われる. より詳しく言えば, 功利主義は正義に反する結論を出すというのはロールズ以前にロスやフランケナその他の思想家が主張していたことであり, その焼き直しにすぎない. 外的選好につながる (3) の批判は, どの程度新しい論点であるかは今後十分な思想史的研究が必要だが, 制度的にはすでにミルが考慮していた問題であり, フリーマンが言うように思考方法として理解するにしても, 規則功利主義の議論からヘアの二層理論につながる議論によってある程度克服されたように思われる. また, 功利主義はリベラルでないというのは, まったく不当な批判だと考えられる. さらに, 先述のキムリッカの指摘が正しければ, このフレーズでは目的論と義務論の区別さえできていないか, たとえできていたとしてもロールズが主張したい論点は別のところにあったことになる[7].

第4章 功利主義批判としての「善に対する正の優先」の検討　　121

なぜこんなことになったのかと考えると，ロールズがあまりに多くのことをこのフレーズによって表現しようとしたからだろうと思われる．特に，善の多義性と，正義と正の区別を明示的にしていないことが大きな問題である．最後にこの点について詳しく見ることにしたい．

4　「善に対する正の優先」というフレーズと翻訳について

英米倫理学において正しさとよさが明確に区別されるようになったのは，ムーア以降と思われることについては先に述べた．この区別について最もわかりやすい説明を行っているのは，ロールズがミシガン大学時代に同僚だったフランケナであり，ロールズもかなり彼の議論を参照しているように思われる．

まず，よさと正しさの区別についてである．フランケナは『道徳についての思考』(Frankena, 1980) において，道徳的なよさと道徳的な正しさを次のように区別している．「非常に大まかに言うと，行為については道徳的に正しいとか責務であると言われる．一方，意図，動機，特性，人格等の他のものについては，道徳的に善であると言われる」(Frankena, 1980, p. 48；邦訳，p. 97)．英語でも一般には「よい」と「正しい」は相互に置き換え可能なものとして用いられ，行為についても「それはよい行いである」と言われることもある．しかし，「人は悪い動機から正しいことをすることもありうるし，善い動機から正しくない（間違った）ことをすることもありうる」（同書）．そこで，正確に言えば，道徳的な正しさは行為について言われ，道徳的なよさは人柄や動機について語られるというふうに，両者を区別すべきである．日本語においてもよさと正しさを区別して用いている人は少ないため，この点は重要である．

フランケナは別の著作で正しさとよさについてより詳しい説明を行っている．その著作とは，ロールズも『正義論』において義務論と目的論の区別をする際に参照している『倫理学』(Frankena, 1963) である．フランケナは本書の第1章で，善を道徳的価値 (moral value) と非道徳的価値 (non-moral value)

7）　目的論と義務論の区別およびその区別とロールズの正と善の区別の関係については，ペティット (Pettit, 1993) も参照せよ．ただし，すでに見たように，この正と善を用いた目的論と義務論の区別はロールズが考案したものではなく，ブロード以来のものであるため，この区別のできの善し悪しについてロールズを批判するのはいささか不当となるだろう．

の2つに大別している．この区別は非常に重要だが，正と善の区別を論じる人々でこの区別を十分にしている人は少ないと思われる．まず，道徳的価値としての善とは，「わたしの祖父は善い人だった」とか「ザビエルは聖人だった」などの価値判断に現れる善である．これは上で見たように，人柄や動機について道徳的評価を行うものである．それに対して，非道徳的価値としての善とは，「あれはよい車だ」とか「あの人はあまりよい人生を送らなかった」などの価値判断に現れる善である．両方とも価値判断という点では共通しているが，前者は道徳的評価が可能な対象（基本的に人間や人間が行う活動）に関する評価であるのに対し，後者は「頭がよい」とか「目が悪い」というときの評価である[8]．

では，ロールズが善に対する正の優先について論じる際，ここで言う「善」はフランケナの区別に従えば，道徳的価値としての善なのだろうか，あるいは非道徳的価値としてのそれなのだろうか．ロールズが用いる「善」の意味が多義的と思われるため，この問いに対する明確な答えは出しにくいのだが，ここまでの議論で見てきたかぎりでは，答えは非道徳的価値のそれだと思われる．すなわち，このフレーズが，正義が「善き生の構想」の追求に一定の制約を課すことを示すために用いられる場合にせよ，善と正の区別が義務論と目的論の理論構造を区別する際に用いられるにせよ，そこで言われているのは道徳的なよさではなく，非道徳的なよさである．

広辞苑を引くまでもなく，日本語では「善」はもっぱら道徳的な意味で用いられると考えられる．そこで，正確に言えば，「善の構想」や「善き生の構想」などの日本語表現は適切ではない．確かにソクラテスの言う「よく生きる」というのは，正義に適った人生を送るということだと思われるので，「善く生きる」と表記してよい．だが，リベラルな社会において各人が自由に自分の「よき生の構想」を追求してよいと言われるとき，それは各人に「道徳的な生き方をせよ」ということではない．

例えば，あるプロ野球選手が大リーグに行くことを決めたとする．その場合，彼にとっては，大リーグに行かずにプロ野球選手として一生を過ごすより

---

[8] なお，道徳的なもの以外にもさまざまな価値があることについては，Sumner (1996) の1.3も参照せよ．

第4章　功利主義批判としての「善に対する正の優先」の検討

は，成功するにせよしないにせよ大リーグで自分の力を試す人生のほうが優れていると考えたからそうするのであって，大リーグで活躍する人生が道徳的に優れた人生だと考えたからではないだろう．

もちろん，人によっては例えば医者や聖職者になって多くの人を助ける人生のほうがそうでない人生よりも道徳的に優れているからという理由でそれを選ぶ人もいるだろう．車や服やワインとくらべると，人生設計の評価については道徳的評価と非道徳的評価を切り離して考えることが若干難しいかもしれない．しかし，「善の構想」とか「善き生」の構想という翻訳は，過剰にそうした道徳的な面を強調することになり，みながみな求道的な生活をしているかの印象を与えてしまう．ほとんどの人は，ある生き方より別の生き方を選ぶのは，それが道徳的によいからではなく，自分の好みや適性に合っているとかそうした理由からであろう．そう考えるなら，「善き生」ではなく「よき生」と表記し，「各人はよき生の構想を追求することが許される」と言ったほうが，卓越主義的に誤解される可能性が生じにくいと思われる[9]．

また，正と善の区別が目的論と義務論の理論構造の違いを特徴づけるために用いられる場合も，善は非道徳的な意味で用いられている．少し長いがフランケナの言葉を引いておこう．

> 目的論的理論によれば，道徳的に正しい，不正である，義務であるなどの基本的あるいは究極的基準あるいは標準は，生み出される非道徳的価値である．……というのは，あるものの道徳的性質や価値が，それが促進しようとするものが何であれ，それの道徳的価値によって決まるというのは循環だからである．したがって，目的論的理論は，正しい，義務である，道徳的によいなどを，非道徳的なよさに基づかせるのである．(Frankena, 1963, p. 13; 邦訳, pp. 23-24)

ロールズもまさに同頁を引いているが (Rawls, 1999, p. 22; 邦訳, p. 35)，フ

---

9)　井上達夫は，日本では正義を唱えるとは善き生に関する唯一の正しい理想を唱えることであるからリベラリズムの精神と相容れないという誤解があると言い，これを「正義の道徳主義的誤解」と呼んでいる（井上，1986, pp. 203-204）．それにならえば，よき生の構想というのを道徳的な生き方に限定するような理解を「「善の構想」の道徳主義的誤解」と呼ぶことができるだろう．

ランケナがその頁で再三強調しているこの点になぜか言及していない．ただし，正と善の概念を導入した直後に「道徳的に価値のある人格（morally worthy person）という概念も正および善から派生する」（同書，p. 21；邦訳，p. 34）と述べており，これは非道徳的な善とは区別された道徳的な善（有徳さ）について語っていると思われる．また，『正義論』第60節でも，このような道徳的な善は，非道徳的な善についての理論である「善の希薄理論」と対比され，ロールズの正義論が確立されたあとに成り立つ「善の完全理論」だと述べられている（同書，p. 349；邦訳，p. 521）．こうしたことから，ロールズ自身は善について，道徳的な意味と非道徳的な意味を区別していたのだろうと考えられる[10]．

ロールズにとっては，こうした道徳的なよさと非道徳的なよさの区別は自明だったのかもしれない．しかし，彼がこの区別を『正義論』において明示的に導入しなかったことにより，彼の功利主義批判にも混乱が生じてしまったように思われる．その混乱とは次の事態を指す．ロールズが功利主義は「善」によって正を定義する目的論的理論だと言われるとき，この善は非道徳的価値のそれであり，道徳的価値のそれではない．井上が明らかにしたように，これはあらゆる選好の充足に等しく価値を認めるということであり，特定の生き方を道徳的に是認するということではない．つまり，ロールズの言葉を借りれば，これは功利主義流の「善の希薄理論」にすぎないのだ．そこから功利主義は善の最大化によって正を定義づけることになるが，ここまでの段階では，まだ功利主義もどういう人間が道徳的によいか（有徳か）という「善の完全理論」は前提していない．功利主義はこのように正を定義してから，二次的ルールとしての正義や，道徳的なよさ（有徳さ）を導き出すのである．したがって，この点ではロールズが自分の理論について述べていることと変わりはない．そこで次のように結論できる．ロールズは道徳的なよさと非道徳的なよさを（功利主義に関してのみ）あいまいにすることにより，「義務論にあらずんばリベラルにあらず」という結論を導き出しているのである．

また，ロールズが道徳的なよさ，道徳的な正しさ，非道徳的なよさの関係を

---

[10] この点については，本書第2章（井上）および渡辺（2001, pp. 241-243）も参照せよ．

第4章 功利主義批判としての「善に対する正の優先」の検討   125

明確にしなかったことにより，とりわけ日本語において「正」と「善」と訳した場合にその関係が理解しにくくなったように思われる．例えば「善い人であることは当人にとっても善い（望ましい）ことであるのかどうか」というような問い（同書，p. 349；邦訳，p. 521）は，道徳的な意味のよさと，非道徳的な意味のよさを区別しなければ理解できないと思われるが，翻訳では good をすべて「善い」と訳すことで，一見循環になっているように思われてしまう．訳文では後者の「善い」に「望ましい」という語が補足されているが，これが善いと同義（つまり，道徳的に望ましい）なのか，非道徳的な意味で望ましいのかが明確にされておらず，あまり有益な補足だとは言えない．

なお，ロールズのその後の論文（Rawls, 1988）では，「正の優先」という表現がいくつかの誤解を生み出したので，上記の区別も含めて good の意味を 5 つに分けて誤解を取り除くと述べられている（同書，p. 251）．その説明についてわかりやすい解説もあるが（Mulhall and Swift, 1992, pp. 216ff；邦訳，pp. 269 ff），そもそも 5 つの意味を 1 つの言葉に込めるような使い方はすべきでないだろう．

次に，正と正義について述べる．ロールズは「正の優先」と言ったり，「正義の優先」と言ったりしているが（後者については例えば Rawls 1999, p. 28；邦訳，p. 45 など），通常，少なくとも英米の倫理学の分野では，「正しさ」と「正義」は区別して用いられる．フランケナが言うように，「正義の領域は道徳の一部であり，その全体ではない」（Frankena, 1963, p. 36；邦訳，p. 65）．これは，ロスのような義務論でも，功利主義でも同様である．例えば，正義にかなった行為だけでなく，善行を行うことも正しい行為である．再びフランケナの具体例を用いれば，「近親相姦や児童虐待は不正（wrong）であるが，それを不正義（unjust）と呼ぶのはまず適切とはいえない．他の人に快楽を与えることは正しい（right）ことかもしれないが，正義にかなっている（just）とは適切に言うことはまったくできない場合もありうる」（同書）．

ロールズも基本的にはこの区別をしていたものと思われるが，特に『正義論』第 5 節と第 6 節では両者がほとんど区別されずに用いられているように読める．そのため，あたかも「正（正義）に対する善の優先」ということで，功利主義が正を善の最大化によって定義づけるだけでなく，正義よりも善き生を

（サンデルの言う道徳的な意味で）優先している印象を与える．そもそも日本語では道徳的な文脈で「正しい」という語はあまり使われないため，日本語だと余計混乱してしまって，「正しさ」と「正義」の区別すらできていない議論さえ生み出しかねない．

　以上をまとめると，「正」も「善」もロールズは多義的な意味で用いており，さらに「優先」という語もサンデルが解釈したように道徳的な意味と概念的な意味を含んでいるように思われる．これらをそれぞれ組み合わせるといくつの解釈ができるのかわからないぐらいであるが，日本語に訳したときにさらに意味が増えるか，あるいはあらぬ意味が強調されてしまい，思い思いの多様な解釈が生まれてしまう．それがロールズの魅力だという人もいるかもしれない．また，本章で見たフリーマンの論文などをきちんと読めばこのフレーズの意味がだいぶクリアにわかるようになるだろう．しかし，筆者に言わせれば，このような多義的なフレーズに研究者や一般の読者が振り回され，頭を悩ませるのは時間の無駄である．とりわけこのフレーズによって功利主義は，今から見れば不当な理由からリベラルでないという烙印を押され，息の根を止められたかのような印象を広げられてしまったので，功利主義者からすればたいへん残念なフレーズだと言わざるをえない．その意味では，キムリッカの言い方を借りれば，「善に対する正の優先」という表現はできるだけ使うのをやめるべきであろう[11]．

参考文献

安藤馨（2007）『統治と功利』勁草書房．
井上達夫（1986）『共生の作法――会話としての正義』創文社．
――――（1999）『他者への自由――公共性の哲学としてのリベラリズム』創文社．
川本隆史（1995）『現代倫理学の冒険』創文社．
児玉聡（2010）『功利と直観』勁草書房．
林芳紀（2003）「ロールズの功利主義批判と「人格の別個性」の問題」『倫理学研究』33号，pp.107-124．
渡辺幹雄（2001）『ロールズ正義論再説――その問題と変遷の各論的考察』春秋社．
Bayles, M. D. (1968), *Contemporary Utilitarianism*, Garden City, NY: Anchor Books.

---

11) 本論文の執筆にあたり，石川涼子，大澤真，児島博紀，久本雅人，遠藤知子の5名から有益なコメントと示唆をいただいた．記して謝意を表する次第である．

Bentham, Jeremy (1996), *An Introduction to the Principles of Morals and Legislation*, Oxford: Oxford University Press. (山下重一訳「道徳および立法の諸原理序説」『世界の名著 38 ベンサム J.S.ミル』中央公論社, 1967年).

Broad, C. D. (1930), *Five Types of Ethical Theory*, London: Kegan Paul, Trench, Trubner.

Doğan, Aysel (2011), "On the Priority of the Right to the Good," *Kant-Studien*, 102, pp. 316-34.

Fink, Julian (2007), "Is the Right prior to the Good?" *South African Journal of Philosophy*, 26, pp. 143-49.

Frankena, William K. (1963), *Ethics*, Englewood Cliffs, NJ: Prentice-Hall. (杖下隆英訳『倫理学』培風館, 1967年).

――― (1980), *Thinking about Morality*, Ann Arbor: The University of Michigan Press. (飯田亘之・C. M. デウルフ・小野谷加奈恵訳『道徳についての思考――倫理と合理性』東海大学出版会, 1995年).

Freeman, Samuel (1994), "Utilitarianism, Deontology, and the Priority of Right," *Philosophy & Public Affairs*, 23-4, pp. 313-349.

Hare, R. M. (1981), *Moral Thinking*, Oxford: Clarendon Press. (内井惣七・山内友三郎監訳『道徳的に考えること』勁草書房, 1994年).

Kymlicka, Will (1989), *Liberalism, Community and Culture*, Oxford: Clarendon Press.

Mendus, Susan (1989), *Toleration and the Limits of Liberalism*, MacMillan Education. (谷本光男・北尾宏之・平石隆敏訳『寛容と自由主義の限界』ナカニシヤ出版, 1997年).

Mill, J. S. (1993), *Utilitarianism*, reprinted in J. M. Dent, ed., *Utilitarianism, On Liberty, Considerations on Representative Government* (pp. 1-67), London: Everyman's Library. (川名雄一郎・山本圭一郎訳「功利主義」『功利主義論集』京都大学学術出版会, 2010年).

――― (1993), *On Liberty*, reprinted in J. M. Dent, ed., *Utilitarianism, On Liberty, Considerations on Representative Government* (pp. 69-185), London: Everyman's Library. (早坂忠訳「自由論」『世界の名著 38 ベンサム J.S.ミル』中央公論社, 1967年).

Moore, G. E. (1993), *Principia Ethica* (revised ed.), Cambridge: Cambridge University Press. (泉谷周三郎・寺中平治・星野勉訳『倫理学原理』三和書籍, 2010年).

Mulhall, Stephen and Adam Swift (1992), *Liberals and Communitarians*, Blackwell. (谷澤正嗣・飯島昇藏訳『リベラル・コミュニタリアン論争』勁草書房, 2007年).

Pettit, Philip (1993), "Analytical Philosophy," in Robert E. Goodin and Philip Pettit, eds., *A Companion to Contemporary Political Philosophy*, Oxford: Blackwell, pp. 7-38.

Rawls, John (1988), "The Priority of Right and Ideas of the Good," *Philosophy & Public Affairs*, 17-4, pp. 251-276.

――― (1999), *A Theory of Justice* (revised edition), Oxford University Press. (川本隆史・福間聡・福島裕子訳『正義論 改訂版』紀伊國屋書店, 2010年).

Ross, W. D. (1930), *The Right and the Good*, Oxford: Clarendon Press.

Sandel, Michael J. (1998), *Liberalism and the Limits of Justice* (second edition), Cambridge: Cambridge University Press. (菊池理夫訳『自由主義と正義の限界 第2版』三嶺書房, 1999年).

Sumner, L. W. (1996), *Welfare, Happiness, and Ethics*, Oxford: Oxford University Press.

[Book Guide I]

　ここにあげられているのはいずれも，いわゆる「リベラル・コミュニタリアン論争」の当事者たちの，「その後」の著作である．その中身を検討することは，「論争」におけるそれぞれの論者の意図や，その後の思想的展開を知る上で興味深い．
　ジョン・ロールズは『正義論』以後も，『ポリティカル・リベラリズム』など重要な著作を次々に発表していったが，その間に，ハーバード大学で 30 年にわたり，政治哲学史などの講義を行っている．その内容の公開について，ロールズ自身は必ずしも積極的ではなかったようだが，やはり彼の「公正としての正義」の理論を理解するために，背景となる政治哲学史観を知ることは有意義だろう．ホッブズ，ロック，ルソー，ヒューム，マルクスなどの思想を，ロールズはどのように講じたのだろうか．
　マイケル・サンデルもまた，ハーバード大学における正義論をめぐる活気にみちた講義で知られる．その議論からは，サンデルのリベラリズム批判が，けっして理論的・抽象的なものにとどまらず，むしろ具体的なアメリカ社会の争点を念頭に置いていたことがわかる．それでは，サンデルはアメリカ史について，どのような構想を持っていたのだろうか．サンデルは憲法判例史と経済論戦史を振り返ることで，リベラリズムとリパブリカニズムの相克として，アメリカ史を大胆に描き出す．
　チャールズ・テイラーといえば，まず思い出すのは多文化主義論であろう．カナダのケベックを舞台に議論をリードしたテイラーは，その後，政治の現場にも進出することになる．とはいえ，彼の探究はそこにとどまることはなかった．マックス・ウェーバー以来のいわゆる近代社会の「世俗化」に正面から挑戦したテイラーは，現代社会における「再宗教化」とも見える諸現象に取り組むと同時に，西洋思想史の大胆な再解釈に乗り出す．彼の「世俗化」論を集大成した記念碑的大著が本書である．
　これら「その後」の著作を読むことで，何が明らかになるのだろうか．この「リベラル・コミュニタリアン論争」は，北米における多様な政治的・経済的・社会的な議論の，いわば歴史的な合流点であった．それは独特な政治哲学史観に基づき，建国以来のアメリカ史の多様な言説の流れに支えられ，さらには多文化主義や宗教の噴出と

いった現代社会の諸現象と向き合うなかで形成されたものであった．もちろん，この「論争」は北米圏を超えて，世界各地において読まれ，解釈されている．その意味で，いま一度，「論争」の原点に立ち返り，「論争」の意義と射程を再考するべきときが来ているのかもしれない．（宇野重規）

Book Guide I-1
ロールズ『ロールズ政治哲学史講義』
随所からにじみ出る，リベラルな政治哲学

小田川　大典

　彼の講義に白熱するようなところはなかったよ．地味だったってことではなくて，生真面目な講義だった．歴史を生真面目に受けとめ，偉大な思想家たちと対話しながら，自分でじっくりものを考えるにはどうすればいいかを，彼は教えてくれたんだ．
　　　　　——ヨシュア・コーエン（*The Harvard Crimson*, November 26, 2002）

　ロールズがハーバード大で教鞭を執ったのは 1962 年から 1995 年までのことであるが，その間にロールズは学部生向けの入門科目として道徳哲学の歴史と政治哲学の歴史についての講義をおこなっている．近年，その講義の内容が，ロールズ自身の講義原稿，受講生のノート，録音テープなどをもとに三冊の講義録として編集・刊行された．バーバラ・ハーマン編『ロールズ哲学史講義』（2000 年），エリン・ケリー編『公正としての正義　再説』（2001 年），そして本書，サミュエル・フリーマン編『ロールズ政治哲学史講義』（2007 年）である．
　『哲学史講義』の編者ハーマンによれば，ロールズは，講義をはじめた頃，受講生が自分の講義のノートをとるのに苦労していることに心を痛め，自分の講義原稿を受講生が利用できるよう，自らそのコピーの提供を申し出たという．以来，そのコピーは内々で回覧されることになるのだが，ロールズは自分の講義原稿をバージョンアップし続け，30 年の歳月をかけて，1 つのまとまった作品へと仕上げていった．1970 年代後半から 90 年代前半にかけての——それは『正義論』（1971 年）の改訂から『政治的リベラリズム』（1993 年）の刊行に至るロールズ政治哲学の発展史のほぼ全体と重なっている——政治哲学史講義をもとに編まれた本書についてもおそらく事情は同じであろう．本講義録が章立て，節分け，註まで整っているのは，編者フリーマンの力量もさることながら，ロールズ自身のそうした教員としての几帳面さによるところが大きいと

思われる．

　とはいえ，本書が編集済みの講義録であり，さらにはロールズ自身が長年にわたってその出版に少なからぬ抵抗を示しつづけたという事実は軽視できない．ロールズを説得したハーマンによれば，ロールズが自分の講義録の出版に同意したのは，その最終版をできるだけ多くの読者に提供したいと考えたからだということだが，正直なところ腑に落ちる説明ではない（おそらくロールズは押し切られたのであろう）．フリーマンによれば，収録されている講義のうち，ロック，ルソー，ミル，マルクスについての講義はきわめて完成度の高い講義原稿をもとにしたものであるが，ホッブズ，ヒュームについての講義はまとまりを欠いた録音テープをもとに編まれたものであり，補遺として収められているバトラー，シジウィックについての講義は未完である．しかしながら，そうした不備にもかかわらず本講義録が読者の関心を惹きつけるのは，哲学史研究とは明確に一線を画した理論的な哲学研究を志向するいわゆる「分析派」の政治哲学者と目されてきたロールズが，そこでは古典を用いて政治哲学の歴史について講じているからであろう．

　ロールズは「私の授業についての若干の見解」（『政治哲学史講義』の「編者の緒言」に抄録）と「バートン・ドレーベン回想録」（『哲学史講義』「編者の緒言」に抄録）において，哲学の古典を読む際に従うべき2つの方針を提示している．1つ目はコリングウッド的な歴史主義，すなわち問題設定の歴史的な把握の重視である．ロールズは，哲学の歴史は「同一の問いに対する一連の答えの歴史」ではなく「大なり小なり絶えず変化する問題の歴史であり，それに応じて変化する解決策の歴史」であるというコリングウッド『自伝』の一節をふまえ，古典を読む際には，当時の歴史的な問題状況をふまえたうえで，思想家が取り組んだ哲学的問題をまさに「彼ら自身が理解していた通りに」設定するよう努めなければならないと述べている．

　そしてもう1つは，いわゆる「思いやりの原理（principle of charity）」である．サイモン・ブラックバーンによれば，思いやりの原理とは「ひとの発言は，その真理性と合理性が最大になるように解釈されなければならない」というもので，読み手にテクストを可能なかぎり鮮明かつ整合的に読むことを求めるものである（*The Oxford Dictionary of Philosophy*, 1994）．ロールズは，「学

説は，最良のかたちで判断されてこそ，判断されたといえる」というミルのアダム・セジウィック論の一節をふまえ，個々の哲学者の思想は，あくまでもそのテクストに即しつつ，「その最も力強いと考えられるかたち」で，すなわち「彼らのテクストの最も理に適った解釈と見なされるもの」に依拠して提示されなければならないと述べている．「過去の思想家たちが実際に語ったこと」を，テクストを離れることなく，最大限の哲学的卓越性と整合性を備えた理論として再構成すること．これがロールズが哲学史研究に課した2つ目の方針である．

歴史的な正確さを求めるコリングウッド的な歴史主義と，哲学的卓越性と整合性を備えた理論的再構成を要求する思いやりの原理．マイケル・ズッカートはこうした「過去の哲学の解釈者」と「正義の理論家」という2人のロールズのダイナミックな対話こそが彼の哲学史の魅力だと論じている（"John Rawls, Historian", *The Claremont Review of Books*, Fall 2002）．だが『政治哲学史講義』の記述は，この2つの方針の関係がもう少し込み入ったものであったことを示唆している．例えばロック講義の冒頭において，ロールズはコリングウッド的な歴史主義をパラフレーズしつつ，「できるかぎり個々の思想家がもつ思考の体系のなかに自らをおくよう努める」という歴史主義を，彼らが「自分に関係する問い」に対して与えている「おそらく完璧ではないが，きわめて立派な解答」をより優れたかたちで理解するという理論的探究のための手段として位置づけている．換言するならば，ロールズの哲学史研究において，この2つの方針は対等の立場で拮抗するものではなく，コリングウッド的な歴史主義は，過去の思想家たちの哲学を哲学的卓越性と整合性を備えた理論として再構成するための手段の1つにすぎなかったのである．

ロールズの哲学史研究における理論的契機の優位は，マイケル・フレイザーも指摘しているように，ロールズが思いやりの原理を，別の「謙虚さの原理」とでも呼ぶべき方針で補っていることにもあらわれている（"The Modest Professor: Interpretive Charity and Interpretive Humility in John Rawls' *Lectures on the History of Political Philosophy*," *European Journal of Political Theory*, 9-2, 2010）．ここでいう謙虚さとは「自分たちが研究している思想家はつねに自分よりもはるかに賢明であると想定」し，「自分たちが彼らの議論に何か誤りを

見出した場合には、彼らもまたそのことに気づいており、したがってそれをどこか別のところで論じているはずだ」と考えることを意味する．歴史的文脈をふまえ、テクストに即して思想家の議論を辿っていれば、読者はどうしても誤りや矛盾とおぼしき記述に出くわす．だが、読者よりもはるかに賢明な思想家は当然そのことに気づいているはずで、その思想の全体のなかで何らかの対処の可能性を示しているはずである．例えばルソーの『人間不平等起源論』と『社会契約論』の間には一見したところ矛盾があるけれど、『人間不平等起源論』で否定的に論じられている利己心について（カントがそうしたように）「広い見方」を採用すれば、「ルソーの思想全体の計画」は哲学的な卓越性と整合性を備えた理論として読みうるのだ、という具合に（「ルソー講義一」）．

　こうしたロールズ哲学史の特徴は本講義録の随所に見られるが、特に顕著なのはミル講義であろう．ロールズは、歴史的文脈をふまえ、ミルのテクストを丹念に検討し、ミルが一方で自由よりも幸福を優先する功利主義を唱えつつも、他方でロールズの「公正としての正義」と実質的に同内容の——幸福よりも自由を優先する——「近代世界の諸原理」を唱えていることを示し、この両者の緊張関係をどう解すべきかという問題を提起する．はたしてミルは間違って矛盾したことを主張してしまったのだろうか．ロールズによれば「ミルのような並外れた才能をもつ人物は、その全体的な教義に関わる基本的なところで誤ることはありえない」．「私はこのことを方法上の指針として述べています．……ある仕方でテクストを解釈するときに誤りであると私たちが思う場合には、著者もまたそのことに気づいているはずだと考えるのです．むしろ、私たちの解釈が間違っていそうだと考えるのです．そういう場合には、その難点を避けるためにテクストをどう読むことができるだろうか、と自問することになるのです」．そして、その「自問」は、ミルの功利主義を「公正としての正義」リベラリズムの一形態として再構成する理論的試みへと読者を導く（その詳細については『政治思想研究』第12号掲載の拙稿「後期ロールズとジョン・ステュアート・ミル」を参照）．

　このようにロールズ政治哲学史の講義においては、一方で歴史的文脈とテクストそのものの検討の重要性が繰り返し説かれているにもかかわらず（ロールズは受講生に学習用のテキストを持参させ、テキストのすべての段落に番号を振らせ

るところから指導を始めたという），ここぞというところで顔を出すのはロールズ自身の「公正としての正義」の政治哲学であった（本講義録の「序論」はその見事な要約であり，ロールズ初学者はまずこの「序論」を読むべきであろう）．そのことは本講義録の内容構成からもうかがわれる．シジウィックとバトラーについての「補遺」を除けば，本講義録の本編は，社会契約論の代表的な思想家としてホッブズ，ロック，ルソーを，功利主義の代表としてヒュームとミルを，社会主義の代表としてマルクスをとりあげている．ロールズによれば，社会契約論と功利主義が「公正としての正義」リベラリズムの伝統を構成しており，社会主義はリベラリズムに批判的な伝統という位置づけであるが，シジウィック講義のなかでは，功利主義の「古典的伝統」（ベンサム－エッジワース－シジウィックの系譜）と「公正としての正義」リベラリズムとの緊張関係が示唆されている．たしかにロールズの思いやりの原理は，ミルの（修正された）功利主義を「公正としての正義」リベラリズムの伝統に包摂することには成功したかもしれない．しかしながら，歴史的文脈をふまえ，テクストを丁寧に読んだ場合，ベンサムやシジウィックについても同じような処理ができたとは思えない．『哲学史講義』で述べられているように，ベンサムやシジウィックの「幸福のリベラリズム」は，ロールズやミルの「自由のリベラリズム」と相容れるものではなかったはずである．

　本講義録を読むかぎり，それぞれの時代の歴史的文脈について解説しながら，テクストを丁寧に読み，古典的な思想家たちの政治哲学についての解釈——それは必ずしもオリジナリティに富んだものではない——を提示していくロールズの講義は，おそらく多くの受講生たちにとってそれほど楽しくも易しくもなかったのではないかと推察される（余計なことをいえば，ごく希にではあるが，学生向けの冗談とおぼしき記述も見られる）．しかしながら，歴史的文脈とテクストの検討のなかで個々の思想家の政治哲学がその亀裂を露呈するとき，「公正としての正義」の政治哲学者ロールズが突然現れ，思いやりの原理でその裂け目を縫合し，いつのまにかリベラリズムという一枚の布へと縫い上げていく．それが本講義録からうかがわれる，ロールズ政治哲学史講義の風景である．おそらく本講義録の第一義的な意義は，それが『正義論』刊行から『政治的リベラリズム』に至るロールズ政治哲学の発展史を読み解くための第一級の

資料だということになるだろうが，まずは，この講義の受講生であったというトマス・ネーゲル，トマス・ポッゲ，ディヴィッド・ライオンズらがおそらくはそうしたであろうように，なかなか白熱しない政治哲学史の講義につきあいながら，随所で示される政治哲学者ロールズの卓越した針さばきに注視してみるというのが，おそらくは本講義録の正しい読み方ではないだろうか．

†Rawls, J. (2007), ***Lectures on the History of Political Philosophy***, Cambridge, MA: Harvard University Press.（齋藤純一・佐藤正志・山岡龍一・谷澤正嗣・髙山裕二・小田川大典訳『ロールズ政治哲学史講義 I・II』 岩波書店，2011 年）．

Book Guide I-2

サンデル『民主政の不満——公共哲学を求めるアメリカ』
政治における道徳の論じ方

一ノ瀬　佳也

　日本でも，サンデルの著作に大きな関心と注目が集まっている．一般的な読者にとってはやや敷居の高い哲学的な著作であるにもかかわらず，多数の翻訳が出版され，サンデルが出演するテレビ番組まで作られている．彼の「白熱教室」の魅力は，聴衆との対話を通じてそれぞれのテーマにおける論点を鋭くかつスタイリッシュに解き明かしていくことにあるだろう．この対話形式のスタイルにおいて，各人の意見や主張が論理的に反証され，それぞれがコミットする価値や信条が明らかにされていく．こうした道徳的な問いかけは，グローバル市場が発展した現代において，時代遅れに見えるかもしれない．そうした哲学的な思惟よりも，市場における経済的利得や欲求のほうがはるかに重視されるようになるからである．しかしながら，個人の生は，市場だけでそのすべてを満たせるわけではない．経済的な利得には還元できない道徳的規範や価値も，依然として残されている．それらは，一見すると取るに足らないものに見えるかもしれないが，個人の人格やアイデンティティを支える重要な部分を担っている．サンデルの議論は，現代の市場主義を批判しながら，こうした道徳上の論点を浮かび上がらせていくことに特徴がある．

　サンデルは，一般にアメリカのコミュニタリアニズムの陣営に立つ理論家とみなされている．それは，サンデルがリベラル派の代表的な論者であったジョン・ロールズの『正義論』を批判したからにほかならない．サンデルによれば，ロールズの理論は既存の共同体から切り離された「負荷なき自我（unencumbered self）」を想定するものであり，個人のアイデンティティに内在する道徳的価値を十分に捉えられていない．そこでは，それぞれの個人の特定の善や道徳的価値が括弧にくくられてしまい，道徳についての議論が形骸化されてしまっている．これに対して，サンデルは正義の主題においても，善や道徳的価値を積極的に論じるべきであると主張した．

　サンデルのロールズ批判は，その道徳の議論に焦点を当てたところに特徴が

ある．その目的は，単にロールズの理論における矛盾を明らかにするというよりも，現代の政治哲学をめぐる理論上の対立軸を提起することにあった．サンデルによれば，ロールズの『正義論』も1つの政治構想にすぎない．それ自体がいかに緻密な論理体系を有していたとしても，それとは異なる政治の見方も存在するからである．サンデルはロールズの理論を批判しながらも，自らの政治理論の構想を提起していく．それを本格的に著したのが，『民主政の不満——公共哲学を求めるアメリカ』である．

本書は，2部構成となっている．第1部が「手続き的共和国の憲法」であり，第2部が「公民性の政治経済」である．第1部においては，アメリカの憲法論議に内在する道徳的な価値をめぐる議論が明らかにされ，それがいかにして現代の中立的な枠組みへと収斂していったのかが論じられている．第2部においては，アメリカの政治経済の議論に内在する共和主義的な要素が描き出され，現代社会に内在する道徳的な課題が浮き彫りにされた．

まず，サンデルは，アメリカの建国当初にもっていた共和主義の構想が次第に失われ，さまざまな価値の間での中立性が求められるようになっていったことを明らかにした．リベラリズムにおいては，政府がある特定の価値に偏らないことによって価値の多様性を寛容することができると主張されていた．しかし，サンデルは，この「中立性」に疑問を投げかけた．なぜなら，その場合，どうしても道徳的な価値を主張する側が不利になるからである．サンデルは，そうした価値を「括弧でくくる」よりはむしろ，公的な場においてしっかりと論じるべきであると主張した．

サンデルによれば，アメリカ憲法が起草された当初においては，「個人の自由」よりも「自己統治」といった共和主義的な徳性のほうが強調されていた．個人は共同体の一員であり，政府が市民に一定の道徳的価値を涵養することが当然と見なされていたのである．このような共和主義の潮流が，アメリカ憲法の第14修正やロックナー判決を経ることによって，次第に後退していくことになる．それらによって，アメリカの政策の重点が，「自己統治」の徳性から「個人の権利」の保障へと移されていくことになったからである．

同じようなことは，「言論の自由」，「プライバシー権」，さらに「宗教的自由」においても当てはまる．それらは，もともと個人の選択や表現を保護する

というより，彼らのアイデンティティや社会的制度を支えるものであった．これらが解体され，結果として現代のような主意主義的な個人の自由がもたらされるようになったのである．

　第2部においては，共和主義の構想が，アメリカの政治経済論にどのような影響を与えたのかが検討されていく．サンデルによれば，アメリカの政治は，単に「小さな政府」か「大きな政府」をめぐって争われてきたわけではない．そうした対立軸はここ数十年のあいだに作られたものにすぎず，むしろ当初は，共和主義の徳性こそが問われていた．

　アメリカの建国当初において推奨されていたのは，ジェファソンの農民主義的な構想に基づく「自己統治」の徳性であった．工業化の推進は，むしろ奢侈や従属による道徳の腐敗を招くものとして批判されていたのである．しかし，産業の発展が不可避となるにつれて，双方の融和が図られていくようになる．アメリカの初期の工業町であったローウェルでも，労働者は単に賃金のためだけに働かされるのでなく，彼らの技能と美徳を涵養するさまざまな制度や仕組みが工夫されていた．それによって彼らの道徳の腐敗を防ぎ，優秀で規律正しい労働力を確保することが図られていたのである．

　こうしたテーマは，奴隷制と対抗した「自由労働」の観念の中にも受け継がれている．サンデルによれば，当時の「自由労働」とは，単に「契約の自由」ではなく，「自己統治」にふさわしい市民の道徳を養う条件の下で行われる労働を指すものであった．奴隷制が批判されたのも，「個人の自由」のためというより，そうした徳性を守ることに主眼が置かれていたのである．同じことは賃金労働にも見られる．金メッキ時代の労働組合は，市民における自己統治の徳性を脅かすことになるという理由から，賃労働制度に反対していた．しかし，そうした共和主義の潮流は，「ロックナー 対 ニューヨーク判決」を契機に反転していくことになる．そこでは，製パン所の労働者のための最大労働時間を取り決めたニューヨーク州法が，労働契約を結ぶ「個人の自由」を侵害していると判示されることになった．これまでの共和主義の徳性に代わって，「自由労働の主意主義的な考え方」が新たに採用されたのである．

　20世紀に入っても，共和主義的な徳性がすぐに失われたわけではない．ルイズ・ブランダイスやウッドロー・ウィルソンのような分権論者たちは，反ト

ラストの観点から大企業の経済支配の拡大に対抗しようとした．彼らは，労働者たちにおける市民としての道徳的・公民的な能力が，トラストの権力の集中によって奪われてしまうことを批判していたのである．しかし，ここに消費者主義が加わることによって，大きな転機を迎えることになる．それまでの市民としての道徳は退けられ，経済的な豊かさや消費者の福利こそが一番に求められるようになったからである．まさに，アメリカの経済政策の目的は，公民的倫理から消費者倫理へと転換されることになっていった．

　このように，サンデルは，現代社会における政治と道徳の意義と役割をあらためて提示した．こうした個人の人格やアイデンティティへの関心は，現代のグローバルな市場によっても満たされるものではない．それらはむしろ，市場ルールの普遍化の圧力によって顕然化するようになっている．経済のグローバリズムが進む一方で，個別の民族主義が声高に主張されるようにもなっている．サンデルはこうした矛盾を取り上げ，アイデンティティや文化・宗教の価値を認めることの重要性を指摘した．個人の人格を支えるこれらの要素を曖昧にすることで，個人は社会を浮遊する根なし草になり，「自分が何者か」すらわからなくなってしまうのである．

　このように道徳や価値を問い直すことは，国民の一体性や共通意識を強く求めることにつながり，個々人の自由を侵害するという批判もある．しかし，道徳とは，全員が一体になることを目的とするものではない．サンデルが意図するのは，人格やアイデンティティの基底にある価値観を明示することを通じて，それぞれのコミュニティの多様性をもたらすことにある．そのために，コミュニティというのも，必ずしも普遍的共同体を意味するものではなかった．

　また，サンデルはコミュニティを絶対化しているわけでもない．むしろ，それぞれのコミュニティの多様性を踏まえながら，各個人が相互的な政治的関係を築いていくことに焦点が当てられている．個人は常に他者にさらされ，お互いに向き合っていかなければならない．そのため個人がただ利己的なままにとどまるのではなく，相手に対する責任や共司意識を持つことが不可欠となる．このような道徳的意識によってこそ，多様な人々のあいだにも政治的な討議や対話が成り立つことができるようになるのである．

　もちろん，それぞれが独特な価値観を主張するようになれば，合意を形成す

ることは困難となる．たとえ個々人が道徳的であったとしても，妥協することは容易でない．それによって，政治が機能不全に陥るかのように見えることもある．しかし，サンデルはこの点に不安を抱いていない．彼にとって，民主主義の要点は「正しい答え」を導くことよりも，互いに対話や討議を続けることにこそ見いだされる．そこでは，たとえ容易に問題の解決が図られないとしても，互いの存在を認め合うことによって政治的な関係を築いていくことができるようになるからである．逆に，安易に問題の解決を図ろうとするのならば，少数者のアイデンティティを強制したり，抑圧したりするリスクを高めることになってしまう．

　サンデルの主張は，個人がそれぞれの欲求や経済的利益に執着することによって，政治や公共についての意識・精神を失っていくことに警笛を鳴らしたものである．現在，個人の生は，市場の動向によってますます左右され，自らコントロールできない状況に陥っている．結果として，いくら個人に対する強制がなくても，自ら自由を実現することは難しくなっている．そこで，まず，個人が道徳的に自律した存在になることが必要となる．サンデルは，自らの人格やアイデンティティを規定する価値を認識することにこそ，現代の政治の意義と役割を浮びあがらせた．

　しかし，その一方において，サンデルは政治の機能と役割に過度に期待しすぎている側面もある．たとえ個々人が道徳的になったとしても，彼らが話し合った結果が公正なものとなるかは定かではない．サンデルも慎重に議論しているように，民主的な決定が社会的弱者やマイノリティへの権利を侵害する可能性は十分にある．また，そもそも政治的な力能においてハンデキャップをもった人々も存在する．彼らは，たとえ政治参加において差別されなくても，相手との議論や討論を通じて自らの主張や利益を実現していくこと自体に大きなハードルを感じるようになるかもしれない．そのため，彼らの権利や利益を守る一定の公的な基準を設けることが必要となる．これはロールズが取り組んだ「正義」の課題でもあるが，この点についてサンデルは十分な答えを導いているわけではない．

　次に，サンデルの理論においては，あらゆることが道徳上の課題へと収斂されることになる．それは，貧困や失業のような経済的な問題にまで及んでい

る．しかし，それは，実際の経済についての問題を楽観視しすぎていないだろうか．確かに，再分配の政策を規定するためには，他者への配慮や道徳心が必要かもしれないが，それで貧困や失業がなくなるわけではない．それらは，人間の意識によってどうにかなるものではなく，経験的な課題として客観的に論じていかなければならない．そうした社会における物質的な条件が整えられなければ，いくら道徳心を涵養したとしても，その効果が十分に得られることはないであろう．

さらに，サンデルが想定するコミュニティは，特定の規範や精神を共有するものとして論じられている．しかし，コミュニティとは，そういった類のものでしかないのだろうか．コミュニティにおける人々の結び付きは，必ずしも抽象的な規範や価値へと還元されるとは限らない．むしろ，各々が複雑に入り組んだかかわり合いをもつことで，その境界は曖昧なまま開かれていることも多い．コミュニティといっても，必ずしも内向きの関係とは限らない．サンデルの理論においては，コミュニティの規範による一体性が強調されるあまり，人々のかかわり合いの複雑性についてはほとんど論じられていない．

上記の批判を踏まえても，グローバルな市場に解消されない政治の領分を明らかにする本書の意義が失われるわけではない．お互いの人格やアイデンティティを承認しながら，対話や討議を通じて政治的なかかわり合いを築いていくことを明らかにしたサンデルの功績は小さくない．この道徳が，現代社会にどのように作用するかについては，サンデルの「これからの正義」をめぐる今後の議論の展開に期待したい．

†Sandel, M. J.（1996）, ***Democracy's Discontent: America in Search of a Public Philosophy,*** Cambridge, MA: Belknap Press of Harvard University Press.（小林正弥・金原恭子監訳『民主政の不満——公共哲学を求めるアメリカ　上・下』勁草書房，2010-2011 年）．

Book Guide I-3

テイラー『世俗の時代』
「世俗」再編の試み

高田　宏史

　2007年にチャールズ・テイラーの大著,『世俗の時代 (A Secular Age)』が出版されてから,およそ8年の月日が流れた.同書によって,テイラーは2007年のテンプルトン賞を受賞し,翌年には京都賞も受賞した.また, Political Theory をはじめとするさまざまな学術誌で書評が掲載されたほか[1],2010年にはロバート・ベラー,ウイリアム・コノリー,ホセ・カサノヴァ,サバ・マハムードら,さまざまな論者による『世俗の時代』評にテイラー自身の応答を付した Varieties of Secularism in a Secular Age が出版されている.本邦でも,『世俗の時代』についてはさまざまな書評・論考が存在しており,同書の議論についての紹介は十分に進んでいると思われる[2].本章ではこうした事情をふまえ,『世俗の時代』出版以降,同書についてどのような批判がなされてきたのか,そしてそれを踏まえた上で同書にはいかなる意義があるのかを簡単に検討したい.

『世俗の時代』はどのような本か

　1990年代後半以降,テイラーは宗教（カトリシズム）,あるいはそれに付随する世俗化に関する議論を大々的に展開するようになっている.書籍化されたものだけを挙げても,カトリック信徒に向けて価値多元主義とカトリシズムの

---

1)　Hurd, Elizabeth Shakman (2008), "Books in Review: *A Secular Age* by Charles Taylor, " *Political Theory*, 36(3), p. 486; Calhoun, Craig (2008), "*A Secular Age*," *European Journal of Sociology*, 49(3), pp. 455-461; Larmore, Charles (2008), "How Much Can We Stand?, " *New Republic*, April 9, pp. 39-44; Cooke, Bill (2009), "Charles Taylor and the Return of Theology-as-History, " *Intellectual History Review*, 19(1), pp. 133-139; Roberts, Vaughan S. (2009), "A Secular Age by Charles Taylor, " *Implicit Religion*, 12(1), p. 121 など.
2)　辻康夫 (2009)「西洋における宗教生活のゆくえ——チャールズ・テイラー著『世俗の時代』をめぐって」『北大法学論集』第60巻2号,(402) 740- (381) p. 719; 小田川大典 (2011)「充実の変容と危機——チャールズ・テイラーの世俗化論」荒木勝・下定雅弘・山口和子編『東北アジアの幸福観』岡山大学出版会, pp. 95-109 など.『世俗の時代』を中心としたテイラーの研究書としては,高田宏史 (2011)『世俗と宗教のあいだ——チャールズ・テイラーの政治理論』風行社がある.

親和性を説く『カトリック的近代性とは？（*A Catholic Modernity?*）』や，ウイリアム・ジェイムズの『宗教的経験の諸相』を手がかりに現代の宗教が置かれている状況を論じた『今日の宗教の諸相（*Varieties of Religion Today*）』，そして近代の社会的想像を論じつつ西洋近代の世俗化について概観した『近代の社会的想像（*Modern Social Imaginaries*，邦題は『近代——想像された社会の系譜』）』など，すべて宗教ないしは世俗化にかかわる主題を取り扱っている．テイラー研究の第一人者ルース・アビーは，これを宗教的転回（religious turn）と呼んだ[3]．『世俗の時代』は，この「転回」の到達点なのである．

　『世俗の時代』の主たる目的は，西欧における世俗化の歴史を「信仰の条件の変容」という観点から再構成し，その上で現代の世俗的社会がどのような「信仰の条件」を有しているのかを明らかにすることである．したがって同書は，大まかに言って2つの部分から成立することになる．第一の部分は，第1部から第4部までの「歴史的」部分である．そこでテイラーは，西欧社会の「世俗化」の歴史が単線的でも必然的でもない，偶然的で複層的な過程であることを詳論している．そして第二の部分は，第5部の「道徳現象学的」部分であり，そこでは現代西欧社会において「内在的枠組み」という信仰の条件の中で，内在性を超越性に開かれたものであると考える立場と，完全に閉じたものとして自足しうると考える立場が相互に断片化しつつ抗争し合っているとされている．それゆえテイラーによるならば，現代社会においてはある特定の「宗教」が絶対的かつ全面的な勝利をおさめることもなければ，宗教のみならず一切の霊性を認めない「排他的人間主義（exclusive humanism）」が勝利することもないのである．

『世俗の時代』への批判

　『世俗の時代』は斯界に大きな衝撃をもって迎えられた．先にも述べたように，同書は数多くの書評や論文に取り上げられただけでなく，新しい議論を触

---

[3] Abbey, Ruth (2006), "Turning or Spinning? Charles Taylor's Catholicism: A Reply to Ian Fraser," *Contemporary Political Theory*, 5, pp. 163-175 を参照．もっともテイラーの1990年代以降の議論の展開を「転回」と称することには疑問がある．学究の道に入ったときから，テイラーの関心の中心にはつねに「宗教」の問題があったことは確かだからである．前掲拙著第3章を参照．

発する媒体にもなっている[4]．とはいえ，同書に寄せられた反応は必ずしも肯定的なものばかりとはいえない．よくある批判の1つ目は，それが「泥乱した歴史書」であるとする批判である．これは主として第4部までの議論に関して向けられる批判であり，テイラーの論述自体が整理されておらず多分に重複を含んでいることや，各部の議論のつながりを担保する論理が不明確なこと，そして，取り上げられた個々の歴史事象に関する認識の誤りや解釈の間違いなどを指摘するものなどである[5]．よくある批判の2つ目は，結局同書はカトリックの護教論にほかならず，カトリックの学者がカトリックの聴衆に向けて語った説法に過ぎないのではないか，という主に第5部に向けられた批判である[6]．また，『世俗の時代』をはじめとするテイラーの宗教論・世俗論が無神論に対して不当な敵意を向けているとの指摘もある[7]．

『世俗の時代』に向けられた批判は，上記のものにとどまらない．ホセ・カサノヴァは，テイラーが自らの議論を「北大西洋世界（north atlantic world）」に限定していることに疑問を呈している[8]．テイラーは，「北大西洋世界」の知的・精神的自律性を無条件的に想定しており，近隣地域やとりわけ「植民地」との相互影響関係については語っていない．しかし，植民地への影響ならびに植民地からの影響を考慮することなしに，西欧近代の世俗化を論じることはできるのだろうか——このようにカサノヴァは問うている．この点に関連して，タラル・アサドは，テイラーの世俗論が「宗教」なる概念をいささか無批判に「信仰」と同一視していることを批判している[9]．テイラーの議論は，北

---

4) 一例を挙げるならば，Dreyfus, Hubert & Kelly, Sean Dorrance (2011), *All Things Shining: Reading the Western Classics to Find Meaning in a Secular Age*, Free Press を参照．ドレイファスとケリーは，テイラーの議論に触発されつつ，西洋の精神史の大胆な読み替えを行っている．

5) 例えば，前述したLarmoreの書評や，*Varieties of Secularism* に収録されているWendy BrownやJon Butlerの論文などが，テイラーの歴史叙述に対して批判的なスタンスを示している．

6) 典型的にはLarmoreの批判がそれにあたる．また，肯定的なニュアンスではあるが，*Varieties of Secularism* に収録されているJohn Milbankの論文も，テイラーの議論が一種のカトリック護教論として組み立てられているという点に関しては同様の認識である．

7) テイラーのカトリシズムには無神論への敵意が存在していると指摘するFraser, Ian (2007), *Dialectics of the Self: Transcending Charles Taylor*, Imprint Academic だけでなく，*Varieties of Secularism* においてもSimon DuringやWilliam E. Connollyなどがこの論点を検討している．

8) Casanova, José (2010), "A Secular Age: Dawn or Twilight," in Michael Warner, Jonathan Vanantwerpen and Craig Calhoun, eds., *Varieties of Secularism in a Secular Age*, Harverd University Press, pp. 265-281.

9) タラル・アサド／苅田真司訳 (2011)「世俗主義を超えて」磯前順一・山本達也編『宗教概念の

大西洋世界に限定されたものであり、それゆえ彼が標準的な宗教の範例と考えているのは「キリスト教」である。こうしたことからテイラーは、現代の宗教的状況を論じるときにも――もはや西欧には膨大な数の非キリスト教的な「宗教」に属する人々が多くいるにもかかわらず――、キリスト教をモデルとして諸宗教の混交する現代社会を論じてしまうのである。

世俗主義を論じる――『世俗の時代』以降のチャールズ・テイラー

　『世俗の時代』以降のテイラーの議論の展開は、基本的にはこれまでの議論の延長であり、その意味では上述したような諸批判に正面から答えたものであるとは言いがたい。しかしながら、『世俗の時代』以降のテイラーの議論には、同書では十分に論じられなかった問題が前景化してもいる。いうなればそれは、政治と宗教をめぐる問題であり、世俗主義の問題である。

　テイラーは 2009 年に、ユルゲン・ハーバーマス、ジュディス・バトラー、コーネル・ウェストらと「公共空間における宗教の力」と題するシンポジウムを行っている[10]。そこでテイラーは、単なる「寛容」ではなく、また「政教分離」という手段に訴えることなく、宗教的多元性をリベラル・デモクラシーにおいて擁護しうる原理として世俗主義を再編すべきであると主張している。注目すべきは、こうした議論が「制度」の方向へと向かうことなく、あくまで「倫理」の領域における問題として提示されていることである（実際テイラーは、討論においてハーバーマスの制度志向を痛烈に批判している）。制度化には、必ず規範を絶対化し、そこから逸脱する存在者を排除するコード・フェティシズムへの堕落の可能性が付きまとう。したがって、こと宗教多元性の擁護の擁護という点に関して、世俗主義は確たる制度化によってそれを目指すのではなく倫理のレベルにとどまるべきであると彼は考えているようにみえる[11]。

　　彼方へ』、法藏館、pp. 373-404.
10) Mendieta, Eduardo and Jonathan Vanantwerpen eds. (2011) *The Power of Religion in the Public Sphere*, Columbia Univerity Press.（箱田徹・金城美幸訳『公共圏に挑戦する宗教――ポスト世俗化時代における共棲のために』岩波書店、2014 年）として、のちに書籍化されている。
11) もっとも、Maclure, Jocelyn and Charles Taylor (2011), *Secularism and Freedom of Conscience*, Harvard University Press において、テイラーは世俗主義の制度についても語っている。

今日，政治と宗教をめぐる問題は世界中で前面化している．もちろんそれら個々の事件の背景は異なっており，一括して扱ってしまってよいものではない．しかし，これまで諸宗教に対する国家の中立性を標榜してきた世俗主義が，その正統性を次第に疑問視されつつあることは確かである．こうした状況の中でテイラーは，純粋に世俗の側からでも，また宗教の側からでもない，世俗主義の再編を志向している．彼の議論の魅力は，まさしくこの世俗と宗教の「あいだ」に存在しているところにある．テイラーの世俗主義論は，この「あいだ」に生じている緊張関係を安易な図式化によって不可視化することなく，むしろ緊張関係の只中に新たな政教関係の可能性をみる点に，大いなる魅力が存在しているのである．

　† Taylor, C. (2007), ***A Secular Age,*** Cambridge, MA: Belknap Press of Harvard University Press. （※未邦訳）

第Ⅱ部
市場と倫理

第 5 章

理論経済学における善と正義

個人と社会の相互作用

大瀧　雅之

1　新自由主義批判

　本章の目的は，近代経済学の背骨を形成する功利主義（utilitarianism）の考え方からしたとき，善および正義という概念をどのように構成できるかを，Moore（1988 [1902]）に依拠しながら，進化論的ゲーム（evolutionary game）と呼ばれるゲーム理論のごく初歩を用いて検討しようというものである．

　さて Moore（1988 [1902]）は，ケインズら当時のケンブリッジ大学の学生にきわめて大きな精神的影響を与えた著作である[1]．シジウィック，アダム・スミスやジョン・スチュアート・ミルらを功利主義者の象徴とする研究者は数多い．そして Keynes（1938）があの時代にすでに恬淡と回顧していたように，いまでは倫理学を専攻する人たちの間でも，Moore（1988 [1902]）はほとんど読まれていない．だが筆者の知見では，これほど革命的に功利主義（utilitarianism）を体系化した書物は存在しない．

　後述するが，「善は環境・歴史に依存し一意に定義できない」という命題を，快楽主義（hedonism）や形而上学（metaphysics）をヒューマニズム・功利主義の観点から徹底的に批判することを通じて証明し，同時に善とは Rawls（1999）らが主張するような個人的なものあるいは個人に帰属できるものではなく，本来社会的な文脈で理解されるものであるという革新的な理解に到達す

---

[1]　こうした歴史的事実については，Keynes（1938）および Moggridge（1992）の第 5 章を参照されたい．

るのである[2].

　ここで留意すべきは，ムーアの思想は最近「流行」の新自由主義（neo-liberalism, libertarian）とも対極にあり[3]，同時にSandel（2009）を代表選手とするcommunitarianともまったく無縁の存在であることである．この主張の根拠は，以下に述べるとおりである．

　すなわち新自由主義とは，経済学上で狭く解釈すれば，個人の経済行動は何ら社会的制約を受けるべきではない（これは「自由」という概念が，本来社会的文脈で理解されるべきものであるという点で，所謂「自由」とは似て非なる考え方である）というのが大要であろうが，こうした議論は経済の構成員同士のコンフリクトについて，まったく無防備である．

　彼らの主張の経済理論的バックボーンになっているのは，アダム・スミスの「見えざる手」を数理的に証明した「厚生経済学の第一基本定理」であろうが，その主張を咀嚼してみるとわかるように，当該定理は次の「双対性（そうついせい：duality）」という論理構造に依拠している．

　すなわち功利主義に基づいている近代経済学は，個人が自らの経済的欲求（効用：utility）を予算の制約の下で最大にするように，行動することを善と定義する[4]．このときこうした経済行動は，人々の積極的意思とは無関係に，次

---

2) 例えばMoore（1988 [1902], pp. 35-36）には，以下のような記述がある．「私はこれらの理由で，またそうした用法が便利であると考えるゆえに，「有機的」という言葉をある特殊な意味で用いたい．私はそれを，全体が各部分のもつ価値の総和とは異なった固有の価値をもつという事実に対応する事実を記述するのに用いたい．私が「有機的」という言葉を使用するのは，この意味でしかありえない．……「有機的」に構成される全体のその部分との関連を，この限定されたそして曖昧さの残らない定義によって理解することは，倫理学が認識すべき最も重要な課題である．」
3) こうした新自由主義に関する初学者向けの代表的な文献としては，Friedman（1980）を挙げることができる．
4) Rawls（1999, p.163）では，classical utilitarianとしてヒュームが批判的に検討され，功利主義者（遠慮がちにclassicalと限定付けられているが）の考え方として，「このように彼（合理的で社会全体の利益を重んずる観察者：筆者注）は，他人の立場に立ってそして人のために尽くすときには，それによってどれほど自分の満足が得られるかを比較秤量する．彼がその行動によって影響を受けるすべての集団のことを考えるとき，それに言わば，社会全体への帰結を考慮していることになる．心優しい想像のもと苦痛を系統的に配慮に満ちた想像上の快楽と相殺し，最後に残ったものが，社会の肯定的な感情の合計である．」という主張がなされている．Sandel,（2007, pp. 329-330）に至っては，何のためらいもなく次のような功利主義批判が声高になされている．すなわち，「しかし功利主義者の計算は見た目ほどリベラルであるとは限らない．ローマ人はコロセウムにキリスト教徒がライオンの餌食になることを見に押し掛けた．ローマ人全体の快楽がキリスト教徒の苦痛を上回っていたからである．これはこうした催しが頻繁に催されたことからも想像される．あるいは権力当局が小さな宗教を嫌いそれを禁止したがるのは，抑圧が寛容より大きな快楽をもたら

第5章 理論経済学における善と正義

の行動と同値となる．つまりある効用水準（ある物的欲望の水準）を達成させるのに最小の予算で賄えるように行動することである．なぜならば，もし余分な予算を費やしているならば，計画を立て直し新たな消費に振り向けることで，より高い経済的欲求を満たすことができるからである．こうした余地がある限り，けっして予算制約下で効用を最大化することにはならない．

要約すれば，

「予算制約下の効用最大化行動」⇔「与えられた効用での支出最小化行動」

という関係が成り立つのである．したがって，各個人の支出最小化行動が，他人のそれに直接影響を与えることがなければ，その社会的帰結は個人の意図せざる節約行動の集積となり，社会全体で与えられた資源を無駄なく個々人の効用の最大化に振り向けることができることになる．こうした経済の状態を，「パレート効率的（Pareto efficient）」と呼ぶが，まさに個人的善の実践が社会的善の実現と矛盾を来さないことを意味している．

しかしながら，次の例から明らかなように，個人的な善の実践が社会的なそれと矛盾を来さないことはむしろまれである．すなわちゴミを放置・投棄することは，当該個人については処理費用を節約するという意味で，個人的には善であり得る．しかしそれを社会的文脈で考えたとき，すなわち当該個人以外のすべての構成員にとって，余分な処理費用を負担させられるという意味で，節約行動の妨げとなる．したがってこの場合，個人と社会的な善の間に矛盾が発生することになる．

つまり個人的な善の実践が，ほかのすべての個人の善，言い換えれば社会的善の障碍となることは珍しくないのである．多くの経済問題の淵源は，こうし

すからである．功利主義者はしばしば，長期的に考えれば，功利主義と個人の人権は矛盾しないと弁護する．しかしこの計算は怪しげでかつ偶然に作用されやすい．功利主義が，他人の価値を押し付けてはいないという言明は，ほとんど裏付けのないことである．」
　しかしこれは，ヒックス以来効用の比較可能性（効用の基数性）の排除，すなわちベンサム以来の「最大多数の最大幸福」という数の暴力的発想からの超克するための，近代経済学者の努力に対してまったく不勉強である．今ではこうした各個人の効用和の最大化を善として議論を展開する一線の経済学者は少数派である．その意味で，ロールズやサンデルの功利主義批判はまったく的外れである．

た個人と社会の間の善のコンフリクトによって生ずる．したがって neo-liberalism あるいは libertarian の考え方は，理論経済学的見地に限っても，明らかに思想として稚拙であり有用ではない．以上の論拠から，これらの思想（マスコミ用語だが「市場至上主義」）については，本章ではこれ以降一切議論の対象としない．

ただ一つ述べておきたいことは，こうした経済理論的にも誤ったあるいは歪曲された思想が巷間広く流布されているために，その反動として政治哲学者たちから，功利主義に則った近代経済学は，ゆえない批判を受けているという事実である．本章の主旨は，こうした誤解を解き，同時に多くの政治哲学者に欠けている，個人的善と社会的善の相互作用を考慮に入れたときの善および正義のあり方を，ある限られた文脈ではあるが，理論経済学の立場から明らかにすることである．

2 善と正義の関係──状況と独立の普遍的な善はあり得ない

ロールズやサンデルに象徴される政治哲学者の主張を，理論経済学の立場からいささか大胆に鳥瞰すれば，（ⅰ）善（good）と正義（justice）の論理的連関が極めて不分明であるかないしは善そのものが正義という概念の中に埋没してしまっている[5]，（ⅱ）仮に彼らの言う正義が理論経済学の考えるところの善であるとしても，社会的善と個人的善の相互作用について，まったく関心がないか，理論的に無防備であるという，批判が成り立ちうる．

この節ではまず，（ⅰ）の問題を考えよう．Moore（1988 [1902]）によれば善

---

[5] 例えば Rawls（1999, pp. 347-348）の第 3 部は，遅まきながら善の議論が展開されているが，冒頭で，その理由を以下のように述べている．「目的論的な理論から比べて，すでに論じた権利の原理に則っている分だけ，われわれの善の議論はすぐれている．しかしこれらの原理を確立するためには，善とは何かという問題に逢着せざるを得ない．というのは原初状態における社会の成員の動機を解明する必要があるからである．しかし正義の原理を骨だけのものにしないためにも，これらの仮定は権利の概念に優先すべきものであってはならない．このようなわけで，われわれは善の理論を「薄い（thin）」理論と呼ぶ．すなわち，善の目的とは，われわれを正義の原理へと導く前提となる，プライマリー財の確保に関する具体策のことである．」というものである．しかしこうした無理な論理構造をとるよりも，日本国憲法 25 条にあるように，標準的市民が最低限の文化的水準を送れること（プライマリー財の安定的供給とはそうしたことであろう）を，善そのものとし，その実現達成のための有効手段を正義と定義したほうが，はるかに自然な論理構造であろう．

第5章 理論経済学における善と正義

とは行動の帰結・結果であり，それが自己ばかりでなく社会に資する意味をもたねばならない[6]．したがって，歴史に依り条件づけられる社会のどの面を切り出すかによって，善のあり方は規定され，状況から独立した，いわば「実験室」に置かれた善を語ることには意味がない．繰り返しになるが，社会的状況を設定した上で，善は定義されねばならない[7]．

すなわち，アーレントが生涯をかけて訴え続けたように，ある固定された理念によって人の行動（正義）を律せんとすることは，当該理念への忠実度を利用した権力構造とその既得権益保持のために人々の間での抜きがたい相互不信を醸成する．善があくまで概念（concept）であるのに対し，正義は行為（deed）であるがゆえに，他に対して一種の強制力さらに言えば暴力として作用する危険が高いことを，われわれはわきまえねばならない．そしてこうした善なき正義は容易に，最も非人間的な政治体制というべき全体主義（totalitarianism）への道を開くことになりかねないことを，われわれは肝に銘ずべきである[8]．

さてこのように，正義は状況により規定された善の実行手段である．すなわち善とは概念であり，正義は行為であるとする立場からすれば，善と同様に状

---

[6] Moore (1988 [1902], p.220) には，次のような記述が見られる．「しかし全体のもつ固有の価値に負の影響を与える悪がすでに不可避的に存在していても，それは善の要素から隔絶してそれ自身のみが存在し，その悪の帰結が謎に包まれている状態より，明らかにより好ましい．悪のみが存在することは，その悪を観念的に賞賛することに等しいからである．」

[7] Rawls (1999) の有名な「初期状態（original position）」と「無知のベール（a veil of ignorance)」は，歴史性を捨象するための極めて人工的な仮定であり，それ自身が彼の理論を操作不能（intractable）なものにし現実への適応を阻んでいる．p.118 には「初期状態という概念は，合意されるいかなる原理も正義にかなうという公正な手続きを保証するために設けられた．つまり手続き上正義にかなう概念を基礎理論と定めようというわけである．そのためには何らかの方法で，人を静いに追い込んだり，自分の社会的・自然的に有利な立場を利用しようとする特定の条件がもたらす効果を無にしなければならない．それゆえ，社会の構成員は無知のベールに包まれていなければならないと，想定するわけである．彼らは多様な選択肢が自らにどうはね返ってくるかに関しては無知であり，利害から中立な一般的な立場のみから，社会を形成する原理を考えざるを得ないのである．」という記述がある．

だがまったく経験のない（無論社会構造に対する知識もない）ことを前提に，そもそも人間は，「合理的」に新しい社会の規範となる正義を 'general consideration'（筆者にはそもそも general の意味が判然としないが）によって形成することができるのだろうか．これは Rawls の理論の妥当性を考える上で，極めて重要なポイントである．人間およびその形成する社会がいかに歴史的に条件づけられているかについては，例えばアーレント（1994）やレヴィ・ストロース（2006）を参照されたい．

[8] アーレント（1972a; 1972b; 1974）は畢生の大作であり，もっと広範に読まれてしかるべき書物である．

況に依存しない「普遍」の正義は存在しえない．するとロールズやサンデルの唱えている正義とは，何のための正義なのだろうか．目的を問わずして行為自身が正当化されると考えることは，極めて険呑である．

例えば哲学者が好むメタファーとして，嘘を言わないこと（「行為」である）を正義とした場合，「強盗に追われている友人を匿っているときに，やってきた強盗がその存否を問うたとき，不在と偽ることが，正義に悖るか」というものがあるらしい[9]．この比喩は，上述の目的なき（善なき）行動（正義）の危険性を如実に物語っている．すなわち友人を危急から救うヒューマニズムこそが，この場の善であると定義すれば，目的達成のための正義は，嘘を言うことにほかならないのである．これは極めて常識的な結論である．

3 個人的善と社会的善の相互作用——正義の役割

本節では，第2節で挙げた（ⅱ）個人的善と社会的善の相互作用の存在を，初歩的なゲーム理論を用いて詳らかにし，同時に善の状況依存性を浮き彫りにする．そこでまず表1をご覧いただきたい．表はある経済取引の帰結を表したものである．読み方は以下に説明するとおりである．

まず縦の列を見ていただきたい．これはある人物Aが別の人物Bから，自他の保有する財を「正直」に交換あるいは「嘘」で詐取した場合の経済的利得が記されている．自他がともに正直者であった場合の利得が，左上のコラムに書かれておりそれぞれ1の利得を得ることができる．これが (1, 1) という形で記載されている．自分が「嘘つき」で相手が「正直」であった場合は，労せず詐取できるために自らの利得は1.5，相手は0の利得となる．これが左下のコラムに (1.5, 0) と記されているわけである．そして立場を入れ替えて同様のことが，右上のコラムに対応している．さらに右下のコラムは，ともに嘘をついたときの帰結であり，(0, 0) というのは，そうしたさもしい行為から何ら得るものがないこと表している．

以上の経済構造で，経済全体の動きそして長期的帰結がどうなるのかを探る

---

9) このメタファーは，友人の宇野重規教授から授かったものである．

第5章 理論経済学における善と正義

表1 「正直者」と「嘘つき」による進化論的ゲームの利得行列

A＼B	正直	嘘つき
正直	(1, 1)	(0, 1.5)
嘘つき	(1.5, 0)	(0, 0)

のが，進化論的ゲームと呼ばれる理論である．その構造を大まかに解説しておこう．第一の前提として，「正直者」と「嘘つき」の比率は，その平均的利得の差によって変化すると考える．つまり「正直者」が平均的に「嘘つき」より得ならば，経済では次第に「正直者」が増え，逆は逆であると仮定するのである．言い換えれば，「儲からない種族」は次第に自然淘汰されると想定する．これが「進化論的」という名が冠せられているゆえんである[10]．

さらに当該経済には膨大な個人が生活しており，「大数の法則」が近似的に成立していると仮定しよう．「大数の法則」とは，経済に生活する「正直者」（「嘘つき」）の比率が，実際に彼らと出会う確率と等しいということを主張するものである．つまり頻度（「正直者」・「嘘つき」の比率）と不確実性を表す（人間の無知の程度を表す）確率を同一視してよいというのが，この定理の内容である[11]．

さて議論を明解にするために，上で述べたことを，数式で表しておくことにしよう．まず Δt 時間の間に，「正直者」の割合が増える大きさを Δp としよう．これは次の2つの要因によって支配される．まず，「正直者」であることで得られる経済的利得の期待値は，大数の法則の成立を前提とすると，次のように表わされる．すなわち「正直者」と出会う確率（＝「正直者」の存在する比率）に，そこから得られる取引の利得1を掛け合わせたもの $p\Delta t$ である．

次に Δt 時間内に得られる「嘘つき」の経済的利得は，「正直者」に会う確率 p に，彼らから財を詐取したときの利得1.5を乗じたものとなるから，$1.5 \times p\Delta t$ となる．そしてこの両者の差に比例して，「正直者」の割合が増えると考えるわけであるから，以上をまとめれば，

[10) 「進化論的ゲーム」については，やや専門的になるが，Weibull (1995) の前半部分は，親切なテクストである．
11) 初心者向けの「大数の法則」の解説については，大瀧 (2005) の第3章を参照されたい．

$$\Delta p = \kappa \left[p - 1.5 \times p \right] \Delta t = -0.5 \kappa p \Delta t \qquad (1)$$

という方程式が得られることになる．ここでκはある比例定数である[12]．

社会がこうした構造を持つとき，経済行動の最終的帰結はどこへ行きつくのだろうか．答えは（1）式から明らかである．Δtの係数が負であることから，時間の経過とともに「正直者」の比率は低下する（Δpが負であることからpは単調に減少する）．この結果，やがて経済は「嘘つき」だらけとなり，その落ち着く先（「進化論的に安定な集合（Evolutionary Stable Set: ESSと呼ばれる）」）は，表1右下の最悪の結末（0, 0）ということになる．

ここで「誰かが有利になるためには少なくとも他の一人が必ず不利になるESS」，すなわち，パレート効率性なESSの達成を社会的善と定義すると，こうした状況は，個人が自らの効用のために努力するという功利主義的な個人的善を達成するために，あえて「嘘つき」になるという正義と左上の欄で示される社会的善の達成とが矛盾を来していることに対応している．

この例は，ロールズらのように個人的正義の集積として社会的善が生まれると考えることには矛盾があることを表している．と同時に，サンデルらのように個人から独立した社会的正義が実在するという議論への反例ともなっている．すなわち経済全体で，表1の左上の資源配分を達成しようとしても，功利主義的個人には，つねに「嘘つき」になる動機があるために，社会的善を達成するために構成員全員が一致できる社会的正義は存在しないのである．

要約すれば，ロールズとサンデルの正義に関する議論は，社会的善の達成のための行為が個人からの積み上げでなされるべきか，あるいは社会全体に上か

---

[12]（1）のような定式化が，ベンサム流の効用の可測性（個人間の効用が金銭の多寡を通じて比較できるという考え方：基数的効用）と無縁であることには十分留意されたい．つまり（1）の意味していることは，個人に共通して金銭の多寡が経済的充足度（個人の効用）に影響を与え，やがてそれらが，経済行動に反映するということであって，金銭によりどの個人がどれだけの満足を得ているかを比較しているわけではない．言い換えれば，（1）は序数的効用を前提に導出できるのである．こうした事実を踏まえれば，Sandel（2007, pp. 339-340）の功利主義批判，例えば，「ある人は（功利主義に）個々人の欲望を高次元の欲望に還元してしまうという点で反対している．しかし多くの論争は，個人の人権という観点を含めて，自由という原理を保証しているか否かに集中している．……功利主義の計算は，人々を他の幸福（社会厚生：筆者注）に対する手段として扱っており，彼ら自身の幸福やその存在への尊重など眼中にないのである．」などは，事実の歪曲であり，不勉強との誹りを免れまい．

ら網をかぶせるように与えるか，の違いであり，それが個人的善の追求との間に齟齬を来し得るということに，完全に無頓着なのである．こうしたことは，どちらの主張を容れるにせよ，個人の意志を超越した価値観を一方的に強制することに容易につながり，極めて危険である[13]．

筆者が功利主義を，ヒューマニズムに根差している最も穏当な思想と考える根拠はまさにこうした点にある．すなわち，生きとし生ける個人は遍く，過ち多く弱い存在であることを率直に認めようという，人間肯定の姿勢がその底流を流れている[14]．その上で人間が社会的動物であらざるを得ないことを承認すれば，己が善の追求は他の善のそれの妨げとなってはならないし，またその逆も成立することになる．個人的善の追求に関する「自由（freedom）」とはそうした概念であり，新自由主義者たちが唱える「露見しなければ何をやっても勝手」という，さもしいものの考え方とは千里の懸隔があるのである．

4　理論経済学における正義とは

さて，こうした個人的善と社会的善の相互作用を重視するわれわれの立場か

---

[13] ロールズのカントへの傾倒は，例えば，ロールズ（2005）等から，哲学を専攻としない筆者からしても明らかである．しかし彼らの著作から感ずることは，通常の人間の内面にこれほどの「理性」という枷を嵌めたとき，カントやロールズが，人間の内面にどれほどの心的負荷がかかるかに関して，驚くほど無頓着なことである．このことを実践を重んじる理論経済学から見ると，彼らの哲学を社会に適用することが，事実上困難であることを意味する．

[14] 洋の東西を問わずこうした人間肯定の思想は存在する．たとえば中勘助（1933, pp. 78-79）には，次のようなくだりがある．「悉達多（しつだぱーるとは，釈迦のこと：筆者注）は極度に少量の食を採って静坐思惟すること六年，終に見る影もなくやせ衰えてしまった．が，しかもなお解脱の道は見出されなかった．ある日彼は静に立って歩いたとき衰弱の極地上に昏倒した．比丘たちは「彼はとうとう死んだ」と思った．しかし悉達多はまもなくわれにかえって起き上がった．彼は苦行の無益なるをさとった．そこで彼は尼連禅那河に入って沐浴し，木の枝にすがってかろうじて岸へ上がった．折から牛飼いの女の難陀婆羅というものが樹神に供養するための乳糜をこしらえていたが，悉達多が樹下に憩うのを見てそれを彼に供養した．さきの比丘たちはこれを見て悉達多が退転して苦行を棄てたと思い，この堕落者を見はなして西のかた波羅奈斯へと去ってしまった．
　悉達多はひとり静坐思惟に適する地を求めてここかしこと彷い歩くうちに一本の畢波羅樹――このとき彼にやさしい影を貸したばかりに今も菩提樹という貴い名に呼ばれる――を見つけ，途に草刈の男の捧げた柔らかい草を敷き，正覚を成じなければこの坐を立たぬと心に誓って，結跏趺坐して黙想に入った．彼はそこで幾日の間烈しい心の戦を続けたのち，一夜豁然と大覚を得た．」
　誤解を避けるために簡単に付け加えておけば，筆者は（おそらく中勘助自身も）釈迦の宗教的悟達の内容そのものに直接興味があるわけではない．ただそこに至るプロセスにおいて，人は一人では生きていけない社会的存在であることへの強い認識があったには間違いあるまい．また当該引用文の本意もそこにあると解釈できる．

らすれば，善達成のための手段として定義されるべき正義は，その両者の矛盾を埋めるものでなければならない．前節で議論した「友人と強盗」の例も「友情」という個人的善とヒューマニズムという社会的善が両立するから，「友人を匿うために嘘を言う」という正義が成り立つのである．

仮に自分の敵対者が逃げ込んできたときに，社会的善のために，自分の生命を危険にさらすというのは，自らの生命への冒瀆であり，それ自身が個人的善と調和しない．したがって，正義を硬直した個人的あるいは社会的行為としてのみとして捉えようという考え方は，明らかに偏向を来している．

では先ほどの「正直者と嘘つき」の進化論的ゲームでは，具体的にいかなる施策・行為が正義となり得るのだろうか．この問題は社会的善と個人的なそれの両立を考える上で，極めて示唆的である．ここでは正義として，具体的に，次のような教育・訓練を考えよう．

すなわち先の設定では，「正直者」はどんな「嘘つき」に遭っても，必ず騙されるとしてきた．しかしこうしたことは，現実的ではない．むしろ教育・訓練をしっかり積むことによって，かなりの程度で，相手がいかなる人物であるかを見分けることができることになるのが，普通である．これを数式によって表すと，嘘の成功確率が低下したとすることができる．なおここで，「正直者」が実際に相手を「嘘つき」と認知できたときには，取引を控える戦略を採るとしよう．

このような状況下では，「嘘つき」は，「正直者」が賢くなったことを知らない．取引が成立しない原因が相手も「嘘つき」であるからなのか，「正直者」が自分を避けているのか判別できないからである．

このとき，「正直者」の単位時間当たりの期待利得は p であり，「嘘つき」のそれは $1.5 \times p \times [1-\theta]$ である．ここで θ は，嘘の露見する確率である．この場合「正直者」の比率の時間的推移を表す，(1) 式は，

$$\Delta p = \kappa \left[p - 1.5 \times p \times [1-\theta] \right] \Delta t = \kappa \left[-0.5 + 1.5 \times \theta \right] p \Delta t \quad (2)$$

と書き換えられることになる．

すると $\theta > \dfrac{1}{3}$ であるなら，言い換えるなら，3つの嘘のうち1つを見抜くだけの知的訓練を施すことができるならば，(2) の [ ] 内は正となり，初期に

第5章 理論経済学における善と正義　　　　　　　　　　161

いかなる社会であろうが，時間を追うごとに「嘘つき」は淘汰され，「正直者」ばかりの世界となる．表1の左上の欄が右下の欄に取って代わって，ESS となるのである．

すなわち完全に出なくとも，嘘が割に合わなくなる程度の知的判断力さえ付けば（かつ最初は，それは社会の構成員のほんの一部である「正直者」の人々だけでよい），時の淘汰を通じてやがては，ここで定義した経済社会的善すなわちパレート効率的な ESS を達成できることになるのである．なおこれが，功利主義的個人的善の達成と無矛盾であることは，ESS の構成法から，ただちに明らかであろう[15]．

ただここで留意すべきは，経済がこうしたある種の「理想状態」に近づくには，時間という要素を無視できないということである．(2) 式に沿って言うなら，比例定数 κ が小さいほど，不実が社会から追放され「正直者」により形成される経済が出来上がるには，多くの時間が費やされねばならない．

この間には，経済に予期されない「揺らぎ」（個人的には感心しない名前だが，進化論的ゲームでは，「突然変異：mutation」と呼ばれる）が発生し，一時的に反動が起き得ることは容易に想像される．しかし先に注15で Moore (1988 [1902]) や Burke (1987 [1790]) を引用したように，重要なのは長期的視野の下で，かつ個別具体的な問題を現実に沿って粘り強く対応することである．

日本ではとかく，「長期的視野」というと時代から超越し現実とは乖離した絵空事であることが珍しくない．しかしそれは，一部の特権階層の独善にしか過ぎない．20世紀初頭の量子力学におけるニールス・ボーアの「対応原理 (correspondence principle)」に象徴されるように，「長期的視野」とは，先が見

---

15) こうした教育が具体的にいかなる形をとるべきか（正義の実践）については，慎重ですべからく現状に適合した具体的なものであらねばならない．Moore (1988 [1902], p. 154) には，次のような記述がある．すなわち，「平易に言えば，ある行動が一般的に他のそれに比べてすぐれた効果を発揮するということをただちに知ることはできない．それ以上のことは人知に余るのである．どのような場合においてもいかなる種類の行動の効果は同一であり得ない．なぜならば，それぞれのケースにおける環境が異なるからである．そしてたとえ善きにせよ悪しきにせよ効果が同じであったとしても，到底いつもそうしたことが起きるとは考えられない．」
　　また同じくケインズの愛読書であった Burke (1987 [1790], p. 173) にも，「ゆっくりとした着実な進歩によって，それぞれの段階の効果が確認される．善きにつけ悪しきにつけ，最初の成功は第二の段階のステップとなる．そしてこうしたプロセスが続くのである．ともされた明かりから明かりを伝って，全体の進行が過ちなく実行されるのである」とある．

えない時代で道に迷わないための具体的な「誘導燈」となるものでなければならない[16]．そして「誘導燈」である以上，簡明でかつ短期的な個別問題の解決に直接資するところができるだけの「指導原理」でなければならないのである．

ではこの「正直者」と「嘘つき」からなる経済社会において，いかなるものが「指導原理」すなわち正義となりうるだろうか．筆者は，先の「強盗と友人」のようなパソロジカルな例は別として，一般に「真実を語る」ことの「美しさ」を次の世代に身を持って教育することが「指導原理」となり得ると思慮する[17]．

武田泰淳『司馬遷——史記の世界』が流麗に語るように，「真実を語る」ことは実際にはとても勇気のいることである[18]．また「真実とは本来シンプルなものであり，そのシンプルさこそが美である」という知的審美眼の錬磨なしには，「真実を語る」勇気は容易に湧いてはこない．再び簡単な例を挙げておこう．

アインシュタインの特殊相対論に現れるローレンツ因子は，三平方の定理により導くことができる．図1を参照されたい．最初に原点 O にある自動車が秒速 v で右方へまっすぐ進むとしよう．このとき光の速度を c とし点 A を出た光は t 秒経って B に届くものとする．すると直角三角形 AOB の辺 AB の長さは，O に静止している人にとって ct である．

また光源からの距離が十分にあると考えれば，光は直進する（平面波である）と見なせるから，辺 AO の長さが，原点に静止している人にとっても自動車に乗った人にとっても光源 A からの距離である．ところで，実験から光の速さ

---

16) ボーアの「対応原理」とは，次のようなものである．すなわち物質・エネルギーの非連続性を扱う新しい量子力学を拓くにあたって，それらの理論は極限の解として連続性を前提とする古典力学の性質を帯びていなくてはならない，というものである．つまりニュートンやマックスウェルによる古典力学が従来自然を理解するのに極めて有用であったという厳然たる事実を認めたとき，量子力学のモデルの近似として古典力学が表現されていなくては，むしろ不自然であると考えるわけである．量子力学ではないが，アインシュタインの特殊相対性理論も，結果としてまさにこの「対応原理」の要請をみたしている．なおボーアについては，Pais（1991）がすぐれた伝記である．また「対応原理」の科学革命に果たした役割については，クーン（1971）が有用である．

17) Moore（1988 [1902], p. 201）には，「美（beauty）」に関し，以下の記述がある．すなわち「1つの物事が美しいと主張することは，われわれがすでに議論したように，美という認識が，全体が1つの固有の価値を持つための本質的な要素であることを認識であることに等しい．」

18) Keynes（1920）や石橋（1984）に見られるリベラリズムの実践は，まさにこの象徴である．

第5章 理論経済学における善と正義

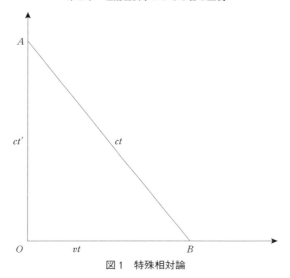

図1　特殊相対論

はいかなる慣性系でも一定であることがわかっているから，もし時間の流れ（O に静止している人が見る自分と自動車の中の時計の針の進む速さ）が同じであるならば，$AO = AB = ct$ で矛盾である．したがって自動車の中の時計の進み方 t' は（原点に静止した人が観察した場合）遅くなると考えざるを得ない．つまり三平方の定理より，

$$[ct']^2 + [vt]^2 = [ct]^2 \Rightarrow t' = t\sqrt{1 - \frac{v^2}{c^2}}$$

であり，等速運動によって時間の経過は遅くなる．なお上式のルートがローレンツ因子である．

こうした誠に単純で美しい考え方（真実）が容易に受け入れられなかったのは，アインシュタインが「奇跡の四部作」を書いた1905年から16年後にノーベル賞を受賞した際にも，その対象から外されたことからも，十分に窺うことができる．それほど，その鋭角的な知的美とそこからくる重さゆえに「真実」の伝播に時間が必要なのである．したがって，「真実を語る」には美への確信が不可欠である．

したがって十分な知的練磨が積まれていない現代の高学歴層の間では，詐術である「本音」と「建前」の使い分けが瀰漫している．政治・産業・学問の枢

要な地位にあるほとんどの者が，アメリカ経済の不可逆的衰退と持続不能な経済成長に伴う中国政情の不安定化により，従来のアメリカ追従・模倣というやり方がまったく通用しなくなった新しい時代の劈頭に当たりながら，未だ「失われた××年」といった退嬰的な思考しかできないのは，まさに真実を受容するだけの知性・見識・勇気がないことを如実に物語っている[19]．

　これを学生や子供たちが察知しないはずがない．こうした詐術が常識となった時代に育つ若者は誠に不幸である．まさに教育の不毛つまり次世代の未成熟は，「真実を語り」それに誠実に対処する姿勢をまったく持たない大人の側に一方的な責任がある[20]．上の「正直者」・「嘘つき」の進化論ゲームが示唆するように，今こそ，責任を持って「真実を語る」ことの美しさが正義の基準となる時はないと，筆者は確信する．そしてそれは，言うまでもなくモラル・サイエンスとしての理論経済学の本来の役割に他ならないのである．

5　ムーアとロールズ，サンデル

　本章では主としてMoore（1988 [1902]）によって，理論経済学における善と正義のあり方を検討するとともに，ロールズやサンデルに代表される政治哲学者の功利主義批判がいかに的外れなものかについて論じた．得られた結論は以下のとおりである．

　（i）　理論経済学における善と正義の関連は，以下のように極めてシンプルな構造を持っている．まず個人が経済的豊かさを求め行動することを善と

---

[19] 現代日本の経済報道に，どれほどの虚偽と歪曲があるかについては，大瀧（2011）を参照されたい．

[20] Sandel（2007; 2009）では，「既存の自我同一性（encumbered identities）」と「自由で独立した個人（free and independent individuals）」が対概念として現れる．しかし何の集団教育も受けない子供が，成人して「自由で独立した個人」となれるだろうか．まして彼特有の利害で結び付きたいわば「利用できる限りで友達」というcommunityを形成するだけの知性を持ち得るだろうか．そうした不毛のコミュニティーを作ること自体が，encumbranceではないのか．encumberedとfree and independentを対概念として用いていることにそもそも矛盾があるのである．子供たちが社会で育つことの重要性を強調したDewey（1916, p. 206）の「心理学的には，仕事が，結果として意識的に仕事自身を一部として含む1つの行動であることは明白である．そしてそうした行動が単に目的のための手段以上のものとなるとき，それは統制のきいた労働となる．また因習によるものではなければ，遊びの精神が浸透した仕事は，それは質的に芸術と呼ぶべきものである．」と言葉と比べたとき，ほぼ百年の間にどれほどアメリカにおける教育が砂漠化しているかを看取できる．

認めることから議論は出発する．しかしロールズやサンデルの誤った議論とは逆に功利主義では人間の plurality を前提とするがゆえに，他の個人の善追求の権利も積極的に認める．したがって個人相互の善追求により生ずるコンフリクトこそが，まさに理論経済学の問題関心となり，その解決策こそが，経済的正義なのである．言い換えれば，個人の善の追求は，他の善の追求を認めるという制約下で，初めて是認される．

　このような認識のもとで，理論経済学における社会的善であるパレート効率性は定義されるものであり，個人間の効用比較可能性やそれに基づいた効用和の最大化が功利主義の特徴であるとする多くの政治哲学者の認識は，根本的に誤っているか，経済学の進歩に対する不勉強を物語っている．

(ⅱ)　個人的・社会的善が無条件で一致し，個人の放埓な経済行動を称揚する neo-liberalism あるいは libertarian の主張は，両者のコンフリクトに対してなんら備えがないという意味で，極めて未熟な思想である．

(ⅲ)　善なき正義はロールズ・サンデルの特徴であるが，表面上の違い（正義という規範を個人の良心に求めるか，community と呼ばれる利害集団に求めるかの相違）を剝いでしまうと，人間の成長および歴史性という観点がまったく欠落していることが分かる．すなわち人間がなにがしかの意味で合理的判断を下せるようになるためには，デューイの主張するように，教育・経験というものが不可欠である．そしてこれらの要素は，当該個人が置かれた歴史的・社会的環境および規範に決定的に依存する．

　したがってこれらとは無縁の超合理的な個人を想定し議論を展開することは，極めて非現実的であり，その適用を受ける一般的市民の精神的負荷は，想像するに余りある．彼らの理論が一般に操作不能で，現実的要請に応えることができないのは，まさにこの点にある．

(ⅳ)　ムーアの議論に従い，善がすぐれて状況依存的なものであることを認めるとき，現在の理論経済学者にとっての善は，アメリカの衰亡・中国の政情不安定という新しい時代に即応した日本経済像を打ち出すことである．そのための指導原理（経済的正義）は，まず現実を説明できる平明な理論をもとに「真実を語る」ことである．

166　第Ⅱ部　市場と倫理

付論　サンデルにおける Bailout Outrage に関する誤謬

　Sandel（2009, pp. 12-18）の本パートは，2009年のリーマンショック後，金融機関のベイルアウトが重なり，そうした状況でも，高額の報酬を受け続けていた当該機関の役員の行動に関する適否を扱っている．

　議論は晦渋であり経済学に関して完全に無知であるが，我慢して読んでみると，強欲な（greedy）行動であるという道徳的判断は意味がないとしたもとで，経営に失敗しながらボーナスをもらったことの適否を「権利」の観点から議論することが，この場合の正義であるというのが結論である．そして驚くべきことに，サンデル自身の正義が何であるかには一切触れられていない．

　この付論では，彼が反対する功利主義の立場から，この場合の正義を容易に導出できることを示すことにする．さて経営は一般に選択（choice）の問題である．したがって本質的にゼロサムであるデリバティブズの他に資金運用手段があったかということがまず問われねばならない．

　もちろん，それは存在する．例えば安全な外国債の購入（アメリカには為替リスクというものがほとんどないことに留意されたい）は，アメリカ人の預金者・投資銀行にとっては，両者の利得の和（効用の和ではない）が正となる資産運用である．議論を明解にするために簡単な数値例を用いよう（議論を一般的な場合に拡張することは容易である）．

　まず外国債での運用は，経営者と預金者に，経済がいかなる状況にあっても，1ずつの報酬をもたらすとしよう（運用法A）．デリバティブズでの運用は経済状況いかんで，好況なら経営者に3預金者に1だけの利益をもたらすとする．そして好況の生ずる確率を$\frac{1}{2}$とする．不況も同じく$\frac{1}{2}$の確率で生じ，この場合は経営者・預金者合計で-4だけの損失が発生するとしよう（運用法B）．

　このときベイルアウトが認められていないなら，運用法Bの失敗はすべて経営者に帰することになる．したがって運用法Bでの，経営者の期待利得（効用ではない）は

$$\frac{1}{2} \times 3 + \frac{1}{2} \times [-4] = -\frac{1}{2}$$

となり，決してこれが選ばれることはない．運用法Aで経営者・預金者ともに1ずつの利得を上げていることになる．

　しかしこのような経済において，デリバティブズ投機の失敗時にベイルアウトが認められると，経営者は失敗による損害から免れることができる．したがって彼の期待利得は，

$$\frac{1}{2} \times 3 + \frac{1}{2} \times 0 = \frac{3}{2}$$

となり，経営方針 B を採ることが A よりも望ましくなる．

だがベイルアウトは，魔法の杖ではない．この対価は預金者が税金の形で支払うことになるのである．預金者には金融機関の行動の適否を立証できない（unverifiable）とするなら，結局泣き寝入りするしかなく，その期待利得は

$$\frac{1}{2} \times 1 + \frac{1}{2} \times [-4] = -\frac{3}{2}$$

となり運用法 A が取られていた時にくらべ，著しい損害を被る．

ところで繰り返しになるが，経済的善とは「誰かが有利になるためには少なくとも他の一人が不利にならなければならない状態」すなわち，パレート効率性にあるから，以上の議論から，運用法 A の採用がパレートの意味で望ましいことがわかる．したがってそうした善の達成を阻むベイルアウトの実施は，明らかに正義に反するのである[21]．

最後に確認だが，ここで用いられている論理は，人は金銭的により豊かになりたいということを事実として認め，それを善と定義しているだけであり，個人間の効用の比較や効用和の最大化とはまったく無縁である．

参考文献

アーレント，ハナ（1972a）『全体主義の起原 1——反ユダヤ主義』大久保和郎訳，みすず書房．
———（1972b）『全体主義の起原 2——帝国主義』大島通義・大島かおり訳，みすず書房．
———（1974）『全体主義の起原 3——全体主義』大久保和郎・大島かおり訳，みすず書房．
———（1994）『人間の条件』志水速雄訳，筑摩書房．
石橋湛山（1984）『石橋湛山評論集』松尾尊兊編，岩波書店．
大瀧雅之（2005）『動学的一般均衡理論のマクロ経済学——有効需要と貨幣の理論』東京大学出版会．
———（2011）『平成不況の本質——雇用と金融から考える』岩波書店．
クーン，トマス（1971）『科学革命の構造』中山茂訳，みすず書房．
セン，アマルティア（2011）『正義のアイディア』池本幸生訳，明石書房．
中勘助（1985 [1933]）『提婆達多』岩波書店．
レヴィ・ストロース，クロード（2006）『はるかなる視線 I，II』三保元訳，みすず書房．
ロールズ，ジョン（2005）『ロールズ哲学史講義 上，下』バーバラ・ハーマン編，坂部恵

---

21) こうした考え方を，「補償原理（compensation principle）」と呼ぶ．

監訳,久保田顕二・下野正俊・山根雄一郎訳,みすず書房.
Burke, E. (1987 [1790]), *Reflections on the Revolution in France*, Buffalo, NY: Prometheus Books.
Dewey, J. (1916), *Democracy and Education: An Introduction of the Philosophy of Education* (Reprint edition), New York: The Free Press.
Friedman, M. and R. Friedman (1980), *Free to Choose: A Personal Statement*, New York: Harcourt Brace Jovanovich.
Keynes, J. M. (1920), *The Economic Consequences of the Peace*, London: Harcourt, Brace and Howe.
―――― (1938), "My Early Beliefs," *Essays in Biography*, in The Collected Writings of John Maynard Keynes Vol. X, London: Macmillan, pp. 433–450.
Moggridge, D. E. (1992), *Maynard Keynes: An Economist's Biography*, London: Routledge.
Moore, G. E. (1988 [1902]), *Principia Ethica*, New York: Prometheus Books.
Pais, A. (1991), *Niels Bohr's Times, in Physics, Philosophy, and Policy*, Oxford: Clarendon Press.
Rawls, J. (1999), *A Theory of Justice (Revised Version)*, Cambridge: Harvard University Press.
Sandel, M. J. ed. (2007), *Justice: a Reader*, Oxford: Oxford University Press.
Sandel, M. J. (2009), *Justice: What's the right thing to do?* New York: Farrar, Straus and Giroux.
Weibull, J. W. (1995), *Evolutionary Game Theory*, Cambridge, MA: MIT Press.

第6章
分割の正義と不正義

間宮　陽介

1　所有と共同体の相関性

1.1　私化による社会の解体

　社会などというものは存在しない，存在するのは個人だけだ．これは新自由主義的政策を断行した鉄の女，サッチャー首相の抱く"社会観"である．社会は存在しないというのは，社会は個人からなる（個人の集合体が社会である）ということでさえない．もしそうなら，社会は個人の集合体として存在することになるからである．もしも個人の集合体が社会であるなら，個人間の関係についての規範──法規範，道徳規範，あるいは公正や正義の観念もまた社会を構成する要素となるはずであるが，複数の個人を束ねるものが存在しないのであれば，そうしたものが入ってくる余地はない．「社会」というものは名辞だけのもので実体をもたない，というのが彼女の信念なのである．

　だがこのような言明は首尾一貫して貫徹させることはできない．それはすべては疑わしいという主張を究極まで貫徹することができないのと同様である．すべては疑わしいのなら，「すべては疑わしい」という主張も疑わしいことになる．だからデカルトはすべては疑わしいと主張する当の自分だけは少なくとも確かだと主張せざるを得なかった．同様に，社会は存在しないと主張して新自由主義的改革を行おうとするサッチャーも，少なくとも自分だけは「社会」的存在だと見なさなければならない．彼女は単なる個人ではなく，イギリスの首相なのであり，首相という地位はイギリス政体の一機関としての地位なのである．存在するのが個人だけだとしたら，首相，議会，国家という存在もな

い．少なくとも自分だけは「社会」的存在としなければ，存在するのは個人だけだと唱えて新自由的政策を断行することはできない．

このようにサッチャーがみずからの言葉を究極まで貫徹させることは不可能だが，それでも彼女の新自由主義，そして各国で断行された新自由主義が「社会」を言葉の上だけでなく，その実体まで解体させる方向に働いたのは疑うべくもない事実である．

存在するのが個人だけなら，家族，組合，大学といった社会の下位組織や団体も存在しない．これらを分割していけば個人だけが残り，個人を再び寄せ集めてみても，もはや家族，組合，大学を復元することはできない．それらは個人の集まりとして同質的であり，たかだか，個人の数によって小集団，中集団，大集団という量的差異によって特徴づけられるだけである．

このサッチャーの言葉を引き合いに出したハーヴェイによれば，新自由主義的政策とは「社会などというものは存在しない，存在するのは個人だけだ」という社会観の下に社会を解体し，解体による利益を個人もしくは法人に帰属せしめるようとする政策のことである．その１つが，さまざまな資産，ことに共有資産の分割私有化であった．「新自由主義者がとりわけ熱心に追求しているのは，さまざまな資産を私有化することである．明確な私的所有権が存在しないこと——多くの発展途上国ではよく見られることだ——は，経済発展と人間の福祉の改善とに対する制度的障壁の中で最大のものの１つだとみなされている．土地の囲い込み（エンクロージャー）と私的所有権の確立は，いわゆる「共有地の悲劇」（コモンズ）（土地や水といった共有資源を個々人が無責任に過剰利用する傾向）を避ける最良の方策だとされている」（ハーヴェイ，2007，p.95）．共有地の悲劇を解消する策としてのコモンズの私有化（法律的意味での）はコモンズの私化（政治的意味での）を意味する．共同所有の利用地を強権的に囲い込み，奪取する，すなわちプライヴァタイズすることが共有地の私化である．

ところでハーヴェイは，共有地の私有化と並んで，新自由主義的政策のいま１つの柱として，社会全般の金融化を挙げている．それは，国家機構から人々の日常生活に至るまであらゆるものの金融化が進められ，こと経済においては「生産から金融への権力移動」が生じた，という事態である．共有地の私有化と経済の金融化は一見すると無関係のように見えるが，決してそうではない．

第6章 分割の正義と不正義

このことを理解するためには,「メインストリート」(製造業)から「ウォールストリート」(金融業)への権力移動という現象の背後に経済のどのような変化が進展しているかを見る必要がある.この変化は10年,20年を単位とする変化ではなく,100年,200年単位の変化であり,ヴェブレンの言葉で言えば「旧体制」から「新体制」への変化(アダム・スミスの時代はその過渡期)である.このような変化を筆者は別の論文(間宮,2014)で違った角度から論じた.ここでは「共有地の悲劇」という観点から,この変化を手短に述べるにとどめたい.

変化の出発点は,いわゆる生業的企業からビジネス企業への変化である.いずれのタイプの企業もなにがしかの貨幣(M)を投入し,ある生産過程(X)を経て,なにがしかの貨幣(M')を生み出す点では変わりがない.違うのは,生業的企業においては生産過程はあらかじめ既定の条件として与えられているのに反し,ビジネス企業においてはXは任意だということである.たとえば旧時代の農家であれば,代々農業を営んできたから農業を営む.しかも歴史的に形成された土地慣行その他の歴史的・文化的な諸条件の下で生産活動が行われる.利益率(M'/M)が低くても転業しない(できない)のが古い時代の農業である.

これに対して,ビジネス企業はM'/Mを最大化しようとし,そのためには生産過程を再構築することもいとわない.いとわないどころか,むしろ積極的に転業も含む事業の再構築を行おうとするであろう.ビジネス企業にとっては生産過程は任意なのであり,生業的企業のようにXを既定の事実とすることはない.逆に言えば,利益率を大きくするために生産過程を流動化し再構築しようとするのがビジネス企業である.たとえば古来の共有地(コモンズ)の存在が企業活動の前に立ちはだかるときには共有地を解体する必要に迫られる.Xの立地基盤である土地を分割私有化することにより流動化できればいいが,住民の抵抗によって分割私有化=流動化を阻まれる場合もある.このようなとき,所有権の所在のはっきりしない共有地を白紙状態にし,企業による囲い込みを可能にするのが地震,津波などの自然災害,そしてクーデタや戦争であり,惨事に乗じて制度を解体するのがナオミ・クラインの言う「惨事便乗型資本主義」(クライン,2011)——彼女は新自由主義をこのようなものとして捉え

る——である.

　当初の貨幣 M を M′ に変換する過程 M − X − M′ において,X が利益率を最大にするように選ばれるということは,M の投入が資金の運用という性格を帯びることを意味する.漁業よりもホテル業が利益になると期待すればホテル業が選ばれる.同様にして金融商品への投資がホテル業よりも利益になると期待されれば金融商品への投資が選ばれる.生業的企業が,あるいは(ヴェブレンの言う)産業的企業がビジネス的企業に変貌するにつれて,企業家の関心は生産の技術的過程よりは資金の運用という意味での金融過程に注がれるようになる.ビジネス企業はすでにその活動の中に金融過程を内包させていたが,M − X − M′ が M − M′ に収縮するとビジネス企業は狭義の金融ビジネスとなる.

　「アダム・スミスの時代(18世紀の最後の四半期)以降,産業とビジネスは新しい時代に入った.それに伴い,産業的企業とビジネス企業の開きはみるみる大きくなった.……古来,事業主は作業場の監督者としてふるまったものだが,いまでは作業場に出て仕事をみずから指揮することもなくなった.彼の関心はますます企業の金融目的に向かうようになり,そして彼の企業経営は作業の監督ではなく,労働力や原材料をどう調達し,製品をどう販売するかといった取引の金銭勘定の監督となり始めた」(Veblen, 1923, pp. 57-58).時代をはるか昔にさかのぼれば,人々の生産活動は土地その他の共同資産,知識や技術という無形の共同財産を利用して行う活動(特に農業)であった.手工業が広く行われるようになっても,企業の生業的性格は残存していた.しかし共同財産の私化(ヴェブレンはこれを「略奪(predation)」と呼んでいる)が進むにつれて「金銭文化」が社会を覆うようになったと彼は論じている.

　所有権を物に対する直接的,絶対的な支配権とする今日の所有理論からすると,ヴェブレンの主義主張は私有財産制以前,営利企業体制以前の古い時代を理想とし,その後の歴史は理想から退化していく歴史とする逆ユートピア論と見えてくる.このような主張の行き着くところ,過去への絶望的回帰の試みではないのか.——だがこのような批判は必ずしも当たらない.ヴェブレンは共同体を原始共同体(個人は共同体に埋め込まれている)のようなものと捉えているわけではないし,また原始共同体に帰れといっているわけでもない.それはルソーが自然に帰れと言っていないのと同様である.人々はどのような社会の

中においても社会の連関の中で生活し，その連関には産業社会における技術的連関も含まれる．また人々は抽象的な一般社会（もちろんそのようなものはある）の中で霞を食って生活しているわけではなく，多元的，重層的な具体的集団の中で生きている．さらに，今も昔も，私化してはならない（たとえ技術的にはそうすることが可能であっても）共同の資産があり，このような資産まで私化し，個別的所有権にゆだねてしまうと生存が極度に不安定な状態に置かれてしまう．彼の言う「不在所有制（absentee ownership）」——資産の所有と利用が分離した事態——は共有財産の私化が生み出す所有制であり，ひとり土地の不在所有制に限られない広範な含意をもつものである．ビジネス企業体制においては，不在所有制が生産システムを基礎づけ，人々の物的福祉に寄与するという産業活動の本末が転倒し，「営利」が「産業」を侵蝕していく．

　ヴェブレンも言うとおり，所有権は人間が生まれながらにしてもつ自然権（ロックのいう固有権〔プロパティ〕）ではなく，歴史的には共同体とのかかわりの中で発生した権利，共同体を参照点とし共同体と相関的な意味をもつ所有概念である．私的所有の「私的」とは共同体から何かを奪い取ってわがものとするという含意をもつが，共同体との結びつきの中で所有するという所有概念もある．共同体的所有からまず宅地・庭畑地が，次にその周辺に位置する耕地が個々の家族によって占取され，個人による占取はさらに村落境界部の牧草地や山林などの共同地に及ぶようになるが，この占取は私的所有ではなく，共同体の規制や管理を受けたものであった．平田清明はこのような占取を共同体から「奪い取った」ものとしての私的所有に対置して，「個体的所有」と呼ぶのである．個体的を表す英語の individual，は「分割されない（in-dividual）」という意味をもつが，何から分割されないかというと，それはほかならぬ共同体である．

　　privé〔英語では private〕が，共同利用の土地または建物から「奪われた」ものを直接に意味するのに対して，individuel〔英語では individual〕は gens indivisé（英語でいえば undivided members）を直接には意味するのであり，きわめて深く共同体的人間結合とかかわりをもったことばである．歴史具体的には共同体（commune, Gemeinde）との，歴史理論的には類的行為（Begattung）→類的存在（または類体）（Gattungswesen）とのか

かわりを，individuel は直接に示している．これを日本ではこれまで，「個人」と訳してきた．そして個と全との対立とか個の全への帰一とか，と語ってきた．そう言う場合，「個」とはバラバラな人間のことを意味してきた．だが，ヨーロッパ語で individuel と言ったなら，ただちに共同体とのかかわりが具体的に想起されて然るべきものなのである．（平田, 1969, pp. 135-136）

　共同体的所有とは共同体がみずから権利主体として土地や建物を所有することを必ずしも意味しない．個人個人は共同体の資産を占取し自己のために使用するが，占取・使用に関して何らかの制限，規制を受けるというのが本来の共同体的所有である．したがって，この場合の共同体的所有は平田の言う個体的所有と相違するものではなく，個体的所有は共同体的所有を個人の側から見たものだと言うことができる．
　G. ハーディンが「コモンズの悲劇」で描く共有地＝コモンズは入会地あるいは入会集団のような共同体でないのは無論，法律的意味での「共有」地ですらない．すなわちそこには人々の結びつきとしての「社会」は存在せず，あるのはただ「個人」だけである．社会という文脈，社会という裏地をもたない個人が，いかに愚かな存在であるか．コモンズの悲劇とはこの愚か者の個人が生み出す悲劇である．牧草が減り続け，放牧している牛が骨と皮だけにやせ衰えているのを目の前に見ながら，社会を知らないこの個人は目先の計算で，なお牛を増やし続けようとするのだから．ハーディンのコモンズの悲劇は荒唐無稽な創作劇である．もしもコモンズに悲劇がある（あった）としたら，それは過剰利用による悲劇ではなく，むしろイギリスのエンクロージャーに見られたような，コモンズの囲い込み＝私化によるコモンズ解体の悲劇だといわなければならない．ハーディンにおいてはコモンズを分割し私有化することが正義だが，コモンズを共同所有を制度化した実在の共同体と見る立場からすると，コモンズの（強制的）分割は不正義につながる可能性をもつのである．

1.2　社会の多元性

　本章は，共有地の分割は時として不正義につながるということ，その前段と

して，所有の概念は共同体と何らかの意味で相関的だということを論じようとする．所有権を共同体との相関で見る見方と個人の物に対する絶対的支配権と見る見方は，えてして対立的に捉えられやすい．たとえば共有物分割の権利化は近代市民社会の流れであるが，団体の所有はゲルマン法的反動であるというふうに．明治34年に制定された漁業法と明治43年の改正法をもって市民法的体系の成立・完成といい，漁業慣行を主張してそれに対抗する一派を慣行派と呼んで市民法と対立させる（青塚，2000）のもその一例である．

　さらに次の最高裁判決（昭和62年森林法違憲判決）を挙げることもできよう．判決文に曰く，「共有とは，複数の者が目的物を共同して所有することをいい，共有者は各自，それ自体所有権の性質をもつ持分権を有しているにとどまり，共有関係にあるというだけでは，それ以上に相互に特定の目的の下に結合されているとはいえないものである．……共有物分割請求権は，各共有者に近代市民社会〔強調点は筆者〕における原則的所有形態である単独所有への移行を可能ならしめ，右のような公益的目的〔分割請求権に制限が設けられると，共有物の管理，変更等に障害をきたし，物の経済的価値を十分に実現することができない，分割請求の自由はこのような弊害を除去するということ〕をも果たすものとして発展した権利であり，共有の本質的属性として，持分権の処分の自由とともに，民法において認められるに至ったものである」．（旧）森林法は共有森林に対する分割請求権（民法で認められている）に制限を加えたものであるが，最高裁は「近代市民社会」の所有原則に反するとして違憲判決を下したのである．

　旧森林法における分割請求権の制限は森林の維持・保全ではなく，森林経営の安定を目的としたものである（森林の単独所有の場合には，分割制限の法的規制はない）．したがって，論点は憲法の保障する財産権および分割請求権を規定する民法とそれを制限する公共の福祉（経営の安定）の秤量ということになり，最高裁は前者の大に対し後者の小なるをもって，森林法を違憲としたのである．

　このような論点の絞り方をするかぎり，法律と経営安定効果の事実的有無に従って下された判決はおそらく正当であろう．（旧）森林法の分割制限規定が個人所有の森林には適用されないのを見てもわかるとおり，この規定は森林経

営の安定を目的とし，森林保全，環境保全といった公益を直接の目的とするものではないからである．だが筆者にとっての問題は法体系と社会とのかかわり，具体的にいえば，なぜ単独所有が「近代市民社会」の所有原則かということにある．いったい，単独所有がどうして「近代市民社会」の原則だと言えるのか．親から遺贈され兄弟で共有することになった森林の分割請求をめぐって相争う兄弟のどこに市民社会があるのか．近代市民社会ではなく「バラバラな人間」からなる社会においても単独所有はあり得る．いやここにおいては社会の実体がないのだから，単独所有以外に所有形態はあり得ない．社会契約論の想定する自然状態においてすら，ある意味での個人主義，自由主義，契約自由の原則が存在する．でなければ社会契約という契約自体が成り立たない．社会契約論によれば，契約によって単独所有の自然状態は社会状態＝近代市民社会になるのであるが，ここにおける所有権はもはや「バラバラな人間」のもつ単独所有権とは異なっているはずであり，それは社会（市民社会）と相関関係にある所有権と見なければならない．そうすることによって初めて，単独所有は近代市民社会における原則的所有形態（市民社会による規制を受ける）であると言い得るのである．

　近代市民社会の「市民」とは，バラバラの個人でもなければ，欲望の塊としての人間でもなく，市民社会の構成員，市民社会によって規定された人間のことである．そこにおいて単独所有（個人所有，法人所有）は確かに量的な意味で所有の中心を占めるであろうが，それは他の所有形態を質的な意味で例外とすることではない．家族の所有する財産は個人の単独所有でないのはもちろん，構成員が持分をもつ共有とも異なる．もしも家族の所有形態を例外的というのなら，家族という集団それ自体が近代市民社会においては集団構成上，例外的存在だということになる．

　単独所有が近代市民社会の原則的所有形態だと言われるとき，われわれはともすれば，社会は一から十まで諸個人に分割されている，あるいは分割された諸個人の集合体が社会だと考えがちである（反対の立場が，社会全体を個人を超えた1個の共同体とみる共同体主義である）．ここから，単独所有概念からはみ出る所有形態に出会うと，それを例外扱いにするか，さもなくば何らかの人為的工夫を凝らして単独所有の体裁をもたせようとするのである．だが現実には，

第6章　分割の正義と不正義　　　　　　　　　　　　177

　近代の社会においても人々はさまざまな集団，組織，団体に属しながら生活しており，これらの中には近代以前から存在するものも多々存在する．にもかかわらず，これら諸団体を所有形態の観点から見るときには，単独所有の網をかぶせようとするのである．

　単独所有を「原則」とする近代法体系を技術的に完結させ，他の所有形態をそれに押し込むか，または現行所有概念を拡張して法体系を維持しようとする態度は，合理的経済人をもとに構築された経済学が狭義の経済現象以外の現象までみずからのうちに取り込もうとするときの態度と似通っている．それによれば自殺という行為でさえ，生きるべきか死ぬべきかの快苦計算の結果として説明され，合理的経済人の仮定による体系の完結が図られる．標準的な合理性の仮定でうまく説明がつかないときには合理性の幅を広げ，こうして個人主義はハイエクの「無知の個人主義」と合理的期待形成学派の「全知全能の個人主義」の間で，融通無碍に合理性の程度を伸縮させ，社会現象すべてを合理性の下に説明しようとする．「ローマ法は，精神や歴史に飾られた体系ではなく，したがってまた，在るものの尊重（その非合理性をも承認する）の体系ではなく，合理的なもの，非歴史的なもの，したがって技術の体系であった」（高嶋，1997，p.140）という法学の技術主義あるいは概念法学の立場は経済学の行き方とうりふたつである．

　共同体を始めとする団体あるいは団体的所有が個人主義的社会にとっての例外でないのは組織が市場のネットワークとしての市場経済にとっての例外でないのと同じである．市場ネットワークにおける組織は，R. コースによれば「ミルクの桶のなかで凝固しつつあるバターの固まり」（コース，1992，p.41）のようなものなのである．もっとも，コースは市場経済においてなぜ組織が存在するか（市場が完備しておれば，組織もまた市場のネットワークに解体されるはず）という正当な問いに対して，組織形態をとるほうが取引費用の節約になるからと答えて，結局は組織を再び市場に回収してしまうのであるが．

　本章では，ミルク（単独所有）に浮かぶ凝固物（非単独所有，団体的所有）を前時代の遺物と見て再びミルクに溶かす（単独所有化する）のではなく，その所有形態の特質を歴史的文脈において考察し（第2節），さらにそれがもつ現代的意義を考える（第3節）．

2 共同所有の諸形態

2.1 共有・合有・総有

　ハーディンが「コモンズの悲劇」で論じたコモンズは「共有」地などでは毛頭なく，誰でも好き勝手に資源を収益できる無主の地である．無主地だから資源の過剰利用が起こるのであり，過剰利用の弊を改めるためにはそれを誰かの所有地にすればいいという理屈になる．それは公有または私有のいずれかの所有形態でもかまわないが，共有形態は排除される．彼は実際は無主地である土地を共有地と思っており，共有地の悲劇を解決するために共有化を，というのではおかしなことになる．私有，公有いずれの場合にも単一の主体にコモンズ全体あるいは区分けされた各区画の管理を委ねるということであり，そうすれば過剰利用という事態は起こらないというのが彼の考えである．私有化はコモンズの分割であるが，公有化の場合も一種の分割である．なぜなら，国または地方公共団体はコモンズ全体を1区画にまとめて所有し管理するのであるから．コモンズの分割を悲劇の解決策とするハーディンはいわば分割の正義を唱えているわけであり，分割が帰結する悲劇はみじんも考えられていない．このことを見るためには，彼が論じることのなかった「共有」の意味についてあらためて考えてみる必要がある．

　これまで，共有，所有権といった言葉を法律的意味ではなく通俗的・日常的用法に従って用いてきたが，本節では行論上，これらを法律的意味に限定する必要がある．そうしないと，複数の人間が何らかのかたちで特定物を共同所有する共同所有の諸形態を比較検討することができないからである．

　所有形態を分類する仕方にはいろいろのやり方が考えられるが，目下の関心は共有（共同所有）であるから，所有形態を，所有主体が単一であるか（単独所有），複数であるか（共同所有）によって分類するのが便宜である．その上で共同所有をさらに区分すればローマ法的な共有（法律的意味では共有といえばこれを指す）とゲルマン法的な合有および総有に分けることができる．もしも法体系をローマ法的な体系——団体や共同体の歴史に拘泥せず，個人主義的な法の論理や技術の上に構築された体系——に準拠させるとすれば（財産権に関す

第 6 章　分割の正義と不正義　　　　　　　　　　　　　　179

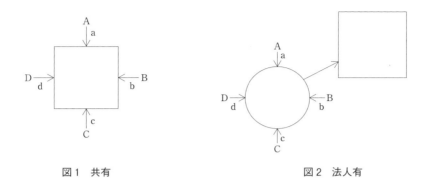

図1　共有　　　　　　　　　　図2　法人有

る日本の民法もそうである），所有形態は個人有・法人有の単独所有とそうでない共有とに分け尽くされることになる．

　ローマ法的共有（図1）は共同所有といっても限りなく単独所有に近い共同所有形態である．ここにおいては共有という言葉から想起される仲間や団体というものは介在せず，共有者（図のA，B，C，D）は対象物（図の四角形），たとえば土地に対して個人所有権をもつ．ただし一物二権は存在し得ない以上，各人が完全な所有権をもつことはなく，各人の所有権は持分の割合に応じて量的に制限し合う関係にあると考えるのである．「各共有者の所有権は性質上，普通の単独所有権と何ら異なる所がないから，所有権の内容たる各種の作用は凡て各共有者の所有権中にも具備せること無論にして，唯其作用の分量が制限されているに過ぎない」（末弘，1921，p. 410）．さらに共有者は各自の持分（a，b，c，d）を譲渡する自由（持分処分の自由），および共有物の分割請求権をもつ（分割請求の自由）から，そのことも共有の私的性格を強める作用を及ぼしている．

　共有は個人所有に限りなく近い共同所有形態であるが，他方，単独所有としての法人所有（図2）はその中に共同所有の形態を組み込んだ単独所有形態である．複数の個人A，B，C，Dが互いに所有権を制限し合いながら一物を共同所有するのが共有であるのに対し，法人所有は同じA，B，C，Dが法的人格をもつ団体（図の円）を形成し，それを所有の主体とするのである．ただし，対象物（土地）の所有者はあくまでも法人であり，A，B，C，Dは法人の

社員として法人に対する権利（社員権）をもつけれども，特に定めがないかぎり，法人財産を直接利用する権利をもたず，いわば間接的に法人財産を支配し得るにすぎない．

ローマ法的な共同所有の形態である共有は共同所有とは言いながら，個人単独所有の延長にあるものである．共有者 A, E, C, D は独立した存在であり，彼らの間に団体的関係は存在しない．共有財産全体の処分・変更については全員の同意が必要とされるものの（民法第251条），これは団体的規制とは言いがたく，単なる手続き上の規定であるにすぎない．「「共有」にあっては各共有者相互間には，不幸にして目的物が共同だと云うことの為めに起る諸問題を解決調停する為めの法律関係がある以外，何等の共同的関係もない」（末弘，1924，p. 43）のである．

しかし同じ共有でも，団体的性格の強い組合（たとえば労働組合）の財産（「各組合員ノ出資其他ノ組合財産ハ総組合員ノ共有ニ属ス」民法第668条）については財産の分割や持分の処分に関して制限が設けられている（民法第676条）．むろんこれは組合の団体的性格の強さゆえであるが，団体的所有の概念をもたないローマ法体系においては便宜主義的あるいは場あたり的に共有概念を伸縮させるほかない．これに対し，この種の共有はゲルマン法系統においては「合有」あるいは「総手的共有」（共有者が手に手を取り合って目的物を共有するという意味）の名があてられ，ドイツ民法では，組合財産，夫婦共有財産，共同相続財産については合有だと規定されている（我妻，1983，p. 317）．

共有と合有の図を比較すればわかるように，これら2つの形態はよく似通っている．そのため，言葉を節約する技術主義的法学者は，わざわざ「合有」という言葉を用いるには及ばない，民法第676条が合有なのだ（高嶋，1997，p. 134），あるいは団体性の強弱は，団体の開放性や閉鎖性，財産処理の仕方等についての差異をもたらすだけで，共有と質的差異をもつものではない（同書，p. 135），と合有概念を批判する．このような言い方は，たとえば，所有権という概念は何ら必要ではない，使用権，収益権，処分権など，特定の諸権利の束が所有権だという言い方と同類である．しかしこの場合，何が特定の諸権利かは所有権それ自体に関する全体的イメージがあらかじめ存在していなければ特定することができない．同様に合有の場合にも，団体性の強弱は抽象的・概念

第 6 章　分割の正義と不正義　　　　　　　　　181

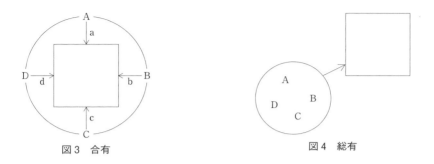

図 3　合有　　　　　　　　　図 4　総有

的に測定することはできず，歴史的存在としての具体的団体を参照するのでなければ民法第 676 条そのものが存在しなかった．法体系が論理や概念の体系として完結していると考えるのは，「論理空間の中にある事実が世界である」と考えるのと同等である．

　合有を概念図で表すと，図 3 のように描けるであろう．A，B，C，D が持分をもつのは共有の場合と同じであるが，A，B，C，D は互いに結合して（A，B，C，D を連結する円弧），団体を形成している．この団体的結合は目的物の所有に反映し，目的物の分割や持分権の譲渡に関して制限が加えられるほか，目的物の使用についても規制がなされる場合がある．

　ローマ法的共有は共有者が目的物の上に各人独立の，しかし相互におしくらまんじゅうするように制限し合う所有権を有する共同所有の形態である．これに対し，合有（その他のゲルマン的共同所有形態）は共同体あるいは団体の規制を内包するところの共同所有形態であり，全権利者は別に法人をなすことなく，ただ一体として不分割的に物を所有する（末弘，1921，p. 407）．合有は歴史の中で形成された諸団体の慣行的所有形態から抽出されたものであるが，共有概念を膨らませることによって法律的に構成することも不可能ではない（民法第 676 条のように）．しかし次の総有となると共有と共通するものはほとんどない．

　総有（図 4）においては権利者は共有や合有におけるような持分権をもたない．したがって，「〔全権利者が〕一体として不可分割的に物を所有する」と言

うときの一体性と不可分割性は合有よりもはるかに強度である．共有の場合には権利者間に団体的結合は存在しないが，合有の場合においては権利者の独立性は高いものの，ある程度は結合関係が存在する．これらに対して，総有の場合には，団体的結合はヨリ強度であり，権利者は閉じた団体のメンバー＝構成員としての性格をもつ（総有団体から転化した合有団体の場合は団体の閉鎖性は強い）．

　問題は，法人所有でも共有でもなく，また合有でもない共同所有形態において，目的物（土地）を誰が，どのようにして，所有するかということである．土地を所有するのは団体それ自身（図中の外円で表示）か．それとも団体を構成する諸個人（A，B，C，D）か．この点につき所有権の管理権能は団体に，収益権能は諸個人に，というのがいわゆる質的分属説である．たとえば我妻は，ゲルマンの村落共同体のような団体にあっては，村民が「個」たる地位を失わずにそのまま「全一体」をなしており，「その村落団体の所有においては，この団体結合関係がそのまま反映し，管理権能は，もっぱら村落そのものに帰属し……収益権能だけが，各村落住民（Genosse）に分属した」（我妻，1983，p.316）と述べている．つまり土地所有権＝管理権能＋収益権能において，管理権能は団体に，収益権能は個々人に，という形で質的に分割される（量的分割が所有権の分数的分割を言うのに対し，質的分割は所有権が所有権の内包する各種の権能に分割されることを言う）というのが質的分属説である[1]．

　しかし質的分属説において，土地を所有する主体としての全一的団体（団体O）と管理権能が帰属するとされる当の団体（団体O′）との関係はどうなるの

---

[1] 質的分属説は，総有の性格を論じるときの標準的学説である．たとえば戦前石田文次郎は「所有権に包蔵されている権能が質的に分割され，支配的権能を有する者と，経済的権能を有する者とが，別の人格者であり得る様な所有権の形態が入会権であり，総有権である」（石田，1927，p.603）とし，ギールケの団体法論における総有を質的分属説として捉えていた．

　また石田はギールケの団体法論を解説した別の著作（石田，1929）で，ギールケの「全体に於ける単一性と数多性の融合的結合」をライト・モチーフとして彼の団体法論を理解し，この融合的結合を解きほぐして，単一性＝タテの関係＝公法，数多性＝ヨコの関係＝私法としている．ギールケの主著『ドイツ団体法』第1巻冒頭の「人の人たる所以は人と人との結合による」を，石田は，個人主義的社会観とその法律的具現化であるローマ法を疑問視するあまり，有機体論的方向で理解する傾向にある（ただし全体主義は個人主義の裏返しにすぎないとして批判している）．筆者としては「人と人との結合」をむしろヨコの関係において捉え，ギールケの団体論を多元国家論として（実際ギールケの団体論はバーカーやラスキら，イギリスの多元国家論に少なからぬ影響を与えた）理解する途もあると考える．

だろうか．これが社団法人であれば管理権能を法人がもち，収益権能は社員権として個々人がもつという形に分属させることも可能だが，総有の主体はそのような法人ではないのであるから，もしも両者が同一（団体O＝団体O'）だとしたら，管理する団体も全一体ということになる．そのときには個々人もまた何らかの形で管理権能にあずかり，分属説はその根拠を失う．

　オットー・ギールケ以来，村民が自立した「個」としての地位を失わず，なおかつ全一体をなしている団体，単一的にして多数的な団体は「実在的総合人」と呼ばれてきた．実在的総合人による総有は収益権能が多数的村民に，管理権能が単一的団体に帰属するというのが質的分属説（団体O≠団体O'としなければならない）であるが，これに対して，川島武宜はむしろ団体O＝団体O'と考え，個々の村民こそが両権能の担い手だと考える．川島はこのとき，団体のもつ団体性を村民の「集会」に求める．村民の集会こそが団体の核心にほかならない（川島，1968）．

　これは決して突飛な考えではない．入会団体のような「形式的平等」を原則とする団体においては，上下の権力的関係は存在せず，また個人に外在し個人を超越して個人を規制する団体O'のようなメタ団体も存在しない（川島は，管理機関があったとしても，それによる管理は住民からの委託によると考える）．かといって村落団体がバラバラな個人の集合体でなく何らかの目的性をもった団体であるためには，ある凝集点をもたなければならない．それが「集会」であると川島は考えるのである．川島によれば，質的分属説の源流とされるギールケ自身，全員の集会が団体の単一性の担い手になると述べ（川島 1983 ［1968］，p.55），マルクスも「資本制生産に先行する諸形態」の中で（ゲルマン的）共同体が現実的存在となるためには，自由な土地所有者は集会をもたなければならない[2]（同書，p.59）と論じていた．さらにギールケによれば，「総員」がある物を「総体として」所有しているのか，「個人として」所有しているのかということは，権利主体の差異よりは，所有の仕方の差異にすぎないのである（同書，p.57）．

---

[2] 有名な箇所なので，訳書から直接，当該部分を引用しておく．「ゲルマン的共同体は，一面においては，言語，血統，等々に関する共同性として，個人的所有者たちの前提となっている．しかし，他方では，それは，実際には，共同の諸目的のための彼らの現実的な集会〔強調点は原著者〕のうちにのみ存在する」（マルクス 1959：pp.25-26）．

川島の主張を一言で言うと，要するに土地の管理権能も多数的個人がもつということである．では多数的主体はどのようにして管理権能を行使するのだろうか．この点について川島はこう言う．「多数決原理による仲間集会の決議は，団体の単一性の優越の表現であり，これに反し，各共同体構成員の異議権は，団体の多数性（団体権の主体が団体構成員の多数者の権利にほかならないということ）の表現であるということになろう」（川島，1983，p.57）と．分属説のように総有を権利主体の問題に還元してしまうと，権利主体としての団体（団体O'）が個人から遊離するのは避けがたい．実在的総合人，総有という概念を日本に初めて導入し，入会および入会権の性質について深い洞察を示した中田薫であるが，彼においても，実在的総合人であったはずの入会団体が諸個人と団体＝法人に分離し，諸個人は団体＝法人の社員と捉えられる．すなわち，実在的総合人＝法人（団体）＋社員（諸個人）とされ，「総有は所有権の内容が，団体と之を組織する社員との間に或関係に於て分属する場合の所有権である」（中田，1949，p.103）と規定されるのである．

　川島は，実在的総合人はかつて存在したことのない架空の存在だと言っているわけではない．彼が言うのは，ゲルマン的共同体の実在的総合人はその古典的形態からはかなり隔たっている，ということである．マルクスや大塚久雄の共同体論においてと同じく，川島の認識する共同体はアジア的形態，古典古代的形態を経た段階での共同体であり，この段階では共同体の所有形態は古典的実在的総合人による総有ではなくなっていた，ということである．大塚久雄によれば，この段階では「宅地および庭畑地」や「耕作地」の私有地化がかなり進み，周辺部に位置する「共同地」の持分化も進展し始めている（大塚久雄，2000）．このような歴史性をふまえて，川島は「ゲルマン的共同体においては，個々の構成員が共同地に対して有する権利は明らかに私的な権利であった」（川島，1983，p.54）と言うのである．ただし注意しなければならないのは，このときの「私的」とは決して平田のいう意味での privé ではなく，むしろ individuel だということである．構成員は社会関係においても所有関係においても互いに拘束されており，「そのような相互的拘束が，ドイツの法学者のいわゆる"gesamthand"の関係である」（同書，p.60）ということにほかならない．

　われわれは共同所有形態としての総有といまひとつの合有を排反的に捉える

第6章 分割の正義と不正義　　　　　　　　　　　185

必要はない．合有といっても共有に近いものもあれば（逆に同じ共有でも持分譲渡制限の特約つき共有は合有に近い），他方の端には総有に近いものもある．川島の実在的総合人／総有批判の要点は，多数性 Vielheit とは別にメタ団体（このメタ団体は管理権能のみか，ときとして共同体精神の担い手として表象されることもある）としての単一性 Einheit を必要としない，多数的個人による集会での多数決（重大な権利変更については全員一致）が Einheit だということであって，彼の批判は実在的総合人／総有の否定ではなく，現実の実在的総合人／総有は古典的なそれとは違うという主張だと考えるべきであろう．

2.2　入会権は解体したのか

　村落住民が山林原野に入会し，秣草，雑草，薪炭用雑木を共同収益する日本の入会慣行をゲルマン的共同体のそれに類比したのは中田薫であり，中田が入会団体を実在的総合人に，その土地に対する所有の形態を総有と規定したことは先に述べたとおりである．しかしその中田によれば徳川時代以来連綿と続いていた入会制度は明治初年の官民所有区分と，そしてこちらのほうがより決定的であったと彼は見るが，明治21年の町村制によって，終焉を遂げた．

　　我国古来の村の性格及びその自治制度に対して，本質的大変更を加えたものは明治二十一年公布の町村制である．即ち欧州諸国の自治制度に則って，従前の総合人たる町村に固有なる町村と町村民との有機的結合を決定的に分離して，町村をローマ法的近代法的擬制人に改め，町村会をその議決機関に，町村長をその理事機関に変じ，町村共有財産を町村の単独所有物に改め，同時に又村民が直接に又は総代を通じて自治に参与する権利を，町村機関の組織を目的とする付与されたる村民の選挙被選挙権に変じてしまった．これは當に我国固有法の傳統的村落自治制に対する引導であって，我伝統的村落団体は此時を以て終焉を告げたのである．（中田，1949，p.14）

　地租の源泉たる土地の所有者を明確にするために土地は官有地と民有地に所属区分され，入会地もまた官有地と民有地のいずれかに組み入れられた．入会

地のうち，昔から村の所有地であることが文書等で明らかなものは民有地に，そうでないものは官有地に編入される（後に一部は個人や旧村に払い下げられる）一方で，民有地とされた入会地は個人単独所有（なかには村の代表者名義のものもあり，これが小繋事件等，後の入会紛争の種になった）もしくは記名共有となるか，さもなければ旧村有（あるいは大字有，組有）とされ，これらの団体名義で地券が発行された．

このうち特に問題になるのが旧村有の山林林野である．というのも明治22年に町村制が施行されると旧町村は公共団体としての町村に編入され，それと同時に旧村名義の入会地は明治町村制下の町村財産に組み入れられたからである．この間の事情を潮見俊隆は，「個人ないし共有で地券をうけたものは，人民共有の私有財産であることが確定されたのに対し，団体名義で地券をうけたものは，その団体＝旧村が，明治町村制のもとで町村ないしその一部としての部落であると観念されるに至って，町村ないし部落の公有財産であると把握され，その本来の私有財産性を地方行政当局によって否認されるようになった」（川島武宜編，1968，p.537）と述べ，地租改正当時，ほんのちょっとした事情で，たまたま団体名義をとった，とらなかったかということが，入会林野のその後の運命に決定的影響を与えた，と論じている．学問的著述では，林政学の川瀬善太郎（川瀬，1911）や法制史の中田薫（「明治初年に於ける村の人格」1927年，中田1949所収）が，旧町村の入会財産が公共団体としての町村の財産に組み入れられたことをもって入会関係は解体消滅したと主張したのである．

このような入会消滅論に対し，末弘厳太郎や戒能通孝らは，山林原野をみずから所有しなくても入会権は成立し得るし，実際，町村制後も存続したと主張した．要点は，入会権の存否は地盤を誰が所有するかということとは直接の関係をもたない，もっといえば公有地上の入会権は他物権（他人の土地を利用する権利）として存在し得るということである．現に，国は町村制の一規定において，公有地における旧慣使用権を認めざるを得なかったし，他方，財産区を設けて市町村の一部である部落に法人格を与え，権利能力をもつ主体としたのである．戒能によれば，江戸時代の文書に頻出する土地の「所持」「支配」「進退」等の言葉は必ずしも現代的意味での「所有」を意味せず，入会と土地所有の関係はゆるやかであった（戒能，1958，p.28）．したがって中田のように，他

第6章　分割の正義と不正義

人の土地における利用収益関係を債権的収益関係もしくは恩恵的許容関係とするのは当を失する．また末弘によれば，「入会権の本体は其種類如何に拘わらず部落民が一体として林野の共同収益権を総有する」（末弘，1924, p. 69）点にあり，公有地であっても村落住民が共同収益の慣行をもつかぎり，共同収益権＝入会権をもつ．そうだとしたら民法の物権編に規定されている他人所有の土地における入会権（これは「共有ノ性質ヲ有セサル入会権」である）は当然，法定の物権（物権法定主義）だということになる．現に入会権は「共有ノ性質ヲ有スル」（民法第263条）入会権と「共有ノ性質ヲ有セサル」（同第294条）入会権とにかかわらず，物権としての保護規定をうけるのである．

　農民が入会収益する秣草，雑草，薪炭用雑木などの資源は，戦前の日本の農民にとっては——富農ならともかく，最低限の生活を営む小作・貧農層にとっては——生計上欠くことのできないものであった．しかし戦後になり，やがて時代が高度経済成長の時期に移ると，農村人口はしだいに減少し，貨幣経済・商品経済が農村にも浸透すると，生計に占める入会稼の比重は次第に低下していった．このような時代背景の中で入会の形態もまた変化するのは必然であったと言えよう．入会農民が秣草薪炭を共同収益する従来の入会稼に代わって，入会団体が造林その他の事業を直轄し，収益金を構成員に分配する直轄利用形態（留山），入会地を分割し，事実上個人持とする分割利用形態（割山），それに入会地を賃貸する契約利用形態などの利用形態がしだいに一般化していった．

　このような変化は入会権の解体を意味するのだろうか．昭和30年代の初め，法社会学者のチームが全国各地の農漁村の入会慣行を調査し，「入会権の解体」を結論づけたとき，彼らの結論は入会慣行と入会権に引導を渡したかに見えた．「入会権の古典的形態たる「総有」は解体し，より個別的な権利形態へと移行してきた」「古典的な総有的入会の分解の結果，一方では，入会集団自身のもつ社会統制的機能は弱くなり，集団内部の紛争を解決する力を失うとともに，他方では解体の結果生ずるに至った個別的権利は，構成員の個別的利益の対立をもたらし，構成員の個別的利益をめぐる権利の紛争を深刻ならしめるに至った」という川島の序論の言葉（川島・潮見・渡辺編，1959, pp. 4-5）を読むと，実態調査をふまえての結論だけに，入会権の解体は否応のない事実である

かに見える．後に，高嶋平蔵は，戦後の共同所有論は思想過多の所有論から技術的なそれへと変化した，合有，総有といった所有形態は共有と質的に変わりないものとなった，こうした変化はいわば思想的なゲルマン法から技術的なローマ法への当然あるべき回帰だ，といった趣旨のことを語っている（高嶋，1997, p. 136）．このような，団体所有法が思想から技術に変わったという見方は，団体所有それ自体が思想から技術に変わった，早くいえば，入会権が解体したという見方と表裏である．

　しかし，川島の主張は入会権の解体を追認し，それに追い打ちをかけようとするものではなかった．彼は入会権の変容に対し，変容した入会権に新しい衣をまとわせ，その存続を図ろうとしたのであり，氷のように硬く冷たい論理の裂け目から氷を溶かす熱のようなものが伝わってくる．たとえば彼は，入会地は必然的に荒廃すると説く民法学者がいまなお跡を絶たないが，これはまったく事実に反すると断言し（川島編，1968, p. 508），入会権を消滅させて他権利への移行を促そうとする入会林野近代化法（昭和41年）をもって，私有財産の保障を規定する憲法第29条に違反する違憲立法だと言い切る（同書，p. 532）．彼の入会権に対する態度が那辺にあったかはおのずと明らかであろう．

　もしも入会権を古典的総有によって規定したとしたら，入会権の現実（入会権は個別的権利へと移行している）は入会権の消滅を結論づけることになろう．そうしないためには，入会権を多種多様な入会権の態様をカヴァーするよう一般化しなければならない．たとえば，入会権の通説は入会権の内容を収益行為に重点をおいて規定しているが，現実には収益行為をしていない入会団体もある．入会地の所有形態については，持分権をもたない狭義の総有のほか，持分化して権利の総手的帰属が慣行となっている場合や総手的帰属が共有形態に近い場合など，幅がある．ここから彼は，入会権の従来の定義を否定するというより，むしろそれを包含する形で一般化し，「入会権とは，村落共同体もしくはこれに準ずる共同体が土地（山林原野その他）に対して総有的に支配するところの，慣習上の物権」（同書，pp. 510-511）と定義するのである．ただし，ここにいう共同体がすでに近世より実在的総合人のごときものではなくなっていると川島が考えていることは，すでに述べたとおりである．

　入会権を古典的入会権の鋳型に嵌めるのでなく，むしろ現実の態様に即して

一般化していくという方向性は，その向きをあちこちに伸ばし，共同的所有の考え方を入会以外のさまざまな領域に適用していく途を拓くであろう．以下では本論文の結語としてそのような方向性をいくつか示唆しておくことにしよう．

3　現代総有論の可能性

　1つのエピソードから始めよう．

　2020年のオリンピック開催に向けて国の外郭団体が立案した国立競技場の拡張計画が，神宮外苑周辺の景観を損ねるとして，建築家・市民団体の反撥を招いているが，東京都は石原都知事時代，オリンピック誘致のために外苑周辺に建築中の建物に高さ制限の規制をかけていたことが報道されていた．青山通りからイチョウ並木を抜けて絵画館へと至る線は外苑の中心軸をなし，この軸線を延長したところに2棟の高層建築が建つ予定であったのだが，知事は眺望が損なわれることを理由に高さを抑制させた．このとき計画に携わった都庁関係者は，「地価が高い東京ですから，建物が高層化するのは当たり前．『眺望』という新しい考え方で規制するのは，一歩間違えれば職権乱用になりかねない．石原さんの強い意欲があったからできた」と語っている（東京新聞2014年3月25日朝刊）．余談だが，記者がこのときの景観計画について話を聞くために石原氏に取材を申し込んだところ，体調不良を理由に断られたそうである．

　規制緩和だけでなく，規制もまた場あたり的に行われることがあるという1例であるが，ここでの問題はそのことではなく，問題は先の都庁関係者のコメントである．需要があるから地価が高騰し，地価が高騰するから建物は上へ上へと際限なく延びていく．これは人間の私利私益に基づく経済のロジックである．このロジックを「眺望」という新しい考え方で規制するのはおかしい，とその人は言う．このような理屈は，存在するのは個人だけで，社会などというものは存在しないというサッチャーの信念をほうふつさせる．利潤を追求する私的個人は実在するが，眺望という都市環境の要素は吹けば飛ぶような影である，というふうにも受け取ることができるからである．

　眺望を重視するのは「新しい」考え方だと言われるが，決してそのようなこ

とはない．古来，建築家・都市計画家は都市の眺望に細心の注意を払ってきた．ルネサンスの建築家，アルベルティは，その建築書の中で，道路は直進せず，川の流れのように緩い湾曲を描き，ここかしこ繰り返し曲がっているのがいいと論じたが，その論拠の1つが，「湾曲路に沿って歩くと，一歩ごとに徐々に新しい建物正面が現われてくること，および家の出現なり遠望は道幅の中央に位置すること」（アルベルティ，1982，p.110）であった．また，サン・ピエトロ大聖堂前の広大な広場は湾曲した2つの柱廊によって囲われているが，ベルニーニがなぜ柱廊を直線ではなく湾曲した半円形に設計したかというと，「まさにそれが湾曲しているがゆえに，柱が一直線に並んだ場合にはけっして得られない壮大と奥行きの感覚が生まれる」（ラスムッセン，1993，pp.33-34）からであった．ルネサンス後のバロック建築・都市の特徴はヴィスタ＝眺望の重視であり，ヴィスタが都市計画の基本要素となったことは多くの書物に書かれているとおりである．

バロック都市のもつ遠近感，あるいは細い曲がりくねった路地を歩いていると突然，建物のすきまから大聖堂が出現するときのハッとする意外感．都市の眺望は都市を都市たらしめる要素の1つであるのに，先の都庁の役人は眺望は新しい考え方だと言い放ち，新しい眺望という考えのため個人の経済的利益を侵そうとするのは不遜だというのである．

かれらには，土地はあっても都市はない．都市は土地に解体されるのであって，ここにおける土地は計量可能な土地，1平米いくらで売買される経済的資産としての土地であり，建物の高低や形態は美観や景観にかかわりなく，地価の高低に応じて決まることになる（都市問題は土地問題に帰着する）．こうして土地・建築の規制は土地利用の規制緩和に取って代わられ，これによって土地の流動化が促進される．建築規制は本来，都市が土地を超えた存在であることを前提とし，都市についてのある像やイメージが先にあって，そのイメージ——根底には時間の中で形成されてきた具体的な都市の存在があり，都市計画者が自分の美学に基づいて勝手に作り上げるものではない——を現実のものにするために行われるものであるが，都市が個人の私権や利権の影の存在になってしまうと，規制は個人の活動を抑制する障害と化す．

都市の規制あるいは都市の管理といえば，日本では国や自治体が上から行う

規制・管理だと相場が決まっているが，都市が団体としての性格をもっていたヨーロッパでは必ずしもそうではなかった．日本の入会団体の特質を論じ，それをゲルマン共同体の実在的総合人として捉えた中田薫は，ドイツの都市もまた多数性と単一性の統一的団体であったとし，中世の公文書は「市長・市会・及総市民」の名をもって書かれるのを常とした，と述べている（中田，1949, p. 122）．都市が団体としての性格をもっていたことはおそらく他のヨーロッパ諸国でも変わりないと思われる．日本においても，都市＝団体としての性格をもっていた京都では，古くから町ごとに「町式目」と呼ばれる掟が定められ3)，いまでもその名残を見ることができる．

特定の利害や目的を共有する者，特に同一の空間を共有する都市の住民が緩やかな団体を形成して空間の私化に抗し，みずからの権限で町や都市を再構成しようとするのが，近年，五十嵐敬喜等によって唱えられている「現代総有論」である．ここにいう「総有」が古典的な入会の総有でないことはいうまでもないが，さてそれがどのような意味で総有であるのか，すなわち，誰が（主体）何を（客体）どのような形で（所有形態，法律関係）総有するのか，これらについて必ずしもまとまった見解があるわけではない．ある者は都市を現代総有論の主たるフィールドとするのに対し，ある者は農村部の再生と活性化のために総有概念を生かそうとする．また都市を現代総有論の現場とする場合でも，マンションという住空間，都市の空き家問題，生活協同組合やワーカーズ・コレクティブなど，焦点はさまざまである．比較的明快なのは，古典的な入会権と対比させて現代総有論の意義を述べた，次の高村学人の規定であろう．

高村は，これまでの日本の入会権論が「国家に対する対抗を重視し，私権の側面ばかり強調した結果として，総有の村落生活そのものから発生した構成原理である公法的・組織法的な側面が捨象され，村落民による利用が伴わなくなった状態である断片化された旧慣を既得権として擁護する機能を持ってしまっ

---

3) 『京都町式目集成』（京都市歴史資料館編，1999）には豊臣時代から明治中期に至る 78 町の式目が収められており，ほとんどすべての町々が式目をもっていたことがわかる．編者によれば，町式目は町の構成員全体が従うべき明文化された取り決め，いったん定められたら改訂されるまで有効性を保つ規定であり，その意味で「町の法」であった．町村制が制定されるまでは，かつての総有がそうであったように，私法，公法，両様の意味をもっていたのである．

た」(高村, 2014, p.71) と言い，これに対して現代総有論は，「都市での今日的な土地管理のための所有法を提唱するだけでなく，管理・利用秩序を定める計画法，管理・利用方法を意思決定していく事業組織法が併せて提唱されており，総有概念が本来持っていた公法的・組織法的な要素を再生させようとしている」(同書, p.71) と，現代総有論のプログラムを規定している．

確かにマンションのような住空間であれば，私的所有の住戸の外部に共有スペースがあり，管理組合等の管理団体もある．コモンズ的性格ももてば入会地的な性格ももち，その現代的特性に即して，現代総有論を生かす余地はある．だがそれを町全体，都市全体に拡大しようとすれば，どうなるか．

現代総有論の輪郭は必ずしも明瞭ではないが，問題意識ははっきりしている．それは，分割私有化され，都市が都市としての意義を失いつつある現代において，それをどのように再統合するか，どのようにしたら都市が存在理由を取り戻すことができるかという問題を解決する1つのプログラムである．この問題を別の角度からいえば，「社会など存在しない」というイデオロギーによってしだいに解体されつつある公共空間を，どのようにすれば私化された社会から取り戻すことができるか，という問題[4]でもある．未だ緒についたばかりであるが，現代総有論の意義は決して小さくはない．

参考文献
青塚繁志 (2000)『日本漁業法史』北斗書房．
アルベルティ，レオン・バッティスタ (1982)『建築論』相川浩訳，中央公論美術出版．
五十嵐敬喜編 (2014)『現代総有論序説』株式会社ブックエンド．
石田文次郎 (1927)『土地総有権史論』岩波書店．
─── (1929)『ギールケの団体法論』ロゴス書院．
大塚久雄 (2000)『共同体の基礎理論』(岩波現代文庫版) 岩波書店．
戒能通孝 (1958)『入会の研究』一粒社．
川島武宜・潮見俊隆・渡辺洋三 (1959)『入会権の解体I』岩波書店．
川島武宜編 (1968)『注釈民法 (7)』有斐閣．
川島武宜 (1983 [1968])「「ゲルマン的共同体」における「形式的平等性」の原理について──特にわが国の入会権との関連に焦点をおいて」『川島武宜著作集　第八巻』岩

---

[4] ハンナ・アーレントやオルテガらの共和主義的公共空間論では，公共空間は私的空間から截然と区別され，前者が人間活動の舞台とされる一方で，後者は動物的な生命活動の穴蔵だとされる．筆者はこのような公・私の捉え方に疑問を呈し，ロンドンのスクエアを例にとって，私的空間と公共空間がいわば「入れ子」状をなして形成されていくことを論じたことがある (間宮, 2013)．

波書店.
川瀬善太郎 (1911)『公有林及共同林益 (即入会関係)』三浦書店.
京都市歴史資料館 (1999)『叢書 京都の史料3 京都町式目集成』京都市歴史資料館.
クライン, ナオミ (2011)『ショック・ドクトリン (上・下)』幾島幸子・村上由見子訳, 岩波書店.
コース, ロナルド・ハリー (1992)『企業・市場・法』宮沢健一・後藤晃・藤垣芳文訳, 東洋経済新報社.
末弘厳太郎 (1921)『物権法 上巻』有斐閣.
─── (1924)『農村法律問題』改造社.
高嶋平蔵 (1997)『思想の中の民法学』敬文社.
高村学人 (2014)「現代総有論の歴史的位相とその今日的意義」五十嵐編 2014 所収.
中田薫 (1949)『村及び入会の研究』岩波書店.
ハーヴェイ, デヴィッド (2007)『新自由主義──その歴史的展開と現在』森田成也・木下ちがや・大屋定晴・中村好孝訳, 作品社.
平田清明 (1969)『市民社会と社会主義』岩波書店.
間宮陽介 (2013)「ロンドンにおけるスクエアの形成とその特質──コモンズ論の一視角」間宮陽介・廣川祐司編『コモンズと公共空間』昭和堂所収.
─── (2014)「ケインズの政治哲学──経済学における社会と国家」杉田敦編『岩波講座 政治哲学 4』岩波書店.
マルクス, カール (1959)『資本制生産に先行する諸形態』飯田貫一訳, 岩波書店.
ラスムッセン, スティーン・アイラー (1993)『都市と建築』横山正訳, 東京大学出版会.
我妻栄 (1983)『新訂 物権法』岩波書店.
Hardin, Garrett (1968), "The Tragedy of the Commons," *Science*, 162, pp. 1243-1248.
Veblen, Thorstein (1923), *Absentee Ownership and Business Enterprise in Recent Times: the Case of America*, B. W. Huebsch.

[Book Guide II]

　第Ⅱ部でおすすめする書籍は，ケインズの問題意識を中心に組まれている．現代資本主義の危機を訴えた先駆者であるヴェブレンの『特権階級論（The Vested Interests)』は，理論的にはチェンバリン，ロビンソンに約15年先立つ独占・不完全競争の分析である．後者の分析が晦渋で長編であり今や顧みるものも少ないのに対し，ヴェブレンのそれは簡潔であり，今日もまだ読む者を強く引き付けてやまないであろう．働くことなく手に入れた金がいかに浪費を生み（皮肉にも有効需要を喚起し），またそれが繁栄という名でいかに経済社会を瀰漫させるかへの強い憤りは，心ある読者を捉えて離さないであろう．
　同じくヴェブレンの『有閑階級の理論』は，『特権階級論』が供給面からの分析であるのに対し，需要の側からの現代資本主義への鋭く，かつ，ニヒリズムというかなりの「毒」を含んだ彼の代表作である．消費の本質は，それを用いることから生ずる効用ではなく，他人への「見せびらかし」であると，この警世の書は語る．つまり「見せびらかし」が「見せびらかし」を呼び（ヴェブレンは emulation という言葉を当てているが），それが需要を拡大し景気を牽引することで，経済成長が支えられるというのである．「見せびらかしのための消費」を，人口減少社会での公共事業の拡大と読み替えてみるとき，われわれはこの書から，何を学ぶことができるだろうか．
　さて私見では，ケインズは『人物評伝』所収の「若き日の信条」で淡々と述懐しているように，ムーアの影響を強く受けた功利主義者であると同時に，同時代にデューイらを中心にアメリカで発展したプラグマティズムを無意識に取り込んでいた人物であると解される．すなわち，後に紹介する『説得論集』の中の「わが孫たちの経済的可能性』において，人間の幸福は決して物欲だけで達成できるものではなく，知的な欲望の充足もまた欠かせないことを強調している．このことは，経済学の限界は「衣食足りて礼節を知る」ことの達成，言い換えれば，人間の欲求の充足の一方だけをみたすことに集中されることにあり，幸福の必要条件だけを探しているにすぎないという深い認識があったことが窺われる．この意味でケインズは明らかに功利主義者であ

った.

さてケインズのラジオ放送を集大成した『ケインズラジオで語る (Keynes on the Wireless)』はプラグマティスト・ケインズの面目躍如である.イギリスの国益の追求というケインズにとっての善を,置かれた場や要求に即応して,ときには表面的な矛盾をはらみながらも巧みに追究している.善は本質的に社会的なものであり,かつ置かれた場によって,その形を変えるというムーアの教えに忠実である.筆者が政治哲学者に問いたいのは,ムーア流の功利主義とプラグマティズムの関連である.ここでは直接紹介されていないが,デューイの名著『民主主義と教育』は,教育という社会的善の追求のために,豊かな経験に裏打ちされた当意即妙の実践の体系化が模索されている.筆者はこれをムーアの精神と区別する能力をもたない.

次にケインズの『説得論集』は,先に彼の真の姿を知る上で避けては通れない名エッセイ集である.彼自身,一時この書物を Essays in Prophesies と名付けようとしたほど,1920年代から30年代のイギリスおよび世界経済の抱える諸問題を根本から鋭く抉っている.特にケインズがデフレだけでなくインフレに対しても極めて否定的であり,通貨価値の安定こそが金融政策の根本原理であることを強く主張するさまは,ケインズのケの字も知らずにケインジアンを名乗る者達への痛烈な警告である.ただ留意すべきは,ケインズはあくまでも金融の専門家であり,財政には晦いことである.有名な「繁栄への道」は,実はイギリスが財政疲弊の極にあるときに書かれている.人物の神格化は厳に慎まれるべきことなのである.

フリードマンの『資本主義と自由』は,ここで登場する5冊の中では特異な位置を占めている.自ら述べておられるように,評者の堀内教授のお考えとは正反対の主張をもった書物であるが,本書に秘められた危険なメッセージを読み解くには,修練が必要な「毒」のある書物である.資本主義において機会の均等が達成されるには,常識的な所得平等の公正が前提となる.一般に資本市場は不完全であり,資産・所得の低いものは,一生を左右する教育投資を賄うことはできないし,今日喧伝される「起業」もできない.また仮にできたとしても,失敗のリスクがあまりに高価である.つまりフリードマン的な「自由」すなわち何の規範もない放埒を認めるならば,それは富裕層を優遇するに等しいのである.累卵の危機にある現在の日本経済が,こうした思想に壟断されている様は,誠に憂慮に堪えない.

ドスタレールの『ケインズの闘い——哲学・政治・経済学・芸術』は,経済学を専門としない一般読者が読むには,手ごろな伝記である.専門家にはモグリッジの *Maynard Keynes: The Biography of an Economist* (1992, Routledge) がおすすめであるが,これはあまりに大部である.その点本書は軽妙な語り口と適当な分量の中

に，ケインズの思想・哲学，政治活動，芸術活動が盛り込まれており，読む者を飽きさせない．読者が特に留意すべきは，ケインズが現代の「オタク経済学者」のように狭隘な視野の持ち主でもなければ，「マスコミ経済学者」のような軽佻浮薄な存在でもなかったことである．しかしこれまた世俗の「教科書」が教えるように，ケインズによって当時の世界経済が動かされたわけでもない．彼の政治活動は挫折の歴史ともいえる．彼はある意味で過激なリベラリストであり，彼の卓見が入れられることはむしろまれであったことを，読者は本書から学び取るであろう．しかし彼が心に秘めた愛国心と合理主義は，必ずや読む者の心を揺さぶるであろう．

　ワップショットの『ケインズかハイエクか――資本主義を動かした世紀の対決』は，ケインズとハイエクの生涯および思想についての対比である．ここで強調したいのは，俗に強調されがちな両者の相違点ではなく，その共通項である．大きくくくれば，両者の共通項は今日顧みられることが少なくなったヒューマニズムである．人間は不完全で，かつ人生は不確実性に満ちている．それゆえ自らの無知という「怖れ」を知らねばならない．この「怖れ」の存在こそが社会規範・倫理の形成につながり，その上に，創造のための人間活動の自由が形成される．すなわち人間の限界を深く省察しながらも，退くことなく前へ進もうという人間の姿を心から愛し肯定しようとする点で，両巨頭は共通である．ケインズの愛読書が，ムーアやバークであることを想起すれば，またハイエクが『隷従への道』で個人間の差異こそが社会を進歩させる原動力であると力説したことを鑑みれば，このことは直ちに明らかであろう．アメリカン・ケインジアンの無邪気な計画主義をケインズの思想と早とちりし，ハイエクをフリードマンの始祖と思い込んでいる，「パターン認識学徒」には，自省のための格好の書である．（大瀧雅之）

Book Guide II-1
ヴェブレン『有閑階級の理論』
市場の発展と慣習の進化

岡田　尚人

はじめに

　「金ぴか時代」から「大衆消費社会の時代」へ——．19世紀末にアメリカ社会の構造的基盤は大きく変化した．1890年に「フロンティアの消滅」の宣言を行ったアメリカは，資本主義の急速な発展とともに，大衆消費社会へと向かっていった．このような社会構造の変化の中，ソースティン・ヴェブレン（1857-1929）は『有閑階級の理論』を発表した．本書の議論は，狭義の経済学の枠を超えてさまざまな分野の論者に大きな影響を与えた．そうした論者の例として，ガルブレイス（2006）やボードリヤール（1995）などが挙げられる．

　ヴェブレンは「批判者」として知られている[1]．例えば，彼は新古典派経済学に対して痛烈な批判を行った．1898年に出版されたヴェブレンの論文には次のような有名な文章がある．

　　〔新古典派経済学で想定されているところの〕快楽主義的人間像は，快楽と苦痛の電子計算機のそれである．彼は，その場から動かすような刺激のインパルスのもとで，幸福を欲し，均質な小球のように振動するが，彼自身の本質は変わることがない．彼には経歴も結果もない．彼は孤立しており，確立した人間データであり，彼をどこか移動させる作用の衝撃を受けなければ，安定的な均衡のもとにある．……精神的に，快楽主義的人間は本質的な行動者ではない．（Veblen, 1898, pp. 389-390，カッコ内は補足）

　ヴェブレンは上述の新古典派批判に対する建設的解答を本書で与えた．そこでは，新古典派に対する代替的な人間観と分析手法の両方が提示されている．

---

[1]　ヴェブレンの人物像と思想については，宇沢（2000）を参照にされたい．

本書における人間観は新古典派のそれとはほど遠いものである．ヴェブレンは，社会の中で他者との関係で自己を形成する自然な人間像を描いている．そして，このような人間を分析するにあたって，広範な地域の歴史に言及しつつ，階級に埋め込まれた人間の相互関係を紡いでいる．こうした分析手法は，歴史とは無関係に均衡を描写する新古典派のアプローチとは異なる．これらのヴェブレンの代替案がその後の社会科学に与えた影響は計り知れない．しかしながら，ヴェブレンの批判者としての真骨頂は，このような建設的作業すらもアメリカ社会批判への踏み台としてしまう点にある．すなわち，本書においてヴェブレンは思考習慣に制約された人間の分析に基づいて，自身の生きるアメリカの社会制度を批判した．以下では，本書の概要を説明し，その意義を検討したい．

本書の概要

ここでは，本書の内容を簡単にまとめる．本書において，「有閑階級（Leisure Class）」とは生産的な労働活動に従事しない人々のことである．封建時代における貴族や聖職者などがこの階級の代表である（第1章）．日本の中級以上の武士もこの階級に含まれるだろう．本書はこの階級の「思考習慣」を分析する．

社会的動物たる人間の根幹には競争心がある．すなわち，自分の成功を広く示したいという根源的欲求がある．ヴェブレンによると，これらの欲求は労働者階級においては勤勉さに結びつくが，上流階級においてはそうではない．むしろ，生産的労働を忌避し，自身の優越性を他人に誇示するための証明を欲する．こうした見栄に従って，高級品やブランド品を浪費し，金銭的余裕を見せつけようとする．このような活動の対象には通常の商品だけではなく，女性の所有も含まれる．ヴェブレンはこのような浪費のことを「顕示的消費（conspicuous consumption）」と呼んでいる（第4章）．さらには，この階級の人々はマナーや知的文化をまとうことで，それらを習得する時間的余裕があることも示したいと考える．こうした行為は「顕示的閑暇（conspicuous leisure）」と呼ばれる（第2章）．こうした顕示的消費と顕示的閑暇が有閑階級の行為の根幹に思考習慣として埋め込まれているというのがヴェブレンの主張であろう．こ

うした活動の典型的なものとして，ファッションが挙げられている（第7章）．高級ブランドの衣服や装飾品は必ずしも機能的なものではない．場合によっては，動きにくくなってしまうこともある．こうした事実は，有閑階級であることを示す証明する格好の材料となる．われわれに身近な現代における例として高級スポーツカーなどを考えてみれば，法定速度以上の速さで走れるという事実はそれらが顕示的消費であることを示しているように感じられる．

　ヴェブレンは，顕示的消費と顕示的閑暇に加えて，「代行的消費（vicarious consumption）」と「代行的閑暇（vicarious leisure）」という興味深いアイディアも導入している（第3章および第4章）．これらは女性の所有と関係している．女性は自身の主人たる男性のエージェントとして顕示的消費と顕示的閑暇を行うことにより，主人の名声を高めることができる．すなわち，主人は自分の妻ないしは従者に時間的余裕を持たせ，豪奢な衣服や知的教養を身につけさせることで，自身の優越性を誇示することができる．現代では，ペットの身につける衣服などが代行的消費と見なしうる．

　ヴェブレンは，有閑階級の社会的価値について否定的な見解を述べている（第8章および第9章）．そもそも社会的価値がないことこそが，有閑階級にとっての価値となりえる．それゆえ，有閑階級の顕示的行為に含まれる非生産性は，社会の発展にとって障害となる．この階級の人々は，社会の前進を阻害するような態度をとり，そうした姿勢を美徳とする傾向がある．加えて，彼らは思考習慣について影響力を持ち，社会全体の文化を形成する力を有する．こうした意味での支配力によって間接的にも社会発展を阻害する．

本書の意義

　以上の概要から，本書における主要な命題は以下の2つだと考えられる．

(1) 有閑階級の習慣の重要な要素は競争心に基づく顕示的消費や顕示的閑暇である．
(2) 有閑階級あるいは彼らによる顕示的消費は産業社会においては進歩の障害となる．

前者は事実解明的（positive）なものであり，後者は規範的（normative）なものである．以下では，これらの主張の妥当性を検討しながら，本書の意義を説明していきたい．主張（1）を検討するにあたって，まず，スコット・フィッツジェラルドによる『グレート・ギャツビー』を取り上げたい（フィッツジェラルド，1974）．この作品は人々が大衆消費社会を謳歌する1925年に出版された．主人公のジェイ・ギャツビーは，自身が想いを寄せるデイズィを彼女の夫トム・ブキャナンから奪おうとする．ギャツビーやトムは上流階級であり，ファッション，スポーツ，マナーに対して敏感で，見栄に基づく顕示的消費と顕示的閑暇を行っている．特に，「ポロの選手」トムは典型的な有閑階級的人物と見なしうる．彼は，デイズィ以外に愛人がおり，デイズィに対する純粋な愛情は薄い．彼は，恋愛感情でデイズィに関心があるというよりも，顕示的消費として関心があるように見受けられる．トムのデイズィを奪われたくないという感情は，有閑階級として所有している女性を奪われることによって，自身の優越性が消失することへの恐れからきているのだろう．こうした描写は顕示的消費が競争心に基づくものであることを示している．一方のギャツビーも（純粋な気持ちからとはいえ）自身の大邸宅や衣服を見せびらかすことでデイズィの気を引こうとしていることをふまえると，この時代と文化にあっては，有閑階級の思考の根底に顕示的消費と顕示的閑暇があったと言ってよいだろう．

現代においてはどうだろうか．われわれが，完全に顕示的消費や顕示的閑暇を抜きにして生活することは難しい．浪費という思考習慣が奥深くにしみついており，意識せずとも何らかの浪費せざるを得ないように思われる．例えば，ボードリヤールは次のように述べている．「浪費を解消したり取り除いたりできると思うのは幻想にすぎない」と（ボードリヤール，1995, p. 42）．こうした考えに基づけば，浪費の完全な拒絶とは社会からの孤立さえ意味するのではないか．そして，映画や音楽をはじめとするサブカルチャーの発展などを鑑みれば，むしろ，浪費する傾向は以前より強まっているように思われる．例えば，美術展などもこうした消費に含まれよう．すなわち，現代においては有閑階級という特殊な階級の思考習慣が，過去と比べ社会全体に深く浸透していると考えるほうが自然である．ゆえに，ヴェブレンの主張（1）は普遍性を持つものと考えられる．

次に，主張（2）を検討しよう．ヴェブレンは，顕示的行為が社会発展を妨げるものだと考えている．こうした否定的な見方は常に妥当なのだろうか．これに関して，2つの問題を挙げておきたい．第一の問題は有閑階級の形成過程とかかわる．『グレート・ギャツビー』の登場人物たちは，成功して富を得るためにひたむきに努力している．上流階級の活動がたとえ非生産的であっても，それを目指す努力が非生産的とは限らない．こうした努力の根底に見栄や競争心があったとしても，努力そのものは社会にとって有用となる場合があるように思われる．例えば，競争心に基づいた勉強や学習であっても，人的資本の蓄積を通じて社会発展に結び付く可能性もあるだろう．

　第二の問題は経済発展に関するものである．顕示的行為がなければ，浪費は減り需要が少なくなることを通じて，さまざまな市場の規模が縮小することとなる．例えば，衣服を購入する枚数が大きく減るだろうし，高級車や高級時計の生産はなくなってしまう．ブランド品や高級品が労働者によって生産されていることを見逃してはならない．たとえ見栄のためのブランド品や高級品の生産活動であっても，それらを生産する工程において労働者が学習し生産技術を習得する可能性は否定できない．こうした生産工程における技術発展は，ブランド品や高級品だけでなく通常の商品の生産をより効率的に行うことを可能にする．いわゆるスピルオーバーがあるだろう．さらには，大きな技術発展はブランド品や高級品そのものを普通の商品（場合によっては必需品）と変化させるだろう．かつて高級品だったものが，技術の進展によって誰もが持つものになったという例は枚挙にいとまがない．例えばカラーテレビなどが挙げられる．これは有閑階級という制度が市場社会の発展のエンジンの1つとなる可能性を示している．これらの2つの問題により，ヴェブレンの主張（2）には全面的な賛同はしがたい．現代の産業社会においては，有閑階級と市場経済が共存し進化しているのではないかと考えられる．

　われわれの議論を簡単にまとめよう．ミルズはヴェブレンの議論を「ある国の，ある時代における上流階級のある特定の分子についての一理論」（ミルズ，1969, p.89）と評している．しかし，ミルズの見方とは異なり，ヴェブレンの事実解明的主張は普遍的な理論的性質をもつのではないだろうか．それは，「ある国の，ある時代における上流階級のある特定の分子についての一理論」

ではなく，時代や社会を通じて観察される普遍的な人間の性質に関する理論である．一方で，ヴェブレンの有閑階級に関する価値判断については，その負の側面が強調されすぎているように思われる．有閑階級という制度の持つ正の影響について検討してみる余地があるのではないか．しかし，これは批判者ヴェブレンに対する小さな批判にしかすぎない．結局，有閑階級の正の影響を論じるにあたっても，ヴェブレンの思想と分析方法は有用性を保つからである．

†Veblen, T. (1899), ***The Theory of the Leisure Class***. (高哲男訳『有閑階級の理論――制度の進化に関する経済学的研究』筑摩書房，1998年).

参考文献
宇沢弘文 (2000)『ヴェブレン』岩波書店．
ガルブレイス，ジョン・ケネス (2006)『ゆたかな社会 決定版』鈴木哲太郎訳，岩波書店．
ミルズ，チャールズ・ライト (1969)『パワー・エリート』鵜飼信成・綿貫譲治訳，東京大学出版会．
ボードリヤール，ジャン (1995)『消費社会の神話と構造』今村仁司・塚原史訳，紀伊國屋書店．
フィッツジェラルド，スコット (1974)『グレート・ギャツビー』野崎孝訳，新潮社．
Veblen, T. (1898). "Why is Economics Not an Evolutionary Science?" *The Quarterly Journal of Economics*, 12-4, pp. 373-397.

Book Guide II-2

ヴェブレン『特権階級論』
「市場」と「倫理」の関係を見切った深き洞察力

薄井　充裕

『有閑階級の理論 (The Theory of the Leisure Class)』(1899年) を世に送ったソースティン・ヴェブレン (1857-1929) は，その20年後，本書を上梓した．

本書の原型は，デューイとともに彼自身主筆を務めたニューヨーク『ダイアル (the Dial)』誌に，1918年10月から翌年1月にかけて発表した諸論文や大学での講演録に由来するが，オムニバス風ながらヴェブレン円熟期の多彩な思想を知るうえで有益である．まず，全8章別にその概要を見ておこう．

本書の概要

第1章では，知識や信仰の「不安定さ (instability)」について問題が提起される．中世的な秩序が近代文明によって崩され，かつ急速な機械化，工業化によって社会変動が激しさを増す．古い知識や信仰は，18世紀の法律や慣習 (第2章) にとってかわられるが，それも第一次世界大戦によって大きく揺らぎ価値観の相対化が急進する．今後の帰趨を決めるのは既得権益に浴さない普通人 (the common man) の動向いかんである．

第2章は，前章と〈対〉の関係において法律や慣習の「安定さ (stability)」が語られる．ここでいう法律や慣習とは，アメリカ独立宣言 (1776年)，フランス人権宣言 (1789年)，アメリカ合衆国憲法 (1787年) などに具現化され，ジョン・ロック，モンテスキュー，アダム・スミス，ブラックストーンらの哲学的，理論的な背景をもつ．自然法的な考え方を基底に自由，平等などの思想を表象するが，これらも産業革命によって生じた階層分化により形骸化し現実社会では激しい軋みを生じさせている．

第3章では，産業 (技術) について記述される．産業革命前の熟練的手工業が，以降は工場 (industrial plant) に置き換わられ，親方と職人といった個人的な雇用形態が解体されて会社が組織され，法人資本が台頭する．大量生産と

ともに会社はより没個人化され，その配当は不労所得として株主（資本家）にもたらされる．こうした富の蓄積は前章でふれた擬制的な自由・平等理念のもとで相続，自由契約，無制限な財産所有権の確保という形で保全される．さらに，産業は密接に連係し交通手段の発達とともに国際的に展開する．

ヴェブレンは，『企業の理論』において，産業革命以降の工業化，機械化を機械過程（machine process）という用語であらわした．機械過程は，不断の技術革新とあいまって商品の大量生産を可能とする一方，労働を規格化，標準化する．また，生産物の一部は消費財として市場に供給され普通人はこれを購入する．営利企業は，販売によって巨万の富を得る一方，生産に携わる普通人は，産業および大企業に生産，消費両面で支配されることになる[1]．

第4章は「自由所得（Free Income）」と題され会社（営利企業）の実態分析が中心である．会社は，有形資本，無形資本によって構成され前者は産業の諸施設に相当し生産的な価値を有する一方，後者は実業（ビジネス）上の価値（のれん，特許，独占的な諸権利など）をあらわす資本である．ここでは両者の厳密な区分には重きは置かれず，両資産を資本換算する価値基準は，総資産が生み出す利得能力であるという点が指摘される．

企業はこの利得能力（配当可能利益）を確保するために，価格を維持し生産を抑制（sabotage）する．これによって，生産現場にあって良質な製作意欲（workmanship）が阻害され，経済的厚生が低下し社会全体に純損失を与える．また，大規模，恒常的に打たれる広告などによって，有閑階級のみならず普通人も誇示的（見栄の）消費（conspicuous consumption）を行い資源が浪費される．その一方で，投資家などへの配当（自由所得）が最優先される．こうした結果，社会全体および普通人に厚生経済上の不利益をもたらす．

第5章では本書のタイトルにもなっている既得権益（The Vested Interests）が取り上げられる．会社は利潤の極大化を目的に生産活動よりもビジネスを優先する．この場合のビジネスとは産業と対置される概念であり，例えば販売といった商活動とともに資本政策（富の再配分）の重視，さらには会社経営への

---

1) Veblen, Thorstein (1904), *The Theory of the Business Enterprise*, Transaction Books．（小原敬士訳『企業の理論』勁草書房，2002年）．小原敬士（1982）『ヴェブレン』勁草書房；高哲男（1991）『ヴェブレン研究』ミネルヴァ書房．

専門的な知見の蓄積も要求される．技術革新と企業規模の拡大志向は，競争と独占への道につながり，そこから生産活動に直接従事しないにもかかわらず大きな利益を得る既得権益者が形成される．既得権益者とは（上記の意味での）ビジネスマン，再配分にあずかる資本家，制度を支える金融機関や官僚群などである．

　企業は合併，統合によって生産，販売の拡大ととともに，競争に伴う費用や間接部門経費を削減し経営を効率化する．製鉄会社がその典型であり，無形資産の増加は有価証券（株式）に体化される．また，石油会社の統合では，機械などの物理的な諸施設の増加よりも，自然資源の独占，共有制限による市場の支配の効果が大きくこれが企業価値を押し上げる．企業合併は，独占の弊害により自由競争に反するとして批判される一方，企業買収は，一見自由取引と権利の合理的な行使と見なされるが，それが独占的な利益を目指すものであるかぎり，生産制限，価格の引き上げ，失業や賃金の抑制といった多くの問題をかかえる．

　第6章では，ヴェブレンの国家論（The Divine Right of nations）が述べられる．帝国主義の台頭とともに，巨大な産業技術をもった各国は弱肉強食の戦いを展開するが，戦争の勝敗は産業上の優劣によって決まる．また，会社の行動様式は，そのまま国家の活動にほぼ援用され，保護関税や補助金支給，武力行使などが行われる．経済社会において既得権益が力をふるうように，国家をも大企業や産業と関係する既得権益が動かす．強大国ではその所有および投資の諸権利を確保するという目的のために他国および自国の普通人への略奪性を強める．

　第7章では一種の生存権（Live and Let Live）が論じられる．ただし，ここでの主たる考察の対象は各国家や民族の生存権についてであり，その根底にあるのは平和のあり方である．ヴェブレンの平和論はきわめて理想主義的であり，第一次世界大戦前の状況に戻るのではなく，国家間の憎悪や差別の放棄，固有の民族の尊重のために究極的にはあらゆる既得権益の消滅を目指すべき，とされる．しかし現実の国際政治はそうした方向に動いていない点も強く懸念される．

　第8章は本書の結論部分である．機会均等と自立・自助の考え方から，自由

契約と財産保全の権利が確保され,これによって貿易,産業,投資,信用創造などが可能となった.しかし,一方でビジネスの産業支配が進み,財産を持った既得権益者と持たざる普通人の軋轢が増す.既得権益とは合法的なただ取りである.こうした制度を支える既得権益者が,すぐれて意識的に自己保存的な行動をとる一方,一般に普通人は無自覚である.普通人の権利を確保すべく,政党や労働組合,農業団体なども存在するが,こうした団体にも注意深い観察が必要であり,結果的に既得権益者側に属しこれを利している場合もあるとされる.

本書を貫く深き洞察力

　ヴェブレンが生きた時代は,第一次世界大戦只中の激動の時代であり,アメリカの産業においても大きな地殻変動が進んでいた.例えば,1890年にはロックフェラーの石油事業が巨大化しシャーマン反独占禁止法が制定され,翌年にはアメリカ労働連合(AFL)が結成された.1901年にはヘンリー・フォードが創業し,T型フォードはアメリカ市場を席巻し新しい自動車生産システムが注目された[2].

　1911年,アメリカ議会下院にUSスティール創立に関して設けられた調査委員会では,合併に伴う金融操作によって14億ドルの資本金の半分以上が架空につくられ,J.P.モルガンなど資本家に莫大な利益をもたらしたと報告された.同年,スタンダード石油会社は,最高裁の判決によって解散され,33の会社に分割された[3].

　こうしたダイナミックに展開する経済の動向,現実に発生する経済諸問題を観察し,同時代人として,歴史的,思想的背景をもって学識豊かに独自の分析を加えるところにヴェブレンの真骨頂があったといえよう(経済史や経済理論におけるヴェブレンの位置づけやその貢献については,下記の注,参考文献にかかげた泰斗の諸研究があるので参照いただきたい).

　さて,約1世紀を経た今日から見ても本書の随所の分析には新鮮な驚きがある.以下はまったくの管見ながら,評者の関心から資産,資本の考え方(第4,

---

[2] 都留重人(1999)『制度派経済学の再検討』岩波書店,pp.93-94.
[3] 宇沢弘文(2000)『ヴェブレン』岩波書店,pp.99-100.

5章) の先駆性について少しくふれたい.

　第一に, 資産を資本換算する価値基準は, 総資産が生み出す利得能力であるという指摘については, 現代のROA (Return On Asset) 重視型経営の本質をつくものである.

　第二に, ヴェブレンの無形資産 (のれん, 特許, 独占的な諸権利など) の捉え方には, 「人的資本」価値や高度な経営ノウハウがここに蓄積されているという含意がある. 無形資産分析が経済学のみならずM＆Aなどの企業価値算定実務でもきわめて重要なファクターとなっている点は強調しておいていいだろう.

　第三に, ヴェブレンは貸借対照表上, 有形, 無形資産の反対 (右) 側の負債, 資本についても鋭い分析を行う. 総資産の裏づけとなる資金については, 社債や優先株, 普通株によって調達され, 収益は社債の購入者や株式保有者に配分される. 優先株への配分は直接, 事業にタッチしない金融投資家への優先的配当である. 一般に議決権の行使を可能とする普通株の「長期」所有者であれば, その企業の将来的な発展に関心はあるだろうが, 優先株所有者の関心は1点, もっぱら早期かつその配当の多寡にかかっている.

　今日, 優先株 (ないし劣後債) の活用は欠かせない金融手法の1つである. 第5章で語られるとおり, ヴェブレンは産業とビジネスの分離と後者の優越, 前者への支配といった構図 (これは歴史的には「所有」と「経営」の分離論のプレリュードともいわれる) を描くが, ここには実物投資よりも金融資本を重視する当時の風潮への強烈な批判がこめられている. リーマン・ショックに代表される数々の世界的な金融危機に直面している今日, ヴェブレンのこの戒めは現代を生きるわれわれにとって痛烈であり, ズシリと重く心に響くものがある.

　最後に, 日本経済の長期の停滞, モノづくり国としての地位の低下が言われて久しいが, ヴェブレン独自の考察で知れる, 良きモノづくりの規範たる製作本能 (the instinct of workmanship) をいかに維持, 発展させるかという現代的意義についてもわれわれは今こそ吟味, 熟考する必要があろう[4].

---

　4) 八木甫 (1988)「ヴェブレンの意匠をめぐって」鬼塚雄丞・岩井克人編『現代経済学研究』東京大学出版会, pp. 277-294. Dorfman, Joseph (1934). *Thorstein Veblen and His America*. (八木甫訳『ヴェブレン〈その人と時代〉』ホルト・サンダース・ジャパン, 1985年, pp. 574-588)

ヴェブレンの時代を見抜く透徹とした判断力は，彼自身の「正義」の価値観によって裏付けられていた．常に，普通人（the common man）の自覚を促し，その権利の確保と発展こそがヴェブレンの心奥にある「正義」ではなかったか．そして今日，経済学を志す者へのヴェブレンからの最大の教訓は，各々の考え方は異なれども，各自の信ずる「正義」への不断の問いかけを忘れてはならないということではないかと思う．

　† Veblen, T. (1919), ***The Vested Interests***, Transaction Publishers.

Book Guide II-3

ケインズ『ケインズラジオで語る』
マスメディアにおけるケインズ・スピリット

神藤　浩明

ケインズの復活とその人物像

　ジョン・メイナード・ケインズ（1883-1946）の名は，経済学徒であれば，現代マクロ経済学の創設に寄与した，20世紀を代表する著名な経済学者の一人として記憶されていることだろう．そのケインズが国際舞台での挫折を味わい，1946年にIMFおよび世界銀行の創立会議に理事として出席，イギリスへ帰国直後に帰らぬ人となって以来，すでに70年近くの歳月が経とうとしている．このあいだ，Keynesほど脚光を浴びたり，逆に闇に葬り去られたりした経済学者はほかにはいないだろう．それだけケインズ経済学が現実の経済を捉えるうえで，いかに大きな影響力をもっていたかの証しでもある．

　ケインズ理論が1960年代に絶頂期を迎えたのも束の間，1970年代後半には，シカゴ大学経済学部のロバート・ルーカス教授により「ケインズの死」という言葉でケインズ経済学の終焉が宣告されたのは有名な話だ．その後，経済論争の底流から，「ほんとうにケインズは死んだのか」というテーマは消え去ることはなかったが，世界経済が2008年9月のリーマン・ショックを契機とした同時不況に直面するや否や，そこからの脱却の処方箋として，再びケインズ理論が日の目をみることになった．先進国，新興・途上国を問わず，滋賀大学の佐和隆光学長がかつて命名した，「グローバル・ケインズ主義」とでも呼ぶべき，果敢な財政・金融政策が発動され，世界経済が1930年代の大恐慌の轍を踏むことなく，窮地を救われたのは紛れもない事実である．

　ケインズの教えが不死鳥のごとく蘇ったのはなんとも皮肉なことであるが，リーマン・ショック後の6年半を経過した現在から振り返ると，当初こそ今後の世界経済は新興・途上国が主導していくとする見方が主流であったが，現実の経済の動きは複雑極まりなく，世界経済は過度なケインズ政策からの転換の過程で新たな課題と格闘を続けている．2010年6月以降，欧米の先進国を中心に財政緊縮政策へ舵が切られたが，財政健全化の道のりは必ずしも順調では

ない．財政緊縮政策が再び世界経済の成長減速をもたらしたからだ．加えて，2013年5月以降はアメリカの量的金融緩和縮小をシグナルとする新興・途上国からの資金の流出が当該国の実体経済の不安定化を招く局面もあった．

　世界経済が直面している新たな課題に関しては最終節で再論することにするが，その前に是非とも言及しておかなければならないことがある．それはケインズの人物像に関してである．ケインズ研究の第一人者でもあるロバート・スキデルスキーらによれば，ケインズは経済学者にとどまらず，官僚，思想家，投資家（あるいは投機家），時評家（パンフレッター），ジャーナリストと，生涯を通じて，実に多面的な活動をしたことで知られている．

　ジャーナリズムにおけるケインズの名声を高めたのは，1919年12月に出版された『平和の経済的帰結』だといわれている．本書は第一次世界大戦の敗戦国であるドイツにたいして課された法外な賠償請求を批判した警世の書であるが，それを名著たらしめたのは，ケインズが現実に起きた歴史的なエポックメイキングを敏感に察知し，それを広く大衆一般に説得しようとする姿勢を堅持したからにほかならない．あわせて，ケインズは幸運にも1911年10月に世界的な経済学専門誌であるエコノミック・ジャーナル誌の編集者に抜擢され，その地位を亡くなる1年前の1945年まで維持し続けた．論文の審査・選定等の編集活動を通じて，常に経済学の最新動向にふれることのできる環境に身を置き続けたことが，経済学者としての研鑽を積める機会となっていたことにも注目しておきたい．現実の経済に関心を払い，直面する課題解決を提示する学問こそが経済学の使命であることを，身をもって示してくれたのがケインズその人であったということは忘れてはならない．

ジャーナリストケインズの葛藤

　ジャーナリストとしてのケインズの活動を知る1つの手掛かりとして，ここでは『ケインズ全集』の編者の一人でもあるドナルド・モグリッジの手になる『ケインズラジオで語る』(2010)を題材に取り上げ，マスメディアにおけるケインズ・スピリットの息吹を感じ取ることにしよう．ケインズが公の場で最も活躍した時期は，新しいメディアとして「ラジオ (the wireless)」が台頭してきた時期と軌を一にしており，本書はケインズが1925年1月から1944年7月

までの間に，英国放送協会（BBC）などを通して行ったラジオ放送21回分を収録したものである．

　世界に向けて情報発信する国際放送として「ワールドサービス」を手掛けるBBCは，正確なニュースと良質の報道番組を看板とするイギリスの公共報道機関として日本放送協会（NHK）の雛型でもあるが，NHKとの違いは，代々の国王から特許状を授かり，独占的な権限を与えられた組織であることと，受信許可料と呼ばれる国民の税的負担で運営される公共財産であることとされる．公共放送にとっての宿命的課題は，いつの時代にあっても中立性を貫くことによるときの権力との関係性にある．当時はBBCが最初の認可を得るうえで，公共政策に関する事柄にたいして協会としての意見を表明することや，政治的・宗教的・産業的論争を招くようなスピーチや講演は差し控えることが条件となっていたため，放送の自由が厳しく制限されていた．1928年3月5日になって初めて，BBCは与えられた自由裁量権を責任をもって行使するとの理解のもとで，イギリスの首相から，物議を醸す事柄の放送禁止を実験的に解除するとの声明が出されたものの，かかる状況にあってケインズは，必ずしも時事問題の理想的なコメンテーターとはいえなかったようである．

　初回放送にあたる1925年1月9日の「連合国間の債務」は，フランスのイギリスにたいする戦債に関して英仏間交渉がパリで行われていた時期と重なり，その内容がフランス寄りであるとの理由から，早くも物議を醸す問題となっている．また，1932年11月25日放送の「関税に関する賛否両論」においては，関税に関する見解は現在政治的論争の的になっており，あまりにも個人的で党派的であるとしてBBCから警告も受けている．

　ケインズが直面したもう1つの難題は著作権の取り扱いである．ジャーナリズムから得る収入は1930年代半ばまでは生活のための重要な収入源であったことから，新聞雑誌の投稿記事の同時放送にかかわる著作権と収入については非常に神経を使っていたようだ．放送された話はBBCが週刊誌として1929年1月に創刊したリスナー誌での掲載をも一時期禁止するほどであった．また，ケインズはBBC内部でも論争のある問題として，話し言葉と書き言葉との関係にも注意を払い，話を出版化することには反対の姿勢を示していた．放送される話は本にされるべきではないし，後になって出版されるかもしれない

と思うと，誰もが作為的に組み立てようとの意志が働くため，話が話でなくなるきらいがあるというのがケインズの懸念するところであった．

ケインズの心の中では，さぞやさまざまな葛藤があったであろうことは想像に難くないが，本書を通じて，話し言葉による電波放送の中に垣間見ることができる．既存の思想や秩序にたいするケインズの旺盛な批判精神と，新たな発想を汲み取ることの今日的意義は大きいといえよう．

『ケインズラジオで語る』の構成とエッセンス
第1部　戦債

21回分の放送内容は5部構成（「戦債」「不況」「回復」「教育と芸術」「第二次世界大戦」）で収録されている．

1918年11月に終結した第一次世界大戦後に世界が直面した難題の中で，最も深刻かつ紛糾したのが賠償と戦費の問題であったといわれる．第1部の戦債は，まさにそうした問題を取り扱った内容であり，『平和の経済的帰結』で世に問うた彼自身の問題意識の延長線上に位置付けられるエピソードとしても読める．

「連合国間の債務」（1925年1月9日放送）では，1923年1月の英米間の戦債協定に反対したケインズの率直な意見と，債務返済に関する新たな解決案が提示されている．ケインズは連合国間の債務は政治的なものであり，法律や契約上の問題でなく，通商債務とは区別されるべきであるというフランスの考えを支持した．最初から助成金という形をとれば債務問題に悩まされることはなかったにもかかわらず，借款という形態をとった理由は，戦費のやり繰りの要諦は金銭管理の確立にあり，浪費と無責任なおカネの使い方を回避するためであるという．そして，現時点での債務返済の強要は国際的な反感を引き起こしかねないとして，イギリスが政治的手腕を発揮する賢明な行動は，休戦日に連合国側にたいする債務全額を帳消しにすると発表することであったと述懐する．しかしながら，それが望めないいまとなっては，ドーズ案（敗戦国ドイツの賠償方式を緩和するため，1924年に定められた新たな賠償方式）に沿った返済分から，フランスとイタリアがドイツより毎年受け取る金額の何割かを，両国が連合国に負っている債務支払いに充当し，その同額を両国が英米に負ってい

る債務の比率に応じて英米で分割し返済完了とする——これが英米共同提案による名誉ある解決策として提示されることになる．

戦債（1928年5月3日放送）は，6回にわたって放送された「財政の近代的側面」の1回目にあたるが，ドーズ案の改正が近々実施される可能性が高い中にあって，ドイツの賠償問題に関する議論が先行き再燃することを予見したものと見ることができる．ケインズは計算例を示して，ドイツの救済問題と連合国のアメリカにたいする支払義務の問題は密接に関連していることを明らかにしたうえで，ここでもイギリスが何も受け取らないことを前提に，アメリカの妥協こそがドイツと欧州連合国の救済につながることをあらためて強調している．その後の歴史を見ると，ドーズ案によるドイツの負担を緩和するためのヤング案が1930年5月には実施に移され，ドイツの賠償問題は1932年7月に開催されたローザンヌ会議で終結したかに見えたが，結果として1933年に世界を襲った金融危機や，ヒトラー内閣の登場により，英米間戦債協定もヤング案も事実上破棄されるに至る．こうした事態を目の当たりにしたケインズの思いはいかばかりであっただろうか．

第2部　不況

ここには，1929年10月のウォール街における株価暴落を契機とする世界大恐慌前後に放送された4篇：①「政策金利」（1929年9月27日放送），②「失業：ジョサイア・スタンプ卿との対談」（1930年2月19日放送），③「貯蓄と支出」（1931年1月14日放送），④「景気低迷」（1931年4月12日放送）が収録されている．

特に，②はロンドン・ミッドランド・アンド・スコティッシュ鉄道の社長兼イングランド銀行の理事で，経済諮問会議の委員でもあり，両大戦間期のイギリス政府の経済問題に関する正規のアドバイザーでもあったジョサイア・スタンプ卿との失業問題に関する対談形式をとっており，両者の失業問題にたいする見方の違いがクリアにうかがえる点と，後に「有効需要の原理」と呼ばれる発想が見受けられる点で非常に興味深い1篇となっている．

ケインズは近年経験した経済変動が従来にない激しいものであること，失業手当の存在が1924年以降の実質賃金の下方硬直性という異例な事態を招いて

いるのではないかということ,失業がこれまで比較的順調であった業種にまで幅広く及んできていること,1925年4月の戦前平価での金本位制復帰が深刻なデフレを招いた原因であること(この発言にたいして,ジョサイア・スタンプ卿はイングランド銀行の理事でもあったために,極めて感情をあらわに反応している!)を理由に,現下の失業問題を極めて深刻に捉えていることがわかる.そのうえでケインズは,国内における投資不足,起業不足の問題を鋭く指摘している.

その論理はこうだ.イギリスから海外への実力以上の投資が金の流出を招き,貸出金利の上昇→貸出量の減少→国内投資・起業の低下→失業の増加と海外対比での低収益を余儀なくされ,それがさらなる海外投資の促進につながり,悪循環を繰り返すという見立てである.ケインズはこの悪循環を断ち切ることこそが失業問題の解決策として,例えリスクがあったとしても国内投資を増やす以外に雇用機会の創出と国内貯蓄の使い道はないと断じる.

これにたいして,ジョサイア・スタンプ卿は長期間にわたる失業が人間の人格や士気に悪影響を与え,個人的能力の喪失につながりかねない異常な事態であるという点は認めつつも,こうした状況は大戦後のイギリスで見られた類稀なる経済回復力をもってすれば,そのうち失業者数は減少していくとの楽観的なスタンスに立つ.そして,ケインズの考え方を,世界におけるロンドンの価値とその金融の重要性を減じ,より自己充足的な(more self-contained)経済に向かわせるとして,イギリスにとっては危険な変化をもたらすものであると批判する.どちらの見方が正しかったのかは,その後の歴史を見れば明らかであろう.

もう1つ注目されるのが,ケインズとの論戦を切望していたオーストリア学派のフリードリッヒ・ハイエク(1899-1992)を激怒させた話として紹介されている③である.ケインズは,物価安には,生産の効率性と熟練技能の向上の結果である側面と,生産者の破滅を意味する側面があるとし,世界の農業大国であるカナダ,オーストラリア,南米で,農産物価格が大戦前の水準を下回るほど激しく下落する一方,生産コストは大戦前の水準を上回ったままであるという今回の事態は後者の側面にあたると指摘し,最大の経済的惨事を引き起こすものとして警鐘を鳴らす.デフレ脱却の岐路に立つ現在の日本でも,消費者

にとっては安く物が買えるのは利点であるとして，デフレは好ましいという意見がある．日本のデフレは当時とは比較にならないほど，極めてマイルドな状況にあると思われるが，生産者の破滅をもたらすほどの危機的な状況なのかどうか，ケインズが存命であれば，彼の診断を聞いてみたくもなる．

ケインズは，各家計が合理的な考え方で節約をしても，経済全体としてよい方向には向かわないことを「節約のパラドックス」と呼び，これは経済主体が個人レベルでは合理的に行動しても，経済全体では誤った結果に陥るということで，「合成の誤謬」とも呼ばれることでよく知られている．ここでもその考えの一端を垣間見ることができ，現状からの打開策は「節約する」ことではなく，「モノを買い，モノを作る」ことこそが失業の悪循環を断ち切り，この国の富を増やし，ひいては雇用の機会と希望をもたらすという喜びを実感することになるという．ケインズはいかに経済が不確実性に満ちていると認識しても，決して茫然自失の状態に陥ったり，諦観することはない人物だったと評される．「活動，大胆さ，そして起業こそが，個人的にも国家的にも，成長に伴う痛みを治す決め手になるに違いない」という結びのフレーズがまさにそのことを象徴しているといえよう．

第 3 部　回復

第 3 部には，大恐慌からの回復に向けたさまざまな政策の側面にフォーカスした内容が取り扱われており，ケインズの名を後世に知らしめた名著『雇用・利子および貨幣の一般理論』(1936) のゲラ刷りが配布され始めた 1934 年末までの放送分が収録されている．

「国家計画」(1932 年 3 月 14 日放送) は「国家と産業」シリーズの 1 つにあたるが，ここでは，ケインズが「国家計画 (State Planning)」という，社会主義でもなく，共産主義でもない，政府の新たな機能に期待をかけていることがわかる．ロシアの 5 カ年計画やイタリアのファシズムの事例を軽視してしまいがちになる国家的傲慢さを非難する一方で，無計画な経済システムの失敗や中央政府における賢明な審議がほとんどできず，拒絶されてしまうことによる失敗にもふれる．そのうえで，「潜在的な豊かさの中の飢餓 (starving in the midst of potential plenty)」という逆説が最も際立つのが不況の時期であるとし，物

質的なものを生産する技術力を十分に発揮する機会に恵まれていない状況を正すことこそが国家計画の本質であり，個人では成し得ないことであると説く．ただし，利己のために国家の領域を拡大する社会主義や共産主義とは異なり，国家計画の目的はあくまで，個人の自由な競争や協働が行える環境を整えることであって，決して民主的に選ばれた機関によって詳細に管理・監督されるものではないとも釘を刺す．国家計画の実例として，税負担の配分，関税（1932年11月25日放送の「関税に関する賛否両論」を参照），為替統制，輸送規制，都市計画と農村保護，産業立地の問題が取り上げられる．

「支出と貯蓄：ジョサイア・スタンプ卿との対談」（1933年1月4日放送）は，第2部の失業問題での対談相手であったジョサイア・スタンプ卿が再登板して対談を行ったものである．当初は対談候補としてロンドン・スクール・オブ・エコノミクス（LSE）で指導的立場にあった経済学部教授のライオネル・ロビンズ（1898-1984）の名が挙がったが，気難しく変わり者であるとして，ケインズが難色を示し実現に至らなかった（興味深いことに，後に両雄はお互いを認め合うことになる）．ここでの対談内容は第2部の「貯蓄と支出」と前章の「国家計画」の延長線上に位置付けることができる．ある人の支出減がほかの人の所得減につながり，それがまたその人の支出減に波及するという悪循環を招いてしまうことが忘れてはならない真理である．これを議論の出発点として，ジョサイア・スタンプ卿とのあいだで同意できる点を確認しながら，ケインズは節約の目的はある支出をほかのより賢い支出に置き換えること，公的支出の削減が必ずしも個人支出の増加につながらず，むしろ過剰な節約が生じていることが問題であること，国民所得の減少を通じて国家予算の均衡を図ることは適切でなく，国家自らが失業問題の解決に乗り出すことが予算の問題の解決の糸口にもつながると強調する．

「世界経済会議：ウォルター・リップマンとの会話」（1933年6月11日放送）は，大恐慌への対応策を協議すべく，66カ国の政財界人がロンドンに集う世界経済会議の開催を翌日に控え，ケインズの1919年以来の知人である，米ジャーナリスト兼作家であるウォルター・リップマンとのあいだで，大西洋を隔てて展開されたものである．この種の会議を重ねても事態が一向に改善しないことへのケインズの苛立ちや憂鬱ぎみな心情がうかがわれると同時に，今回こ

そは英米が共同して取り組める計画を見つけることができるのではないかという期待とともに，アメリカのルーズベルト大統領の，後にニューディール政策と呼ばれることになる大胆かつ建設的な政策に一縷の望みを託した1篇でもある．

なお，ケインズはこの時点ではニューディール政策の詳細は不明であったため，理想的なものかどうかの判断を留保しているが，次章の「ルーズベルトの経済的諸体験」（1934年1月13日放送）では，経済史に残る極めて重要な施策であると支持している．ウォルター・リップマンも国際通貨制度の再建や貿易障壁の削減で国際的な合意を可能とするためには，英米仏に代表される大国が先頭に立ってこの大不況に果敢に立ち向かうことが重要であるとの意見に賛意をあらわしている．すなわち，すぐさま複雑な国際協定を締結しようと試みるのではなく，英米は金融緩和により長期金利を引き下げ，設備投資を刺激するよう協調的な国内政策を採用すべきであり，国民の購買力回復に資する政策こそ，世界経済の回復のために即効性のある最大の貢献であって，それには複雑な外交交渉は必要ないという．政財界人をはじめとして国民がこの会議に臨む心構えに関しての二人の会話は，あるべき国際通貨制度に関する部分では，さりげなくお互いの主張を繰り広げながらも，極めて良好な雰囲気に包まれている．

「豊かさの中の貧困」にたいする最善の救済策を提示するに当たってのケインズの基本的な考え方は「経済システムは自己調整能力を備えているか？」（1934年11月19日放送）で知ることができる．大不況の根本原因はサプライサイドにあるのではなく，需要の側にあることを指摘したうえで，既存の経済システムに対する2つの見方に注目する．1つは既存の経済システムには長期的には自己調整機能が働くとする見方であり，もう1つはそうした機能を否定する見方である．もちろん，ケインズが後者の見方に立つのは言うまでもない．前者の見方の背後には，過去100年にわたって営々と築かれてきた正統派経済学（ここにはレッセフェールに加えて，マルクス主義も含まれる）の教義があることに敬意を払いつつも，正統派経済学には有効需要水準と総雇用量を決定する理論に関して致命的な欠点がある――利子率は所得の最大レベルを維持するよう資本財の最適生産量を奨励するように自動調整されるという仮定が誤ってい

る——と，信念をもって指摘する．富の分配を変え，現在の消費性向を高めるように国民の習慣を改めるだけでなく，利子率を引き下げることなどによって資本財の生産量を増加させる方法もあるはずだというのがケインズの考える最善の救済策であった．

第4部　教育と芸術

　ケインズが戦間期の指導的な文化・芸術集団「ブルームズベリー・グループ」の中で中心的な活動を続けてきたことはよく知られている．しかし一般にはその詳細を知る機会が乏しいだけに，第4部に収録された教育と芸術に関するケインズの論評はたいへん貴重な内容といえよう．

　「大学出身の実業家」(1927年2月16日放送)は，著名な出版者兼時事評論家でもあるアーネスト・ベン卿を司会者に，ビジネス——ここでは，アーネスト・ベン卿によると，生産者と消費者を結びつけるものと定義され，具体的には広告や販売にかかわる事業が想定されている——が大学に求めるものは何か，また大学が一国の経済活動に提供できるものは何かというテーマで，レバー・ブロス社の最高経営責任者である実業家アーネスト・ウォールズとの対談を収録したものである．

　アーネスト・ウォールズ自身は実業界で手にした成功のすべては大学で受けた訓練のおかげだという一方で，現代のビジネスが求めるものは専門的に訓練された実業家であって，問題は大学が実業家にたいして古き職業を供給するのに成功していたと同様な方法で提供できるかどうかだという．大学での教育のほかに職業訓練の機会がないことが現代のビジネスと大学とのあいだに存在するギャップが埋まらない理由であるとし，イギリスのビジネスを再建し，アメリカとの競争に打ち勝つために，実業界に即戦力となり得る学生の輩出を強く要請する．今後ビジネスの国際化が予見される中にあって，実業家の語学能力の向上は必須の流れになるであろうことも指摘する．まるで，グローバル化に立ち向かわなければならない現代におけるわが国の財界人の言葉を代弁しているかのようだ．

　他方，ケインズは大学がこれまで実業界に供給してきた人材のタイプを2つに分ける．1つのタイプは昔は大学出身の実業家の大半がそうであったよう

に，事業を営む裕福な家庭環境に育ち，家業あるいはその影響力のある関連企業に何の苦労もなく入り，世襲によって高位の役職が約束された学生である．ケインズはこのタイプの実業家がイギリスのビジネスの効率性を阻害する最大の脅威の1つであると忠告している．もう1つのタイプが自分以外頼れる人がなく，大学卒業後すぐに生計費を稼がなくてはならない環境に置かれた，学業の成績をもとに慎重に選ばれる学生であり，近年その重要性が増してきているという．しかし，ケインズによれば，大学の役割とは語学の問題を別にすれば，後に手掛けるビジネスの特別な詳細を早期に習得できるような知性と人格を涵養することであり，物事にたいするより深い見方ができるようになるのは，大学で受けた教育にビジネスの経験が加わったときであるとして，大学に職業訓練機能を求めることには反対している．

　本放送はこの対談の結果として，たとえ100万人の聞き手が今後教育とビジネスという2つの概念をつなげて考えるというだけに終わったとしても，このテーマで議論がなされたこと自体十分価値のあることだと締めくくられている．大学教育の内容とビジネスで必要とされる素養との関係はいかにあるべきかは永遠のテーマであるだけに，ビジネスの現場で即戦力となるグローバルな人材育成の必要性が喫緊の課題となっている今日においても極めて示唆に富む内容といえよう．

　絵画鑑賞および収集にも熱心であったケインズは1939年まで芸術に広くかかわった経歴があり，芸術界における彼の名前は第二次世界大戦に伴い，いっそう知られるようになった．「芸術委員会：その方針と希望」(1945年7月8日放送)は，イギリスの大蔵大臣ジョン・アンダーソン卿がCEMA(戦争で芸術活動を断たれた人々にその機会を提供したり，失業の可能性のある芸術家を支援したり，国民に芸術への参加を奨励することを目的として1940年1月に設立された音楽・美術奨励委員会；the Council for the Encouragement of Music and the Artsの略称)の平和時における恒久的な組織である大英芸術委員会(the Arts Council of Great Britain)への法人化と，ケインズの初代議長への就任を公表したその日に放送されたものである．

　CEMAを平和時まで存続させることをケインズが決意した背景には，戦争がわれわれから奪ったものを元に戻すことだけでなく，平和時にも存在してい

なかったものを提供していることに気付いたからであった．ケインズは真剣で上質な娯楽を求める，みたされない要求と膨大な数の国民の存在を知り，BBC がかつては限られた人々が嗜好していた芸術という新たな遊びを楽しめる可能性について，すべての国民に与える役割を果たしてきたことを再認識するとともに，芸術委員会との今後の協働に期待をかけている．家族が安らぎをもてる住宅の再建とあわせて，芸術委員会の成功のためには，劇場，コンサートホールやギャラリーなどの建物の再建が必須であり，そのための資金配分の必要性と，国内への普及に向けて地方自治体と協力して各地における芸術活動が定着することを切望している．「ハリウッドに死を」というフレーズには，ロンドンを偉大な芸術の大都市に再生するのはもちろんのこと，国民の精神を育む環境をつくり，芸術家と国民がお互いに支え合って生きるという状況を英国内にあまねく広めることを切実に願うケインズの熱い想いが凝縮されているようだ．

第 5 部　第二次世界大戦

　ここに収録された 6 篇は，1939 年 5 月～1944 年 7 月のあいだに放送されたものである．再軍備の経済波及効果，『戦費の支払方法』(1940) として出版された戦費調達に関する提案，戦後の世界秩序の形成にイギリス政府の政策立案者として関与したブレトンウッズ会議まで多岐にわたる．

　「再武装は失業を解消するか？」(1939 年 5 月 23 日放送) は，1939-1940 年度のイギリス国防費の前年度比 40％ 増との発表 (2 月 15 日)，ドイツによるプラハの占領 (3 月 15 日)，ポーランド領の保全を保証する英仏協定の締結 (3 月 30 日)，英国での徴兵制導入の公表 (4 月 26 日) などが背景となって語られたものだ．深刻な失業に悩まされる中，ケインズは再軍備によって慢性病とも見なされる失業が解消されるのかと問う．世間からは楽観主義者と見られていたケインズが示した試算が示される．国内における公共および民間投資と，税金で賄われない軍備への国民総支出が昨年より控えめに 1.5 億ポンド増加する場合，すでに雇われている者の仕事量と所得の増加に回るため，失業の解消分に貢献する直接効果は 30 万人に止まる．その一方で第二の効果 (いわゆる乗数効果) を 2/3 と見なすと，支出の波及効果で 20 万人の新規雇用が見込まれ，全

部で50万人の失業解消につながることになる．ここにケインズの乗数理論の一端が垣間見える．ケインズはこの試算を通じて，軍備という無駄な目的のために失業が解消されるならば，平和時における生産性のある目的でもそれが可能であるとして，異常な失業状態が終わりに近付いていると予見する．

「貯蓄は強制すべきか？」（1940年3月11日放送）は，ケインズがエコノミスト誌の副編集長ドナルド・タイアマンとのあいだで行った，増税と強制貯蓄によるインフレなき戦費調達に関する対談である．一方，戦争開始1年後のイギリスの財政問題について，大蔵大臣キングスレー・ウッド卿の承認を得て放送されたのが「戦争から1年後のイギリスの財政」（1940年9月13～23日放送）であり，ここに収録されたものは9月23日放送分の「国内行政」に関するものである．

この2つの放送から共通して読み取れるケインズの現状認識と提案の骨子は以下のとおりである．世間一般の国家財政にたいする見方は悲観的であるが，戦争1年目で失った富は決して大きくない．戦争1年後のイギリスの国富は1937年初頭時よりむしろ豊かであり，財政状態はいまだ正常で健全である．輸入品の価格は上昇したが，国内インフレの兆候は出ていない．こうした状態を維持しながら，国民所得の半分にも相当する戦費調達のあり方として，蓄積された富からは一部しか賄うことができないため，公平な負担を原則として，富裕層に大きな負担を課すのはもちろんのこと，富裕層以外にも応分の負担を求めた（1941年12月22日放送の「低所得層への課税」を参照）．そして，戦時下では，政府支援物資の生産のための労働時間と稼ぎが多くなる中で，出費のほうは給与水準に応じて平和時到来まで先送りして，利子つき（2.5％）の別口座に貯蓄すべきであるとした．戦時下で消費を増やす行為は，国民が買える財が不足している状況下ではインフレを招くだけで賢明ではないからだ．

ケインズの狙いは，富裕層しか購買力を行使できなかった第一次世界大戦後の失敗を教訓に，終戦後に備えた，富裕層以外の幅広い階級での購買力を温存させることにあった．それがここで提唱された「繰り延べ払い」，いわゆる一種の強制貯蓄の意図するところである．さらに，「繰り延べ払い」の恩恵に浴さない無一文の前線部隊との不公平感を是正すべく，戦後の返済財源として資本課税や財産税の導入にもふれている．社会的公正にも目配りするケインズの

真骨頂がうかがえる．

　1942年春までに，ケインズと大蔵省の同僚，戦時内閣府経済部の経済学者たちは戦後の世界秩序の構築に向けた議論にかかわっていたが，「財政はどれほど重要か？」(1942年3月23日放送)はBBCのトークシリーズ「戦後計画」の一部をなすものである．

　ケインズは今回の戦争終結時における財政の技術的問題は，平和時に良好な雇用情勢が維持されるかぎり，また今日有用で不可欠である金融機構にたいする規制の多くが維持されるかぎり，第一次世界大戦後の終結時ほど困難ではないと見ていた．むしろ本質的に重要なポイントとして，国民にあまねく雇用を提供できる十分な需要を確保すること，物理的に可能な供給を上回る需要をつくりださないこと（インフレを防ぐこと），戦後直後は輸入代金の支払いを賄えるだけの輸出産業の再興に注力すべきこと，生産と輸出による日常的なニーズがみたされた後に，余剰資源と労働力が国内資本設備の改良に利用可能となるであろうことを指摘している．そのためには，われわれが必要とする幅広い分野を網羅した復興プログラムを準備することが必要であり，その進捗度合いについてはさまざまな種類の競合するプロジェクトの優先順位に依存することになるという．ここでケインズは「ローマは一日にしてならず」という諺を引き合いに出しているが，その背景には，戦後復興はあくまで長期的なプログラムに沿って進めることが重要であって，スピードを強要してはならず，各種プログラムを適切な速さに制御して実行に移すことこそが政府の重要な任務だというケインズの強い想いが色濃く反映されている．

　1944年7月に世界43カ国の代表がアメリカのニューハンプシャー州ブレトンウッズに集結し，国際通貨基金（IMF）協定と国際復興開発銀行（IBRD）創設に関する条項が起草されたが，その大本になったのは戦後の国際通貨体制を巡って交渉されたイギリス側の「国際清算同盟案（ケインズ案）」とアメリカ側の「国際安定化基金案（ホワイト案）」である．会議の終わりにケインズとホワイトの両雄が夕刻のBBCニュースで声明を発表したが，「ブレトンウッズ」(1944年7月22日放送)にはそのときのケインズの想いが綴られている．

　IBRDの役割は日常生活の救済や復帰に必要な資金と，その後の恒久的な再建と産業の復興に必要な資金の両方をみたすことと，低開発地域の発展に資す

ることである．特に，後者の目的を遂行するために，各国が債権国の融資を分担して保証すべきことも提案されたほか，保証国を保護するための周到な準備もいろいろとなされている中にあって，現在における大規模な雇用創出と将来の生産性向上に寄与するであろう，こうした広範囲に及ぶ提案はかつてなかったという．本放送は「世界はこのニューハンプシャーという地から，大きなことが生まれることをまだ理解していないようだ」と締めくくられているが，ケインズの慧眼にはただただ驚かされるばかりである．

インターネット全盛時代の偉大な経済学者は誰か？

　エコノミスト誌（2009年7月18日号）には，「経済学の何が悪かったのか——過去の過ちを避けるにはどのように変わるべきか」と題した経済学批判の論説が掲載された．これまでも経済学の危機は幾度となく訪れている．第一の危機は世界大恐慌を経験した1930年代であり，その危機を救ったのがケインズその人であったことはいうまでもない．それはケインズが決して象牙の塔にこもることなく，現実の経済が直面する課題解決に心血を注いだ経済学者だったからこそできた偉業である．第二の危機はケインズの愛弟子ジョーン・ロビンソン（1903-83）が1971年12月にアメリカ経済学会の年次総会で行ったイーリー講演のタイトルそのものである．ロビンソンは「何のための雇用か」，その内容を問わない当時の経済学に鋭く批判の矛先を向けたが，成熟経済に移行した先進国において貧困と格差問題が克服されていないことは今なお第二の危機が継続していることを意味する．そうした中で今度は市場原理主義の衣をまとった経済学が世界規模の金融危機という形で第三の危機を招来した．

　第1節で指摘したとおり，グローバルなケインズ政策の発動によって大恐慌の二の舞を防ぐことには成功した．しかしながら，リーマン・ショック後6年半が経過した現在，世界経済はなんとか小康状態を保ちながらも，新たな課題と格闘を続けている．それは大きく3つの現象として具現化している．

　第一に，先進国の一部を除いて肝心の雇用の回復は首尾よく進まず，失業問題はなおも大きな世界的な政策テーマとして継続している．国際労働機関（ILO）の『世界雇用情勢報告2014——雇用なき回復のリスク』によると，2013年末の世界の失業者数は初の2億人の大台に達し，少なくとも2018年ま

で増加傾向が続くという．特に若年層においては失業率の高さと失業期間の長期化が深刻な問題となっており，これはグローバルレベルでの「豊かさの中の貧困」現象の1つである．ロビンソンの提起した第二の経済学の危機にたいする回答は待ったなしの状況にある．

　悲観的な見通しの根拠として，技術革新による労働力需要の減少がグローバルレベルでの雇用の喪失を促し，特に経済のグローバル化，労働移動のボーダレス化が先進国における失業の増大に大きな影響を与えているという見方がある．グローバルな企業活動により開拓される新たな分野にはそれほど大きな労働需要は生じないため，ネットで見た雇用は増えず，雇用喪失の救済策とされる雇用のフレキシブル化（非正規雇用化）も賃金の低下をもたらすという．他方，摩擦的失業やミスマッチ失業をもたらす「テクノロジー失業」と所得の二極化現象を指摘したエリック・ブリニョルフリン／アンドリュー・マカフィー（2011）は，デジタルフロンティアの未来を決して悲観することなく，進化するテクノロジーと人間のスキルが共存できる組織革新と，人的投資すなわち再教育の必要性を訴えた．今後も技術革新と雇用の関係性を探ることは重要なテーマとなろう．

　第二に，ブレトンウッズ会議で勝利を収めたホワイト案に則り構築された戦後ブレトンウッズ体制は1971年8月15日のドルと金との交換停止によりすでに揺らぎ始めていたが，それから40年以上が経過する中で，趨勢的に見るとドルの減価に歯止めがかからず，その基軸通貨としての役割を本格的に再考する機会が訪れていることだ．当時採用されなかったケインズ案では，一国の通貨を国際通貨として用いることの問題点が指摘され，国際通貨バンコール（bancor）を創造できる権限を有する機関として，世界中央銀行の創設が盛り込まれた．バンコールは国際取引にのみ用いられ，世界経済の成長に合わせて信用創造の創出が可能であること，他方で各国の通貨はローカル・カレンシーになること，外国為替市場は理論上なくなることが革新的なアイディアであったとされる．

　2009年9月には，国連の専門家委員会（委員長はアメリカのコロンビア大学ジョセフ・スティグリッツ教授）が，一国の通貨であるドルが世界の準備通貨として機能する現体制では，ドルの価値の変動により世界経済全体の不安定化につ

ながるとして，ドルに代わる国際準備制度の検討を進めるよう求めたり，多極化時代を迎えた中でいくつかのローカル・カレンシーをドルに加える複数基軸通貨体制への移行も提案されたりしているが，なかなか進展しないのが実情である．世界の外貨準備に占めるドル保有の比率は，ユーロ導入後の1999年以来，新興・途上国における通貨構成の多様化の動きを受けて，徐々に低下している（IMF 統計：99年71.0％→2012年61.1％）．多極化時代のあるべき国際通貨制度の方向性を決める新たな指針として，ケインズ案を今一度検討の俎上に載せる好機なのではないかと思われる．

第三に，グローバルなケインズ政策の発動の結果としてもたらされた持続可能性を危ぶむまでの規模に膨れ上がった国家債務危機への抜本的解決策の提示である．歴史は返済能力を超えた対外債務は不履行（デフォルト）になることを教えている．西側先進諸国で公的対外債務のデフォルトやリスケジューリングが発生していないのは，20世紀後半以降だけであり，絶対起こり得ないという保証はない．

基軸通貨国アメリカで，期限が到来した債務上限引き上げに議会が合意できず，2011年8月以降しばらくのあいだ，金融市場が不安定化したことは記憶に新しい．「アメリカ政府がデフォルトすれば市場は大混乱，金融機関は破綻して金利は急騰し，ドルの信認も失われて資金逃避が起きる．これは世界的な金融，経済の大惨事を招き，アメリカが200年にわたり築いた信頼は失墜する……」．これはブラックマンデー間近の1987年7月，当時のアメリカのベーカー財務長官が議会指導部に宛てた手紙の一文である．2013年10月と2014年2月にも相次いでデフォルトを回避したとはいえ，アメリカの財政問題の火種は依然として燻っており，アメリカのデフォルトを警告するこの手紙は今後の財務長官にも代々引き継がれることになるだろう．

一度はユーロ圏崩壊の危機が叫ばれ，今回の欧州債務危機の震源でもあったギリシャは，財政再建の取り組みでしばらく小康状態にあったが，資金不足の懸念は拭えず，油断は禁物だ．2012年3月の第二次金融支援を受けるにあたって，元本カットに応じなかった民間債権者の債務を強制的に削減したことが，格付け会社からは選択的デフォルトと見なされ，事実上のデフォルト状態に陥ったという史実は消すことはできない．欧州中央銀行（ECB）による長期

資金供給オペはあくまで欧州の金融機関にたいする流動性支援であり，南欧国債の購入策も時間を買う政策にすぎない．スペインやポルトガルの支援もアイルランドに続いて 2014 年 5 月までに終了したが，自力による信用回復に死角はないのであろうか．銀行同盟の実現に向けて，2014 年 11 月以降 ECB による銀行監督一元化の動きが始まったが，それでも世界経済の不安定化を再燃させるリスク要因となる欧州債務危機の抜本的解決策としては力不足である．ECB の後ろ盾となる統一的な財政当局の創設と，ドイツやフランスなどの債権国が勇気ある債権放棄にまで踏み込むことができるかどうかが最大のポイントなのではないかと思われる．

　財政主権の統合によって各国間で積み上がった債権債務関係の秩序ある整理には政治的決断が求められるが，その構図はまさにケインズが戦後処理に直面した問題とオーバーラップする．ロバート・スキデルスキー (2011) が指摘しているように，第一次世界大戦後のドイツに法外な賠償を負わせたことに端を発するナチの台頭，第二次世界大戦という悲惨な帰結に至ったことへのケインズの警告を，われわれは謙虚に受け止める必要があるだろう．今度は欧州の中で一人勝ちの状況にあるドイツが歴史に学ぶ番であり，欧州の命運を握っているといっても過言ではあるまい．

　節度を超えた過度なケインズ政策への依存を薄めつつ，債務返済を長期にわたって強い続けることの危険性を教訓として，過剰債務の削減と雇用回復の 2 つの目的を同時に達成しながら，いかにして安定した世界経済を持続できるか，一刻も早い処方箋の提示と実行が急がれる．ケインズ自身，資本主義システムに本来的に内包されている不安定性・不確実性・複雑性を重視していたことを勘案すれば，現在の経済の動きはなんら驚くに値しないどころか，むしろ新たな課題にたいして果敢に挑戦したに違いない．

　わが国の放送業界は電波による放送へのこだわりが強いようだが，国民の公共財産でもある BBC は，情報伝達に有効な手段であるならば IT などの新技術による放送にも積極的に対応する義務を負っている．「インターネット (the Internet)」全盛時代の今日，新たなメディア環境の舞台は整った．あとは「ラジオ」台頭の時期に活躍したケインズに匹敵する「冷静な頭脳と温かい心 (cool head but warm heart)」の志をもった次の時代を担う経済学者の登場を待

つのみである.

†Keynes, J. M. and D. Moggridge eds.（2010）, ***Keynes on the Wireless***, London: Palgrave Macmillan.（※未邦訳）

参考文献
宇沢弘文（1989）『経済学の考え方』岩波書店.
奥村宏（2010）『経済学は死んだのか』平凡社.
ギデンズ，アンソニー・渡辺聰子（2009）『日本の新たな「第三の道」――市場主義改革と福祉改革の同時推進』ダイヤモンド社.
ケインズ学会編, 平井俊顕監修（2011）『危機の中で〈ケインズ〉から学ぶ――資本主義とヴィジョンの再生を目指して』作品社.
佐和隆光（1991）『これからの経済学』岩波書店.
高橋伸彰（2012）『ケインズはこう言った――迷走日本を古典で斬る』NHK出版新書.
根井雅弘（1996）『ケインズを学ぶ――経済学とは何か』講談社.
原麻里子・柴山哲也編（2011）『公共放送BBCの研究』ミネルヴァ書房.
平井俊顕（2007）『ケインズ　100の名言』東洋経済新報社.
―――（2012）『ケインズは資本主義を救えるか――危機に瀕する世界経済』昭和堂.
Attali, Jacques（2010）, *Tous ruinés dans dix ans? Dette publique: la dernière chance*, Paris: Librairie Artheme Fayard.（林昌宏訳『国家債務危機――ソブリン・クライシスに, いかに対処すべきか？』作品社, 2011年）.
Biven, W. Carl（1989）, *Who Killed John Maynard Keynes?: Conflicts in the Evolution of Economic Policy,* Homewood, Illinois: Dow Jones-Irwin.（斎藤精一郎訳『［物語・経済学］誰がケインズを殺したか』日本経済新聞社, 1990年）.
Brynjolfsson, Erik and Andrew McAfee（2011）, *Race Against The Machine*, Lexington: Digital Frontier Press.（村井章子訳『機械との競争』日経BP社, 2013年）.
Davidson, Paul（2009）, *The Keynes Solution: The path to global economic prosperity,* New York: Palgrave Macmillan.（小山庄三・渡辺良夫訳『ケインズ・ソリューション――グローバル経済繁栄への途』（ポスト・ケインジアン叢書）, 日本経済評論社, 2011年）.
Krugman, Paul（2013）, *The World Looks to Japan's Economy Again.*（大野和基訳, 山形浩生監修・解説『そして日本経済が世界の希望になる』PHP, 2013年）.
Reinhart, Carmen M. and Kenneth S. Rogoff（2009）, *This Time is Different: Eight Centuries of Financial Folly,* Princeton, NJ: Princeton University Press.（村井章子訳『国家は破綻する――金融危機の800年』日経BP社, 2011年）.
Skidelsky, Robert（2009）, ***Keynes: The Return of The Master,*** Public Affairs.（山岡洋一訳『なにがケインズを復活させたのか？――ポスト市場原理主義の経済学』日本経済新聞出版社, 2010年）.
―――（2011）,「寄稿：今こそ第一次大戦後の教訓に学べ」『日経ビジネス』2011年10月10日号, 日経BP社.

Book Guide II-4
ケインズ『ケインズ説得論集』
歴史的文脈の中での，資本主義の相対化

玉井　義浩

論集の構成

　1931年9月21日のイギリスの金本位制停止は，世界の経済史上の一大事件であったと同時に，ケインズのそれまでの論説の正しさが立証された事件でもあった．この『説得論集』の刊行はイギリスの金本位制離脱をきっかけに，ケインズ自身がD. マクミランへ，自身の『平和の経済的帰結（*The Economic Consequences of the Peace*）』（1919年）以降12年間の著述・講演原稿をテーマ別に1冊の本に再構成する企画を提案したことに端を発する．1931年の年末の初版には，ヴェルサイユ条約の賠償問題・通貨価値・金本位制復帰問題・政策・将来展望のテーマごとにパンフレット（『チャーチル氏の経済的帰結』（1925年），『ロシア管見』（1925年），『自由放任の終焉』（1926年），『ロイド・ジョージはそれをなしうるか？』（1929年）），著作（『平和の経済的帰結』（1919年），『条約の改正』（1922年），『貨幣改革論』（1923年），『貨幣論』（1930年））その他の未発表原稿，主に *Nation and Athenaeum* 紙や後継紙 *New Statesman and Nation* 紙への寄稿からの題材が25章にまとめられた．今日『説得論集』として伝わっているものは，これに後年のパンフレット（『繁栄への道』（1933年）と『戦費調達論』（1940年））を加えたものである．

ケインズが直面し取り組んだ課題

　この論集に収められた論説でケインズが一貫して取り組んでいる課題は，第一次世界大戦による世界情勢の激変を受けて危機に瀕した戦後の資本主義を，いかに再構築するかという問題である．各論説が書かれた時代，すなわち戦間期は，社会主義革命とドイツの戦後賠償問題等の国際政治経済の混乱によって資本主義が危機に瀕した時代であり，論説の随所に，資本主義が存亡の淵に立たされているというケインズ自身の危機意識が著されている．
　第一次世界大戦が終結したとき，人々がまず直面したのは交戦国のあまりに

大きな人的損害に加え，大陸欧州の国土の荒廃，貨幣価値の毀損（ハイパーインフレに見舞われたドイツはいうに及ばず，開戦以降の金本位制停止と事実上の管理通貨制度を通じ，程度の差はあれ欧州交戦国の貨幣価値はいずれも下落した），ロシア革命による市場の縮小と，各国（特にドイツ）における社会主義革命の脅威であった．こうした状況下でヴェルサイユ条約において戦勝国がドイツに対し，そのほとんどすべての海外植民地の失陥に加え苛烈な賠償を要求したことは，その後の賠償履行をめぐるルール占領などの混乱を生み，欧州の危機をいっそう深めかねなかった．さらにイギリスは終戦以来，高い失業率に悩まされていた．

課題に対するケインズの姿勢と，ケインズにとっての「正義」

　賠償問題の解決を難しくしていた大きな要因として，イギリスやフランスがアメリカに対し多額の債務を負っていたことなど，連合国間の錯綜する債務問題がある．賠償問題を連合国間の債権債務問題とともに一挙に解決することは，新たな経済的枠組みの構築，ケインズの言う欧州の"Stand-still"の状態を解消し，欧州を生産の軌道に乗せるために必要な課題だったが，大戦による大幅な事情変更と，それに基づく危機に直面したとき，1つの対処法は，事情が変わる前の制度に復するというものである．

　実際，通貨制度について，戦前の国際金本位制こそ「正常」であるとの考えから，各国でその再生が志向され，イギリスはポンドの金表示の実勢価格が1割ほど低くなっていたにもかかわらず，旧平価での金本位制復帰を果たした．

　一方，ケインズが当時の欧州の国際経済・国際政治の諸懸案に対してとった態度や持論は，旧制度への復帰ではなく，大戦を通じて激変してしまった現実に即して制度を再構築することであった．賠償問題についてはドイツの賠償額の総額をドイツ侵攻が直接与えた損害の補償とドイツの支払い能力の観点から現実的なものに圧縮することを，連合諸国の対米債務についてはアメリカの債権放棄を提案し，通貨制度に関しては開戦以降の事実上の管理通貨制度をそのまま継続すべきこと，もし金本位制に復するのなら現状にあった新平価での金解禁とすべきこと，失業対策については鉄道施設や道路の近代化や住宅建設事業への政府投資による雇用の創出，という具合に，政府の関与を強めた形での

資本主義の再構築を提案した．

　欧州の戦後復興を賠償や債務の順調な履行と両立させるために必要なのは，何より生産と貿易の回復であり，そのために賠償問題や債権債務問題について過去にこだわる態度は生産の回復の足枷であるばかりでなく，債務履行を無理に求めることが，各国内で特定の社会集団への犠牲の押しつけという"injustice"を生み出すことを，ケインズは問題視した．

　また，大戦を通じた貨幣価値の毀損などの事情変更はあまりに激しいものであり，劇的に変化した状態を無理に旧に復することは，社会に無用の軋轢を生み，やはり injustice の因となる．特に金本位制の再開を戦前の平価によって行った場合，通貨の過大評価によって輸出産業が苦境に立たされる．この場合でも，国内で名目賃金の切り下げと物価下落が進めば輸出も労働者の実質所得も回復するが，ケインズはあらゆる価格が調整プロセスで均等に下がることはありえず，調整プロセスで立場の弱い産業や企業が犠牲を強いられる injustice が生じるとして，デフレ調整による問題解決を批判した．

　このように，説得論集に収められたケインズの提言を俯瞰すれば，彼の提言は生産の拡大と分配的正義の両立を目指したものであり，その問題意識の根源には，資本主義をいわゆるボルシェヴィズム（ソ連型社会主義）の脅威から守らねばならないという危機感があったと考えられる（第Ⅳ部第3章 Am I a Liberal?（299頁以下，頁番号は Palgrave Macmillan 2010年版による））．

ケインズが説得を必要としたもの
　ケインズの提案は当時の社会通念に照らせば破天荒とも受け取られる発想であり，古典的な「個人主義的資本主義」の信奉者たちからは「社会主義的」と誤解される危険もあった．

　第Ⅱ部第4章「ロイド・ジョージはそれをなしうるか？」や第Ⅲ部第5章「チャーチル氏の経済的帰結」で取り上げられたような管理通貨制度・公共投資による雇用創出について，当時人々が抱いた疑念の背景には，1.「国際金本位制」や「Laissez-Faire」へのナイーヴな信仰，抜きがたい思い込みや偏見，特に19世紀後半以降の資本主義の仕組みを普遍的なものと絶対視する見方が定着していたこと（言うなれば，歴史の無知あるいは忘却），2.「不完全雇用」に

ついての無知がある．

したがって，ケインズにとって人々の説得のためには，国際金本位制や自由放任（Laissez-Faire）についての人々の思い込み，絶対視，因習に基づく発想を打破する必要があった．そのためか，『説得論集』の全体を通して，問題を歴史の文脈の中で相対視するように読者を促す叙述が多く散見される．

例えば，この論集が，「われわれの中で，西欧世界がこれまで半世紀の間依拠してきた経済機構が，実は特異で不安定かつ複雑で頼みにならず，一時的なものにすぎない，ということを明確に自覚している人々は，ごくわずかしかない[1]」と読者に現代（当時）の資本主義を歴史の中で相対視するよう促す一文を含む段落で始まり，第Ⅱ部，第Ⅲ部を通じ，19世紀後半以降の国際金本位制を支えた諸条件についての記述が随所に見られ[2]，第Ⅳ部「自由放任の終焉」では「現在しか知らないことと，過去しか知らないことと……人々をより保守的にするのはいずれであろうか，私にはわかりかねる[3]」とあるなど，当時の人々が暗黙のうちに絶対視している価値観を歴史の中で相対視することの重要性は，論集を通じた１つの通奏低音となっている．

ケインズのインフレーション・デフレーションに関する見方と正義観

ケインズの理論が彼の存命中に理解されることは少なく[4]，管理通貨制度を前提とする裁量的な金融政策や公債発行による裁量的財政政策が各国で広範に是認され定着したのは第二次世界大戦後のことであるが，では，現代，ケインズの主張は彼の意図したとおりに理解されているのかといえば，この『説得論

---

1) 拙訳（以下同様）．Keynes (1919, p. 3).
2) 第Ⅲ部第1章 "Auri Sacra Fames" (pp. 161-163) では世界経済史上の金本位制の位置づけという相対化が行われ，同第2章 "Alternative Aimes ir Monetary Policy" (pp. 164-182) ではすでに第一次世界大戦の戦時中以来，管理通貨制度の下にあることが述べられる．また，19世紀後半以降の国際金本位制の下で物価が安定したのも，金本位制に内在する理由によるものというより，財の取引の拡大に歩調を合わせるようにカリフォルニアや南アフリカなどでの金の発見があったという外生的な要因に負うところが大きいことが述べられる（Keynes, 1931, "Social Consequences of Changes in the Value of Money," p. 74).
3) Keynes (1931, p. 277).
4) ケインズは "Am I a Liberal?" の中で，「問題はロンドンのシティや議会にいる資本主義の指導的地位にいる人々が，資本主義を擁護するための新しい考え方を，彼らがボルシェヴィズム（ソ連型社会主義）と称するものと区別する能力を欠いていることにある．」と述べて自らへの無理解を嘆いている．

集』によれば甚だ疑問である.

　近年,新古典派マクロ経済学の鬼子ともいえる実物的景気循環理論に価格の硬直性を接ぎ木した,動学的確率的一般均衡モデル（Dynamic Stochastic General Equilibrium Model）から導出されるインフレーションと失業のトレードオフ関係に,「ニューケインジアンのフィリップス曲線」の名が冠されている. また Mankiw その他,マクロ経済学の教科書の多くは,「新古典派経済学」に価格の硬直性という一種の inertia を導入したものをケインズモデルとする. それらの基本原理は,インフレショックに対して物価調整が緩慢にしか進まないために貨幣の非中立性が成立する点にある. また,今日,日本では「インフレターゲッティング」の語が,それを先駆的に採用していた国々が物価上昇の抑制へのコミットメントとして用いていたのとは逆の意味,つまり,物価の緩慢な低下傾向を反転させるコミットメントとして用いられ,「実体経済の改善」のために市場のインフレ期待を醸成するための「中央銀行と市場との対話」の重要性が説かれる.

　では,管理通貨制度への移行を説き,裁量的な金融政策を議論した元祖ともいえるケインズ自身は,インフレ期待・デフレ期待と実体経済の関係,また,貨幣価値と経済厚生について,どのような考え方をもっていたのか.

　『説得論集』に収められた『貨幣改革論』の諸章を通じ,ケインズは一貫して管理通貨制度の目標としては,為替の安定よりも国内物価の安定を優先すべきことを説く. その根拠となる,ケインズのインフレーション・デフレーションについての考え方や,貨幣についての見方を詳細にまとめたのが,同書の第1章であり,本論説集では『貨幣価値変動の社会的帰結』という標題で第Ⅱ部の第2章に収められている. これによれば,ケインズは確かに事業家のインフレ予想が生産を促進し,デフレに対する恐怖が生産を縮退させることを説き,確かに「貨幣の非中立性」を認める. しかしここでケインズが説く,貨幣が非中立的となるメカニズムは,外生的な価格の硬直性とはかなり様相を異にし,むしろ,生産プロセスを通じた支払い（給与や原材料仕入れや設備投資）と受取の時間的ラグという生産過程の性質上,実業界全体が物価上昇により利得を得,物価下落により損失を被る構造にあるという,動学的なメカニズムである. 「ニューケインジアンのフィリップス曲線」に自らの名を冠せられてしま

ったケインズは,天にあって The End of Laissez-Faire 277 頁の上記引用箇所を叫び続けているかもしれない.

しかもケインズは,微細なインフレ・デフレ期待も,予想の自己実現過程を通じて深刻な生産量の変動をもたらすきっかけとなると説く (p. 74). このメカニズムをケインズは "mortal disease of individualism" とし,その病を癒やす最善の方法は,物価が全般的に今後下がるという確信に満ちた期待も,上がるという確信に満ちた期待も,いずれも存在しないような状況をもたらすことである,と述べ(同頁),インフレ・デフレのいずれも「忌避すべき悪魔 ("both are evils to be shunned")」(p. 75) とまで述べる.

第一次世界大戦直後のケインズにとっては,経済全体の生産に影響を及ぼすインフレ・デフレについての「予想」こそ大問題であった.これほどの物価ないし貨幣価値の安定へのこだわりは,彼の正義に対する考え方,つまり,犠牲を特定の社会集団・階級に押しつけ,その他の人々が負担を免れたり奇貨を得たりすることを injustice として拒絶する姿勢と,資本主義存亡についてのケインズの危機感が関係していると思われる.資本・経営・労働のいずれも資本主義には欠かせない要素である以上,資本の提供者を消極的にするインフレ予想も,事業家を萎縮させるデフレ予想も排除されるべきであり,ケインズは貨幣の価値 (measuring-rod としての) の安定を,資本主義の死命を制するほど重要な事項であると考えていた (「今日の個人主義的資本主義は……安定的な価値尺度を前提としており,それなくしては,資本主義が効率的であり続けることも,おそらく,生き延びることすらも,不可能であろう[5]」).

物価安定の重要性は,続く第Ⅲ部において,国内物価を海外の物価変動から遮断する方策として,ケインズが金本位制の停止と管理通貨制度を推奨する重要な論拠となっている.後年,ケインズはこの『説得論集』の第Ⅵ部 "Later Essays" の第1章「繁栄への道」で物価上昇策としての政策提言を行っているが,これはその直前の,今日とは比較にならない規模の大恐慌後の劇的なデフレと高失業率が前提となっていること,また,有効需要管理政策による雇用・所得改善と支出(需要)拡大の結果としての物価上昇を議論しており,ケ

---

5) Keynes (1931, p. 75).

インズは『貨幣価値変動の社会的帰結』で表明した貨幣価値についての考え方を一貫して堅持していたと考えるべきであろう．

ケインズの「説得」についての考え方と「エリート主義者」批判

　中央集権的な管理通貨制度と有効需要管理政策を提唱したケインズは，しばしばハイエクとの対比で「統制主義者」であるかのように扱われる．しかし，この批判は，『戦費調達論』においてケインズが，戦時においても国民が「選択の自由」を確保するための提言に腐心したことを考えれば，的を射たものとはいえない．

　またブキャナン，ワグナーらの『ケインズの政治的遺産』に所収の，ケインズが民主主義的プロセスを軽視したという批判も，例えば第1部第4章「世論の変化（The Change of Opinion）」によればフェアな批判とはいえない．確かにケインズの論説にはいささか自信過剰の向きや，痛烈な皮肉が散見され[6]，そのことが「エリート主義者」であるかのような誤解を生む因となったかもしれないが，「世論の変化」において，ヴェルサイユ条約の欠陥について国民に説明せず，国民が失敗経験から学ぶに任せるような各国首脳の態度について，ケインズは懐疑的な意見を表明している．説得，説明を通じた意見集約は民主主義の根幹であり，説得の重要性を認識していたケインズは誰よりも民主主義的プロセスを重視していたといえよう．

ケインズの著述の今日的意義

　この『説得論集』に収められた論稿には，今日，経済学の教科書で「合成の誤謬」「自己実現的期待」「協調の失敗」「総需要外部性」という用語で紹介される概念と同様のものが散見され，今日の経済を捉える上でも大いに参考となる．また，単純な数値例，数少ないデータから問題の本質に迫る手法や技量には，現代の経済学者も学ぶべき点が多くあろう．

　論稿から伝わる戦間期の資本主義が置かれた状況，特に社会主義や，後年に

6）　例えば，第3部第4章「銀行の頭取たちの演説」の p. 189. National Provincial Bank 頭取の Sir Harry Goschen が，貨幣価値の安定に関する議論のほとんどを irresponsible discussion と称した上で，「物事を自然のなすがままに委ねたほうがよいと考える」と発言したことについて，「この発言に対する最善の態度は，Goschen 氏を自然のなすがままに委ねることだ」と言及したことなど．

はファシズムとの深刻な緊張関係にも立たされた危機的状況は,「ベルリンの壁崩壊」以降今日にいたる,資本主義の「一人勝ち」ともいえる状況とは様相を異にしている.しかし,資本主義の危機に対する意識が冷戦時代にくらべて相対的に薄れた今日,資本主義の維持のための危機意識が弛緩し,そのことによって,かえって新たな危機が生じているように思われる.

例えば小泉構造改革当時の「改革には痛みを伴う」という,特定の集団の犠牲を厭わない号令や,規制緩和という名の下での単なる既得権益の変更ではないかとも受け取れる動きは,特定の集団の犠牲のうえに別の者が利益を受けることを injustice として拒否したケインズの以下の叙述とは対照的である.ケインズ曰く,「気概のある者ならば,自分より恵まれた人々が奇貨によって利得を得てきたと信じる場合,自分が貧しい状態に置かれることに,決して同意しないだろう[7]」.

過労死と失業者数が共に増加している現状や,海外直接投資による国外への資本流出などは,ケインズが取り組んだ「協調の失敗」「合成の誤謬」の一例ともいえ,明快な論理と常識的感覚で柔軟に問題に取り組んだケインズの姿勢が今もなお必要であることを示している.そして,課題に取り組む際,今日のわれわれに求められるのは,当時と同様,説得論説集の冒頭でケインズが投げかけた問いかけ,つまり,今日の社会経済体制を絶対視していないか,歴史的視点を忘れてはいないか,因習に捉われた硬直的かつ短絡的な思考に陥っていないか,という問いを自問することであろう.

† Keynes, J. M.(1931), ***Essays in Persuasion***, London: Macmillan.(山岡洋一訳『ケインズ説得論集』日本経済新聞出版社,2010年／宮崎義一訳『ケインズ全集9巻 説得論集』東洋経済新報社,1981年).

---

7) Keyens, 1931, "Social Consequences of Changes in the Value of Money," p. 69.

Book Guide II-5
フリードマン『資本主義と自由』
市場経済の光と影

堀内　昭義

フリードマンの経済学

　ミルトン・フリードマンは1912年に生まれ2006年に亡くなった経済学者であるが，1つの時代を表徴する論者として，少なくとも学界の一部を代表する人物であった．彼は長年にわたって経済学のさまざまな側面，とりわけ具体的な政策問題に忌憚のない発言を展開してきた．特に金融の分野での古典的ともいえる貨幣数量説に則った主張，すなわち貨幣供給量の成長率を長期にわたって固定化することが，市場経済の安定化に寄与するという発言は有名であり，一部の経済学者や実務家から熱狂的ともいうべき支持を獲得したのである．今回，新たに翻訳された『資本主義と自由』を30年何年かぶりに読み直してみると，あらためて彼の情熱を感じると同時に，彼の主張していた議論がその後の市場経済の変化に対応して，ある点では無意味になってきたことにも思い至る．そうした印象を抱かれる理由の一部は，もちろん彼の主張が多くの専門家や実務家によって取り入れられ，実体経済が彼の主張する方向に改められたという側面にあるだろう．しかし同時に，実は資本主義経済の政策的なコントロールは，フリードマンが主張してきたほどには無意味なものではなかったことを示唆している面も少なくないという印象を与えられるのである．

　また彼の発言内容は学問的分析を踏まえるという以上に，彼の「直観」に基づく部分が大きいといえる．彼は1976年度にノーベル経済学賞を授与されたが，その彼の業績は，例えば同じようにノーベル賞に輝いた経済学者のポール・サミュエルソンやケネス・アローとは違ったタイプの学者であったことは明らかである．

『資本主義と自由』の内容

　フリードマンの市場経済の動きに関する主張を，『資本主義と自由』に即し

て，もう少し詳しく述べてみたい．この書物における彼の主張は，われわれの日常生活に直接的に関連する問題，すなわち市場経済と政府との関連についてである．とりわけ，彼は政府の市場経済への関与について極めて厳しい目をもっていた．彼の多くの政策的な提言は，一言でいえば，市場の具体的な取引やその困難に対する政府の介入は，よく見ても不完全であり，多くの場合間違ったものになるというものである．もちろん，市場の取引に参加する取引者たちも完全な情報などをもち合わせているわけではないが，政府のもつ情報はそれに輪をかけて不完全である．さらに，政府の担当者たちもさまざまな利害関係の渦中にある人々であり，自分たち自身の利害と無関係に，一般の人々のために市場の動きに介入するわけではない．したがって，政府が市場の取引に直接的に介入して，その均衡状態を変化させようとする政策には重大な注意，さらにいえば「警戒」が必要である．本書の重要な論点を一言で要約するとすれば，このようにまとめられるであろう．

フリードマンの主張の評価

　フリードマンのこのような主張の多くは，アメリカばかりではなく多くの国々で受け入れられてきたといえよう．日本でも，高度成長期が終わった1990年代に入ると，ある分野では急速に，またある分野では若干の後退なども経験しつつも，多くの領域で市場により多くの自由を与えるという政策が導入されてきたのである．この本の初版が1962年であることを考えると半世紀を超えても，ある種の説得力をもっているこの著書は，価値がある読み物であると評価することはできる．

　しかし他方では，この著書のもつ限界にも触れなければならないように私には思われる．フリードマンが主張するように，市場経済に対する政府のさまざまな介入の多くが「客観的に見て」十分な論拠をもっていないことは，今日では多くの専門家によって認められている．しかし，他方では，市場メカニズムのもつ限界についてもフリードマンが認識する以上に根の深い問題であることを，すでにわれわれは気づいているように思えるのである．私がそのように感じる箇所は実は少なくないのであるが，ここではフリードマンの金融政策に関する議論について触れてみよう．彼のこの議論は主として第3章「国内の金融

政策」(pp. 91-118) で展開されている．この部分における彼の議論の本質は「市場経済は本来的に不安定で（あり），放任しておくと好況と不況を循環的に繰り返すだろう．したがって，政府が介入して景気を安定させなければならない」(p. 91) という主張を，「こうした主張は全然正しくない」(p. 92) と一刀両断する部分に如実に示されている．

　フリードマンによれば，マクロ経済の（不必要な）変動が，実は貨幣供給量の変動によって抑制されているのではなく，むしろ拡大しているのである．貨幣供給量とマクロ経済とのそのような関係は，中央銀行が政治的な独立性を与えられ，貨幣供給量のコントロールが，ごく少数の人間の裁量に委ねられていることによって生じていると彼は考える．元来金融政策についても，政府のほかのさまざまな政策と同様に，その必要性を担当者が正確に認識できるという保証はない．そのような政策上の過誤の可能性にもかかわらず，中央銀行の専門家に重要な経済変数の調整を委ねることの危険性にわれわれは，もっと注意深くなければならない．例えば，1930年代にアメリカ経済を「大不況」と呼ばれる奈落に陥れたのは，まさにそのような中央銀行家の判断ミスによるものだとフリードマンは主張する．

　こうした主張を論拠づけるために，彼は（この書物の中では直接実行していないけれども）比較的単純な統計的手法（時系列関係）によっている．彼によれば，アメリカ経済は明らかに，中央銀行家による政策運営の惨めな失敗によって深刻な破綻を経験したのである．こうした一部のエリートの失敗がマクロ経済の不必要な変動をもたらさないようにするためにはどうしたらよいか．エリートの判断ミスを回避するために，貨幣供給量のコントロールを中央銀行家の判断に委ねるのではなく，その変動に一定のパターンをあらかじめ与えるという仕組みが望ましい．フリードマン自身は貨幣供給量の成長率をたえば年率4％といった率を設定し，それを実現するように中央銀行は金融調節を実施するという政策を提案している．

フリードマンの提案はどのように扱われてきたか

　このような金融政策の運用方式に関するフリードマンの提案は，アメリカではどのように取り扱われてきたであろうか．私が知るかぎりでは，今日に至る

まで連邦準備銀行の政策スタンスがその理事たちの手を離れて、議会等が定めるルールに従って、貨幣供給量の成長を長期的・安定的に一定水準に保つというような方式は採用されてこなかった．連邦準備銀行の理事会は、貨幣供給量ばかりではなくさまざまな金融変数を、間接的にせよコントロールして、その時々の経済情勢との関係で変化させてきたのである．この点でフリードマンの主張以降、アメリカの金融政策運営に根本的な変化があったようには思われない．

それでは、このような点で、アメリカの金融政策運営（特に貨幣供給量の調整）は、1930年代に犯したと言われている失敗を犯し続ける心配があるということになるのであろうか．フリードマン流に考えれば、そうなるであろう．しかし、実際には、確かにあるときには部外者にとって納得できない政策がとられることがあるとしても、総じて、妥当な運営が行われているように思われる．アメリカ経済が、必ずしも、国民にとって望ましいと思われるような成長を遂げていないとしても、それは金融政策運営の枠を超えたところに根本的な原因を求めるべきではないだろうか．

中央銀行による貨幣供給量の操作可能性という点では、日本はアメリカ以上に困難な面をもっているように思われる．しかし基本的には、日本の金融政策についても同じようなことがいえるのではないか．日本は10年とも20年ともいわれる長期にわたって経済的な不況を経験してきているが、私の判断では（ここでは詳しい議論は省略するが）この不況の原因は金融政策の運営に問題があるのではなく、むしろ実物経済の問題、とくに海外の経済的発展との関係に問題があるのではないかと思われる．このような問題は、自由な市場経済における一時的な疾患と片付けることはできないように思われる．

フリードマンの主張を受け入れるか否か

すでに述べたように、本書のフリードマンの主張を細かく見ると、そのかなりの部分はアメリカや日本において取り入れられてきたという面を否定できない．この点については、フリードマンが主張した政策的な提言が、20世紀半ばまでのアメリカ社会を念頭に置いたものであるということに注意を払う必要がある．その後のアメリカ社会は、徐々に、フリードマンの主張の一部を取り

入れて「市場化」を推し進める一方で，むしろ政府による市場介入をより「合理的なもの」とするための努力を払っていると思われる．したがって，フリードマンの主張が全面的に正しいものと判断すべきかどうかは，今日においても，必ずしも明確ではない．例えば全国民をカバーする健康保険制度の仕組みは，多くの人々の努力にもかかわらず完成しているとはいえないが，このような社会制度の構築は，たとえフリードマンの反論があるとしても，アメリカ社会において追求されるべき公的制度であると私は考える．

　アメリカ社会のこのような傾向は，例えば日本についてもいえることではないだろうか．第二次世界大戦の後，その善し悪しは別にして，日本の経済社会における政府部門の役割はむしろ拡大した．その後，多くの分野で政府の市場介入は是正，ないし排除される方向に向かっているが，このような事態が問題なく良いことであると評価できるであろうか．例えば雇用状態を眺めてみると，正規雇用者・従業員の数は次第に減少する一方，非正規雇用者の数が急速な増加を示しており，そのことが労働者の生活に大きな影響を及ぼすようになっている．日本を取り巻く国際的な市場環境を考えると，企業の側では，非正規雇用の数を相対的に増やして，海外企業と競合できる状況を作り出さなければならないということのようである．日本が，ほかの国々に比較して，確固とした労働サービスの質を維持できないとすると，この雇用環境はさらに深刻化していくということも考えられる．

　このような状況にあっても，日本の政府は市場メカニズムへの介入を極力制限すべきなのであろうか．これは，かつて日本経済が高い成長力を誇っていた時代に，成長が鈍化しつつあった国々，あるいはいまだに発展途上国というレッテルを貼られていた国々が経験した状況であったのかもしれない．第二次世界大戦後の時期には，それでも，多くの国々で貿易取引等にたいする厳しい制限が取られていたために，国際間のさまざまな格差が是認される傾向にあったが，貿易取引や国際的な金融取引の自由化とともに，そうした制限が取り除かれることになっている．このような状況の下では，多くの側面において，個々の経済主体に大きな影響を及ぼし，海外との関係において国内の体制をどのように対応させるかという面で深刻とも言うべき問題を惹起してきたと考えられる．別の表現をすれば，20〜30年前までの日本は全体として見れば多くの規

制を取り払い，自由な産業，貿易体制の下で多大な利益を享受できる立場にあったのだが，その後の国際的な経済環境の変化の下にあっては，途上国の成長などによって，その国際的な立場を脅かされる位置に後退したと思われるのである．

このような国際的な経済環境の変化は，もちろん，アメリカにも生じていることのように思われる．アメリカにおける高い失業率や所得分配の公平性の悪化は誰の目にも明らかである．しかも，このような問題は，自由な市場経済における一時的な疾患と片付けることはできないだろう．この長期的な経済悪化に対して，政府は積極的な対策を打ち出す必要が当然あるのではないだろうか．フリードマンが現在生きていたとすれば，こうした状況についてどのような発言を行うであろうか．

今から半世紀前に出版されたこの『資本主義と自由』は，さまざまな意味で注目すべき著書であったことは言うまでもない．その当時のアメリカ政府が，ここで主張されているような，市場経済に対する明確な信頼を寄せるべきとするフリードマンの主張には，耳を傾けなければならない面があることを否定するわけにはいかない．こうした点でフリードマンは重要な業績を挙げたことになる．彼の主張のかなりの部分は，その後，アメリカのみならず多くの国の経済政策に影響を及ぼしたことも明らかである．しかし繰り返しになるが，21世紀の初めにあたって振り返って見たときに，フリードマンの主張を無条件で経済政策上の進歩と呼ぶべきなのかどうか．私には，政府の果たすべき役割として，フリードマン自身が主張するよりも多くの分野が存在するように思われてならない．例えば，市場を取り巻く環境の多くにおいて「不完全情報」などの障害があるとしても，政府は善きにつけ悪しきにつけ合理的に与えられた職務を，実行せざるを得ないのではないだろうか．その意味では，市場経済と政府との密接な連携は，従来以上に，求められると思われるのであり，この点で私はフリードマンの議論に賛成しないのである．

† Friedman, M.（1962），***Capitalism and Freedom***, University of Chicago Press.（村井章子訳『資本主義と自由』日経 BP 社，2008 年）．

Book Guide II-6

ドスタレール『ケインズの闘い――哲学・政治・経済学・芸術』
経済学者のディシプリン・生き様とは？

渡部　晶

はじめに

著者のジル・ドスタレール（Gilles Dostaler）は，ケベック大学モントリオール校に，1975年に社会学の教授として働き始め，4年後からは経済学の教授であった．1946年生まれで，2011年2月に癌で死去した．ドスタレールは，経済学，歴史学，哲学，心理学を勉強し，数学の教育も受け，ケインズ，ハイエク，フリードマン，マルクスに関するさまざまな面を取り扱い，フランスの経済思想の学会で活躍し，高い評価を得たという[1]．

本書（2007年）は，2005年刊行のフランス語原著の英訳であり，日本では2008年に藤原書店から邦訳[2]が出ている．当時の日本の新聞・経済誌の書評で好意的に取り上げられている．死去に伴う学会誌の評伝では，著者の代表作として扱われている．フランス語原著は，文学的にも優れたものとして，カナダの権威ある文学賞の1つという2005年のGovernor General's Literary Awardを受賞している．

本書の意義

2008年のリーマン・ショック以降，ケインズの再評価が盛んに行われ，わが国においても2011年春には，平井俊顕・上智大学経済学部教授（当時）などによりケインズ学会が立ち上がった．そのような中で，本著の意義はなんであろうか．

---

1) Bradley W. Bateman & Catherine Martin (2011), "Gilles Dostaler (1946-2011)," *The European Journal of the History of Economic Thought*, 18-4, pp. 615-616.
2) ジル・ドスタレール（2008）『ケインズの闘い――哲学・政治・経済学・芸術』鍋島直樹・小峯敦監訳，藤原書店．ドスタレールは，日本語版への序文を寄せており，全体を俯瞰するための彼自身の手になる貴重な文章である．「日本はつねに経済思想の次元で――おそらく他の知的領域におけると同様――多元主義と寛容の地であった」（p.1）という指摘は最近の日本の粗野な議論が容赦なく飛び交う知的状況に鑑み示唆深い．

評者のバックグラウンドは，法学，特に憲法であり，1987年に旧大蔵省に事務官として採用されて以来，地方自治体出向なども含め行政実務を行ってきており，最近は，わが国の通貨制度（幣制）や独立行政法人改革を担当していたというものである[3]．

　そのような立場から，経済学の状況を観察すると，自然科学のように，経済学に関しても，大学研究者[4]の研究評価としては，コアな国際誌に掲載される論文数や，トムソン・ロイター社が提供するデータベースによる被引用数などが重視される傾向にあるようだ．そのため，知り合いの若い経済学研究者は，論文の作成に追われている．

　佐和隆光が，評者が法学部生になったころの30年前にすでに予想していたように，日本においても，「経済学の制度化」がかなり進んだ面が見逃せない．その予想に反して，新古典派総合は，DSGE（動学的一般均衡モデル）に変わったが，その「制度化」自体の状況は彼の想定したとおりに進行した[5]．経済学の主流であり，長年にわたって洗練・確立されたミクロ経済学の枠組みに従って研究を進めたほうが研究評価の対象となる論文を量産しやすいということもあると聞く．

　しかし，現代憲法論が検討課題としているような「具体的な人間像[6]」に比して，ミクロ経済学では，鋭く鮮やかな分析を可能とするために，貨幣の本質論を避けた上で，かなり大胆な割り切りで明快な人間像を前提にしているように見える[7]．それをもとに人間社会の洞察を深めるのはたいへん意義深いことではあるが，現実の経済社会政策として直裁に適用するには，一定の留保が必要だと考える．評者からすると，その留保条件が上記の制度化の中で，ともす

---

[3] 渡部晶（2012）「わが国の通貨制度（幣制）の運用状況について」『ファイナンス』第561号，財務省．
[4] 理科系の話ではあるが，杉原厚吉（2012）『大学教授という仕事　増補新版』水曜社．
[5] 佐和隆光（1982）『経済学とは何だろうか』岩波書店．評者には，川島武宜『科学としての法律学』（弘文堂，1964年）とともに，社会科学について考え読んだ思い出深い著作である．
[6] 佐藤幸治（1983）「法における新しい人間像」『岩波講座　基本法学〈1〉人』岩波書店．佐藤はここで，ドゥオーキンを参照しつつ，「法ないし法的関心がますます『具体的人間』に，すなわち『苦しみや挫折感を持つ』『弱き』人間に向けられてきていることは否定し難いように思われる．」とする．
[7] N. グレゴリー・マンキュー（2008）「第2章　経済学者らしく考える」『マンキュー入門経済学』東洋経済新報社．

ると忘れられ，経済論壇に登場する一部の「経済学」研究者には，ミクロ経済学の規準がその心にまで浸透しているように見えるのである[8]．

本書には，そのような状況において，20世紀が生んだ卓越した知性であるケインズの生涯について，ドスタレールによる経済学を超えた幅広い視野からの卓越した叙述でもって，一般の者の知的好奇心を満足させるとともに，経済学を修め研究していく人たちへの経済学者のディシプリン・生き様をも自ずから示しているところに大きな意義を感じるのだ．

本書の構成

本書は，10章と2編の補章からなり，表題は以下のとおりである．第1節で記した，ドスタレールの広範囲の学識を生かし，ケインズをさまざまな切り口から迫っているのがよくわかる構成だ．

第1章「序論」，第2章「倫理——ケインズのビジョンの源泉」，補章1「ブルームズベリーとアポスルズ」，第3章「知識——不確実性，確率，モラル・サイエンス」，第4章「政治——自由主義と社会主義を超えて」，補章2「ケインズの時代のイギリス政治史」，第5章「戦争と平和——ボア戦争からベルサイユ条約まで」，第6章「貨幣——経済的原動力と社会的病理」，第7章「労働——失業との戦い」，第8章「金——人類に貢献する国際通貨体制」，第9章「芸術——芸術の理論化・消費者・後援者」，第10章「結論——ケインズからケインズ主義へ」．

また，付録として，1.「ケインズとその時代——年表」2.「友人や同時代人

---

[8] ジェフェリー・フェファー，ロバート I. サットン (2009)『事実に基づいた経営——なぜ「当たり前」ができないのか？』清水勝彦訳，東洋経済新報社（原著は2006年）．66頁には，以下のような経営学者からの興味深い指摘がある．「ゲーリー・ベッカーやオリバー・ウィリアムソンをはじめ，多くの経済学者は人間というものは自己の利益のために行動すると信じている．人間は自己中心的なものだという前提は，だから金銭的な動機付けが有効であるという理由になるだけでなく，なぜ恋に落ちるか，結婚するか（あるいは多夫多妻を望むかどうか），子どもを持つかの説明にも使われる．しかし，経済学者は人間は生まれつきでなく，後天的に自己中心的になったということを忘れている．実際，経済学者は自己中心的なほうが得をするのだと教えている．コーネル大学のロバート・フランク教授を中心とした調査によれば，天文学専攻の学生に比べ，ミクロ経済学専攻の学生のほうが，はるかにうそをつく確率が高いという．価格と紹介料がいろいろな水道事業者の中から，学生が一社を紹介するというテストでは，『経済学者は他の専門家よりも悪の道に染まりやすい』という結果が出た」．

なお，皮肉にも，経営学にも「制度化」の波が押し寄せているようだ．入山章栄『世界の経営学者はいま何を考えているのか——知られざるビジネスの知のフロンティア』（英治出版，2012年）．

から見たケインズ」がある．

内容の概観

(1) ケインズの哲学

　本書は，第2章倫理から話が始まる．ケインズは，ムーア，ラッセル，ウィトゲンシュタインというケンブリッジに興った分析哲学の中にいた．初学者にとっては，このケインズが大きな影響を受けたこの哲学の内容を理解するのに難渋するに違いない．第2章，第3章はきわめて密度が高く，つまずきの章になりかねない．しかし，高い頂きだが，これを越えれば，かなり見通しが立てやすくなる[9]．また，ドスタレールは，この章で，ケインズに先行するヴィクトリア朝期の経済学者などを簡単に概観して，著者自身のかなり進歩的な立場も明らかにしている．

　「Ethics（倫理学と訳される）」は，「社会的存在としての人間の間での共存の規範・原理を考究する学問」（広辞苑）である．本書の冒頭で，ケインズが若い時代にムーアの「Principia Ethica」の大きな影響を受けたことが記される．ここでムーアが主張したのは，「理想主義的功利主義」であり，「人間的な情愛，ならびに美の享受」を「目的それ自体」あるいは「最高善」とする議論（伊藤邦武による）で，これがヴィクトリア朝の伝統的な生き方に飽き足りない若者たちに大きな影響を与えた．また，ケインズが，急進的な立場から，生涯中世的だと見なした慣習などに闘いを挑んだことが強調されており，それがこの本の題名にも通底しているわけである．ケインズに関連する同性愛をめぐる記述も目を引く．

　しかし，ケインズは，ドスタレールが引用した以下の文章（私のような旧大蔵省に入省した者には面はゆいものだが）にあるように，文明の存続のために，伝統やしきたりの重要性を認めていた点にも留意すべきであろう．「ある意味において，大蔵省の統制は古臭い道徳になぞらえられるだろうと思います．いったん，それを調べてみると，かなり面倒で不合理なことが相当あります．し

---

[9] 導きとして，伊藤邦武『ケインズの哲学』（岩波書店，2011［1999］年）がある．ドスタレールは，「一般理論」における後期ウィトゲンシュタインとケインズの関係を，伊藤よりは控えめにみている．

かし，それにもかかわらず，それは圧倒的な邪悪に対する不可欠の防壁なのです」[10]．ケインズの人間社会への深い洞察を感じる．

(2) ブルームズベリー・グループ

ケインズのことを語る際，ブルームズベリー・グループを避けて通ることはできない[11]．

補章1では，このグループの人物やその活動について概観している．イギリスの黄金期であるヴィクトリア朝の伝統的価値へのさまざまな反逆が語られ，第一次世界大戦の影響も語られる．社会科学を研究する学者であっても，視野の広い研究を行うためには，文化的素養が重要であり，その学問にその時代の文化が影響を及ぼすことを，当たり前ではあるがあらためて感じる．ケインズの学問においても，歴史的文脈は無視できない．また，ここで，ドスタレールが，心理学者フロイトの，グループやケインズへの影響を重視していることは興味深い．

(3) モラル・サイエンスとしての経済学

第3章は，広い意味でのケインズの科学的方法論や認識論を取り扱っている．ここでは，ムーアやラッセルの影響下で出発した「確率論」や，その後のラムゼーによる決定的な批判やウィトゲンシュタインとの交流について触れられており，ケインズが，時代によってその立場を変化させてきたことがわか

---

10) 同書，p. 22.
11) 橋口稔『ブルームズベリー・グループ――ヴァネッサ，ヴァージニア姉妹とエリートたち』（中公新書，1989年）が全体の雰囲気を鳥瞰できる好著．なお，クウェンティン・ベルの『ブルームズベリー・グループ――二十世紀イギリス文化の知的良心』（みすず書房，1972年）についての，歴史家の故萩原延壽の書評での以下の指摘に注目したい．「……ブルームズベリー・グループと呼ばれる知識人の集まり……では，……とりわけ会話の形式を重視する傾向がみられ，その背後には，このグループのメンバーをつよく支配していた懐疑主義と冷笑主義が踵を接しているようなひとつの精神態度――どちらの側にウェイトがかかるかについては，個人差がある――をよみとることができた．その態度の由来を追っていけば，かれらをとらえていた宗教的不可知論の問題に，おそらくゆきつくはずである」(p. 72)，「……ブルームズベリー・グループのメンバーも，……生粋の自由主義者，それも民主主義の不可避性を承認しながら，同時に民主主義に内在する危険を感知していた自由主義者であった，という一事である．自由主義と民主主義との見境がつかず，その牽引と反撥の関係の認識がとかくなおざりにされがちな日本では，これは記憶しておいてよい事実である」(p. 80)．「斥候（ものみ）よ　夜はなお長きや」（『萩原延壽集　5　書書周游』朝日新聞社，2008年）．

る．また，ティンバーゲンとの計量経済学の方法論に関する有名な論争が紹介されている．

　ここでは，ケインズが，モラル・サイエンスに自然科学の方法を適用することができないことや，「時間」というものの取り扱い（不確実性）の重要性を述べたことに言及している．これは，最近でも，リーマン・ショック後とみにわが国でも議論され，人口に膾炙している論点だと思う．

(4) 政治

　第4章は，ケインズと政治のかかわりについて記述する．ドスタレールは，政治もケインズの主な闘いの場の1つであると指摘している．ケインズは，政治にかかわるにあたって歴史というものを極めて重視していたことがわかる．

　ドスタレールは，21歳のケインズが書いたエドモンド・バークについての論文を印象的に紹介する．この論文で，ケインズはバークを政治的功利主義者として評価するとともに，不合理であっても旧慣の暴力的な破壊には慎重な態度を示した．その一方で，バークの経済的な自由の強硬な主張については批判をした．

　また，ケインズは自由主義者として，保守党の政策を非難し，自由党を支持しその政策形成に貢献した．彼は，時代遅れと見なした自由放任主義を拒否し，政府が完全雇用や，所得や富のより平等な分配を保障することに躊躇すべきでないとしている．ドスタレールは，ケインズについて，パターナリズムや勤労者へのマイルドな軽蔑が結びついたエリート主義をとったと総括する．

　補章2では，ケインズ時代の大英帝国の政治史について，ケインズのイギリス政治とのかなり密接な関係に言及しながら概観している．労働党が新たな政党として勃興した時代背景が的確に記される．

(5) 戦争，雇用

　第5章，6章，7章，8章でケインズが生涯を通じて彼の心を占め，精力を消耗させた，戦争，雇用，金（通貨制度）の3つのテーマについて記述している．このうち，戦争，雇用について，第5～7章で記述されている．

　第一次世界大戦を機にケインズは大蔵省で仕事をすることになり，パリで開

催された講和会議では，イギリスを代表する使節の一人として大活躍したが，ドイツへの寛大な和平条件を条約案に入れさせることができず，「平和の経済的帰結」(1919年12月)という当時の世界に大きな影響を与えたパンフレットを執筆した．彼の経済学的見解は，戦争であれ経済恐慌であれ，解決方法が，特に社会の最も傷つきやすいところに，耐乏生活を課すことであってはならないというものであったとする．

また，ケインズがその研究対象であった貨幣を稼ぐことにも精通[12]していたことを活写し，貨幣が現在と将来を結ぶ連鎖であるとして，実業家が持つ貨幣愛を分析する．ケインズが主張した，貨幣数量説への批判，貨幣の心理的な要素，貨幣経済の特質について巧みに論じられている．

さらに，近時最も重要と思われる労働についての記述は迫力がある．現在の主流経済学の非自発的失業への冷ややかな扱いについてのドスタレールの記述はいっそうの冴えを見せる．ピグーが，1913年の著作で失業の解決策は賃金を切り下げることであるとしたことに対し，ケインズは「一般理論」でこれを攻撃した．ピグーは，その後自説では説明できない失業の存在を認めるという知的誠実さを示したという．ケインズの「一般理論」の簡にして要を得た解説がなされる．ここでケインズは，「診断 (diagnosis)」と「治療 (cure)」を区別している．ケインズの著作は「診断」にほとんどあてられていて，「一般理論」を経済政策の諸定理のひとそろいのものと見なすことは誤りであるとする．生き生きとした学問が「制度化」に堕し，また，政策になるときにおかしなものになることが，ややもすると生じることに対する戒めとして肝に銘じておくべき指摘であろう．

(6) 国際通貨体制

第8章で，金 (通貨制度) についてのケインズが最も熱心に取り組んだ2つの闘いについて触れている．1つは，1920年代の金本位制への復帰への闘いであり，もう1つは，第二次世界大戦の間の，特に，新しい国際通貨制度の設立

---

[12] ケインズが，当時の金融マーケットにもカリスマ投資家として絶大な影響力を及ぼしていた面については，那須正彦 (1995)『実務家ケインズ』中公新書が，官僚・投機家・実業家・大学管理者の顔を持つケインズを丹念に追っており，一読に値する好著だ．

にかかわる彼の参加である．

　最初の1920年代の英国の金本位制の復帰は，為替の安定性をもはや与えるものではなく，雇用や物価の安定を犠牲にして行われた．結局金本位制の停止で苦境を脱するしかなかったということになり，不幸にもケインズの主張のとおりになってしまったのである．

　また，第二次世界大戦後の通貨制度については，イギリスを代表しケインズ案をもって，アメリカのホワイト案と議論を重ねることになった．ケインズは，現在もワシントンにあるIMF（国際通貨基金）とIBRD（国際復興開発銀行，現在の世界銀行）の主要な創設者の1人であるが，新しい国際通貨秩序を構築するという彼の当初のアウトラインからはかなり違った合意となった．ホワイト案は，好ましい成長に向け必要な流動性を世界に供給することによる拡張的なメカニズムを構築しようというケインズ案に比べ，為替相場の安定化を重視していた．そして，世界的な指導的地位はアメリカに第一次大戦後に移っており，そのため，ケインズは敗北したという．2012年10月に50年ぶりに日本でIMF・世銀総会が開催されたところであるが，百家争鳴が続く国際通貨制度改革についてその原点を振り返るのに適切なものとなっている．

(7) 芸術

　第9章は，ケインズは，人間社会において，芸術家を最も高い位置に置いたことが指摘される．彼の芸術についての理論はそれほど卓越したものではないようだが，彼の経済理論の中に登場してくる人間は，合理的で利己的な経済人ではなく，バージニア・ウルフの小説における苦しんでいる登場人物やリットン・ストレイチーの物語にいるノイローゼの人物と同じ特性を持っていると指摘されているのが，ややもすると合理的経済人の仮定を当然視しがちな，経済論壇的な議論からすると示唆深いものだと思う．

　また，彼は，第6章で見たように，貨幣を稼ぐのにたけていたが，それで得た貨幣を絵画などに投資したり，ニュートンの手稿などを収集したり，舞台芸術も愛好[13]したりして，古代ローマのメセナスを想像させるような役割を果た

---

13) 中矢俊博 (2008)『ケインズとケンブリッジ芸術劇場』同文館出版．経済学者としてのみ日本で有名なケインズのまったく違った側面に光を当てる．

(8) 結論

　第10章では，これまで多方面からアプローチしてきたケインズについて，ドスタレールによる結論が示される．

　ケインズの経済理論が社会の全体的な理解の一部分であり，そのように理解されることが彼の偉大なオリジナリティの源泉であるとされる．また，さまざまなケインズ主義の存在が指摘され，ケインズのレガシーが，しばしばぼやけ，時にはばらばらにされてしまうとする．そして，新自由主義は，ケインズ，ケインズ主義，ケインジアンの政策を1960年代末に始まる資本主義経済の経験した困難を理由に非難するが，ドスタレールは，戦後の成長と失敗の片方だけをケインズの責めに帰するのは不適切であると指摘する．

　最後に，ドスタレールは，ケインズが残したものとして，社会の全体的な理解ということをあげる．この著作で，それを再構築し，いまだに学ぶべき多くのことがあるとする．

おわりに

　昨今の日本社会では，グローバル化・情報化はますます進展する一方，戦後圧倒的だったアメリカの経済力の減衰，中国の軍事的台頭，新興諸国の経済的発展などがあり，われわれを取り巻く情勢も大きく変化し，国内も少子高齢化の影響が顕在化することなどから，さまざまな議論が錯綜する．

　ケインズの総合的な知性の高みに到達することは到底凡人には望みえないものだと思うが，この巨人が鮮やかに示した闘いの軌跡をたどり，その目指した方向性の現代的意義を深く味わうのに最適の1冊だ．経済学者だけでなく経済の専門家でない一般の者にとっても一読に値すると考える．

　　†Dostaler, G. (2007), ***Keynes and His Battles***, Cheltenham: Edward Elgar.（鍋島直樹・小峯敦監訳『ケインズの闘い——哲学・政治・経済学・芸術』藤原書店，2008年）.

Book Guide II-7

ワプショット『ケインズかハイエクか——資本主義を動かした世紀の対決』
色合いの異なった二人のリベラリスト

高田　裕久

今日に続く怪人と奇人の戦い

　第一次世界大戦後の世界は，新しい現実にどう適応していくのか，激動の時代を送った．敗戦国の巨大な賠償債務，国際通貨体制（金本位制）の再構築，そして大恐慌，深刻な失業と社会不安，全体主義と社会主義の台頭．まさに資本主義と民主主義の危機の時代であった．

　この時代にあって，ケインズとハイエクは，ともに経済の本質を深く考察し，歴史に残る激しい論争を繰り広げた．

　J. M. ケインズ（1883-1946）は，貨幣経済に内在する本質的な脆弱さを指摘し，政府による市場経済への機動的介入が資本主義存続のために不可欠だと説いた．ケンブリッジの知的エリートとしてのノブレス・オブリージュを貫き，時々刻々と変動する経済課題に対して，ときに矛盾と受け取られることも恐れずに解決の処方箋を提供し続けた，まさに知の怪人であった．

　F. A. ハイエク（1899-1992）は，政府による市場経済への恣意的介入は，個人の自由選択が経済全体の均衡を実現していくという資本主義の前提そのものを危うくし，可能なかぎり抑制すべきだと説いた．敗戦の祖国オーストリアから英国，米国，ドイツそして再びオーストリアと放浪の生涯を送った．時代から忘れられた存在となった時期にあっても，個人の自由こそが資本主義の長期的存続に欠かせないとの理想を貫き通した，まさに知の奇人であった．

　2人の論戦は，両者の在世当時にあっては，未完のまま終わった．

　その後の時代は，ケインズ的経済思想の隆盛期（第二次世界大戦から1970年代まで），ハイエク的経済思想の隆盛期（1980年代の冷戦末期から2000年代），そしてケインズの復活期（2000年代の金融危機期）を変転した．

　現代の世界は，金融経済の膨張とグローバル経済の発展を経て，2人の時代と同様に混迷の中にあり，両者の経済思想を2つの軸にしながら経済のあり方

が議論されている．怪人と奇人との論戦は，今日においても継続しているのである．

Keynes versus Hayek

怪人と奇人は，いろいろな面で対照的である．

(1) 運命に対する考え方

ケインズが，人間は自分の運命を管理する役割を与えられていると考えていたのに対し，ハイエクはある程度不本意ながらも，人間は他のあらゆる自然の法則に従わざるを得ないのと同様に，経済の自然な法則にも従って生きることを運命づけられていると考えていた．（ワプショット，2012，p. 60）

(2) 楽観主義者と悲観主義者

ケインズは，権力ある立場の人々が正しい決定を下しさえすれば，人生は必ずしも本来のように厳しいものではなくなるという楽観的な見方を選択した．ハイエクは，人間の努力には絶対的な限界が定められており，自然の法則を変えようとする試みは，たとえ善意からであっても予想外の結果に終わるのが関の山であるとの悲観的な意見を支持した．（同書）

(3) 大英帝国のエリートとハプスブルグ帝国の復員兵

ケインズは，ケンブリッジの知的エリートとしての祖国イギリスへのノーブリス・オブリッジを貫いた人物である．彼が闘い続けた時代とは，大英帝国が2度の大戦を経て世界帝国としての勢力を失っていく時代であった．彼は偏狭な国家主義者ではなかったが，疑う余地なき愛国者であり，イギリスという具体的な国家と社会が常に関心の中心にあった．

ハイエクは，ハプスブルグ帝国の復員兵であった．多感な青春時代（なんと18歳で従軍！）に生命を捧げようとした祖国は亡び，成年後の彼はオーストリアから英国，米国，ドイツ，そして再びオーストリアと渡り歩く．ハイエクは，アドルフ・ヒトラーと同じ亡国体験を持ち，チャールズ・チャップリンの

ような放浪の生涯を送ったのである．最後まで祖国を愛した形跡（糟糠の妻と離別し，初恋のオーストリア女性と再婚）を残しつつも，彼にとって国家とか社会は抽象的な存在であり，その視線は常に個人に向けられたように思える．

(4) 政治との距離

ケインズは，政策提言者として現実の政治に深く関与した．しかしながら筆者には，彼が，現代民主主義の難しさにどこか鈍感であったように思えてならない．

ケインズは，ハイエクへの手紙で計画（管理経済）についてこう語る．

> この計画は，なるべく多くの人々がいる社会で作成されるべきであり，そこには指導者も追従者も存在していて，ひとつの道徳的立場が完全に共有されていなければならない．（中略）穏健な計画は，それを実施する人々の頭や心が道徳的論点を正しく見定めていれば安全であり，一部の計画ではすでにそれが実証されている．（同書, p.229）

彼の経済学が「モラルのある社会」を前提とする旨を表明しているが，この条件は彼自身が非現実的であると指摘した新古典派経済学の前提条件と同じくらいに難しいものではなかろうか．

ハイエクは政治に関与することはなかった．しかしながら，ハイエクの信奉した自由の権利は，「大きな政府」を指向する進歩的政治家たちによって，黒人などのマイノリティの人々に拡大されていった．

(5) ボスと一匹オオカミ

ケインズの周りには「サーカス」と称される弟子たちをはじめ，常に人が集まった．相当な自信家であり傲慢ともいえるような性格だったようだが，彼は常に人々からボスとして人々から担がれる存在であった．その魅力の源は，華麗なまでの知性であり，資本主義変革への使命感と情熱であったであろう．加えて，ケンブリッジの伝統を継承した知的な懐の深さが，ほかならぬハイエクの言葉で記されている．

> 私がまじめな議論を挑んだ瞬間から，彼は私を真剣に受け止め，以後，私を尊重してくれるようになった．（中略）ケインズは私のことをいつもこ

のように話していたと承知している.「もちろん彼はクレイジーだが，彼の考えもかなり面白くはある」.（同書, p. 65）.

　ハイエクは一匹オオカミであった．長い不遇の時代にあっても，その考えが揺らぐことのない頑固者であった．筆者は，ハイエクが，ケインズ経済学全盛期に学生たちからも「中級の経済学」と侮られて真っ赤になって怒るシーンを紹介する．変わり身の下手な無器用な人物だったのだろう．筆者にとって興味深いのは，ハイエクがケインズとの論戦を経て成長していったと思われることである．

　ケインズとの論争におけるハイエクの主張は，ウィーン学派の伝統を超えるものではなかった．ハイエクは，論争のクライマックスになると期待されたにもかかわらず，ケインズ「一般理論」の前についに沈黙する．筆者は，ハイエクは「一般理論」の強烈な創造性に圧倒されたのではないか，と推測する．そして，ハイエクは脱皮する．個々人の知識や情報は限定的，部分的なものにすぎないが，市場での交換を通じて相互に補完をし合い，社会全体としての知の進歩を生み出していく．ハイエクの経済学は，市場の情報機能という独自の視座に進んでいくのである．

　怪人ケインズとの闘いを経て，優等生ハイエクは奇人ハイエクとして生まれ変わった．筆者にも，そのように思えるのである．

(6) 線引きの問題？

　そして著者であるワップショトは，ケインズがハイエクに送った手紙から二人の違いに言及した部分を引用する．

> 貴殿は本書のあちこちで，これはどこで線を引くべきかを見分ける問題だと認めている．そして，どこかで線を引かねばらないこと，論理的な極端化は不可能であることに同意している．しかし，どこで線を引くべきかについての指針は何ひとつ示していない．貴殿と私がおそらく違うところに線を引くであろうことはたしかだ．考えるに，貴殿は"中道"の実行可能性を大幅に過小評価していると思わざるを得ない．（同書, p. 230）

　この評に，なるほどと思いつつも，要領がよすぎてちょっとモノ足りない，と感じるのは筆者だけだろうか？

Keynes and Hayek

　怪人と奇人には，いくつかの共通点がある．

(1) 人間は不完全なものである

　ケインズは，人間が不完全な存在であることを，次のように洞察している．

　　個人が各自の経済活動において，永年の慣行によって公認された「自然的自由」を所有しているというのは本当では・ない・．世界は，私的利益と社会的利益がつねに一致するように，天上から統治されては・い・な・い・（ケインズ，1981，p.344）．

　　自分自身の目的を促進すべく個々別々に行動している個々人は，あまりにも無知であるか，あるいはあまりにも無力であるために，そのような目的すら達成することができない（同書）．

　このように，楽観主義者とされるケインズは，現実の人間の知性をまったく不完全なものである，と言い切っている．

　ハイエクも，人間の不完全さに思想の基礎を置く．

　　個人主義哲学は，……「人間は利己的でありまたそうならねばならぬ」ということを前提としているのではなく，一つの議論の余地のない事実から出発するのである．それは，人間の想像力には限界があり，自身の価値尺度に収め得るのは社会の多様なニーズ全体の一部分にすぎないということである．また，……価値尺度は各個人の心の中にしか存在しないから，常に部分的なものであり，それぞれの尺度は，決して同じではありえず，しばしば衝突しあうものとなる．（ハイエク，2008，p.74）

　このように，理想主義者（ユートピアン）とされるハイエクもまた，現実の人間の知性を理想からほど遠いものだという事実を正面から認める．

　両者は，人間とは不完全な弱い存在であり，その人間がつくる社会も混沌に満ちた脆弱なものである，という認識を共有する．第一次世界大戦という未曾有の惨劇を目のあたりにした二人にとって，19世紀以前の科学者のような（ある意味で無邪気な）人間観は持ちようがなかったのだと思う．

　そして，筆者は，この人間や社会に対する謙虚な見方こそが，二人と各々の後継者たちとの最大の相違ではないかと思うのだ．

すなわち，ケインズ的思想の後継者たちは，政府の力というものを過信しすぎた．そしてハイエク的思想の後継者たちは，市場の力というものに傲慢でありすぎた，と言えないだろうか．現代における両者の後継者たちの論戦が必ずしも時代の問題意識に応えきれていないとすれば，ケインズとハイエクの原点＝人間も社会も不完全な脆いものなのだ，という認識に立ち戻る必要があるのではなかろうか．

(2) ニヒリズムの否定

もう1つ両者に共通しているのは，ニヒリズム（虚無主義）に陥ることに強く抗していることである．

ケインズは，経済と社会の未来像を次のように描く．

> われわれは宗教と伝統的徳にかんするもっとも確実な原則のうちいくつかのものに向かって，自由に立ち戻ることができると私は思う．すなわち，貪欲は悪徳であるとか，高利の強要は不品行であり，貨幣愛は忌み嫌うべきものであるとか，明日のことなど少しも気にかけないような人こそ徳と健全な英知の道を最も確実に歩む人である，とかいった原則にである（ケインズ，1981，p.399）．

そして，理想を実現するためには偽りや悪徳とされるものも利用してやる，という凄みにあふれた覚悟を表明する．

> しかし注意して欲しい！　以上で語ったすべてのことが実現されるときにはまだ至っていないのだ．われわれは，少なくとも100年間，自分自身に対しても，どの人に対しても，公平なものは不正であり，不正なものは公平であると偽らなければならない．なぜならば，不正なものは有用であり，公平なものは有用ではないからである．貪欲や高利や警戒心は，いましばらくはわれわれの神でなければならない．なぜならば，そのようなものだけが経済的必要というトンネルから，われわれを陽光の中へと導いてくれることができるからである（同書）．

この言葉からは，頭がよいとされる人間ほど逃げ込んでしまいがちな虚無主義の対極にある，なりふりかまわぬ強烈な使命感が伝わってくる．

ハイエクもまた，虚無主義に屈することを自らに許さない．

異なる知識や見解を持っている個人たちの間における相互作用こそが，思想の生命というものを成り立たせている．人類の理性の成長とは，個人間にこのような相違が存在していることを基礎においている社会的な課程なのである．（ハイエク，2008, p.218-219）

このような個人主義こそ，上述した社会過程に対する謙虚な態度であり，また，他の人々が持っている意見に対する寛容の態度であって，社会的過程を包括的に管理せよという要求の根源に存在しているあの知的傲慢とは，正反対の立場に立っているのである．（同書，p.220）

個人主義とは，人間の不完全さを謙虚に認め，多様性への寛容な態度を守ることに他ならず，これこそが理性の発展を可能にする．ハイエクは，その理想を揺るがせることはない．

(3) 知の自由と多様性への寛容

ケインズが，知の自由と寛容というケンブリッジの伝統に生きた人物であることは先に述べた．また，ハイエクの個人主義，市場主義の前提には，上記のとおり多様な価値観への寛容がある．何より重要なのは，これら知の自由と多様性への寛容が，ときに苛烈な論争も辞さない覚悟によって支えられていることである．思考を停止した付和雷同は，知の自由と寛容の敵である．2人が身をもって示したのは，こういうことだと思う．

(4) 貨幣経済への深い考察

そして，経済学者としての2人に共通するのは，貨幣経済の本質への深い考察だと筆者は思う．不完全な存在である人間が，未来への悲観と楽観に揺れ動く中で，貨幣を過剰に保有したり手放したりする．このことが経済を常に不安定なものにする．

貨幣は，資本主義の発展を可能にした基礎の1つであるが，同時にその急所ともなりかねない．そして2人の生きた時代は，資本主義が地球規模に拡大した結果（帝国主義），貨幣が金属から独立して一人歩きを始め，人間の手で（能動的にせよ受動的にせよ）管理せざるを得なくなった変動期であった．マルクスが考察したのは，労働者が生産手段から切り離されたあとの経済であった

が，ケインズとハイエクが考察したのは，金融経済が実物経済を凌ぐ規模となったあとの経済であるように思う．彼らの問題提起は，今日においてますます重いものとなっている．

つないでいく責任——豊かで不安な時代の貨幣愛を超えて
(1) 双頭一身のリヴァイアサン
　現代世界においては，市場と政府は相互に深く結び付き影響し合っている．市場が恐慌に瀕すれば国家も動揺せざるを得ず（例：リーマン危機），国家が破綻に瀕すれば市場もまた危機に陥る（例：EU危機）．
　また，国家も市場も巨大化し，国境を超えてつながっている．遠い国の危機（例：ギリシャ）であっても，あっというまに日本に大きな影響を及ぼす．グローバル経済においては，対岸の火事はもはや他人事ではない．
　さらに，個人の生活の基盤は，大きな市場（例：物質的な繁栄）と大きな国家（例：福祉制度）の両方に置かれている．先進国においてこの事実はすでに公認のことであり，途上国もその道を追っている．
　市場と政府は，いわば双頭一身の怪物で，お互いを欠いては生きていけない．2つのクビ（市場と政府）が噛みつき合えば，1つしかないカラダ（国民生活）は死んでしまう．

(2) 増大する不安と貨幣愛
　ところが，冷戦終了後の世界においては，資本主義と民主主義の勝利のもとに歴史が終焉するとの幸福な予測もされる一方で，この市場と国家の複合体が意外にも脆弱であることが白日の下に明らかになった．
　われわれのような個人は，豊かな時代にありながら，この複合体が崩壊したときの恐怖に閉塞している．未来を見通せない不安が増大する中で，投資や消費を回避し，稼得し蓄積した富を貨幣としてせっせと積み上げている．そこには，貨幣が将来においても減価せず，かつ万能の交換手段であり続けるとの期待がある（国債も，国家の信用力を最終的な担保とする点で，貨幣と極めて近接するものである）．
　そして，この貨幣愛が不安の中で大きくなり過ぎると，総供給と総需要の乖

離をもたらし，経済全体を縮小サイクルに追い込んでしまうこと，ケインズとハイエクが洞察したところである．

(3) 不完全さを直視し，ニヒリズムを超えて

　それでは，われわれはどうすればよいのか？　不安な時代にあって貨幣愛が大きくなるのは，ある意味でしかたのないことである．

　経済政策としては，さらなる金融の量的緩和に対する期待が高まっている．もとより貨幣信用を維持しうる量的限界というものが先験的にはわからず，気が付いたときには不可逆的な貨幣価値の下落が生じかねない．各国の中央銀行は，目前の危機対応と将来の危機回避の狭間で苦闘を続けている．

　筆者は，あまり科学的ではなくお恥ずかしいが，個人それぞれが貨幣というものの意味をよく考え直すことが大切だと考える．人間は不完全なものであり，その人間がつくりだした貨幣もまた不完全なものである（たとえば，基軸通貨である米ドルの価値が一定ではないこと，子供も知る事実である）．

　人間が将来に対して抱く不安は，貨幣「のみ」にては解決されない．どんなに不安が大きくとも，今日を良く生きるために消費し，明日を良く生きることを目指して投資をしていくこと，つまり虚無主義を超えて現実主義と理想主義に生きることは人間の使命であり，同時に特権ではなかろうか．

　その過程でよるべきは人間の知より他になく，それが不完全なものである限り，知の自由と多様性への寛容は欠かせない．

(4) つないでいく責任

　現代社会は，民主主義にしろ資本主義にしろ，どうにも厄介で面倒くさいものである．筆者などは三日に一度くらいこういうボヤキを繰り返す．しかしこのボヤキは，今日の自由で豊かな経済社会に生きることを，当然の権利のように誤解した者の甘えと驕り以外の何物でもなかろう．

　筆者があらためて自戒したいのは，今日の自由で豊かな経済社会に育った者の責務として，この経済社会を（いかに不完全でも）より良い状態で次の世代につないでいくことである．確かに経済は成熟し，社会は複雑になった．かつてのような高度成長は難しいかもしれない．しかし，成長なき経済が進歩のな

い社会であってはならない．人体と同様に経済社会も，成熟すればするほど，無理を避けつつも運動を怠らず体力低下と新陳代謝の維持に知恵を絞らないかぎり，あっけなく血管が梗塞してしまうだろう．

　筆者が思うに，人間が貨幣を愛し続けるのは，それが人間同士の関係性を担保する（他者から財を得る）手段だからではなかろうか．そうだとすれば，他者との関係性を，不完全なものである貨幣のみに頼ることは危険である．他者，より具体的には未来を担う世代の胃袋とか心の中に富を貯蓄（投資）していく，という考え方と仕組みが，今日に経済社会において何より求められているように思うのだ．

†ワプショット，N.（2012）『ケインズかハイエクか──資本主義を動かした世紀の対決』久保恵美子訳，新潮社，2012 年．

参考文献
ケインズ，J. M.（1981）『ケインズ全集 第 9 巻 説得論集』宮崎義一訳，東洋経済新報社．
ハイエク，F. A.（2008）『隷属への道（ハイエク全集Ⅰ−別巻)』西山千明訳，春秋社．

第Ⅲ部

民主主義と経済学

第7章
社会的選択理論と民主主義

加藤　晋

1　アローの定理とサミュエルソンの「輸出宣言」

　《善》と《正義》を含めた社会科学における価値の主題に対して，本質的な問題を提起する定理がある．それは，若き日のケネス・アローが『社会的選択と個人的評価』において「一般可能性定理（general possibility theorem）」と名付けて証明した命題である（Arrow, 1951）．社会的選択理論という分野の礎となったこの定理は，現在，アローの不可能性定理（Arrow's impossibility theorem）と呼ばれている．ところで，アローは何の不可能性を証明したのだろうか．その定理は，定義域の非限定性，パレート原理，二項独立性，非独裁制，社会合理性といった要件を満たしつつ個人的選好を集計することが不可能であるということを述べている．定理に関するこの形式的表現の正しさについて疑いの余地はないが，それは実質的内容について何も語らない．

　不可能性定理の実質的内容に関してさまざまな解釈が存在するが，なかでも2つの解釈が際立っている．第一の解釈は，アローの不可能性定理は序数的効用を中核に据える新厚生経済学の困難性を示すというものである．第二の解釈は，その定理は民主主義の不可能性を意味するというものである．1966年にワシントン・スクエアで開催された会議において，ポール・サミュエルソンは"Arrow's mathematical politics"という論題の下に，アローの貢献を賞賛するとともに彼の定理の解釈を批判した．

　　もし歴史をつかさどるミューズの神に手抜かりがなく，公正に行ってい

るとするならば——というのはいささかロマンティックな仮説であるけれども——ケネス・アローの名は，民主主義の特性という永遠の課題に，新しい重要な洞察を与えたものとして，いつまでも記憶されるであろうとわたくしは信じる．

　わたくしの正義感は，この高い賞賛を彼に捧げることを命じる．それとともにわたくしの経済学者としての名誉心は，われわれの部隊の兵士の1人がこの普遍的な関心事に貢献をなしたことを誇らずにはいられない．まことに，アローの生み出した理論は，伝統的な厚生経済学の数学的理論への貢献というよりはむしろ，いまだ幼い段階にある数理政治学の領域への貢献であることを強調したい．わたくしはアローを経済学から政治学に輸出する．なぜならわたくしは，アローが経済学における伝統的なバーグソン流の厚生関数の不可能性を証明したとは——たとえ多くの未熟な読者たちが不可避的にそう信じることに陥ってしまうにしても——信じないからである．（Samuelson, 1967; 邦訳, pp. 143-144）

サミュエルソンによれば，アローの定理の意味は民主主義にかかわるものであって，厚生経済学には関連しない．サミュエルソンの大胆な「輸出宣言」が適切なものかどうかという問題については本章では触れない．われわれがここで検討を試みたいのは，政治学への輸入が適切かどうかという問題である．本章の目的は，アローの不可能性定理がどのように民主主義という政治的概念と関わるのかについて，その意味と形式的構造を検討しながら論じることである．

　アローの定理の意味が民主主義の不可能性だと述べられる際の論旨とはどのようなものだろうか．その際には，ほとんど例外なく，アロー自身が研究の出発点としたコンドルセのパラドックスが解説される．この有名なパラドックスは民主的決定方法として最もなじみ深い単純多数決制の問題点を指摘するもので，以下のように説明できる．3人の投票者と x, y, z の3つの社会的選択肢（候補者）が存在するものとする．投票者1は，x が1番目に望ましく，y が2番目に望ましく，z を3番目に望ましいと判断している．一方で，投票者2は，y, z, x の順番で評価している．最後に，投票者3は，z, x, y の順番で

第 7 章　社会的選択理論と民主主義

表 1　コンドルセのパラドックス

投票者 1	投票者 2	投票者 3
x	y	z
y	z	x
z	x	y

評価している．以上の状況は表 1 に表現されている．このとき，単純多数決の各選択肢のペアごとの社会的評価は，x は y より望ましく，y は z より望ましく，z は x より望ましいというものになってしまう．このような社会的選好の循環は，社会的決定を行う上で大きな障害となる．ところで，コンドルセのパラドックスで検討されているのは，多様な投票制度のうちの単純多数決制だけである．その他の制度において，このような循環は起こるのだろうか．アローの定理は，投票制度が民主的であるための必要条件を満たしているのであれば，社会的循環が不可避であることを示している．

　以上のような解説の後に，アローの定理は民主主義の不可能性を示すものであると論じられる．あるいは，アローの定理は民主主義の不合理性を示すといった旨の解釈が与えられる．このようなアローの定理の意味についての見方は妥当なものなのだろうか．この問題は，明らかに民主主義に対する見方とかかわっている．われわれの主眼は，多様な民主主義の考え方がアローの貢献の多様な解釈にいかに結びつくのかを検討することである．

　本章の構成は以下のとおりである．第 2 節では，アローの分析的枠組みを導入した上で，アローの不可能性定理を解説する．第 3 節では，社会的選択理論の分析的枠組みを理解するための 2 つの視点を導入する．第 4 節では，社会的選択理論の 2 つの側面が民主主義の概念に対して，どのような意味を持つのかについて検討を加える．第 5 節では，結論を述べたい．

2 社会的選択理論の基礎

2.1 アローの不可能性定理

まず,「アローの数理政治学」の基本的な枠組みを説明する[1]. ある社会を考える. この社会には n 人が所属しており, 彼らを個人1, 個人2, …, 個人 n と番号によって表現する. この n 人の社会において社会的決定を行うものと想定する. 社会的決定の対象となる社会的選択肢を $x, y, z, \cdots$ で表す. ここで3つ以上の社会的選択肢があるものとし, 2人以上の個人がいるものとする. 各個人 $i = 1, \cdots, n$ は選択肢に対して**選好**(preference)を持つ. 個人 i の選好は選択肢間の望ましさについての個人 i の価値判断を表し, R_i という記号で表現する. そして, $x R_i y$ は「個人 i にとって選択肢 x は選択肢 y と少なくとも同等に望ましい」ということを意味する.

選好 R_i が与えられれば, 以下のように P_i と I_i を定めることができる.

$$x P_i y \Leftrightarrow x R_i y \ \& \ \neg (y R_i x)$$
$$x I_i y \Leftrightarrow x R_i y \ \& \ y R_i x$$

すなわち, $x P_i y$ は「個人 i にとって選択肢 x は選択肢 y よりも望ましい」ということを意味し, $x I_i y$ は「個人 i にとって選択肢 x は選択肢 y と無差別である」ということを意味する.

個人的選好 R_i は以下で説明する2つの条件を満たすものとする. まず, 任意の2つの選択肢について, どちらかが望ましいかあるいは無差別であるかが成立しなければいけない. すなわち, 個人の価値判断は完備(complete)でなければならない[2]. 完備性の条件は, 選択肢が各人にとって比較可能であることを要求している. さらに, x が y と少なくとも同等に望ましく, また y が z

---

[1] 社会的選択理論の包括的なサーベイとしては, Sen (1970; 1986), Suzumura (1983, xxx), Gaertner (2006), 鈴村 (2009; 2012), 坂井 (2013) などが挙げられる. Sen (1995; 1999) は数学的な表現に拠らず社会的選択理論の展望を説明している. アマルティア・センの貢献については, 鈴村・後藤 (2001) および吉原 (2004) を参照されたい.

[2] すべての2つの選択肢 x, y に対して, $x R_i y$ または $y R_i x$ が成立するとき完備性 (comleteness) を満たすという.

第7章 社会的選択理論と民主主義

と少なくとも同等に望ましいならば，x は z と少なくとも同等に望ましくなければならない．すなわち，個人の価値判断は推移的（transitive）でなければならない[3]．推移性の条件は，個人の価値判断が整合的であることを要求する．本章を通じて，個人の選好 R_i は完備的かつ推移的であると仮定する．ところで，選択肢の数が3つの場合にはこのような選好の組み合わせは13通りとなることが簡単に確かめられる[4]．

社会構成員がどのような選好を持っているかは選好の組 $(R_1, \cdots, R_n)$ によって表現される．アローの**社会構成関数**（constitution あるいは constitution function）とは，選好の各組 $(R_1, \cdots, R_n)$ に対して，何らかの社会的選好 R を定めるような関数 f である．すなわち，$R = f(R_1, \cdots, R_n)$ が成立する[5]．社会的選好 R は完備性と推移性を満たすものとする．社会構成関数のこの特性を**集団的合理性**（collective rationality）と呼ぶ．表現を簡潔にするために，選好のリスト $(R_1, \cdots, R_n)$ と $(R'_1, \cdots, R'_n)$ から生成される社会的選好をそれぞれ R, R' と表す．

社会構成関数によって社会的選好が与えられれば，社会的選択の描写はたやすい．形成される社会的選好は完備性と推移性を満たしているので，選択肢を上から順に並べることができる．最も高く評価された選択肢の中から社会的選択を行えばよい[6]．コンドルセのパラドックスを思い起こそう．このパラドックスの本質は社会的選択が行えないことにあった．社会的選好が循環的であるために，最も高く評価される選択肢が存在しない．推移性が満たされていれば，社会的選好の循環は排除されるためこのような事態は起こらない[7]．

アローの社会的選択理論の著しい特徴は，非常に一般的な枠組みである点で

---

3) すべての3つの選択肢について，もし $xR_i y$ かつ $yR_i z$ が成立するならば $xR_i z$ となるときに R_i は推移性（transitivity）を満たすという．

4) すなわち，$xP_i yP_i z$, $xI_i yP_i z$, $xP_i yI_i z$, $xP_i zP_i y$, $xI_i zP_i y$, $yP_i xP_i z$, $yP_i xI_i z$, $yP_i zP_i x$, $yI_i zP_i x$, $z P_i xP_i y$, $zP_i xI_i y$, $zP_i yP_i x$, $xI_i yI_i z$ の13通りである．

5) アローはもともとこの関数のことを社会厚生関数（social welfare function）と名付けていた．アローは，本章の冒頭にあるサミュエルソンの批判を受けて社会構成関数（constitution あるいは constitution function）とその呼び名に換えた（例えば，アロー『社会的選択と個人的評価』第2版の8章を参照されたい）．社会構成関数という訳語については鈴村（2009; 2012）にならった．

6) ほかのすべての選択肢 y に対して，xRy が成立する選択肢 x を選択しなければならない．無差別になることを許しているので，複数の選択肢がこの条件を満たすこともあり得る．

7) ただし，循環性を排除することと推移性を満たすことにはギャップがあることには注意する必要がある．詳しくは，Sen（1970, Chapter 1*）を参照されたい．

ある．この一般性は，投票ルールや資源の分配方法といった異なる問題を同時に考察することを可能とする．もし x, y, z が投票の対象である候補者である場合は，f は投票制度を与え，もし x, y, z が資源配分である場合は，f は配分上の社会厚生を定めるルールとなる．片方は政治的問題であり，もう片方は経済的問題であるにもかかわらず，それらは問題を各人の選好リストに対して社会的選択肢上の評価を定め決定を行うという構造に帰着させられる．このような社会的決定の一般的な「構造」に着目し，公理的な分析的アプローチを構築した点がミューズの女神クリオをして瞠目させたであろうアローの研究の独自性である．

土台となる枠組みが一般的であるために，アローの提案した公理は民主主義の要件とも解釈できるし，適切な社会厚生の構築のための要件とも解釈することもできる．本章の目的に従って，以下では民主主義との関連を強調しながら各公理を説明していきたい[8]．

最初の公理は社会構成関数がどのような選好の組に対して結果を与える必要があるかを述べたものである．

定義域の非限定性（unrestricted domain）：社会構成関数は，すべての可能な選好の組み合わせに対して判断を下す．

社会的選好の基礎となる選好の組について，どのような可能性があるだろうか．2人社会・3選択肢の場合について考えてみたい．各個人の選好については13通りの可能性があったので，$13 \times 13 = 169$ 通りの選好の組が存在する．定義域の非限定性は169通りの可能性のすべてに対して社会的選好が定められることを要求している．次の点には注意する必要がある．ある個人が社会において特定の選好を持ってる場合に，同一の社会に生きる別の個人の選好に対する制約がまったく存在しない．すなわち，個人は独立的に選好を持っている．この公理の本質的な意味は，個人の多様性・独立性を許しているという点である．

次の公理は，全会一致の原理を社会的選択理論の枠組みで述べたものであ

---

[8] 以下で説明する公理は1963年に出版されたアロー『社会的選択と個人的評価』第2版に基づくものである．

第7章　社会的選択理論と民主主義

表2　パレート原理・二項独立性

投票者1	投票者2	投票者3
x	y	x
y	z	y
z	x	z

る．

パレート原理（Pareto principle）：すべての社会構成員がある選択肢 x がほかの選択肢 y よりも望ましいと判断するならば，社会的にも x が y よりも望ましいと判断される．

パレート原理は，政治的決定は個人の意見を尊重しなければならないことを要求する．例えば，表2においては，すべての個人が y を z より望ましいと判断している．このとき，社会的に z が y と少なくとも同等に望ましいということがあってはならない，というのがパレート原理の要請である．

次の公理は，2つの選好の組の間で一定の関係がある場合に，それらから生成される2つの社会的選好がどのような関連があるべきかを述べている．

二項独立性（binary independence）：2つの選択肢 x, y 上の社会的判断は，x, y 上の個人の判断にのみ依存する．すなわち，2つの選好の組において，すべての個人について x, y 上のランキングが一致しているのであれば，x, y 上の社会的ランキングも一致しなければならない．

二項独立性は，2つの選択肢の間の社会的ランキングは，その2つの選択肢の間の個人ランキングのみに依存して定まることを要求している．この公理は，社会的選好を構成する上での情報制約について述べたものである．すなわち，2つの選択肢の総体的なランキングを決める際に，どのような個人ランキングの情報を集める必要があるのかということを述べている．いま，表1に示される選好の組と表2に示される選好の組を考えよう．この2つの選好の組において，x と y の間の個人の相対的ランキングは変わらない．二項独立性は，片方の組の下で xRy（resp. yRx）が成立するのであれば，もう片方の組の下でも $xR'y$（resp. $yR'x$）でなければならない．

ほかの個人の選好の組み合わせにかかわらず，任意の選択肢 x, y について以下が成立する個人を独裁者（dictator）と呼ぶ．

$$xP_iy \Rightarrow xPy$$

どのような場合でも自分の意見が通る独裁者の存在は民主的決定の観点から望ましくない．そこで，以下の公理を課す．

非独裁制（non-dictatorship）：独裁者は存在しない．

　上述の4公理は単純多数決制や特定多数決制をはじめとするさまざまな決定手続きによって満たされている[9]．実際，各公理の要請は極端に強いものではなく，社会的決定制度が民主的となるための「必要条件」であると考えることができる．この4公理を満たす社会構成関数は存在するのか，というのがアローの考えた問題である．単純多数決制や特定多数決制は4公理を満たしているものの推移性を満たさない社会的選好を生成する可能性があるために，社会構成関数ではない．次に述べられるアローの定理は，合理的な決定を下せる民主的社会制度を模索するという挑戦を否定するものである．

定理1（アローの不可能性定理）．定義域の非限定性，パレート原理，二項独立性，非独裁制を満たすような社会構成関数 f は存在しない．

　この定理の証明について簡単に触れておこう．定義域の非限定性，パレート原理，二項独立性を満たす社会構成関数には独裁者が存在することを示せばよい．これを示す手続きについてはさまざまなアプローチが考案されているが最もよく知られた証明方法は，Arrow (1951) 自身による証明を Blau (1972) や Sen (1970, 1995) が彫琢させたものである．この正統派のアプローチでは権力の構造に注目する．すべての選択肢のペア x, y に対して，以下が成立するような個人のグループ M のことを決定的グループと呼ぶ．

$$[xP_iy \text{ for all } i \in M] \Rightarrow xPy$$

---

[9] ボルダ・ルールが二項独立性を満たしていないことには注意が必要である．

すなわち，決定的なグループとはグループ内での了解さえあれば，グループ外の個人の選好のいかんによらず，社会的ランキングを自由に決定することができるような個人の集合である．そこで，決定的グループは社会的決定において権力を持つ．アローの3つの公理（定義域の非限定性，パレート原理，二項独立性）の下では，決定的グループの構造は限定されてしまうために独裁者が存在してしまうというのが証明の概略である．

ここで証明のすべてを解説することはしないが，定理を証明するために利用される次の補題から決定構造の制限され方について感触をつかんでほしい．

補題1. 社会構成関数 f が定義域の非限定性，パレート原理，二項独立性を満たすものとする．このとき，2つの決定的グループ M_1, M_2 の共通部分 M^* は決定的グループとなる．

証明. 2つの決定的グループ M_1, M_2 が存在するものとする．両方のグループに含まれている個人の集合を M^* で表す．このとき，M^* は M_1 と M_2 の共通部分にほかならない．2つのグループの間で意見対立が起きた際に社会的選好が判断を下すためには，M^* は空であってはならない．次のような選好の組 $(R_1, \cdots, R_n)$ を考えよう．

$$xP_iy \text{ for all } i \in M_1$$
$$yP_iz \text{ for all } i \in M_2$$

定義域の非限定性はこのような選好の組に対して社会構成関数が判断を下さなければならないことを要求する．M_1 と M_2 が決定的グループであるために，xPy と yPz が帰結する．社会的選好の推移性より，xPz となる．今考えている選好の組の下では，M^* に属する個人 i について xP_iz となっていることに注目しよう．M^* に属さない個人については x と z の間のランキングが特定化されていないため，二項独立性によりどのような選好の組に対しても以下が成立する．

$$[xP_iz \text{ for all } i \in M^*] \Rightarrow xPz.$$

x, z は任意に選ばれているので，すべてのペアについてこのような結論が成

り立つ．よって，M^* は決定的である．

2つの多数者の集合の共通部分が少数者になりうることに注意すれば，この補題に述べられている主張によって，ほとんどの自然な決定方法が排除されていることに気がつくことができよう．

定理の証明の詳細については，鈴村（1982；2009；2012），鈴村・後藤（2001），Gaertner（2006），坂井（2013）などを参照されたい．

2.2　定義域の非限定性の緩和

アローの不可能性定理は，課されている公理や特性を緩めることで可能性定理に変えられることが知られている[10]．最初期に注目された可能性定理への経路は，定義域を限定し単純多数決制が推移的な社会的評価を生成するものに絞り込むという方法であった．Arrow（1951）と Black（1948）は単峰的選好（single peaked preference）を提案し，個人がそのような選好を持つのであれば単純多数決制のもとで整合的な社会的決定が行われることを明らかにした．すなわち，単峰的選好は社会合理性のための十分条件である．

多くの研究者が彼らの研究を拡張することを試みたが，最も洗練された結論は Inada（1969）と Sen and Pattanaik（1969）によって与えられた．あらゆる3つの選択肢 x，y，z に対して，

$$\exists i: xP_i y P_i z \Rightarrow \forall i: (zP_i x \Rightarrow zP_i y P_i x)$$

が成立するとき選好の組 $(R_1, \cdots, R_n)$ が**極論制限性**（extremal restriction）を満たすという[11]．ある個人が x を最善，y を次善，z を最悪と評価しているとすれば，ほかの誰かが z を x よりも望ましいと考える場合にはそれぞれ最善と最悪に評価しなければならない．

この条件の含意を明らかにするために，社会構成員が二人ということを仮定し，この条件がどのような制約を与えるのかについて検討する．いま，$xP_1 y P_1 z$ を仮定しよう．このとき，個人2は下記の4つの選好を持つことが禁止さ

---

10) Campbell and Kelly（2002）が可能性定理について詳細なサーベイを行っている．
11) 極論制限性は，Sen and Pattanaik（1969）によって提案された．Inada（1969）は本質的に同値となる別の条件を与えた．

れてしまう．そこで，個人2は13通りの選好の中で，9つのみが極論制限性のもとで許される選好となる．

$$zP_2xP_2y \tag{1}$$
$$zP_2xI_2y \tag{2}$$
$$yP_2zP_2x \tag{3}$$
$$yI_2zP_2x \tag{4}$$

もし個人2が(1)か(2)の選好を持っているとすれば，多数決制に基づけばxPy & yIz & zPxが帰結する．このような選好は推移性を満たさない．同様に，個人2が(3)か(4)の選好を持っている場合についても，多数決制は推移性を満たさない選好を生成する(xIy & yPz & zIx)．そこで極論制限性を満たさないかぎり，単純多数決制は合理的判断を行わない．

このようにして極論制限性の必要性は示されるが，稲田献一とセン＝パタナイクは十分性が成立することも証明した．

定理2（Inada, 1969; Sen and Pattanaik, 1969）．極論制限性は単純多数決制が社会構成関数となるための必要十分条件である．

十分性についての厳密な証明はほかに譲り[12]，以下では簡単なスケッチを与えることにする．社会構成員は強い選好のみをもつものと仮定したうえで，極値制限を満たしている選好の下ではコンドルセのパラドックスが起こり得ないことを示す．いま，xPyかつyPzを仮定する．過半数の個人がxがyより望ましいと判断している．同様に，過半数の個人がyがzより望ましいと判断している．ゆえに，xの賛成者たちとyの賛成者たちには共通する個人がいなければならない．そこで，xP_iyP_izとなるような個人が必ず存在する．ところでzPyとなりコンドルセのパラドックスが起きているとすれば，過半数の個人がzがxより望ましいと判断している．極値制限を満たしているため，このような個人についてはzP_iyP_ixとならなければいけない．これは過半数の個人がyがxより望ましく，zがyより望ましいと判断していることにほかならない．

---

12) Sen（1970, Chapter 10 & Chapter 10*）を参照されたい．

そこで，矛盾が示された．

3 社会的選択理論の Semantics と Syntax

3.1 社会的選択理論の意味論的側面

　社会的選択理論には，制度の「意味」を探るという側面がある．この側面について説明するために，そのような探索の一例を取り上げたい．先述のように，単純多数決制はすべての公理を満たすが，推移的でない社会的選好を生み出すために社会構成関数ではない．単純多数決制を社会構成関数にするには2つの可能性がある．第一の可能性は，単純多数決制が社会構成関数となるように判断を下すべき選好の組を制限することによって与えられる．これは社会構成関数の定義域を制限することにほかならない．第二の可能性は，単純多数決制が社会構成関数となるように選択肢の数を2に制限するというものである．この場合，選好の循環は起きようがない．第二の可能性は，アローによって示唆を受けたケネス・メイによって強力に推進された．メイはアローの公理より論理的に強いものを定式化し，それらが単純多数決制の必要十分条件となることを示すことで，その制度的意味を明らかにした．

　B_{xy} によって当該リストにおいて $xR_i y$ となる個人の集合を表せば，単純多数決制の定義は以下で与えられる．

$$xRy \Leftrightarrow \#B_{xy} \geq \#B_{yx}$$

ここで，$\#$ は集合に含まれる数を表す．

　予備的な段階としてメイの公理を導入する．以下の公理は個人を平等に扱うことを要求している．

匿名性（anonymity）：社会構成員の番号を入れ替えたとしても，社会的選好は不変である[13]．

---

13) 形式的な定義は以下のとおりである．2つの選好のリスト $(R_1, \cdots, R_n)$, $(R'_1, \cdots, R'_n)$ が，すべての全単射 $\rho: \{1, \cdots, n\} \to \{1, \cdots, n\}$ による番号の入れ替えに対して，もしすべての i について $R_i = R'_{\rho(i)}$ ならば，$R = R'$ が成立する．

民主主義の制度的性格の1つとして，その制度の下で特定の個人を特別扱いしてはならないことがあり，匿名性はその点を適切に捉えたものである．独裁制の下での差別的待遇は匿名性に悖るために，非独裁制は匿名性に含意される．

次に，選択肢についての不変性の公理を導入したい．

中立性（neutrality）：4つの選択肢 x, y, z, w について，もしすべての個人 $i = 1, \cdots, n$ について $[xR_i y \Leftrightarrow zR'_i w \ \& \ yR_i x \Leftrightarrow wR'_i z]$ が成立するならば，以下が成立する．

$$[xRy \Leftrightarrow zR'w \ \& \ yRx \Leftrightarrow wR'z]$$

中立性によれば，x と y の間の個人ランキングの相対的関係が，z と w の選択肢の間の個人ランキングの相対的関係と同一であるならば，それぞれのペアにおける社会的ランキングについて同一の構造となる必要がある．この公理は，社会的選択肢の特別扱いを許さないがゆえに，その内在的特性やラベルが社会的選択に直接影響は及ぼさないということを意味する．この公理は一瞥した印象よりはるかに厳しい要求であり，二項独立性はこの条件から含意される．そもそも，このような特定の選択肢の特別扱いの排除は民主主義の適切な要件であるかが問題である．

中立性は，これまでどのような状況であったかという歴史を完全に無視するために，さまざまな現実の集団的意思決定を排除してしまう．例えば憲法改正の発議については衆議院と参議院のそれぞれで総議員の3分の2以上の賛成が必要となる（国民投票は単純多数決でなされる）．ボクシングのタイトル戦では，ポイントの集計が同点だった場合には現チャンピオンの防衛とされる．こうした集計方法は，現状（status quo）に対して比重が与えられており，中立性の要求に反している．このような現状に対するバイアスは，多くの集団的意思決定に見られる．一方で，代表者の決定を問題とするような社会的決定においては，現職議員に対してバイアスを与えることはない．したがって，中立性は選択肢がなんであるかによってその適切性が大きく変わる公理と言える．

メイの最後の公理は**正の感応性**（positive responsiveness）と呼ばれる．この

公理の本質的意味は以下のとおりである[14]．ある選好のリスト $(R_1, \cdots, R_n)$ の下で xRy と判断されているものとしよう．別の選好のリスト $(R'_1, \cdots, R'_n)$ において，y の賛成者が増えることなく x の賛成者が増えるか，または x の賛成者が減ることなく y の賛成者が減っているのであれば，$xP'y$ とならなければいけない．

メイの証明した定理は以下のものである．

定理3（May, 1952）．選択肢の数を2とする．このとき，社会構成関数が定義域の非制限性，正の感応性，匿名性，中立性を満たすのは，単純多数決制であるときだけである．

課されている4つの条件が独立であることは直ちに確認することができる．この定理によって単純多数決制という1つの制度が4つの公理に分解され，「特徴付け」られている．このとき，4つの公理は単純多数決制の制度的意味を示す．ここで正の反応性の公理に今一度注目したい．この公理は個人の選好が傾いた方向に社会的選好が傾くことを要求しており，単純多数決制を特徴付けるために作られたいささか人工的な公理という印象を受ける．多くの研究者が，正の感応性以外の公理を用いて単純多数決制や特定多数決制をはじめとするその他の民主的決定方法を特徴付けることを試みた[15]．これらの試みにおいては，選択肢の数が2であることが仮定されている．このような二項的選択の下での特徴付けは，単純多数決制は社会合理性を犠牲にするものの，その他の望ましい公理を多く満たしていることを意味付けの軸としている．

以下では，選択肢が3つ以上の場合の単純多数決制の特徴づけについて考察し，単純多数決制にとって社会合理性は不利な要件ではなく，むしろ好都合なものになり得ることを検討したい．極論制限性を満たすような選好のリストから成る定義域を**定義域の極論制限性**と呼ぶ．選択肢が3つ以上の際に，定義域の極値制限が満たされていれば単純多数決制が整合的な決定を行うことは稲田＝セン＝パタナイクの結果から明らかである．この定義域においても，メイの

---

14) 正の感応性の形式的定義は以下のとおりである．もし $\forall_i = 1, \cdots, n : [xP_iy \Rightarrow xP'_iy] \wedge [xI_iy \Rightarrow xR'_iy]$ かつ $\exists_j \in N : [xI_jy \wedge xP'_jy] \vee [yP_jx \wedge xR'_jy]$ ならば，$[xRy \Rightarrow xP'y]$ が成立する．

15) Aşan and Sanver (2002; 2006), Miroiu (2004), Woeginger (2003; 2005) などを参照されたい．

定理は成立し，単純多数決制は正の感応性，匿名性，中立性によって特徴づけられる．次の定理は，このような定義域の下では正の感応性がパレート原理に置換可能であることを述べている．

定理 4（Cato, 2011）．社会構成関数が定義域の極値制限，パレート原理，匿名性，中立性を満たすのは，単純多数決制であるときだけである．

定理 4 は，社会合理性が保証されていれば，全会一致の原理を中核的な意味として，単純多数決制を特徴付けられることを含意する．社会合理性と単純多数決制を補完的な役割に結びつける多数決の意味付けは，多数決制の合理的側面を明らかにするものである[16]．

これらの特徴付け定理は，数理論理学における真理値表（truth table）のような役割を果たす[17]．すなわち，個人の選好に対する演算子としての社会制度を複数の条件によって特定化することによって，何を満たして何を満たさないのかを明確にする．真理値表との重要な差異は，社会的選択理論においては 1 つの制度について複数の特徴付けが可能であるのに対して，真理値表においては論理演算子の「意味」は一意に定まる．このような複数性は，社会的選択理論の semantics においては論理的な意味がその対象なのではなく，社会的「意味」がその対象であることに起因する．

3.2 社会的選択理論の構文論的側面

次に，構文論的側面を説明したい．まず，コンドルセのパラドックスと形式について類似した構造をもつ doctrinal paradox と呼ばれる問題について説明

---

16) Maskin（1995）も，定義域が制限された下での社会合理性と単純多数決制の補完性について検討している．彼の分析は社会構成員の人数が基数であること強い選好を持つことに大きく依存しており，われわれの考えている設定より狭いものを想定している．

17) 真理値表との類似性をより鮮明にすることを目的とするならば，制度の外延的な定義を与えることで意味を捉えるほうが望ましく思われる．すなわち，（選択肢が 3 つの場合）ルールを定義するには 13^n の選好の組の可能性が存在し，そのそれぞれにどのような社会的選好を割り当てるかを特定しさえすればよい．そのようなルールは 13^{13^n} 通りの可能性がある．社会的ルールの膨大さについては，鈴村（1982: 2012）を参照されたい．しかしながら，この天文学的なルールの差異を 13^n の選好のリストと社会的選好の対応から読み解くのは難しく，このような外延的定義によってルールの「意味」はむしろわかりにくくなってしまう．そこで，われわれがルールの間の関係を検討するには，上記の外延的定義と内包的定義と間の程度の「定義」，すなわち特徴づけの定理を必要とする．

表3 Doctrinal paradox

	裁判官1	裁判官2	裁判官3	多数決
P	true	true	false	true
PならばQ	true	false	true	true
Q	true	false	false	false

したい．ある男性が窃盗罪の被告として裁判に出廷しているような状況を考える．いま，3人の裁判官がおり彼らは多数決で判決を下すものとする．Pとして「男性Aは窃盗を行った」という命題を，Qとして「男性Aは懲役2年」という命題を考えよう．裁判官1は，「P」，「PならばQ」，「Q」という3つの命題のすべてについて真であると考えている．一方で，裁判官2は，「P」を真であると考え，「PならばQ」と「Q」については偽であると考えている．最後に，裁判官3は，「PならばQ」については真であると判断し，「P」と「Q」については偽であると考えている．この状況は表3に表現されている．各命題について，多数決をとったものが右端の列に示されているが，その判断が論理的に破綻していることが確認できる．これがdoctrinal paradoxである．この論理的判断の集計の問題は，List and Pettit（2002）によって探究され，より一般的な不可能性定理に彫琢された[18]．

以下では，社会的選択理論の形式性を論じるために2つのパラドックスの背後にある「一般的構造」を検討したい．いま，"true"を1，"false"を0とそれぞれ表せば，表3にある論理的判断は次の行列によって書くことができる．

$$H = \begin{bmatrix} 1 & 1 & 0 \\ 1 & 0 & 1 \\ 1 & 0 & 0 \end{bmatrix}$$

このように論理的判断の組み合わせを1と0を要素とする行列によって表現することが可能である．このとき，各列ベクトルが各個人の論理的判断を表している．そこで，この枠組みにおいて多数決制は以下のような写像 f^* として理解することができる．

---

[18] 近年，この問題は盛んに研究がなされ「判断集計（judgment aggregation）」という社会的選択理論の一分野を形成するに至っている．List and Polak（2010）はこの分野をサーベイしている．

第 7 章　社会的選択理論と民主主義

$$f^* = \begin{bmatrix} 1 & 1 & 0 \\ 1 & 0 & 1 \\ 1 & 0 & 0 \end{bmatrix} = \begin{pmatrix} 1 \\ 1 \\ 0 \end{pmatrix} \tag{5}$$

すなわち，doctrinal paradox において俎上に載せられた論理的判断の集計という分析的アプローチは，0 ないしは 1 を値としてとる有限次元のベクトルの集計として表現され得る．ここで，重要な点はどのような 0 と 1 の組み合わせも許されるわけではない．論理的に破綻しているような組み合わせを除けば，8 通りのすべての組み合わせのうちで論理的に整合的なものは 7 通りであることがわかる．

$$\chi = \left\{ \begin{pmatrix} 1 \\ 1 \\ 1 \end{pmatrix}, \begin{pmatrix} 1 \\ 0 \\ 0 \end{pmatrix}, \begin{pmatrix} 0 \\ 1 \\ 0 \end{pmatrix}, \begin{pmatrix} 0 \\ 0 \\ 1 \end{pmatrix}, \begin{pmatrix} 1 \\ 0 \\ 1 \end{pmatrix}, \begin{pmatrix} 0 \\ 1 \\ 1 \end{pmatrix}, \begin{pmatrix} 0 \\ 0 \\ 0 \end{pmatrix} \right\}$$

続いて，表 1 に示されるコンドルセのパラドックスについて同様の変換を行ってみたい．いま 3 つの社会的選択肢 x, y, z を想定し，社会構成員が強い選好のみを持つと仮定する．以下では，個人の選好を 3 次元縦ベクトルによって表現する．すなわち，その最初の要素については yP_iz の場合には 1 をとり，zP_iy の場合には 0 をとる．2 番目の要素については，xP_iy の場合には 1 をとり，yP_ix の場合には 0 をとる．3 番目の要素については，xP_iz の場合には 1 をとり，zP_ix の場合には 0 をとる．このような手続きによって，xP_iyP_iz という選好は以下のようなベクトルに変換される．

$$\begin{pmatrix} 1 \\ 1 \\ 1 \end{pmatrix}$$

表 1 に与えられている個人の選好の組のそれぞれに対して，このような変換を行えば先ほどの行列 H が得られる．そこで，コンドルセのパラドックスは doctrinal paradox を表現するところの (5) と同じ写像によって把握すること

が可能となる．

つまり，この2つのパラドックスは形式上同一の構造をしている．いま m の事柄について何らかの判断を行う n 人の個人の意見集約を行う状況は，各 x_{ij} が0ないしは1をとるような以下のような各行列 X に対して，ベクトル Y を対応させるような写像で考察できる．

$$X = \begin{bmatrix} x_{11} & x_{12} & \cdots & x_{1n} \\ x_{21} & x_{22} & \cdots & x_{2n} \\ \vdots & \vdots & \ddots & \vdots \\ x_{m1} & x_{m2} & \cdots & x_{mn} \end{bmatrix}, \quad Y = \begin{pmatrix} y_1 \\ y_2 \\ \vdots \\ y_m \end{pmatrix}$$

この点に着目すれば，すべての可能なベクトルの集合 χ_F のなんらかの部分集合 χ を合理的判断の集合として特定化しさえすれば，行列からベクトルへの写像は $f^* : \chi^n \to \chi$ と定式化できる[19]．選好か命題かといった内容に応じて，合理的判断の集合 χ は異なってくる．コンドルセのパラドックスで想定しているような強い選好についてベクトルで表現する場合，8通りの組み合わせのうち論理的に整合的なものは6通りである．一方で，doctrinal paradox における判断については，7通りであった．考察している判断の内容によって，合理的判断を見なすことのできるベクトルの集合 χ は変化する．

以上のような背後にある構造に注目すれば，アローの社会的選択理論の形式性が浮かび上がってくる．なんらかの制限により構造が与えられたベクトルの集合 χ を想定し，その n 個分のリストに対してそれぞれ χ の要素を対応させるような集計関数 f^* の分析がアロー的枠組みの持つ「形式」である．社会構成関数 f に課されたアローの各公理は，この形式的枠組みにおける表現に簡単に翻訳できる[20]．Dokow and Holzman（2010）は，このような枠組みにおいてアロー流の不可能性定理が成立するための χ の構造に関する必要十分条

---

[19] このような代数的な枠組みの本格的研究は Wilson（1975）と Rubinstein and Fishburn（1986）によって発展させられたものであるが，萌芽は May（1954）や Murakami（1968）に見られる．さらに，Samuelson（1967）もアローの枠組みの持つ代数的構造に着目している．ここでの議論は，Dokow and Holzman（2010）に基づいている．

[20] 例えば，パレート原理の翻訳は「もし $x_{k1} = \cdots = x_{kn} = \alpha$ ならば，$y_k = \alpha$ が成立する」というものである．

件と特定化している．

　ここに現前するのは，一定の「構造」を伴った，各要素が 1 ないしは 0 の値をとるベクトルの集合 χ であって，合理的選好ではない．もちろん χ の構造次第では選好といった解釈は可能であるが，不可能性定理を証明するにあたってそのような意味は必要ない．解釈や意味から離れて，ヒルベルト・プログラムを彷彿させるような形式主義的な記号操作によって制度を捉えようとする側面が社会的選択理論には存在する．われわれは，社会的選択理論のこの形式主義的性格を構文論的側面と呼びたい．

4　社会的選択理論と民主主義

4.1　意味論的側面と構文論的側面の含意

　民主主義は，狭い定義において多数決制と解される．民主主義を「政治的決定に到達するための 1 つの制度的装置」[21] として理解し，その性質を探究するという試みは，18 世紀以降に啓蒙主義者達の手によって大きく発展した．この理解の下では，「投票がどのようにして，誰によって，誰に対して，なにに基づいて行なわれるべきかを規定すること」[22] が基本的思考となる．このような制度としての民主主義に対してアローの探究はどのような視座を与えるのだろうか．

　社会的選択理論の意味論的側面は，アローの分析的枠組みを受け入れたうえで，制度としての民主主義をどのように達成すべきかという考えにわれわれを導く．この考えに従えば，アローの定理は民主的な制度を設計する上でわれわれが直面する避けがたい衝突を示している．そこで，われわれが民主的な制度を達成するためには，いずれかの公理か社会構成関数の特性を諦める必要がある．意味論的側面に焦点を合わせることによって，個々の公理の制度的な解釈とそれらが組み合わさった際の含意に注意が向かい，その分析的枠組みの内部で意味を確定させる方向に進んでいく．

　前節において単純多数決制の公理的基礎付けに関する試みを紹介したが，こ

---

21)　Schumpeter（1942；邦訳，p. 399）．
22)　Montesquieu（1989 [1748]；邦訳（上巻），p. 52）．

のような分析によって明らかになったのは多数決制という非常に単純な決定方法でさえもその意味が複雑であるということである．不可能性から脱却する第一の方針は，選択肢が2つの場合を想定し，本質的に推移性の要請を無効にすることで，社会的非合理性については不問に付すというものであった．循環的社会評価の問題を放棄してしまえば，多数決制は非常に頑健な制度であることが公理的に明らかにされた．また，定義域の非限定性の下では，多数決への近さと社会合理性にある種のトレード・オフが存在する[23]．

　しかし，第二の方針はまったく異なる制度的意味を民主主義に与える．この方針の下では，単純多数決制が社会合理性を満たすような個人的選好のリストに注目される．社会構成関数の定義域を限定するのであれば，社会合理性は多数決制の味方となる．むしろ，単純多数決制は，全会一致の原理によって支持されるような制度の中で社会合理性を満たす唯一の制度となり得る．このような2つのアプローチによって示唆されるのは　単純多数決制と社会合理性が対立する概念かどうかについては，他の公理との関係に依存しているということである．そこで，単純多数決制という多数決制の中の特殊的ケースに限定した場合でも，それは複雑で多様な意味を持つ．民主主義の制度的意味を理解する上で，意味論的側面は大きな役割を果たす．

　一方で，社会的選択理論の構文論的側面は，アローの枠組みが啓蒙主義的で，形式主義的な性質を持つことをわれわれに喚起し，制度としての民主主義に対する疑念に導く．極端な形式性は，「合理性」とは0と1の二項的評価のベクトルに対する制約に過ぎず，制度とはその二項的評価を集計する操作に過ぎないことをわれわれに自覚させる．そのような変換は，社会的選択理論の志向するものが近代における壮大なプロジェクトの一部だったことを想起させる．それを志向することで，むしろ，さまざまな概念を形式的に把握しようとする啓蒙主義の残滓を打ち砕くというのがアローの不可能性定理の意味なので

---

[23] Cato and Hirata（2010）は選択肢の数が3つ以上で定義域の非制限性が満たされている際の，社会的合理性の度合いと可能な社会的決定方法の関係について明らかにした．三項非循環性という非常に弱い社会的合理性の要件の下では3分の2多数決制が定義域の非制限性，パレート原理，匿名性，中立性といった公理を満たしている．しかし，それから合理性の要件を強めていけば社会的決定を下す際の必要賛成人数が徐々に大きくなっていき，準推移性の下では全会一致のときにのみ判断を下すことが許される．この結論は，定義域の非制限性の下では社会合理性の程度が強ければ強いほど，可能な社会的決定方法が単純多数決制から乖離していくことを意味する．

第 7 章　社会的選択理論と民主主義　　　285

はないか[24]．

　この見方に従えば，アローの不可能性定理は，制度／形式によって民主主義を理解することが不可能であるということを示している．すなわち，形式主義的な民主主義の理論が不可能であるというのがアローの定理の意味である．この解釈の下では，各々のアローの公理は制度としての民主主義にとって道理に適ったものであり，それを探究する限りにおいては不可能性定理は制度としての民主主義が不可能であることを述べている．この定理によって示唆されるのは，人間の社会的営為である民主主義を形式的な制度によって把握することがそもそもの誤りであったということである．アローの不可能性定理は，民主主義に意味をもつというより民主主義理論に対して意味をもつ[25]．

　民主主義の理論の代替的なアプローチは討議による民主主義という考え方である．すなわち，「民主主義の広い理解において中心的な課題は政治参加であり，対話であり，公共的相互作用だということである[26]」．現在かなりの政治哲学者が，制度としての民主主義ではなく，討議によって民主主義を理解する立場を支持している[27]．

　アマルティア・センが『正義のアイディア』において強調するように，社会的選択理論は公共的推論を促進しうる（Sen, 2009）．「コンドルセの投票のパラドックスや，もっと汎用的なアローの不可能性定理などの不可能性を示す結果は，これらの問題をどう解決すべきか，どのような種類のものを考慮し，精査する必要があるかについての公共的議論に貢献するために考えられたもの[28]」と解釈できる．さらに，特徴付けの定理を通じてさまざま意味を公共的議論の俎上に載せることは制度の意味を理解していくことを促しうる．社会的選択の意味論的側面を討議することによって，多数決制といった制度の持つ多面的な意味を自覚し，検討することが可能となる．

---

24)　Sen（2009）は社会的選択理論によるアプローチが社会契約論に代表される啓蒙主義と異なることを主張している．センによれば啓蒙主義が完全なる正義を志向するのに対して，社会的選択理論は実現可能な改善に目を向ける．センが 2 つのアプローチの差異に注目しているのに対して，われわれは重複に注目している．
25)　本章では民主主義の代表的理論について詳細に検討しない．例えば Dahl（1956）を参照されたい．
26)　Sen（2009；邦訳，462 頁）．
27)　この点については，Sen（2009, 15 章）などを参照されたい．
28)　Sen（2009；邦訳，175 頁）．

社会的選択理論を通じた公共的推論は，社会的結果ではなく，制度あるいは制度の特性に関するものとなることに注意する必要がある．社会的選択理論は，各々の場合における望ましい代表者や政策についての分析ではなく，望ましい代表者や政策をどのようにして決めるべきかについての方法に関する分析である．これはこの理論の持つ先験的特徴の一つであるが，このような制度に関する推論は社会契約論の著しい特徴でもあった．社会契約論が土台としている自然状態や原初状態を現実の社会に生きる社会構成員が想像することは非常に難しい．それにくらべて，社会的選択理論を通じて討議することは，われわれが生身の人間として制度を比較検討するための実践的な機会を形成する．そこで，社会的選択理論を通じた討議は，より柔軟な社会契約の実践の場となりうる．

　しかし，このような討議による実践には注意が必要である．社会的選択理論の形式性は，民主主義の実質的内容について目を背けさせる傾向を持つ．実質的内容に目を向けることは真の討議にとって不可欠である．フランス革命によって引き起こされた全会一致の原理の妥当性をめぐる論争を取り上げ，この点を説明したい．エドマンド・バークは，現代世代のみによる全会一致を否定することでフランス革命における集団的意思決定を非難した．

> 確かに社会は１つの契約である．従属的で単なるその場限りの利益のための契約は，任意に解除されてもよいだろう．だが，国家は例えば胡椒やコーヒーの，キャラコや煙草の取引やその他の卑俗な用途の物品のように，細かい一時的利益のために締結されて当事者の意向１つで解約される程度の共同事業協約と考えらるべきではない．それは，別種の崇敬の念でおのずと仰ぎ見らるべきである．事実，これは一時的な壊れ易い本性の粗野な動物的存在に資するに過ぎない物事の共同事業では断じてない．それはあらゆる学問，あらゆる芸術の共同事業，すべての美徳，すべての完徳における共同事業である．この種の共同事業の目的は，数多（あまた）の世代を経ても達成されないから，それは単に生きている人々の間のみならず，現に生きている者とすでに死去した者や今後生まれる者との間の共同事業となる．
> （Burke, 1968 [1790]；邦訳（上巻），pp. 177-178）

第7章 社会的選択理論と民主主義　　　　　　　　　　287

バークの主張に対してトマス・ペインは激しい論調で次のように書いた.

> すでにこの世を去って行った人びとと，いまだに訪れてきていない人びととは，互いに遠くかけ離れていて，人間の想像力の及ぶかぎりの距離が両者を分け隔てているものだ．そうだとすると，両者のあいだに，いったいどのような義務が存在し得るのだろうか．一方はすでに存在から出て行き，いま一方はいまだに存在の中へ入ってはきていず，したがって，両者がこの世で顔を合わせることは絶対ないにもかかわらず，この二つの存在しないものの一方が，いま一方を時の終わりまでも支配する，などという規則ないしは原理を，いったいどうして設けることができるのだろうか．
> (Paine, 1951 [1792]; 邦訳, pp. 26-27)

　このような論争は，民主的制度の探究にとって大きな意味を持つ．バークが反対しているのはあくまでも現在生きている社会構成員のみによる全会一致制である．現在世代の構成員の集合だけでなく，将来世代と過去世代を足し合わせた全体の構成員を考え，それに対して全会一致の原理を適応することについてはバークは否定していない．この点に留意すれば，バークとペインが議論しているのは，全会一致制の妥当性ではなく，どのような社会構成員を想定して全会一致の原理を適応するかという点と見ることができる．アロー的な枠組みにおいては，社会構成員の集合は先験的に与えられており，その世代的な構造自体に関わらず定理が成立する．バークが現代世代だけによる全会一致制を認めないのであれば，全世代を足し合わせた社会的選択を考えればよいし，その場合にアローの公理を受け入れるのであれば不可能性定理によって悲観的な結果をもたらす．その定理が適切なものであるかは各々が場合に応じて公理の妥当性を吟味することで判断すればよいとしてしまうことによって，公理論的方法は先験的に与えられた要素についてその解釈を不問にする傾向を持つ．そこで，社会的選択理論を通じた討議は，公理間の比較だけではなく，その実質的内容について精査し，検討を加えつつ行われる必要がある．

4.2 討議による統治

討議による統治という民主主義の代替的視座が大きな可能性を開くことは疑いない．このような民主主義の考え方は，制度によって硬直的に捉える考え方と異なり，プロセスとして柔軟に捉えることを許す．しかし，討議はそのプロセスにおいて何の問題も起こさないのだろうか．

ここでは，討議が非常に悪い形で循環する可能性を示し，討議における1つの問題を提示したい．いま，表4に示されるような選好を持つ個人からなる社会を想定する．この選好のリストは単純多数決制において社会的選好の循環を生み出すものにほかならない．社会構成員は自分たちの選好を申し出て熟議するものと想定しよう．こうした熟議によって，各個人は自分以外の個人が主張した選好とその理由を検討し，自分自身の選好を変更する．このような熟議は，各個人がなんらかの集計を行うことを意味する．このとき，社会構成員の人数と同じだけの社会構成関数が存在し，各人がアローの不可能性定理に直面することとなる．そこで，各人は，もともと全員が合理的選好を持っていたとしても，討議の結果として不合理な選好に変更してしまう可能性を持つ．これが討議における第一の問題である．

より重要な第二の問題を検討したい．いま考えている状況では，「個人的」社会構成関数なので，「社会的」社会構成関数の場合にくらべて個人の選好を基数的に扱うことの規範的重みが軽いと考えられる．そこで，個人が不合理な選好に変更してしまうことを避けるために，二項独立性を緩め，功利主義的な方法で他の個人の選好を集計するものとしよう．いま，討議の結果として，各個人は自分以外の個人の選好をボルダ・ルールによって集計するものとする[29]．たとえば，個人1は個人2と個人3の選好をボルダ・ルールで集計し，xP_1yP_1z から zP_1yP_1x へと選好を変更する．このような討議による集計を各人が行うとすれば，表5が得られる．表5もコンドルセのパラドックスを生み出すような選好のリストを与えていることに注意されたい．この上で，もう一度討議によって各人が同様の手続きで集計すれば，表4が得られることが直ちに

---

29) 単純多数決制では集計され得ないことに注意されたい．例えば，個人1が個人2と個人3の選好を単純多数決制で集計するとする．その結果，zPx, xIy, yIz という選好が帰結し推移性を満たさない．

第7章　社会的選択理論と民主主義

表4　討議のパラドックス (1)

個人1	個人2	個人3
x	y	z
y	z	x
z	x	y

表5　討議のパラドックス (2)

個人1	個人2	個人3
z	x	y
y	z	x
x	y	z

確認できる[30]．そこで，いくら討議を繰り返しても，それぞれコンドルセのパラドックスを与える選好のリストを与えるような表4と表5を「循環」するだけである．ゆえに，討議は堂々めぐりし収束しない．

ここで，このような討議の循環に対する批判をいくつか考えてみたい．第1に，討議の過程においては各人が他人の「理由」を検討することに重きが置かれるべきであって，他人の選好のみを検討している上述の過程は討議の本質を捉えていない，という主張について考察したい．われわれの分析において，討議によって選好を集計しているという想定はあくまでも単純化のためのものである．討議において表明される自身の選好を持つ「理由」は論理的なものである必要があることに留意すれば，命題の集計を含んだ過程を構成することで理由の検討を討議に導入することができる．しかしながら，命題の集計問題についてもコンドルセのパラドックスのパラフレーズである doctrinal paradox が存在するために，理由の表明とその集計が「討議の循環」から逃れるための道を与えるとは想像しがたい．

第2に，この討議における循環は各個人の集計にバイアスがあることに決定

---

30) われわれが想定した集計方法は恣意的なものであり，各人が自分自身の選好を集計の対象から除外しているという点で望ましい討議が行われているとは言いがたい．各人は，非常に感化されやすく自分以外の意見のみでものを意見を形成してしまっている．しかしながら，別の集計方法でも同様の問題が起こり得ることは簡単に確認できる．例えば，個人1は自分自身と個人2の選好を集計し，個人2は自分自身と個人3の選好を集計し，個人3は自分自身と個人1の選好を集計するような場合がそれである．

的に依存しており，各個人が同質的に集計を行えば必ず1回限りの討議によって，全員が同じ選好となることが保証されるという主張について検討する．例えば，表5から始めて，各個人がボルダ・ルールによって全員の選好を集計すれば，それぞれの選好は $xI_i yI_i z$ となる．そこで，各人が討議によって再び集計したとしても選好は変更されず，討議は安定したものとなっている．しかし，各個人が討議の下ですべての個人の選好を隈なく検討し同質的に集計すると仮定するということは，本質的に1つの社会構成関数で集計するというアロー的アプローチに立ち戻ることにほかならない．したがって，このような方向性は，討議による民主主義を豊かな集団的意思決定の枠組みを与えることなく，形式的にアローの社会的選択論と同一のものに縮約させる．あくまでも討議が制度でない以上，各人が多様に集計することが肝心なのである．

最後に，現実の討議には常に不確実性が存在するため確率的要素を考慮に入れることで問題が解決できるという主張について検討したい．実際に，各人の選好が他人の意見に影響を受けつつもどのような選好にもなる可能性があれば，有限回の討議によって意見は収束しうる．この点は論理的には正しいが，このような形で問題を解決することは，形式的な制度の構築が不可能であるならば賽を振って社会的決定を行えばよいと考えていることにほかならない．また，討議によるデモクラシーの本質を便利な賽である点だとする，このような主張はとうてい受け入れがたい．さらに，このような社会的選択理論に確率論的要素を含めることで集合的意思決定の不可能性から脱却するという試みは古くからあり，制度としての民主主義と討議としての民主主義の差異を見失わせてしまう[31]．

5 不可能性定理と民主主義の意味

ロバート・ダールは民主主義の5つの要件として，（ⅰ）実質的な参加，（ⅱ）平等な投票，（ⅲ）政策とそれに代わる案を理解する可能性，（ⅳ）アジェンダの最終的な調整の実施，（ⅴ）全成人の包括的参画を挙げた（Dahl, 1998）．

---

31) 確率論的アプローチの代表的文献としては，Intriligator（1973）やGibbard（1977）が挙げられる．

第一の要件は，自分の見解をほかの社会構成員に理解してもらう機会の必要性を述べている．第二の要件は，投票の際に各個人が等しく扱われなければならないことを述べている．第三の要件は，各個人が社会的選択肢を理解する機会の必要性を述べている．第四の要件は，アジェンダを設定する機会が開かれていることを要求している．第五の要件は，社会構成員全員が4つに参加できることを要求している．これらのいくつかの要件は民主主義が社会的営為のプロセスであるということとかかわっており，いくつかの要件は民主主義が制度であるということとかかわっている．また，選択肢の理解やアジェンダの設定などは，制度について相互に了解をとるプロセスが必要であることを述べている．このようなダールの考え方は，民主主義の概念が多面的であって，複雑に制度的な側面と相互理解としての側面が交錯していることを表している．

こうした民主主義の多面性に呼応するように，アローの不可能性定理を中核とする社会的選択理論も多面的側面を持つ．本章では，2つの側面に焦点を当てた．意味論的側面は，われわれを社会的選択理論の内部にとどめて，多数決制に代表される民主的制度の公理的意味を問うことを志向させる．一方で，構文論的側面は，われわれを社会的選択理論の外部に引き出して，制度としての民主主義という考え方の妥当性を問うことを促進する．これら2つの側面は，それぞれ民主主義の意味をめぐって相互に関連している．こうした事実は，社会的選択理論が民主主義の理解のための理論的道具であることを示唆する．

われわれがアローの不可能性定理の解釈を考察しようとするとき，「民主主義とは何か」という問いの答えをあらかじめ知りたいという願望に駆られる．この類の願望は，さまざまな問題において順序立てて思考し，論理的に分析を進めていく上で美徳である．ところが，われわれの考察している問題においてはそうではないように思われる．「不可能性の意味とは何か」という問いと「民主主義とは何か」という問いが相互に関連しているのために，2つの問いを行きつ戻りつ検討する必要があるという見方が本章で主張したいことの1つであった．

付記

本章は，社会科学研究（東京大学社会科学研究所）第64巻第2号189-

194 頁に出版された同名の論文を修正したものである．外国語文献からの引用は原則として翻訳書を利用している．表現を変更している箇所もある．

参考文献

坂井豊貴（2013）『社会的選択理論への招待——投票と多数決の科学』日本評論社．
鈴村興太郎（1982）『経済計画理論』筑摩書房．
――――（2009）『厚生経済学の基礎——合理的選択と社会的評価』岩波書店．
――――（2012）『社会的選択の理論・序説』東洋経済新報社．
鈴村興太郎・後藤玲子（2001）『アマルティア・セン――――経済学と倫理学』実教出版．
吉原直毅（2004）「アマルティア・センと社会的選択論」絵所秀紀・山崎幸治編『アマルティア・センの世界』晃洋書房，pp. 51-82.
Arrow, K. J. (1951), *Social Choice and Individual Values*, New York: Wiley (2nd ed., 1963; 3nd ed., 2012). （長名寛明訳『社会的選択と個人的評価 第3版』勁草書房，2013年）．
Aşan, G. and M. R. Sanver (2002), "Another characterization of the majority rule," *Economics Letters*, 75, pp. 409-413.
―――― (2006), "Maskin monotonic aggregation rules," *Economics Letters*, 91, pp. 179-183.
Black, D. (1948), "On the rationale of group decision-making," *Journal of Political Economy*, 56, pp. 23-34.
Blau, J. H. (1972), "A direct proof of Arrow's theorem," *Econometrica*, 40, pp. 61-67.
Burke, E. (1968 [1790]), *Reflections on the Revolution in France*, London: Penguin Books. （中野好之訳『フランス革命についての省察 上・下』岩波書店［岩波文庫］，2000年）．
Campbell, K. and J. S. Kelly (2002), "Impossibility theorems in the Arrovian framework," in K. J. Arrow, A. K. Sen, and K. Suzumura, eds., *Handbook of Social Choice and Welfare Vol. 1*, Amsterdam: North-Holland, pp. 35-94.
Cato, S. (2011), "Pareto principles, positive responsiveness, and majority decisions," *Theory and Decision*, 71, pp. 503-518.
Cato, S. and D. Hirata (2010), "Collective choice rules and collective rationality: a unified method of characterizations," *Social Choice and Welfare*, 34, pp. 611-630.
Dahl, R. A. (1956), *A Preface to Democratic Theory*, Chicago, IL: University of Chicago Press. （内山秀夫訳『民主主義理論の基礎』未来社，1970年）．
Dahl, R. A. (1998), *On Democracy*, New Haven, CT: Yale University Press. （中村孝文訳『デモクラシーとは何か』岩波書店，2001年）．
Dokow, E. and Holzman, R. (2010), "Aggregation of binary evaluations," *Journal of Economic Theory*, 145, pp. 495-511.
Gaertner, W. (2006), *A Primer in Social Choice Theory*, Oxford: Oxford University Press.

Gibbard, A. F. (1977), "Manipulation of schemes that mix voting with chance," *Econometrica*, 45, pp. 665-681.
Inada, K. (1969), "The simple majority decision rule," *Econometrica*, 37, pp. 490-506.
Intriligator, M. D. (1973), "A probabilistic model of social choice," *Review of Economic Studies*, 40, pp. 553-560.
List, C. and P. Pettit (2002), "Aggregating sets of judgments: An impossibility result," *Economics and Philosophy*, 18, pp. 89-110.
List, C. and B. Polak (2010), "Introduction to judgment aggregation," *Journal of Economic Theory*, 145, pp. 441-466.
Maskin, E. S. (1995), "Majority rule, social welfare functions, and game forms," in K. Basu, P. K. Pattanaik and K. Suzumura, eds., *Choice, welfare, and development: A festschrift in honour of Amartya K. Sen*, Oxford: Oxford University Press, pp. 100-109.
May, K. O. (1952), "A set of independent necessary and sufficient conditions for simple majority decision," *Econometrica*, 20, pp. 680-684.
May, K. O. (1954), "Intransitivity, utility, and the aggregation of preference patterns," *Econometrica*, 22, pp. 1-13.
Miroiu, A. (2004), "Characterizing majority rule: from profiles to societies," *Economics Letters*, 85, pp. 359-363.
Montesquieu, C. L. (1989 [1748]), *The Spirit of the Laws*, Cambridge: Cambridge University Press. (野田良之・稲本洋之助・上原行雄・田中治男・三辺博之・横田地弘訳『法の精神 上・中・下』岩波書店 [岩波文庫], 1989 年).
Murakami, Y. (1968), *Logic and Social Choice*, London: Routledge.
Paine, T. (1951 [1792]), *Rights of Man*, New York: Dutton. (西川正身訳『人間の権利』岩波書店 [岩波文庫], 1971 年).
Rubinstein, A. and Fishburn, P. C. (1986), "Algebraic aggregation theory," *Journal of Economic Theory*, 38, pp. 63-77.
Samuelson, P. A. (1967), "Arrow's mathematical politics," in S. Hook, ed., *Human Values and Economic Policy*, New York: New York University Press, pp. 41-51. (篠原三代平・佐藤隆三訳『サミュエルソン経済学体系7』勁草書房, 1991 年, 所収).
Schumpeter, J. A. (1942), *Capitalism, Socialism and Democracy*, New York: Harper and Brothers. (中山伊知郎・東畑誠一訳『資本主義・社会主義・民主主義』(新装版) 東洋経済新報社, 1995 年).
Sen, A. K. (1970), *Collective Choice and Social Welfare*, San Francisco: Holden-Day. (志田基与師監訳『集合的選択と社会的厚生』勁草書房, 2000 年).
——— (1986), "Social choice theory," in K. J. Arrow and M. D. Intriligator, eds., *Handbook of Mathematical Economics*, 3, Amsterdam: North-Holland, pp. 1073-1181.
——— (1995), "Rationality and social choice," *American Economic Review*, 85, pp. 1-24.
——— (1999), "The possibility of social choice," *American Economic Review*, 89,

pp. 349-378.
――― (2009), *The Idea of Justice*, Cambridge, MA: Harvard University Press. (池田幸生訳『正義のアイデア』明石書店, 2011年).
Sen, A. K. and P. K. Pattanaik (1969), "Necessary and sufficient conditions for rational choice under majority decision," *Journal of Economic Theory*, 1, pp. 178-202.
Suzumura, K. (1983), *Rational Choice, Collective Decisions, and Social Welfare*, Cambridge: Cambridge University Press.
Woeginger, G. J. (2003), "A new characterization of the majority rule," *Economics Letters*, 81, pp. 89-94.
Woeginger, G. J. (2005), "More on the majority rule: profiles, societies, and responsiveness," *Economics Letters*, 88, pp. 7-11.
Wilson, R. (1975), "On the theory of aggregation," *Journal of Economic Theory*, 10, pp. 89-99.

第 8 章
世代間正義の公理的分析
功利主義と世代の不偏的処遇

釜賀　浩平

1　世代間正義の公理的分析とは

　世代間の利害対立が生じる状況において——例えば，2つの代替的な環境保全政策について現在世代と100年後の世代の利害が対立する状況において——比較対象の善し悪しをどのように評価すべきかという問題は，厚生経済学によって，とりわけその1分野である社会的選択理論によって分析が行われてきた．分析の枠組みとして広く採用されてきたものは，無限効用流列（infinite utility streams）の優劣をどう評価すればいいのか分析するというものであり，Koopmans（1960）および Diamond（1965）の研究に端を発する．無限効用流列（以降では効用流列と略記）とは，各世代が享受する効用を現在世代から無限先まで続く各将来世代について列記した，無限次元の実数ベクトルである．例えば，$(1, 0, 1, 0, \cdots)$ という効用流列は，現在世代である第一世代が効用1を得て，第二世代が効用0を得て…という状況を表している．効用流列の優劣評価とは，評価対象となる効用流列間に（例えば，流列 $(1, 0, 1, 0, \cdots)$ と $(0, 1, 0, 1, \cdots)$ に）相対的な優劣をつけることである[1]．効用流列の優劣評価を分析することの現実的な解釈の1つは，現在世代が考える自世代および各将来世代の効用の展望に対して，現在世代が下すべき優劣評価のあり方を分析するというものである．この解釈の下で，こうした分析がなぜ重要であるのかは，現在世代

---

[1]　効用流列の背後にはその効用を生む消費経路などの存在が考えられるが，それらを分析対象から外し効用流列にのみ焦点を当てた優劣評価の分析アプローチは厚生主義と呼ばれる．厚生主義の正当化については d'Aspremont（2007）を参照してほしい．

と遠い先の将来世代とが同時点に存在しないという，本書第7章で紹介されたトマス・ペインとエドマンド・バークによる民主主義と世代に関する論争にも見られる世代間利害調整問題の構造的な難しさによって説明される．現在世代と将来世代は同時点に存在しないため，決定の影響を被るすべての主体による直接対話を通じて決定を下すという，民主主義による世代間利害調整問題の解決は物理的に不可能であり，否応なしに現在世代が決定を下さざるを得ない[2]．こうした現在世代による将来世代を拘束する決定の妥当性は，その決定を基礎付ける優劣評価の妥当性に依存し，妥当な優劣評価はどのようなものかを問うことは重要である[3]．本章では，無限効用流列に対する優劣評価を，現在世代による決定の妥当性を支える世代間正義原理を表現するものと解釈していく．

効用流列の優劣評価の分析で採用されてきた分析手法は，公理的分析と呼ばれる手法である．公理的分析とは，公理と総称される優劣評価が満たすべき性質をいくつか提示し，それらの公理を満たす優劣評価はどのようなものか特定するという手法である．すなわち，優劣評価が満たす性質という観点から，妥当な優劣評価はどのようなものか明らかにするのである．効用流列の優劣評価の公理的分析で広く採用されてきた公理は，Sidgwick（1907），Pigou（1920），および，Ramsey（1928）の主張に基づく「世代を不偏的に処遇する」ことを要請する公理であり，さまざまなヴァリエーションは存在するものの，匿名性公理と総称されるものであった．また，匿名性公理を含むさまざまな公理を満たす優劣評価として明らかにされてきたものは，こちらもさまざまなヴァリエーションを伴うが，功利主義に基づく優劣評価方法とレキシミン原理（辞書式マキシミン原理）に基づく優劣評価方法が主なものであった．

匿名性公理が要請する世代の不偏的処遇を主張する論者として，上に挙げた論者たちが功利主義の思想を展開する倫理学者および経済学者であることは，効用総和の最大化を善とする功利主義の論拠の1つに，「各人の対立しうる利

---

[2] 鈴村・蓼沼（2006）は，地球温暖化問題では世代間の利害調整という問題構造がよりいっそう複雑なものになることを議論している．

[3] 「アメリカ独立宣言」を起草したトマス・ジェファソンは，現在世代が制定する憲法や法律が将来世代を拘束する点をいかに正当化できるのかという問題を提起している．これについては釜賀・河野・小島（2013）を参照してほしい．

害は等しく顧慮されるべき」という正しさの基準があることを考えれば，特別に驚くべきことではない（功利主義の詳細は本書第3・4章を参照されたい）．また，人類の終末の不確実さを「無限に続く将来世代」として表現したとき，将来世代の効用を割り引かずに等しいウェイトで足し合わせるという功利主義に忠実な善の判断が，総和の発散によって機能不全に陥ってしまうという点からも，功利主義思想を展開する論者たちにとって世代の不偏的処遇が重要な論点であることが理解されよう．

　一方，社会的選択理論の研究者が効用流列の優劣評価の分析においてさまざまなヴァリエーションを与えつつ匿名性公理に関心を寄せてきた理由は，世代を不偏的に処遇することはもっともだからというだけではなく，無限の将来世代を想定した分析枠組みに特有の技術的問題の存在もあった．第3節で詳述するが，匿名性公理は「世代の順番の並べ換えによって一致する2つの効用流列を同程度に望ましいと評価せよ」という要請として表現される．このような表現をとる際に重要となるのは，そこで考える世代順の並べ換えとして，どのような並べ換えを許容するかということである．論理的に可能なあらゆる並べ換えを許容する場合，並べ換えの一例として，偶数世代は1つ後ろの偶数世代へ，第一世代を第二世代へ，第三世代以降のすべての奇数世代を1つ前の奇数世代へ並べ換えるというものを考えることができる．この並べ換えは，第一世代を折り返し地点として，奇数世代を後続奇数世代から1つ前に送り込み，第一世代を最初の偶数世代である第二世代へ送り出し，偶数世代を1つ後ろの偶数世代へ送り出すという操作だが，第3節で詳しく見るように，こうした操作は操作前の効用流列とくらべて，どの世代の効用も下がらず，かつ，ある世代は高い効用を得る新たな効用流列を生み出すことができる．こうした効用改善の全員一致性を厳密に望ましい変化だと判断することは直観的に支持されようが，実際に社会的選択理論でも強パレート（strong Pareto）と呼ばれる公理でそうした判断を下す要請が表現されてきた．社会的選択理論において匿名性公理がさまざまなヴァリエーションを伴って注目されてきた理由とは，世代の不偏的処遇をあらゆる論理的に可能な世代順の並べ換えを許容した匿名性公理によって表現すると，効用改善の全員一致性を善しとする強パレートと論理的に衝突してしまい，許容する世代順の並べ換えをどのように制限すれば衝突を回

避できるのかが問題とされてきたことも大きかった．

　本章は，功利主義に基づく効用流列の優劣評価に焦点をあて，公理的分析でこれまでに得られた結果を匿名性公理を軸に概観し，また，Rawls（1971）が有名な正義の二原理を導出する中で展開した方法論である反照（反省）的均衡（reflective equilibrium）に沿って結果の意味を検討する[4]．反照的均衡とは，前提として設定された原初状態における人々の合意から演繹される正義原理と，個人の熟慮に基づく判断とを照らし合わせ，それらの間に不一致がある場合には前提と判断の相互調整を行うことで到達する，正義原理と熟慮に基づく判断が適合した均衡状態である（反照的均衡については本書第2章も参照してほしい）．次節でより詳細に論じるが，公理的分析の意義とは，第一に，前提である諸公理からどのような優劣評価が演繹されるのかを明らかにすることである．これは，演繹された優劣評価を正義原理の表現と考えるならば，正義原理の妥当性を公理によって基礎付けることと理解される．第二に，優劣評価として表現される正義原理間の差異を，それらを基礎付ける公理の差異に還元して明確にすることが挙げられる．第三に，反照的均衡に関連する公理的分析の意義として，われわれの熟慮に基づく判断と適合する優劣評価（正義原理），すなわち，反照的均衡にある優劣評価が何であるかを探る重要な手がかりを与えるということが挙げられる．なぜなら，優劣評価を基礎付ける公理の差異に関連する形でわれわれの判断を問い，前提として採用された公理およびわれわれの判断との相互修正の果てに，公理から演繹される優劣評価とわれわれの判断とが適合する状態に到達したならば，そこで演繹されている優劣評価は公理的分析という手続きを通じた反照的均衡にある正義原理と考えることができるからである．本章では，これら3つの意義に基づき，効用流列の優劣評価の公理的分析の諸結果を概観し，それらの結果の意味について検討する．

　以降の構成は次のとおりである．次節では，効用流列の優劣評価を分析する枠組みを簡潔に紹介し，公理的分析の意義が反照的均衡に沿ってどのように理解されるのか論じる．第3節では，世代の不偏的処遇が匿名性公理としてどのように表現されるのか説明し，いくつかの匿名性公理を紹介する．第4節で

---

[4] レキシミン原理に基づく優劣評価とそれに関する公理的分析の結果については，Asheim（2010），釜賀・河野・小島（2013），鈴村・篠塚（2006）のサーヴェイを参照されたい．

は，功利主義に基づく効用流列の優劣評価について，これまでに提示されてきたいくつかの優劣評価を紹介する．また，それらに対する公理的分析の結果を匿名性公理を軸に概説し，結果の意味を反照的均衡の考え方に沿って検討する．第5節では，キャッチング-アップ基準と呼ばれる経済学で古くから用いられてきた功利主義に基づく効用流列の優劣評価について，$\mathcal{N}$-パレートと呼ばれる一般化されたパレート公理と匿名性公理の両立可能性という点から検討する．第6節は本章のまとめと展望にあてられる．

2　公理的分析と反照的均衡

　効用流列の優劣評価を分析する枠組みについて，設定の準備から始める．第1節で述べたように，効用流列とは現在世代を第一世代として，無限先まで続く各第 i 世代の効用を並べた無限次元の実数ベクトルである．効用流列を記号で表すときには，$x = (x_1, x_2, \cdots)$ または $y = (y_1, y_2, \cdots)$ などと表記する（x_i は第 i 世代の効用を表す）．優劣評価の対象となる効用流列は，すべての無限次元実数ベクトルとする．効用流列の優劣評価とは，効用流列 x は y より"少なくとも同程度に望ましい"という優劣（優劣ランクの等号付き不等号に相当する）を定めることである．効用流列 x が y より少なくとも同程度に望ましく，かつ，y が x より少なくとも同程度に望ましくないとき，x は y より"厳密に望ましい"と表現する（優劣ランクの不等号に相当する）．また，効用流列 x が y より少なくとも同程度に望ましく，かつ，y が x より少なくとも同程度に望ましいとき，x と y は"同程度に望ましい"と表現する（優劣ランクの等号に相当する）．

　一言に優劣評価と言っても，優劣評価が満たすさまざまな合理性条件によって何種類かに分類される．以降で紹介する優劣評価は，反射性と推移性と呼ばれる条件を満たすもので，社会厚生準順序（social welfare quasi-ordering）と呼ばれるタイプのものである．反射性とは，あらゆる効用流列 x はそれ自身と同程度に望ましいと評価しなければならないという条件であり，推移性とは，どんな3つの効用流列 x, y, z も，x を y より少なくとも同程度に望ましいと評価し，y を z より少なくとも同程度に望ましいと評価するならば，x を z より

少なくとも同程度に望ましいと評価しなければならないという条件である．社会厚生準順序は優劣評価という言葉から通常イメージされるものとは違うという点に注意が必要である．優劣評価として通常イメージされるものは，完備性と呼ばれる次の条件も満たすものだろう．どんな2つの効用流列 x, y も，x を y より少なくとも同程度に望ましいと評価するか，y を x より少なくとも同程度に望ましいと評価するか，少なくとも一方は必ず成り立つ（つまり，どんな2つの効用流列にも優劣ランクとして不等号もしくは等号が定まる）．反射性，推移性，完備性の3つを満たす優劣評価は，社会厚生順序（social welfare ordering）と呼ばれるタイプに分類される．社会厚生準順序とは，必ずしも完備性を満たさない優劣評価のことであり，したがって，ある効用流列間には優劣比較を行えない場合がある．社会厚生準順序ではなく社会厚生順序を分析すべきだと思われるかもしれないが，効用流列の優劣評価は社会厚生準順序が広く分析されてきた．その理由の詳細には立ち入らないが，社会厚生順序の分析には分析上の大きな困難が生じるということだけ指摘しておく[5]．

　効用流列の優劣評価の公理的分析とは，公理と総称される優劣評価が満たすべき性質をいくつか提示し，それらの公理を満たす優劣評価を特定するというものである．ある特定の優劣評価（のクラス）について，それ（ら）が諸公理を満たす唯一の優劣評価（のクラス）であることを示す結果は，優劣評価の公理的特徴付け（axiomatic characterization）と言われる．

　効用流列の優劣評価の公理的分析には，世代間正義原理の探求に関して3つ意義が挙げられる．第一に，前提として与えられる諸公理からどのような優劣評価が演繹されるのかを明らかにし，優劣評価に公理による基礎付けを与えることができる．例えば，優劣評価 A に3つの公理1，2，3で公理的特徴付けが得られたとすると，A は公理1，2，3を満たす唯一の優劣評価であるという公理による基礎付けを得たことになる．この優劣評価 A がある特定の世代間正義原理（例えば，功利主義）を表すものである場合，その原理は公理1，2，

---

[5]　具体的には，次節で紹介する有限匿名性と強パレートと呼ばれる条件（公理）を満たす社会厚生順序は，論理的に存在することだけならば証明できるが（Svensson, 1980），どのような評価方法なのか明示的に示すのは不可能であることが知られている（Lauwers, 2010; Zame, 2007）．ここで，明示的に示せないとは，選択公理等を用いた非構成的な存在証明しかできないということである．

3を満たす唯一の原理であるという基礎付けが得られるのである．

第二に，優劣評価間の差異をその基礎付けとなる公理の差異に還元して説明することができる．例えば，優劣評価AとはなるBに，3つの公理1，2，4で公理的特徴付けが得られたとすると，AとBの差異を公理3と4が要請する内容の差異に還元して説明できる．それぞれの優劣評価がある特定の世代間正義原理を表すものである場合，それらの原理間の差異が公理3と4の差異に還元されることを明らかにできるのだ．

最後に，Rawls (1971) が有名な正義の二原理を導き出す理論の中で展開した反照的均衡と呼ばれる方法論に関連して，第三の意義を挙げることができる．Rawls (1971) は，人々が無知のヴェールに覆われている原初状態という設定を議論の前提とし，そこで人々が合意により選択するものとして正義の二原理を演繹する議論を展開したが，それに加えて，演繹された正義原理がわれわれの熟慮に基づく諸判断と適合するかについても問題としている．そして，正義原理と諸判断に不一致がある場合には演繹の前提である原初状態，もしくは，諸判断のいずれかに修正を行い，われわれの諸判断と正義原理が適合するように探求を続けた末に到達する両者の適合した状態を反照的均衡と呼んだ[6]．ここで，原初状態における人々の合意という契約論的理論構成による正義原理の演繹を，公理を前提とした優劣評価の演繹という公理的分析に置き換えてみると，公理的分析による世代間正義の探求に次の意義を見出せる．異なる優劣評価について，公理的特徴付けの結果で明らかになったそれらを基礎付ける公理の差異に関連する形でわれわれの判断を問い，採用された公理およびわれわれの判断のそれぞれに修正を行うことで，われわれの判断と適合する優劣評価（正義原理）を探求することができる．これは，上述の優劣評価AとBの公理的特徴付けの例に沿って以下のように説明される．AとBの差異は公理3と4の差異に還元されたが，ここで，公理3と4の要請内容に関連した形でわれわれの判断を問い（例えば，第4節で見るように，世代の不偏的処遇の程度はどの程度であるべきか等の判断），われわれの判断と公理3と4のどちらが適合するのか検討する．どちらの公理とも適合しない場合は，判断を修正すべき

---

[6] Rawls (1971) の理論構成と反照的均衡の詳細は，本書第2章（井上）のほかに盛山 (2006) などを参照してほしい．

か公理を修正すべきかを検討し，(公理を修正した場合に修正後の公理から) 演繹される優劣評価とわれわれの判断との適合を再度検討する．また，一方の公理がわれわれの判断と適合する場合も，判断に修正を加える余地があるか検討し，あらためて判断と公理との適合を検討する．優劣評価がある世代間正義原理を表している場合，公理の差異に関連させた判断との照合を経ることで，公理からの演繹という基礎付け主義的な正義原理の正当化にとどまらず，判断とも適合した反照的均衡にある正義原理を模索することができる[7]．

　公理的分析という手法は効用流列の優劣評価を分析する場合にのみ採用されてきたわけではなく，社会的選択理論において集合的意思決定方法 (例えば，投票制度) を分析する際に広く採用されてきた (本書第7章を参照)．ここで指摘した反照的均衡と公理的分析の関連性は，効用流列の優劣評価の分析にのみ当てはまるわけではなく，集合的意思決定方法の公理的分析全般に当てはまる．しかし，効用流列の優劣評価という世代間正義の分析において，反照的均衡にある優劣評価を模索する作業は，同時点に存在する諸個人による集合的意思決定方法を分析する場合とくらべて，より重要と考えられる．前節で指摘したように，世代間の利害調整は現在世代と遠い先の将来世代の対話が物理的に不可能な調整問題であり，現在世代によって下さざるを得ない将来世代を拘束する決定は，その決定に至らしめた優劣評価が何であるのかが重要となる．世代間利害調整における優劣評価のこうした重要性を考えると，公理による基礎付け主義的な正当化にとどまらず，われわれの熟慮に基づく判断との適合性を問う作業は，正しい世代間利害調整のあり方を模索する上で重要な実践だろう．

3　世代の不偏的処遇と効率性

　社会的選択理論では，世代の不偏的処遇を匿名性と総称される公理で表現し，効用流列の優劣評価が満たす匿名性公理の分析を通じて，世代を不偏的に

---

[7]　効用流列の優劣評価が経済成長モデルにおいて指し示す最適経路と，われわれが正義にかなうと判断する経路とを照らし合わせることで優劣評価の反照的均衡を議論したものとして，Asheim (2010) がある．

処遇する利害対立への対処方法が分析されてきた．本節では，世代の不偏的処遇が匿名性公理としてどのような形で表現されるのか説明し，優劣評価の効率性を表現する強パレート公理との両立可能性について概観する．匿名性公理は，世代の順番を並べ換えることで一致する2つの効用流列は同程度に望ましいと評価しなければならないという要請である．世代の順番の並べ換えは置換と呼ばれ，数理的には各世代 i に世代 j（$i=j$ であってもよい）を1対1に対応させ，かつ，あらゆる世代 j を対応しつくす関数である．世代順の並べ換えで一致する2つの効用流列を同程度に望ましいと評価することは，各世代の利害に対する生存時点の違いを根拠とした差別的考慮の禁止を意味し，この点で匿名性公理は世代の不偏的処遇を表現している．

匿名性公理は，どんな置換によって一致する効用流列を同程度に望ましいと評価するかという，許容する置換の種類に応じて異なる不偏的処遇の程度を表現する．最も強い不偏的処遇は強匿名性（strong anonymity）という公理で表現され，"どんな置換であっても"それにより一致する2つの効用流列は同程度に望ましいと評価することを要請する．

強匿名性：任意の効用流列 $x=(x_1, x_2, \cdots)$，$y=(y_1, y_2, \cdots)$ について，ある置換によって x で世代を並べ換えると y に一致するならば，x と y は同程度に望ましいと評価しなければならない．

強匿名性の要請を次の効用流列 x を用いて具体的に見てみよう．

$$x = (1, 0, 1, 0, 1, 0, \cdots)$$

x は奇数世代の効用が1で，偶数世代の効用が0という状況を表している．ここで，次のような置換を考えてみる．第一世代を第二世代に並べ換え，それ以外の奇数である第 n 世代を $n-2$ 世代に並べ換え，すべての偶数である第 n 世代を $n+2$ 世代に並べ換える．この置換を x に適用すると，以下の効用流列 y が導かれる．

$$y = (1, 1, 1, 0, 1, 0, \cdots)$$

y は奇数世代と第二世代の効用が1で，第二世代以外の偶数世代の効用が0と

いう状況を表している．強匿名性の要請は，置換によって一致するこれら x と y を同程度に望ましいと評価せよというものである．

　効用流列の優劣評価が満たすべき性質として，世代の不偏的処遇と並び重要な性質と考えられてきたのが，評価の効率性である．評価の効率性とは，2つの効用流列について，ある世代（もしくは，複数の世代）の効用が一方の流列のほうで高く，かつ，どの世代の効用も下がってないならば，ある世代の効用が高くなる流列のほうを厳密に望ましいと評価することであり，経済学ではパレート公理として表現されてきた．Diamond（1965）以降の多くの研究が用いたパレート公理は，強パレートと呼ばれるもので，少なくとも1世代の効用が上昇していればよいとするパレート公理である．

強パレート：任意の効用流列 $x=(x_1, x_2, \cdots)$, $y=(y_1, y_2, \cdots)$ について，各第 i 世代で $x_i \geq y_i$ が成立し，少なくとも1つの第 j 世代で $x_j > y_j$ が成立するならば，x は y より厳密に望ましいと評価しなければならない．

　強パレートの要請は，上で取り上げた効用流列 x と y を使って確認できる．x と y をくらべると，第二世代の効用は y で高く，ほかのすべての世代の効用は x と y で同じである．強パレートの要請は，y を x より厳密に望ましいと評価せよというものである．

　ここで，上で取り上げた x と y に対する強匿名性と強パレートの要請を振り返ると，強匿名性は x と y を同程度に望ましいと評価することを要請し，一方で強パレートは y を x より厳密に望ましいと評価することを要請している．よって，この2公理は両立しない．強匿名性と強パレートの両立不可能性についての上述の例証は，Lauwers（1997a）によって与えられたものであり，以下の定理をもたらす．

定理1（Lauwers, 1997a）．強匿名性と強パレートを満たす社会厚生準順序は存在しない．

　強匿名性は強パレートと両立しないが，ここからは強パレートと両立する匿名性公理を2つ紹介する（それぞれの匿名性公理と強パレートを同時に満たす社会厚生準順序は次節で見る）．Diamond（1965）に続く多くの研究で採用されてき

た匿名性公理に，有限匿名性（finite anonymity）と呼ばれるものがある．有限匿名性は，有限置換と呼ばれる限定された置換により定義される匿名性公理である．有限置換とは，順番を並べ換える世代の数が有限となる置換である．強匿名性と強パレートの両立不可能性の例証で用いた置換は，すべての世代——すなわち，無限に多くの世代——の順番を並べ換えており，有限置換ではない．許容する置換を有限置換に限定することで，有限匿名性は強匿名性よりも弱い不偏的処遇を表現する．

有限匿名性：任意の効用流列 $x = (x_1, x_2, \cdots)$, $y = (y_1, y_2, \cdots)$ について，ある有限置換によって x で世代を並べ換えると y に一致するならば，x と y は同程度に望ましいと評価しなければならない．

先に用いた効用流列 $x = (1, 0, 1, 0, 1, 0, \cdots)$ と以下の効用流列 z を用いて有限匿名性の要請を見てみよう．

$$z = (0, 1, 0, 1, 1, 0, \cdots)$$

z は第一世代から第四世代までは先に用いた y と同じで，第五世代以降は x と同じ状況を表している．ここで次のような置換を考えてみる．第一世代と第二世代を並べ換え，第三世代と第四世代を並べ換え，他の世代は順番を並べ換えない．この置換は有限置換になっている．この置換を x に適用すると，適用後の効用流列は z と一致する．有限匿名性はこれら x と z を同程度に望ましいと評価することを要請している．

有限匿名性は順番を並べ換える世代数を有限としているため，無限に多くの世代に対する不偏的処遇の表現として十分とは言えないだろう．例えば，先に用いた効用流列 $x = (1, 0, 1, 0, 1, 0, \cdots)$ と次の効用流列 w について考えてみよう．

$$w = (0, 1, 0, 1, 0, 1, \cdots)$$

x と w の違いは，効用 1 を得る世代と 0 を得る世代が，奇数世代なのか偶数世代なのかという点だけである．この 2 つの効用流列は世代の不偏的処遇という考えから同程度に望ましいと直観的には思われる．しかし，有限匿名性では

そうした評価を結論できない．なぜなら，xとwを一致させる置換は，すべての奇数世代とすべての偶数世代の順番を並べ換え，有限置換ではないからである．Lauwers（1997b）はxとwを同程度に望ましいと評価することを要請する，等間隔匿名性（fixed-step anonymity）と呼ばれる公理を提示した．等間隔匿名性は，等間隔置換と呼ばれる限定された置換により定義されている．等間隔置換とは，等間隔で連続した世代をグループ化し，各グループ内で世代の順番を並べ換える置換である．xとwの例では，2世代ごとに世代をグループ化し，各グループ内で奇数世代と偶数世代の順番を並べ換えるという等間隔置換によってxとwが一致する．ここで示した等間隔置換は各グループ内での並べ換えの仕方が同じだが，並べ換えの仕方がグループごとに異なったり並べ換えないグループがあっても等間隔置換と定義される．よって，有限置換は等間隔置換の特殊ケースである．実際，先のxとzの例で用いた有限置換は，次のような等間隔置換と見なせる．2世代ごとにグループ化し，最初の2グループでは奇数世代と偶数世代を並べ換え，ほかのグループでは順番を並べ換えない．等間隔置換は有限置換を特殊ケースとして含むので，等間隔匿名性は有限匿名性よりも強い不偏的処遇を表現する．

等間隔匿名性：任意の効用流列$x=(x_1, x_2, \cdots)$，$y=(y_1, y_2, \cdots)$について，ある等間隔置換によってxで世代を並べ換えるとyに一致するならば，xとyは同程度に望ましいと評価しなければならない．

許容する置換への制限に基づいて，3つの匿名性公理の論理的関係をまとめると次のようになる．強匿名性を満たす優劣評価は等間隔匿名性を必ず満たし，等間隔匿名性を満たす優劣評価は有限匿名性を必ず満たす[8]．

本節の最後に，経済学で広く用いられてきた功利主義"的"な効用流列の優劣評価である，割引現在価値の大小比較による優劣評価について，3つの匿名性公理との関係を見ておこう．効用流列の割引現在価値とは，割引因子δ（$0<\delta<1$）を用いて第n世代の効用にδ^{n-1}を掛けた値を全世代で足し合わせたものである[9]．すなわち，同じ効用値であっても遠い将来世代のものほど低く評

---

[8] 強パレートと両立する他の匿名性公理については，例えば，Adachi, Cato, and Kamaga（2014）を参照してほしい．

価して計算される総和である．割引現在価値の大小比較による優劣評価は，割引現在価値がより大きい効用流列をより望ましいと評価するもので，例で用いた4つの効用流列には y, x, z, w の順に厳密に望ましいと優劣を下す[10]．3つの匿名性公理それぞれの要請内容に照らせば，この優劣評価はいずれの公理も満たさないことがわかる．したがって，割引現在価値の大小比較による優劣評価は，総和を考えるという点では功利主義"的"ではあるものの，3つのうち最も弱い形で世代の不偏的処遇を表現する有限匿名性すら満たさないという点で，「各人の対立しうる利害は等しく顧慮されるべき」という功利主義の考えに忠実に基づいた優劣評価ではないのである．

4 功利主義に基づく優劣評価と世代の不偏的処遇

本節では，社会的選択理論でこれまでに提示されてきた効用流列の優劣評価として，功利主義に基づく優劣評価を2つ紹介し，それらの公理的特徴付けの結果を匿名性公理を軸に相互比較し，結果の意味を検討する．

功利主義に基づく効用流列の優劣評価として，功利主義社会厚生準順序（utilitarian social welfare quasi-ordering）と呼ばれる評価方法が Basu and Mitra (2007) によって提示されている．功利主義社会厚生準順序は，有限先のある第 n 世代まで功利主義を適用し，功利主義がそこで結論する優劣とそれ以降の各将来世代の利害が一致することを確認することで効用流列の優劣を判定する．定義は以下である．

功利主義社会厚生準順序：任意の効用流列 $x = (x_1, x_2, \cdots)$, $y = (y_1, y_2, \cdots)$ について，（i）ある第 n 世代までの x の効用和 $\sum_{i=1}^{n} x_i$ が y の効用和 $\sum_{i=1}^{n} y_i$ を厳密に上回り，かつ，第 n 世代以降の各第 n' 世代で $x_{n'} \geq y_{n'}$ が成り立つときに限り，x は y より厳密に望ましいと評価し，（ii）ある第 n 世代までの x の

---

9) 総和計算が可能となるように，各世代のとりうる効用を0から1の間の実数などとした枠組みが用いられる．

10) 公比 δ^2 の等比数列の和として計算可能な部分に注目すると，各流列の割引現在価値は y が $\frac{1}{1-\delta^2} + \delta$, x は $\frac{1}{1-\delta^2} = \frac{\delta + (1-\delta)}{1-\delta^2}$, $z = \delta + \delta^3 + \frac{\delta^4}{1-\delta^2} = \frac{\delta + \delta^4(1-\delta)}{1-\delta^2}$, w は $\frac{\delta}{1-\delta^2}$ と計算できる．

効用和 $\sum_{i=1}^{n} x_i$ と y の効用和 $\sum_{i=1}^{n} y_i$ が等しく，かつ，第 n 世代以降の各第 n' 世代で $x_{n'}=y_{n'}$ が成り立つときに限り，x と y は同程度に望ましいと評価する．

　功利主義社会厚生準順序による評価を理解するために，以下の効用流列 x と y を考えてみよう．

$$\begin{cases} x = (2, \ 1, \ 1, \ 3, \ 1, \ 0, \cdots) \\ y = (1, \ 1, \ 1, \ 4, \ 1, \ 0, \cdots) \end{cases}$$

x と y は，第七世代以降の奇数世代は効用 1 を得て偶数世代は 0 を得ているものと理解してほしい．ここで，第四世代まで功利主義を適用すると，$(x_1, \cdots, x_4)$ と $(y_1, \cdots, y_4)$ の効用和はともに 7 である．一方，第五世代以降のどの第 n' 世代も $x_{n'}=y_{n'}$ である．よって，功利主義社会厚生準順序は x と y を同程度に望ましいと評価する．

　功利主義社会厚生準順序は，有限匿名性と強パレートを満たす（有限匿名性については，第 3 節で例に用いた効用流列 x と z を同程度に望ましいと評価することを，強パレートについては，第 3 節で例に用いた効用流列 x と y について，y を x より厳密に望ましいと評価することを，それぞれ確認してほしい）．功利主義社会厚生準順序の公理的特徴付けについてはいくつかの研究がなされているが，ここでは効用増分に関する衡平性（incremental equity）と呼ばれる公理を用いたものを取り上げる[11]．この公理は，本節で例として用いている x と y における第一世代と第四世代のように，2 世代間でのみ利害が対立する状況では（$x_1=2>1=y_1$，$x_4=3<4=y_4$），両世代の効用の変分が等しいならば，2 つの効用流列を同程度に望ましいと評価することを要請する．

効用増分に関する衡平性：任意の効用流列 $x=(x_1, \ x_2, \cdots)$，$y=(y_1, \ y_2, \cdots)$ について，2 つの世代 i，j で $x_i-y_i=y_j-x_j$ が成り立ち，かつ，ほかのすべての世代 k で $x_k=y_k$ ならば，x と y は同程度に望ましいと評価しなければならな

---

11) 効用増分に関する衡平性は Blackorby, Bossert, and Donaldson (2002) によって有限人口の効用配分に対する優劣評価の枠組みで提示された．効用流列の枠組みに拡張されたものは Kamaga and Kojima (2009) で提示されている．

い．

　この公理の要請を本節で例に用いている x と y で確認すると，$x_1 - y_1 = 1 = y_4 - x_4$ で，ほかの全世代の効用は x と y で等しいので，x と y を同程度に望ましいと評価せよと要請しているのである．

　功利主義社会厚生準順序の公理的特徴付けは，部分関係という概念を用いて与えられている．部分関係とは社会厚生準順序間の関係性を捉える概念であり，ある社会厚生準順序 A がある社会厚生準順序 B の部分関係であるとは，次のように定義される．任意の効用流列 $x = (x_1, x_2, \cdots)$，$y = (y_1, y_2, \cdots)$ について，A によって x が y よりも厳密に望ましいと評価されるときには，B によっても x が y よりも厳密に望ましいと評価され，かつ，A によって x と y が同程度に望ましいと評価されるときには，B によっても x と y が同程度に望ましいと評価される．すなわち，A による評価が B による評価に完全に反映され，かつ，A によって優劣比較ができない効用流列を B は比較できる可能性があるということを意味している．

　功利主義社会厚生準順序の公理的特徴付けの結果として，強パレートおよび効用増分に関する衡平性を満たす社会厚生準順序は，功利主義社会厚生準順序を部分関係とするものに限られるという結果が Kamaga and Kojima（2009）によって示されている[12]．

定理 2（Kamaga and Kojima, 2009）．社会厚生準順序が強パレートと効用増分に関する衡平性を満たすのは，それが功利主義社会厚生準順序を部分関係とするとき，そのときのみである．

　定理 2 には有限匿名性が現れていないが，これは効用増分に関する衡平性を満たす社会厚生準順序が有限匿名性を必ず満たすからである[13]．したがって，

---

12) 有限匿名性と強パレートに加え，効用の可測性および世代間比較可能性に関する公理を用いた公理的特徴付けも Basu and Mitra（2007）によって示されている．
13) このことは，2 つの世代 i と j の順番を並べ換えて $x = (x_1, x_2, \cdots)$ と $y = (y_1, y_2, \cdots)$ が一致するのは，$x_i = y_j$ かつ $x_j = y_i$ が成り立つときであり，このとき $x_i - y_i = y_j - x_j$ が成り立つことに注意し，さらに，有限個の世代の順番の並べ換えは 2 つの世代の並べ換えを何回か行うことで実現できるという点から理解できるだろう．

定理2において社会厚生準順序が有限匿名性を満たすことを追加的に課しても，定理は成立する．これを踏まえた上で定理2の主張を理解するならば，有限匿名性，強パレート，効用増分に関する衡平性の3つの公理を満たす社会厚生準順序（世代間正義原理）は，功利主義社会厚生準順序，もしくは，その評価を完全に反映しつつさらに効用流列の優劣比較可能性が高い社会厚生準順序に限られるということと理解できる．この結果は，功利主義社会厚生準順序（を部分関係とする社会厚生準順序のクラス）に対する公理による基礎付けを与えるものであり，第2節で指摘した公理的分析の1つ目の意義にあたる．

ここからは，功利主義社会厚生準順序が満たす世代の不偏的処遇の程度に話を移そう．功利主義社会厚生準順序が満たす有限匿名性は，等間隔匿名性より論理的に弱い公理であった．功利主義社会厚生準順序が等間隔匿名性を満たすかというと，それは不可能である．これは，第3節で例として用いた効用流列 $x = (1, 0, 1, 0, 1, 0, \cdots)$ と $w = (0, 1, 0, 1, 0, 1, \cdots)$ を用いて理解できる．x と w について，奇数世代は x で w より高い効用を得て，偶数世代は逆に w で x より高い効用を得るため，いかなる第 n 世代までで功利主義を適用しても，その評価に対して将来世代の利害が全員一致することはない．したがって，功利主義社会厚生準順序は x と w を優劣比較不可能と結論し，x と w を同程度に望ましいと評価することを要請する等間隔匿名性を満たさない．

この点をうけて，功利主義社会厚生準順序の等間隔匿名な拡張が Banerjee (2006) によって提案されている．本章ではこれを等間隔匿名な功利主義社会厚生準順序と呼ぶ．等間隔匿名な功利主義社会厚生準順序は，等間隔匿名性によって同程度に望ましいと評価することが要請される効用流列を媒介にして功利主義社会厚生準順序を用いる優劣評価方法であり，定義は以下で与えられる．

等間隔匿名な功利主義社会厚生準順序：任意の効用流列 $x = (x_1, x_2, \cdots)$，$y = (y_1, y_2, \cdots)$ について，（ⅰ）ある等間隔置換で世代の順番を並べ換えて x から作られる流列を x' とし，功利主義社会厚生準順序が x' を y より厳密に望ましいとするときに限り，x を y より厳密に望ましいと評価し，（ⅱ）ある等間隔置換で世代の順番を並べ換えて x から作られる流列を x' とし，功利主義社会厚

生準順序が x' と y を同程度に望ましいとするときに限り，x と y を同程度に望ましいと評価する．

本節で例に用いている効用流列 $x = (2, 1, 1, 3, 1, 0, \cdots)$ と次の y' を使って，等間隔匿名な功利主義社会厚生準順序の評価方法を詳しく見てみよう．

$$y' = (1, 1, 1, 4, 0, 1, \cdots)$$

y' は，本節で例に用いた y を第五世代以降で変化させたもので，第五世代以降の奇数世代が効用 0 を得て偶数世代が 1 を得ていると理解してほしい．等間隔匿名な功利主義社会厚生準順序は x と y' の優劣を以下のように判定する．ステップ 1：世代を 4 世代でグループ化し，第 1 グループでは世代の並べ換えを行わず，第 2 グループ以降の各グループでは隣り合う奇数世代と偶数世代の順番を並べ換える（第五世代と第六世代，第七世代と第八世代，…を並べ換える）等間隔置換により，x から以下の x' を作る．

$$x' = (2, 1, 1, 3, 0, 1, \cdots)$$

ステップ 2：功利主義社会厚生準順序によって，x' と y' を同程度に望ましいと評価する．ステップ 3：媒介に用いた x' と y' に対するこの評価から，もともと比較しようとしている x と y' について，同程度に望ましいと結論する．これが等間隔匿名な功利主義社会厚生準順序の評価方法である．

功利主義社会厚生準順序と等間隔匿名な功利主義社会厚生準順序という功利主義に基づく 2 つの優劣評価の間には，前者は後者の部分関係という関係性が成り立つ．すなわち，功利主義社会厚生準順序で優劣比較が可能な場合，等間隔匿名な功利主義社会厚生準順序はそれと同じ評価を下す（この関係性は，全グループ内で世代を並べ換えないという操作が等間隔置換の特殊ケースであることから理解できるだろう）．また，等間隔匿名な功利主義社会厚生準順序は，功利主義社会厚生準順序よりも効用流列の優劣比較可能性が向上している（例えば，功利主義社会厚生準順序は上述の x と y' の優劣を判定できない）．

2 つの功利主義に基づく優劣評価の違いを公理の観点から見るために，等間隔匿名な功利主義社会厚生準順序の公理的特徴付けの結果を紹介しよう．等間

隔匿名な功利主義社会厚生準順序は，等間隔匿名性，強パレート，効用増分に関する衡平性の3公理によって公理的特徴付けが与えられることがKamaga and Kojima (2009) によって示されている[14].

定理3（Kamaga and Kojima, 2009）．社会厚生準順序が，等間隔匿名性，強パレート，効用増分に関する衡平性を満たすのは，それが等間隔匿名な功利主義社会厚生準順序を部分関係とするとき，そのときのみである．

定理2と3をくらべると，功利主義社会厚生準順序と等間隔匿名な功利主義社会厚生準順序の違いは，それぞれが満たす匿名性公理が有限匿名性なのか等間隔匿名性なのかという違いに還元されるのがわかる．また，等間隔匿名な功利主義社会厚生準順序は功利主義社会厚生準順序を部分関係としつつ効用流列の優劣比較可能性を高めたものであったが，この優劣比較可能性の違いは世代の不偏的処遇を等間隔匿名性に強めたことによるものと説明できることもわかる．このように優劣評価（世代間正義原理）の違いを公理の差異に還元することは，第2節で指摘した公理的分析の2つ目の意義である．さらに，公理に還元されたこの差異は，反照的均衡と関連した公理的分析の3つ目の意義を考える上でも重要である．この2つの社会厚生準順序のどちらがわれわれの熟慮に基づく判断と適合するかを見極めるには，例えば，効用流列 $x = (1, 0, 1, 0, \cdots)$ と $y = (0, 1, 0, 1, \cdots)$ の優劣をどう評価するかなど，匿名性公理の違いに関連する問いを検討するのが1つの有効な道筋となる．この問いに対する答えと2公理の要請内容との適合を検討し，判断および公理の相互調整を行うことで，公理による基礎付け主義的な優劣評価（世代間正義原理）の正当化を超えて，われわれの判断とも適合する優劣評価を探ることができる．こうした問いに対する答えを導くのは容易ではないが，盛山 (2006) が正義の理論がたどるべき実践プロセスとして反照的均衡を理解しているように，問いの答えを探求し続けることが重要な実践である．

---

14) 効用増分に関する衡平性ではなく，効用の可測性および世代間比較可能性に関する公理を用いて特徴付けできることが Banerjee (2006) によって明らかにされている．

5 キャッチング-アップ基準と世代の不偏的処遇

経済学の中でも特に最適成長理論では，経済モデル内で実現可能な効用流列のどれが最適かという判断に基づいて最適成長が議論されてきた．そこで用いられてきた功利主義に基づく最適性概念の1つに，Atsumi（1965）および von Weizsäcker（1965）が提示したキャッチング-アップ基準（catching-up criterion）がある．この最適性概念をキャッチング-アップ社会厚生準順序と呼ばれる効用流列間の優劣評価として再定式化したのは Svensson（1980）である．本節では，キャッチング-アップ社会厚生準順序について，世代の不偏的処遇という観点から検討する．

キャッチング-アップ社会厚生準順序とは，有限先のある第 n 世代までの効用配分に功利主義を適用し，後続世代を1世代ずつ加えながら功利主義を適用し続け，効用和の追いつき（キャッチアップ）に基づいて効用流列の優劣を判定する評価方法である．定義は以下である．

キャッチング-アップ社会厚生準順序：任意の効用流列 $x = (x_1, x_2, \cdots)$，$y = (y_1, y_2, \cdots)$ について，（i）ある第 n 世代以降のすべての第 n' 世代において，x の効用和 $\sum_{i=1}^{n'} x_i$ が y の効用和 $\sum_{i=1}^{n'} y_i$ を上回るか等しく，かつ，無限に多くの第 n' 世代で $\sum_{i=1}^{n'} x_i$ が $\sum_{i=1}^{n'} y_i$ を上回るときに限り，x は y より厳密に望ましいと評価し，（ii）ある第 n 世代以降のすべての第 n' 世代において，x の効用和 $\sum_{i=1}^{n'} x_i$ と y の効用和 $\sum_{i=1}^{n'} y_i$ が等しいときに限り，x と y は同程度に望ましいと評価する．

キャッチング-アップ社会厚生準順序の評価方法を第3節で例に用いた効用流列 $x = (1, 0, 1, 0, 1, 0, \cdots)$ と $w = (0, 1, 0, 1, 0, 1, \cdots)$ を使って見てみよう．まず，試しに第四世代までの効用和をみると，$\sum_{i=1}^{4} x_i = 2 = \sum_{i=1}^{4} w_i$ で等しい．そして，第四世代以降の各世代までの効用和は，奇数世代までならば x の効用和が y を上回り（例えば，$\sum_{i=1}^{5} x_i = 3 > 2 = \sum_{i=1}^{5} w_i$），偶数世代までならば x と y の効用和は等しい（例えば，$\sum_{i=1}^{6} x_i = 3 = \sum_{i=1}^{6} w_i$）．すなわち，第四世代以降のすべての第 n' 世代までの効用和は x が w を上回るか等し

く,かつ,無限に多くの第 n' 世代（n' が 4 以上の奇数）で効用和は x が w を上回る.よって,キャッチング-アップ社会厚生準順序は x を w より厳密に望ましいと評価する.

上で用いた x と w は,等間隔匿名性が同程度に望ましいと評価することを要請する効用流列であり,上の例からキャッチング-アップ社会厚生準順序は等間隔匿名性を満たさないことがわかる.有限匿名性については,キャッチング-アップ社会厚生準順序はこれを満たす（例えば,x と第 3 節で用いた $z = (0, 1, 0, 1, 1, 0, \cdots)$ について,キャッチング-アップ社会厚生準順序はこれらを同程度に望ましいと評価するのを確認してほしい）.ここで,同じく有限匿名性を満たす功利主義社会厚生準順序とキャッチング-アップ社会厚生準順序との関係性を指摘しておくと,前者は後者の部分関係である（例えば,第 4 節で用いた $x = (2, 1, 1, 3, 1, 0, \cdots)$ と $y = (1, 1, 1, 4, 1, 0, \cdots)$ について,キャッチング-アップ社会厚生準順序は,功利主義社会厚生準順序と同様に,それらを同程度に望ましいと評価することを確認してほしい）.また,功利主義社会厚生準順序は上の例で用いた x と w の優劣を比較不可能と結論するため,キャッチング-アップ社会厚生準順序は功利主義社会厚生準順序より効用流列の優劣比較可能性が高い.

キャッチング-アップ社会厚生準順序と功利主義社会厚生準順序はともに等間隔匿名性を満たさないが,一見すると同じように見えるこの問題は,まったく性質の異なる問題である.功利主義社会厚生準順序が等間隔匿名性を満たさないのは,上で指摘したように,x と w といった等間隔匿名性が同程度に望ましいと評価することを要請する効用流列について"優劣の比較が不可能"と結論するからであり,一方で,キャッチング-アップ社会厚生準順序が等間隔匿名性を満たさないのは,等間隔匿名性が同程度に望ましいと評価することを要請する効用流列について要請とは"異なる優劣"を下すからである.功利主義社会厚生準順序は,等間隔匿名性の要請に反して優劣比較不可能とするにとどまるため,その要請どおりの優劣を下し,かつ,功利主義社会厚生準順序を部分関係とする,効用流列の優劣比較可能性がより高い社会厚生準順序を探る余地を残している.実際に,等間隔匿名な功利主義社会厚生準順序は,そのような社会厚生準順序の一例であった.一方で,キャッチング-アップ社会厚生準順序は,等間隔匿名性の要請に反して異なる優劣を下すため,その要請どお

りの優劣を下し，かつ，キャッチング-アップ社会厚生準順序を部分関係とする，優劣比較可能性がより高い社会厚生準順序を探る余地を完全に失っている．なぜなら，キャッチング-アップ社会厚生準順序を部分関係とする社会厚生準順序は，キャッチング-アップ社会厚生準順序と同様に等間隔匿名性の要請とは異なる優劣を下すからである．功利主義社会厚生準順序とは対照的に，キャッチング-アップ社会厚生準順序は等間隔匿名なものとして効用流列の優劣比較可能性をさらに高める拡張ができないのである．

　ここからは，Kamaga (2013) に基づいて，公理の面からキャッチング-アップ社会厚生準順序と等間隔匿名性の両立不可能性について見ていきたい．そのために，選好整合性と N-パレートと呼ばれる2つの公理を紹介する．選好整合性とは，有限の世代の利害に関心を絞った場合の評価と，すべての世代の利害を考慮した場合の評価が整合的であることを要請する公理である[15]．選好整合性の定義を与える前に，再び $x = (1, 0, 1, 0, 1, 0, \cdots)$ と $w = (0, 1, 0, 1, 0, 1, \cdots)$，および，ある効用流列 $z = (z_1, z_2, \cdots)$ を用いて公理の概要を説明しよう（z は具体的に特定しない）．キャッチング-アップ社会厚生準順序は x を w より厳密に望ましいと評価していたが，ここで，以下の効用流列のペアたちにキャッチング-アップ社会厚生準順序がどのような優劣を下すか考えてみよう．

$$(1, z_2, z_3, z_4, \cdots) \text{ と } (0, z_2, z_3, z_4, \cdots),$$
$$(1, 0, z_3, z_4, \cdots) \text{ と } (0, 1, z_3, z_4, \cdots),$$
$$(1, 0, 1, z_4, \cdots) \text{ と } (0, 1, 0, z_4, \cdots),$$
$$\vdots$$

これらの無限にとられた各ペアは，先頭部分は x と w のままで，後続部分を共通の z に置き換え，置き換えの開始世代が1世代ずつ後退していく状況を描いている．これら各ペアに優劣の評価を下す作業は，共通の z に置き換えられていない有限世代の利害にのみ関心を絞った評価を，考慮する世代を増やしながら逐一行っていくものと解釈できる．キャッチング-アップ社会厚生準順序

---

15) 以下で紹介する選好整合性は Kamaga and Kojima (2010) が用いたものであり，そこでは制限された強選好整合性（restricted strong preference consistency）と呼ばれている．

がどのような評価を各ペアに下すか見てみると 奇数番目のペアについては，x で先頭部分をとった流列を w でとったものより厳密に望ましいと評価し，偶数番目のペアについては，どちらも同程度に望ましいと評価する．すなわち，すべてのペアについて，x で先頭部分をとった流列を w でとったものより厳密もしくは同程度に望ましいと評価し，無限に多くのペアに対して，x で先頭部分をとった流列を w でとったものより厳密に望ましいと評価する．こうした評価を下しつつ，全世代の利害を考慮した x と w そのものについて，x は w より厳密に望ましいと評価することには一定の整合性が認められる．選好整合性は，このような整合性を満たすことを要請する公理であり，定義は以下で与えられる．

選好整合性：任意の効用流列 $x = (x_1, x_2, \cdots)$，$y = (y_1, y_2, \cdots)$ について，どんな効用流列 $z = (z_1, z_2, \cdots)$ を用いても，すべての n で $(x_1, \cdots, x_n, z_{n+1}, \cdots)$ は $(y_1, \cdots, y_n, z_{n+1}, \cdots)$ より厳密もしくは同程度に望ましいと評価し，かつ，無限に多くの n' で $(x_1, \cdots, x_{n'}, z_{n'+1}, \cdots)$ は $(y_1, \cdots, y_{n'}, z_{n'+1}, \cdots)$ より厳密に望ましいと評価するならば，x は y よりも厳密に望ましいと評価しなければならない．

上述の例から示唆されるように，キャッチング-アップ社会厚生準順序は選好整合性を満たす．

　$\mathcal{N}$-パレートとは，強パレートを特殊ケースとして表現できる一般化されたパレート公理であり，Kamaga (2013) で提示された．$\mathcal{N}$-パレートの定義を与える前に，強パレートが次の要請と言い換えられることを確認しておこう．（ⅰ）すべての世代 i で $x_i \geq y_i$ が成り立ち，かつ，（ⅱ）$x_j > y_j$ が成り立つ世代の集合が1つ以上の要素（世代）を含む集合ならば，x は y より厳密に望ましい．$\mathcal{N}$-パレートは，（ⅱ）において世代の集合が満たすべき条件を一般的に表現したパレート公理である．$\mathcal{N}$-パレートの定義を与えるために，記号の準備をする．世代の集合で非空なもの（例えば，第1, 3, 5世代からなる $\{1, 3, 5\}$ という集合）すべてからなる集合（集合族）を，$\mathcal{N}^*$ で表記する．すなわち，$\mathcal{N}^*$ は自然数すべてからなる集合（$\mathbb{N}$）のあらゆる非空部分集合を要素として持つ集合（$\mathcal{N}^* = 2^{\mathbb{N}} \setminus \{\phi\}$）である．$\mathcal{N}^*$ の部分集合を，一般に $\mathcal{N}$ で表記する．$\mathcal{N}$ の重要

な特殊ケースとして，$\mathcal{N}=\mathcal{N}^*$ の場合と，$\mathcal{N}$ がすべての世代の集合（すなわち，すべての自然数の集合 $\mathbb{N}$）のみを要素として持つ場合の 2 つがある．$\mathcal{N}$-パレートとは，$\mathcal{N}$ を所与として，上述の強パレートに関する（ii）の記述を，$x_j > y_j$ が成り立つ世代の集合が $\mathcal{N}$ の要素であるという条件で一般化したパレート公理である．定義は以下である．

$\mathcal{N}$-パレート：任意の効用流列 $x = (x_1, x_2, \cdots)$，$y = (y_1, y_2, \cdots)$ について，すべての第 i 世代で $x_i \geq y_i$ が成り立ち，かつ，$x_j > y_j$ が成り立つ世代 j の集合が $\mathcal{N}$ の要素ならば，x は y より厳密に望ましいと評価しなければならない．

$\mathcal{N}$-パレートは，$\mathcal{N}=\mathcal{N}^*$ の場合に強パレートを表現する．また，$\mathcal{N}$ がすべての世代の集合のみを要素として持つ場合（$\mathcal{N}=\{\mathbb{N}\}$），弱パレート（weak Pareto）と呼ばれる次のパレート公理を表現する．任意の効用流列 $x = (x_1, x_2, \cdots)$，$y = (y_1, y_2, \cdots)$ について，すべての第 i 世代で $x_i > y_i$ が成り立つならば，x は y より厳密に望ましいと評価しなければならない[16]．

選好整合性と $\mathcal{N}$-パレートを用いて，Kamaga（2013）はキャッチング-アップ社会厚生準順序と等間隔匿名性の両立不可能性の要因は，キャッチング-アップ社会厚生準順序が強パレートを満たすことにあるのを明らかにした．特に，強パレートでは効用が上昇している世代が 1 つだけでもよいとされる点が問題の核であることが，以下の定理からわかる．

定理 4（Kamaga, 2013）．等間隔匿名性，選好整合性，$\mathcal{N}$-パレートを満たす社会厚生準順序が存在するのは，$\mathcal{N}$ が 2 つ以上の世代からなる集合のみを要素とするとき，そのときのみである．

キャッチング-アップ社会厚生準順序の等間隔匿名な拡張の不可能性を定理 4 に照らして確認しよう．キャッチング-アップ社会厚生準順序は選好整合性と強パレートを満たす．強パレートは，$\mathcal{N}=\mathcal{N}^*$ で定義される $\mathcal{N}$-パレートである．$\mathcal{N}^*$ は 1 つの世代のみからなる集合を要素として持つので，定理 4 から，キャッチング-アップ社会厚生準順序は等間隔匿名性を満たさない．

---

[16] $\mathcal{N}$-パレートは，この分野で提案されてきたさまざまなパレート公理を $\mathcal{N}$ の条件づけに応じて表現できる．詳細は Kamaga（2013）を参照してほしい．

最後に，本章で紹介した功利主義に基づく3つの社会厚生準順序について，これまでに紹介した定理に基づいて検討してみよう．功利主義社会厚生準順序を部分関係として（すなわち，功利主義社会厚生準順序が下す評価を維持しながら）効用流列の優劣比較可能性を高めるには，等間隔匿名な功利主義社会厚生準順序とキャッチング-アップ社会厚生準順序の2つの選択肢がある．どちらの選択肢をとるべきかは，定理3と4から，等間隔匿名性を満たす評価を望むならば前者となり，選好整合性を満たす評価を望むならば後者となる．この点を反照的均衡と関連する公理的分析の意義に沿って考えると，等間隔匿名性および選好整合性の要請内容のどちらがわれわれの判断と合致するのかを検討する必要がある．仮に，どちらの公理も判断と適合するならば，定理4から，強パレートを満たすことの是非について，われわれの判断との適合を検討する必要があり，強パレートに否定的な判断を下すならば，強パレートを満たさない新たな社会厚生準順序を模索する道をたどる必要がある．

6 演繹の前提と非効用情報

本章では，効用流列の優劣評価の公理的分析について，功利主義に基づく優劣評価に関するいくつかの結果を匿名性公理を軸に概観し，それらの結果が世代間正義を考える際に有す意味について反照的均衡と関連させながら検討した．功利主義に基づく3つの優劣評価を取り上げたが，そこで取り上げた優劣評価のどれを実際の世代間問題における優劣評価として採用すべきかは，匿名性公理と選好整合性公理としてどのような公理を採用するかで答えが分かれることを見た．その答えとして導かれる優劣評価は，公理からの演繹に基礎付けられた世代間正義としての功利主義と見なすことができる．しかし，反照的均衡の考え方に従うならば，優劣評価を基礎付ける公理の差異とわれわれの熟慮に基づく判断とを照らし合わせ，公理の要請内容と判断の妥当性を問い直すという実践を行っていくことがさらに求められる．

本章で公理的分析の意義を反照的均衡に結びつけて論じた際には，判断と同時に再検討されるべきものとして公理の妥当性を挙げたが，演繹の前提に対する再検討は公理だけでは不十分であり，演繹の枠組みそのものを含めた広範な

視点に立った再検討の必要性も当然考えられる．効用流列の優劣評価という枠組みは，世代間の利害調整問題を考える際に注目する情報として，もっぱら世代の効用にのみ焦点を当てる枠組みである．鈴村・蓼沼（2006）が論じるように，世代間の厚生評価を効用にのみ焦点を当てて議論することが適切であるとは必ずしも言えず，非効用情報（例えば，Rawls（1971）が提唱する社会的基本財など）を取り込んだ議論が求められることもあろう．社会的選択理論で行われてきた世代間正義の分析は，多くのものが効用流列の優劣評価の枠組みで行われており，非効用情報を取り込んだ分析を可能とする枠組みは未発展である．非効用情報を取り込むことが可能な枠組みを発展させ，そこで演繹される優劣評価を明らかすること，また同時に，われわれの判断との適合を検討することが，今後取り組むべき課題として残されている．

付記

本章は『社会科学研究』第64巻・第2号の採録論文を大幅に加筆修正し，加筆内容を反映した副題を付したものである．本章および関連する研究論文を完成させる過程で科学研究費・若手研究（B）23730196より助成を受けた．ここに記して感謝したい．

参考文献

釜賀浩平・河野勝・小島崇志（2013）「世代間の衡平性再考」田中愛治監修，河野勝編『新しい政治経済学の胎動』勁草書房，pp. 45-76.

鈴村興太郎・篠塚友一（2006）「世代間衡平性への公理主義的アプローチ」鈴村興太郎編『世代間衡平性の論理と倫理』東洋経済新報社，pp. 29-58.

鈴村興太郎・蓼沼宏一（2006）「地球温暖化の厚生経済学」鈴村興太郎編『世代間衡平性の論理と倫理』東洋経済新報社，pp. 107-135.

盛山和夫（2006）『リベラリズムとは何か』勁草書房．

Adachi, T., S. Cato and K. Kamaga (2014), "Extended anonymity and Paretian Relations on infinite utility streams," *Mathematical Social Sciences*, 72, pp. 24-32.

Asheim, G. B. (2010), "Intergenerational equity," *Annual Review of Economics*, 2, pp. 197-222.

d'Aspremont, C. (2007), "Formal welfarism and intergenerational equity," in J. Roemer and K. Suzumura, eds., *Intergenerational Equity and Sustainability*, London: Palgrave, pp. 113-130.

Atsumi, H. (1965), "Neoclassical growth and the efficient program of capital accumulation," *Review of Economic Studies*, 32, pp. 127-136.

Banerjee, K. (2006), "On the extension of the utilitarian and Suppes-Sen social welfare relations to infinite utility streams," *Social Choice and Welfare*, 27, pp. 327-39.

Basu, K, and T. Mitra (2007), "Utilitarianism for infinite utility streams: a new welfare criterion and its axiomatic characterization," *Journal of Economic Theory*, 133, pp. 350-373.

Blackorby, C., W. Bossert and D. Donaldson (2002), "Utilitarianism and the theory of justice," in K. J. Arrow, A. K. Sen and K. Suzumura eds., *Handbook of Social Choice and Welfare Vol.I*, Amsterdam: North-Holland, pp. 543-596.

Diamond, P. (1965), "The evaluation of infinite utility streams," *Econometrica*, 33, pp. 170-177.

Kamaga, K. (2013), "The impossibility of a fixed-step anonymous extension of the catching-up criterion: A re-examination," *Sophia Economic Review*, 58, pp. 73-85.

Kamaga, K. and T. Kojima (2009), "Q-anonymous social welfare relations on infinite utility streams," *Social Choice and Welfare*, 33, pp. 405-413.

――― (2010), "On the leximin and utilitarian overtaking criteria with extended anonymity," *Social Choice and Welfare*, 35, pp. 377-392.

Koopmans, T. C. (1960), "Stationary ordinal utility and impatience," *Econometrica*, 28, pp. 287-309.

Lauwers, L. (1997a), "Rawlsian equity and generalized utilitarianism with an infinite population," *Economic Theory*, 9, pp. 143-150.

――― (1997b), "Infinite utility: insisting on strong monotonicity," *Australasian Journal of Philosophy*, 75, pp. 222-233.

――― (2010), "Ordering infinite utility streams comes at the cost of a non-Ramsey set," *Journal of Mathematical Economics*, 46, pp. 32-37.

Pigou, A. C. (1920), *The Economics and Welfare*, London: Macmillan.

Ramsey, F. P. (1928), "A mathematical theory of savings," *Economic Journal*, 38, pp. 543-559.

Rawls, J. (1971), *A Theory of Justice*, Cambridge, MA: Harvard University Press.

Sidgwick, H. (1907), *The Methods of Ethics* (7th edition), London: Macmillan.

Svensson, L. -G. (1980), "Equity among generations," *Econometrica*, 48, pp. 1251-1256.

Weizsäcker, C. C. von (1965), "Existence of optimal programs of accumulation for an infinite time horizon," *Review of Economic Studies*, 32, pp. 85-104.

Zame, W. (2007), "Can intergenerational equity be operationalized?" *Theoretical Economics*, 2, pp. 187-202.

[Book Guide III]

　以下に収められているブックガイドで取り上げられている4つの著作は政治経済学の3つの基本的課題と結びついている．第一の課題は，民主的政治制度が効率的資源配分を達成しうるか，という問題である．この課題についての，第一の視角はシカゴ流の経済学的アイディアによって与えられる．この学派の典型的解答は，主体間の政治的交渉を通じて効率的資源配分が達成されるというものである．ここで取り上げたウィットマンの『デモクラシーの経済学——なぜ政治制度は効率的なのか』は，シカゴ学派の政治経済学の全体像を描いた貴重な著作である．第二の視角を提供するのが公共選択学派である．この学派は，非効率的資源配分が達成される可能性を認め，政治制度の重要性を説く．ここでは，公共選択学派の設立の端緒となったブキャナンとタロックによる『公共選択の理論——合意の経済論理』を取り上げている．この学派は現在ではその発展によって複合的視角を備えているが，中核的な考え方を理解するために，古典に立ち戻り設立当初の思想を検討することが有意義だと思われる．
　第二の課題は，民主的政治制度はどのようにして公平な資源配分を達成できるかという問題である．公平性は効率性と並んで重要な規範的な基準であるが，効率性にくらべて，その定式化は難しい．近著『いま民主主義は実現できるか？——新たな政治議論のための原則』において，ドゥオーキンは民主主義の本質に公平性があると考え，その基本原理の定式化を通じて，整合的な民主的体系の実装可能性を論じる．特に，「事前的な平等」の概念は，効率性と整合的な公平な政治制度・政策を考える上での有用なアイディアとなり得る．
　第三の課題は，実際にどのように国家形成がなされるのかという事実解明的問題である．われわれが目にしている国家の歴史と現状は多様であって，この違いはどのように説明できるのか．最後に取り上げたアセモグルとロビンソンの『独裁制と民主制の経済的起源』はこの問題を扱っている．彼らは，動学的モデルに基づいて，権力と制度の相互作用によって，国家の在り方が定まることを論じている．彼らの議論は，近代化の経路を経済学的分析手法に基づいて明らかにするもので，近年の政治経済学

の大きな収穫の1つと言える．

　以上の4つの著作を通じて，効率性と公平性を踏まえて在るべき国家の姿を論じるという規範的主題と，制度に着目して国家の在り方を説明するという事実解明的主題の基本的理解が得られるものと考えている．（加藤　晋）

Book Guide III-1

ウィットマン『デモクラシーの経済学——なぜ政治制度は効率的なのか』
シカゴ・アプローチによる政治経済学

海老名　剛

はじめに

　本書は，シカゴ学派の論者と位置づけられるドナルド・ウィットマン（Donald Wittman）教授により，1995年に上梓されたものであり，1994-95年のアメリカ政治学会最優秀図書賞を受賞している．政治経済学におけるシカゴ学派は，経済の市場原理が政治の世界にも当てはまると考え，経済学の理論モデルを政治の世界に応用し，そのうえで，投票者や政治家の行動が合理的であると主張する．代表的論者として，ミルトン・フリードマン，ゲーリー・ベッカーなどが挙げられる．ミルトン・フリードマンの著書に関しては，第二部のブックガイドを参照されたい．

　社会科学の論争においては，従来，経済市場は効率的に機能するのに対し，政治市場は下記の理由により歪められており，必ずしも効率的に機能しない，として批判されてきた（p.1．著者の指す「政治市場」とは，民主主義的政治過程を指す）．この理由として，政治市場では，投票者は無知で十分に情報を収集せずに投票を行う，圧力団体はある特殊利益を代表してロビー活動を行う，官僚は保身や部局の予算獲得のために奔走する，といった点が挙げられる．本書が出版された米国のみならず，今日，日本国内においてもわれわれは同様の批判をしばしば耳にする．

　このような政治市場への批判に対し，本書は正面から反論する．すなわち，政治市場は経済市場と同様に効率的に機能する，と主張する．その根拠はきわめてシンプルであり，経済市場が効率的であると主張する議論の多くが政治市場においても同様に成立するためである．上記の例と照らし合わせて考えると，政治市場では，政治家間・官僚間で競争が行われており，また彼らが効率的な行動をとればそれに報いるよう制度設計されているという理由による．このことは，市場で非効率な企業が存続できないのと同様，非効率な政策や制度

を提案する政治家が存在すれば，より効率的な政治家が立候補することで，彼らが淘汰されていくことと同様である．また一方で，従来の議論が，官僚，議会，圧力団体等が歪める程度に関して強調され過ぎているとも主張する．すなわち，経済市場でエージェンシー問題を考察すると，最善の結果は達成できないものの次善の結果が得られる．これと同様に，政治市場において，政治家を投票者の代理人（エージェント）と見立てて政治市場の失敗を議論すると，政治家と投票者の間の利害は異なるため，最善の結果を得ることはできないものの，その歪みは経済市場のそれと同程度のものであり，ことさら政治市場のみ強調されるべきではない．

　一部の読者は，これらの主張，特に前者の政治市場が効率的に作用するという主張に，意外性を感じるかもしれない．しかし，本書の議論はシカゴ学派の考え方を顕著に表したものである．そのため，少なくとも近代経済学を学んだ者にとって，競争が行われており，インセンティブが正しく作用するよう制度が設計されているのであれば，この結果はむしろ自然に受け入れられるものであろう．

　以下では，本書の概要を簡単に紹介し，評者が考える論点を2点説明する．

本書の構成と内容

　本書は三部構成をとっている．第1章「イントロダクション——市場に喩える」では，本書のエッセンスがまとめられている．また，本書を通じて鍵となる概念である（広義・狭義の）パレート効率性，富の最大化，および両者と取引費用との関係が解説されている．

第Ⅰ部　政治市場を効率的にする特徴

　第Ⅰ部では，政治市場が効率性を達成するための諸条件（競争，十分な情報，合理性，低い取引費用）を備えているか否かを議論する．第2章「情報を有する投票者」では，投票者は無知な存在であるため，政治市場が効率性を達成できない，との主張に批判を加える．この批判は，投票者は情報を持つことによる便益よりも，それを獲得するための費用の方が大きいという根拠に基づく．すなわち，情報を獲得するためには，政治家の過去の行動や政策効果などを調

べるために非常に高い費用を伴う一方，投票を通じてその結果に影響を及ぼすことはほとんどなく，便益は低いためである．対して著者は，競争があれば政治家は自身の功績を投票者にアピールするはずであるとして，投票者はそれほど無知でないこと，また正確な情報がなくとも，投票者と各候補者の政策との相対的位置関係がわかれば，効率的な結果と同様の意思決定をするには十分であると主張する．第3章「選挙市場の競争と機会主義行動の統制」では，政治家を投票者のエージェントと捉えて，政治市場におけるエージェンシー問題を考察する．経済市場と同様，エージェントは，自身が持つ私的情報を利用することにより機会主義的行動をとるものの，評判（各政党が自身の政党ブランドを維持するために，政治家の行動を規制），競争（怠惰により，同じ選挙区の候補者に敗れる可能性），および最適な制度設計（報酬体系，保障）を通じて，同問題がそれほど深刻な問題とはならない，すなわち経済市場と同程度の問題しか引き起こさないと主張する．第5章「ホモエコノミカス対ホモサイコロジカス——なぜ認知心理学は民主政治を説明できないのか」では，経済学と認知心理学的における人間像の違いを比較し，政治市場を分析する際，前者を用いるほうがより適当であると主張する．

第Ⅱ部　政治市場の編成

　第Ⅱ部では，政治市場の個別の組織および編成について分析し，やはり，政治市場は既存研究で指摘されるほど非効率的ではないと主張する．第7章「圧力団体」では，圧力団体は政治市場の失敗の源であるとの主張を批判する．すなわち，圧力団体同士にも競争がある点，また団体が投票者の意向を無視する組織であるならば，政治家は圧力団体の意向に従わない点を理由として，むしろ団体が効率性を促進すると指摘する．第8章「官僚市場——なぜ政府官僚は効率的なのか，大きすぎではないのか」では，官僚制度により，官僚が自身の利益を追求するため市場では効率性が達成されない，との議論に批判を加え，むしろ効率性を達成すると主張する．理由として，官僚同士で競争が行われる点（公務員制度），また，あまりにも官僚がレントを奪っているならば，選挙を控える政治家が規制するという点（監視委員会の設置等）を挙げている．また，これらの官僚制批判には，それをサポートする実証的結果もないと反論する．

第9章「規制のための市場」では，土地の利用制限を規定するゾーニング規制にとその他の方法（裁判所による判決）を比較し，利害関係者が多数存在する土地に関しては，ゾーニング規制の方が取引費用が低く，より効率性を達成できると主張する．第11章「多数決ルールと選好の集計」では，政治市場がうまく機能しない理由は，投票者の非合理性や政治家の怠惰によるレント・シーキングに基づくものではなく，多数決ルールのメカニズム固有の欠陥が要因であると主張する．

第Ⅲ部　方法論

第13章「理論の検定」では，従来の分析手法に関する妥当性が検討されている．

今後の課題

以上をふまえて，評者が考える今後の課題ならびに評者の意見について述べる．

まず，行動経済学や実験経済学との関連について言及する．本書が出版されたのが1995年であることを鑑みると，当時と比較して本書の中で最も飛躍のあった分野の1つが，これらの分野である．実際，第5章でフレーミング効果，プロスペクト理論によるS字型効用関数，アノマリーやバイアスに対して言及しているものの，若干古い感が否めない．例えば，官僚間の競争であれば，競合相手のポストに対する嫉妬あるいは不平等回避を考慮した効用関数を想定するのも1つであろう（具体的な効用関数については，例えばFehr and Schmidt, 2006参照）．この考察は，著者の主張を大きく揺るがすものではないかもしれない．しかし，経済学においてゲーム理論が導入され，そして実験的アプローチが盛んとなっている今日，政治経済学においても同様の流れとなるのではないか，と評者は考える．特に，政治経済学においては，プレイヤーの目的関数を特定することが困難である．経済学においては，個人は効用最大化，企業は利潤最大化と仮定することにさほど異論はないであろう．一方，政治経済学では，政治家を例とすると，選挙における勝利のみを目的とする設定（Downs, 1957）や，実施される政策の内容を目的とする設定（Wittman, 1973），

市民の経済厚生を最大化する設定など，さまざまな目的関数が存在する．そのため今後，より実証研究と併せた分析が期待される．

　最後に，評者の本書に対する感想を述べる．著者は一貫して，政治市場でも十分に効率性を達成しうる制度や組織が構築されているため，同市場では効率性が達成される，と主張する．しかし，研究に対する着眼点やその着想が従来の政治経済学の分野に対して斬新であるものの，必ずしも理論的・実証的に精緻に分析された結果ではない，との印象を受けた．評者はむしろ，本書の貢献は，経済学で培われてきた数理的手法および計量的手法が，政治現象を分析するうえで役立つということを示唆している点にあると考える．そのため，精緻な分析結果が提示されていない点は，必ずしも本書の価値を下げるものではない．今後は，著者の主張を理論的および実証的観点から1つずつ確かめる作業が求められるであろう．

† Wittman, D. (1995), ***The Myth of Economic Failure: Why Political Institutions Are Efficient,*** University of Chicago Press. （奥井克美訳『デモクラシーの経済学——なぜ政治制度は効率的なのか』東洋経済新報社，2002年）．

参考文献

Downs, A. (1957), "An Economic Theory of Democracy," New York: Harper and Row.

Fehr, E., Schmidt, K. M. (2006), "Theories of fairness and reciprocity: evidence and economics applications," in M. Dewatripont, L. P. Hansen and S. J. Turnovsky, eds., *Advances in Economics and Econometrics: Theories and Applications,* Eight World Congress, Cambridge: Cambridge University Press, pp. 208-257.

Wittman, D. A. (1973), "Parties as Utility Maximizers," *American Political Science Review,* 67-2, pp. 490-498.

Book Guide III-2

ブキャナン,タロック『公共選択の理論——合意の経済論理』[1]
合理的計算による国家形成

加藤　晋

はじめに

学問分野としての公共選択理論（public choice theory）はジェームス・ブキャナン（1919-2013）とゴードン・タロック（1922-　）による本書の出版によって誕生したと言っても過言ではない．この分野は，彼らの所属した大学に関連付けてヴァージニア学派の政治経済学と呼ばれることもある．本書では，個人の合理的行動に基づいて，(1) 多数決制がなぜ採用されるかという問題と (2) 多数決制がどのような帰結をもたらすのかという問題が検討されている．1990年代以降，われわれは投票行動を明示的に導入した経済モデルを分析する政治経済学（political economics）の隆盛を目の当たりにしているが，本書の分析的枠組みがこの研究領域に与えた影響は計り知れない[2]．形式的でないものも含めれば，多数決制としての民主主義の機能について考察する上で示唆的な多くの議論が展開されている．

本書の背後にある国家観は外部性と関係している．外部性が存在する場合，分権的な意思決定の下では各人の逸脱によって効率的な資源配分を達成することができない（市場の失敗）．こうした特定の行動について，多数決などによる一定の合意の下でしか許さないことで効率性の改善を図るというのが国家の中心的課題である．合意についてのルールが一度与えられると，個人は投票や票取引によって政治に参加し，自己の利益を追求すると想定されている．

本書の貢献は，ホッブス，ロック，ルソーなどに代表される社会契約論の構造に費用計算による「合理的行動」という軸を追加した点である．以下では，本書の概要を簡潔に説明し，社会的選択理論との関係に触れたいと思う．

---

1) 前田健太郎氏（首都大学東京）に貴重なコメントをいただいた．
2) 現代の政治経済学は political economics と呼ばれ，マーシャル以前の政治経済学（political economy）とは区別される．

本書の概要

本書の民主主義の分析は以下の二段階からなる．
(1) 集団的意思決定ルールを選択する憲法の制定段階（立憲段階）
(2) 特定の集団的意思決定ルールを前提とする政策の実行段階

第一段階では何らかの形式の多数決制を採用し，第二段階では採用された多数決制の下で政治活動を行うことが想定されている．このような段階的手続きは啓蒙時代の社会契約論に共通のものであり，ブキャナンとタロックの独創とは言いがたい．本書の議論の特徴は，各段階における決定は個人の合理的判断に基づいてなされることにある．すなわち，個人は「一般意思」などに依拠することなく自分の利害に基づき判断を行わなければならない．民主主義を費用と便益の合理的計算のみで基礎付けるという点が彼らの理論の主柱である．

まず，憲法の制定段階についてブキャナンとタロックの分析（の1つの解釈）の描写を行いたい．この段階では，集団的意思決定ルールの選択がなされるが，ルールの選択は全会一致によってなされなければならないとされる（第2章）．彼らが憲法制定において最も重視している点は，個人が政策にかかわる際，最終的決定のために合意を必要とする最低人数である．ここでは便益と費用に分けて考えてみる[3]．まず，必要人数が多ければ多いほど，理想的な意思決定に近づくという便益がある．一方で，決定のために合意を必要とする最低人数が多い場合には，その合意を取り付けるために多くの費用がかかる．この限界便益と限界費用が一致するような人数が最適となる．

ブキャナンとタロックは，多数決原理の正当化という問題を経済学的トレード・オフによって考察している．彼らの議論は古典的社会契約論の構造に経済学的な装飾を与えたものと見なせる．例えば，ジョン・ロック（Locke, 1967 [1689]）は，社会契約によって政治社会に身を置くことが多数決原理を受け入れることにほかならないことを論じている（Locke, 1967 [1689], 後篇第8章 98 および 99）．実際の政治社会においては，利害の対立などのために全会一致で合意することは起こりそうもないと彼は強調している．ロックによれば，全会一致原理だと政治的決定が滞ってしまうので，多数派の主張を受け入れなけれ

---

[3] ブキャナンとタロックは便益を考えず費用のみで議論を行っている．

ばならない．こうしたロックの考え方はブキャナンとタロックのそれと共通部分があると考えてよいだろう．

　ロック自身の議論は全会一致から単純多数決制に飛躍している．彼は3分の2の合意が必要か，過半数でよいのかといった問題には明確には答えていない．ブキャナンとタロックは，合意形成の交渉費用を導入することによってこうした問題に答えた．彼らの枠組みでは極めて明確に解答が得られる．すなわち，限界費用と限界便益の一致するような人数によって政治的意思決定のための制度が定めらなければならない．このアイディアによって，どのような場合にどのような多数決制が採用されるかを検討することが可能となる．現実の制度においても，3分の2や4分の3の人数の合意を必要とする特定多数制（Qualified Majority Voting）が採用される場合がある．本書の枠組みを応用すれば，合意すべき人数が増えることによる限界便益が大きいような問題については，このような特定多数決制などが採用されやすくなることが理解できる．

　次に，政策の実行段階について簡単な描写を行ってみたい．この段階の分析は特定の集団的意思決定ルールを前提とするが，ベンチマークとして単純多数決制が検討されている．主たる結論は，多数決制は非効率的な資源配分を引き起こすというものである．以下では，単純な例を提示し，ブキャナンとタロックの議論の概要を説明する．100名からなる社会を考えよう．ダムを造るという政策を考えよう．ダムを造ることで，60名（グループA）は1の効用の増進，40名（グループB）は6の効用の増進があるものとする．一方，建設費用が200だとすれば，ダムの建設は効率的である．しかし建設費用を等しく負担すると一人あたりの費用は2であり，単純多数決で建設に関する投票を行うと，60の反対票が投じられるため建設されない．すなわち，非効率的な状況が達成されてしまう．

　上述の状況ではログローリング，すなわち当事者間での票取引が考えられていない．ブキャナンとタロックは，本書でログローリングや圧力団体などを積極的に評価しようとしている．伝統的な政治学においてそれらは否定的に捉えられることが多いが，彼らの考える合理的な個人像の下では，効率性と言う観点で評価することなく否定されるべきではない．彼らは，政治的な《交換》によって効率性が改善する可能性を認めている．

ログローリングの単純な例を考えよう．先のグループAのうちの20名が道路を建設することで，4の効用の増進があるものとしよう．その他の個人の効用の増進は1である．建設費用は一人当たり2である．この場合，道路の建設は非効率的である．ダム建設と道路建設が票の取引がなく別々に検討された場合，両方の建設がなされないことは明白である．いま，この20名とグループBの40名が票取引を行ったものとしよう．総じて，60名には4の費用より高い便益の増進があるので，彼らは結託し2つの事業に賛成する誘因をもつ．このようなログローリングによってダムと道路の両方が建設される．しかし，道路の建設は非効率的であるため，ログローリングは効率的な結果を保証するわけではない．この例のもとではログローリングにより効率性が改善する[4]．

以上は非常に単純化したログローリングの例である．本書の後半部分（第3部）では，多岐にわたる例を取り上げて，実行段階における政治過程の複雑かつ興味深い働きを議論している．徹底した合理的計算を民主主義に導入した本書の議論は，現実の政治社会を理解する上での有用な指針となるだろう．

民主主義と社会的合理性

社会的選択理論と公共選択理論の関係についてはさまざまな見方があり得る．ここでは，アローの不可能性定理をめぐるブキャナンとアローの間の有名な論争について触れておきたい．本書では，社会厚生関数（社会構成関数）に基づいて判断をすることが，有機体的な社会像を持ち込むものとして否定されている（第2章）．この議論の背後には社会的判断が「順序（ordering）」の性質を持つことに対するブキャナンたちの違和感がある．アローの不可能性定理において「集団的合理性（collective rationality）」の条件によって，社会的判断が順序となることが仮定されている．ブキャナンによれば，合理性は個人の条件としては適切かもしれないが，社会の条件として課すべきものではない（Buchanan, 1954）．そして，このような不適切な条件を課すことで得られたのが不可能性定理にほかならない．

アローは，本書の翌年に出版された『社会的選択と個人的評価』の第2版に

---

[4] こうした票の取引が必ずしも効率性を改善するとは限らないことに注意する必要がある．

おいて，この問題について言及した（Arrow, 1963[1951], 第8章）．アローは，集団的合理性は社会的決定の条件として適切なものであって，社会が個人のように振る舞うために課せられたものではないと考えた．彼によれば，社会が合理的であることは，選択の経路と独立に社会的判断を下すことのための十分条件である[5]．

アローとブキャナンの集団合理性に対する態度の差は，部分的には社会的選択理論と公共選択理論の分析的な立場に帰着することができるだろう．社会的選択理論においては，集団的決定ルールは適切に設計されなければならない．一方で，ブキャナンとタロックの議論においては，集団的決定ルールは憲法制定の段階において個人によって選択される．換言すれば，前者では適切な民主主義とは何かが問題となっているのに対して，後者では自発的に生成された多数決制としての民主主義がどのように運用されるかが問われている．多くの人々が，民主主義は合理的であるべきかと問われれば是と答えるし，われわれの民主主義は常に合理的かと問われれば否と答えるだろう．社会的選択理論は規範的分析（normative analysis）を基軸とし，公共選択理論は事実解明的分析（positive analysis）を分析の柱としている．

分析的視角の差異に帰着させられるという点に加えて，次の点にも注意することが必要である．ブキャナンとタロックの分析の心臓部分には全会一致制が埋め込まれている．これは，規範的原理としてのパレート基準を採用していることを意味する．パレート基準は推移性という社会合理性の重要な性質を満たし，「準順序（quasi-ordering）」となることが知られている．ブキャナンが否定的に捉えた社会的合理性を少なくとも部分的には満たしているからこそ，全会一致制は倫理基準として機能するということに鑑みれば，われわれが考えるべき問題はどのような合理性を社会に求めるかということであるようにも思われる．

†Buchanan, J. M. and G. Tullock (1962), ***The Calculus of Consent: Logical Foundations of Constitutional Democracy,*** Ann Arbor: Univer-

---

5) その後の社会的選択理論の発展の中で，集団的合理性が課せられていないような場合においてもアローの示した不可能性（に準ずる定理）が示されたことをここに付言しておく．

sity of Michigan Press.(宇田川璋仁監訳,米原淳七郎・田中清和・黒川和美訳『公共選択の理論——合意の経済論理』東洋経済新報社,1979年).

参考文献

Arrow, K. J. (1963 [1951]), *Social Choice and Individual Values* (2nd ed.), New York: Wiley.

Buchanan, J. M. (1954), "Social choice, democracy and free market," *The Journal of Political Economy*, 62, pp. 114-123.

Locke, J. (1967 [1689]), *Two Treatises of Government*, Cambridge: Cambridge University Press.(加藤節訳『統治二論』岩波書店,2010年).

Buchanan, J. M. and G. Tullock (1962), *The Calculus of Consent: Logical Foundations of Constitutional Democracy*, Ann Arbor: University of Michigan Press.

Book Guide III-3
ドゥオーキン『いま民主主義は実現できるか？――新たな政治議論のための原則』
平等論と租税論について経済学からの批判的検討

田村　正興

本書の構成

　ドゥオーキンは「解釈主義」や「平等の理論」で知られるアメリカの法哲学者である．本書は，意見の分かれる現実の政治的論争に対して，彼の理論から得られる主張を平易で読みやすい形で展開している．できるだけ客観的・論理的に議論をするため，2つの「誰もが同意するであろう」原則を示し，その原則から実際的な主張を導き出す，という形で本書は進行する．

　まず Chapter 1 ではその2つの原則が提示されている．1つ目は (1) 人間の生命・生活にはそれ自体に客観的価値があるので，政府は全員を等しく扱わねばならない，であり，2つ目は (2) 人間が生活するのに，彼ら自身が自分の決定を自由に，ただし責任を負って行わなければならない，である．Chapter 2 から Chapter 4 ではテロリズム，人権，宗教，租税や平等について，この2つの原則から議論が展開され，リベラルな主張が導き出される．具体的な主張としては，テロ容疑者に対する裁判無しでの拘置への反対，公的な場所での宗教的宣誓への反対，同性結婚の認可などがある．最後に Chapter 5 ではあるべき民主主義，選挙や教育について考察している．

　2つの原則からすべての議論を積み上げているように，本書は平易な記述ながら，論理がどこから始まり展開していくのかを明確にしている．このことは，読者自身の議論・批判や思考する基礎を築く助けになり得るという意味で本書の大きな特徴であり優れた点である．

平等論と租税論について

　評者は経済学を学ぶ者であるので，ここでは，政治学や政治哲学ではなく経済学の立場から，特に租税と平等についてのドゥオーキンの理論について批判

的に検討をしたい.

上述した2つの原則から,ドゥオーキンが租税と平等問題について導いた主張を要約すると,「(1) と (2) を満たす政府の租税・分配政策の目標は事前的 (*ex ante*) な平等を実現することである. *Ex ante* な平等を実現する租税の規模は仮想的な保険 (hypothetical insurance) を考えることでわかる」ということである. ここで, *ex ante* な平等とは,人々が自分ではコントロールできない不平等の原因(病気,事故,環境,才能や能力)に対して,それらの事象が起こる以前には皆が同等な状態であることを指す. それらの不平等が後に起こる可能性に対して政府があらかじめ補償をすることで事前的に平等な状態を目指す. 重要なのは,病気を患った後 (*ex post*) に補償をして結果の平等を実現するわけではなく,患う前 (*ex ante*) に個々の状態が平等であればよい,ということである. 現実に起こる不平等を「運」によって決まる確率的なリスクと捉え,そのリスクに対して補償をしてくれる保険 (hypothetical insurance) が仮に存在していたとしたら人々が購入し,給付金を受け取っていたであろう額がすなわち *ex ante* な平等を実現する租税・政府の規模である. このようにドゥオーキンは結論付けて,現実の租税体系のうちでどのような種類の租税が望ましいのかを議論している.

まず指摘しなければならないことは,ドゥオーキンの提案する *ex ante* な平等はかなり「強い」概念だということである. それは,本書でもしばしば言及されているとおり,人々の生まれつきの才能や能力も不当な不平等の一部と見ているからである. 事前的な平等概念としてよく知られる「機会の平等」という概念は通常生まれつきの才能や能力を不当な不平等と見なさない. 例えば,ジョン・ロールズの『正義論』においても,正義の第二原理に属する「公正な機会の平等原理」は以下のように説明されている. 「才能と能力が同一水準にありそれらを活用しようとする意欲も同程度にある人びとは,社会システムにおける出発点がどのような境遇にあったとしても,同等の成功の見通しを有するべきなのである」(ジョン・ロールズ『正義論 改訂版』紀伊國屋書店 2010年 p. 99). すなわち,機会の平等という一般的に考えられている事前的平等より,ドゥオーキンの *ex ante* な平等は強い平等概念である. このような強い *ex ante* な平等を達成する方法は,理想的には,不平等の原因となる個々の人々

の性質を仮に政府が完全に知っていれば，それに応じてあらかじめ資産を再分配すればよい．しかし，現実にはこれは困難であるため，本書では現実の租税体系の中で比較的望ましいと考えられる租税を提示している．しかし，基本的に *ex post* に作用する租税体系の下で，*ex ante* な平等は問題なく達成できるだろうか．経済学的に考えると起こり得るモラルハザードの問題を考慮に入れると否定的に捉えざるを得ない．

具体的な例を挙げて問題が起こらない場合と起こる場合をそれぞれ描写してみる．まず問題が起こらない場合の例として，病気のリスクを挙げる．重い病気を患うというリスクに対して *ex ante* な平等を実現するには，人が生まれた時点で，その人の身体的・精神的な健常性をすべて調べて，平等になるように強い人から弱い人へあらかじめ資産を移転しなければならない．これは現実には実施が困難なので，実際には，*ex post* に重い病気を患った人に対して *ex ante* にも不健康だったと見なして，政府が健康な人から納税された補助金を出すことになる．この場合，*ex ante* な平等を目指して *ex post* に資産を移転したところで，あまり大きな問題にはならない．なぜなら，補助金が出るからといって，自分から好んで病気になる人，なることができる人は多くないと思われるからである．換言すれば，この政策は，人々の病気になる，ならないのインセンティブにはあまり影響がない．

一方，問題が起こる場合の例として才能・能力のリスクを挙げる．*ex ante* な平等を実現するためには，理想的には，生まれた時点で才能・能力をすべて調べ上げ，才能の豊かな人から乏しい人に資産を移転しなければならない．これは一般に不可能なので，現実では，*ex post* に才能・能力を発揮した後（すなわち成長して働き所得を得た後）に，所得の高い人を生まれつき才能のあった人と見なし，所得の低い人に税金を通じて政府が所得を移転することになる．本書でも，*ex ante* な平等を目指すとしていながらも，このような *ex post* な課税を考えている．しかし，この場合，病気の例とは異なり，人々のインセンティブ，ここでは労働意欲に大きな影響を与えることになる．高所得を得ても，生まれつき才能・能力があって不平等だと見なされ，所得を低所得の人に移転されるのであれば，努力して活躍するインセンティブを損なうことになる．これは経済の効率性を低下させてしまう．ドゥオーキンの主張するように

租税体系を「保険」だとした場合に，これは経済学でいう情報の非対称性の下でのモラルハザードの問題と見ることができる．

　まとめると，ドゥオーキンの掲げる，生まれながらの才能・能力をも含んだ *ex ante* な平等そして保険の概念は，情報の非対称性があるために *ex ante* には難しく結局 *ex post* でしか行えない現実の租税政策の下では，モラルハザードを引き起こす可能性が大きい．実際に，本書でドゥオーキンは所得税・消費税・相続税など *ex post* に実施する租税政策を取り上げて議論している．評者もドゥオーキンの *ex ante* な平等を否定するわけではなく，むしろある程度は必要な概念だと考えるが，その現実的な方法として課税方法を論じるならば，経済学的なインセンティブの観点からの考察が必要ではないかと主張し，本書の書評とさせていただきたい．

　†Dworkin, R.（2006）, ***Is Democracy Possible Here?: Principles for a New Political Debate***, Princeton, NJ: Princeton University Press.（※未邦訳）.

Book Guide III-4
アセモグル，ロビンソン『独裁制と民主制の経済的起源』
「近代化」の経済学

加藤　晋

はじめに

　比較的安定的な封建体制を維持し続けた江戸時代を明治維新という「革命」によって終止符を打ち，明治政府の下で近代国家へと向かっていった．そして，資本蓄積と工業化に成功したものの，戦争へと突入し敗戦を経験し，われわれの時代へ連続的に結びついた戦後体制が始まった．これが日本人が近代において経験した体制移行である．なぜ日本では明治維新という形の革命が起き，西欧的な市民革命を経験することがなかったのか．なぜ日本は戦争に突入したのか．こうした問題は戦後体制の中で多くの日本の論客によって議論され続けてきた．そして，これは日本人だけにとっての関心事というわけではない．実際，バリントン・ムーア（Barrington Moore）教授は，名著『独裁制と民主制の社会的起源』において，江戸時代から始まる日本の近代化の「起源」を詳細に描いている（Moore, 1967）．

　本書は，近代経済学の分析手法を駆使して，典型的な政治体制移行を体系的に説明しようとする野心的な著作である．著者のダロン・アセモグル（Daron Acemoglu）とジェームス・ロビンソン（James A. Robinson）が 10 年間近くにわたって進めてきた共同研究の成果をまとめたものである．奇しくも本書の題名のもととなったムーア教授の著書が 1967 年にウッドロー・ウィルソン財団賞を受賞した 40 年後の 2007 年に同賞ならびにウィリアム・ライカー賞を受賞している（ムーア教授が本書の出版の前年に他界していることもここに付言しておきたい）．

　先述のとおり，本書では政治的体制の移行が論じられている．この問題を考えた際に，ただちに気がつくのは多様性である．近代以降，堅固な民主的体制が確立される国がある一方で，脆弱なために非民主主義体制に逆行する国もある．また，革命を通じて「旧体制」から激動の変化を経験する国もあれば，ゆ

るやかな変革によって民主主義体制に移行する国もある．このような政治体制のあり方と移行の多様性はどのように理解すべきか，というのが本書の中心的問題である．本書の採るアプローチは，分配をめぐる階級闘争を動学的ゲームによって表現し，均衡で何が起きるかということをもって政治的体制の移行を議論するというものである．すなわち，本書は，政治体制が階級間の戦略的構造によって定まるものとして捉えることで，政治的体制の移行について統一的な分析方法を提供し，われわれの問題に1つの解答を与えている．

「階級闘争」を鍵にして体制移行を論じるということになると，激動の体制移行時代の中で結実したマルクスの思想とどのような関係にあるのか考えたくなる．実際，広く捉えることが許されるのであれば，本書のアプローチがマルクスの議論をより形式的に分析し精緻化するものだと言えるのかもしれない．しかし，ここでは2つのアプローチが詳細な点においてかなり異なるものであるということを強調するにとどめたい．マルクス自身やそれに影響を受けた従来の研究の中では，中産階級と生産関係に特別な役割が与えられる場合が多い．その場合，生産関係の変化と中産階級としてのブルジョワジーに政治体制の移行の原動力が求められることとなる．一方で，本書の議論の中で，中産階級と生産関係には副次的な役割しか与えられていない．著者たちはこれらの要素を重視していないわけではないが，これらが含まれていない基本モデルを考察した後に，発展モデルの中で追加的要素として考慮に入れている．

本書の持つ議論の広範性・説明力および拡張の可能性は，政治学・経済学の領域を超えて社会科学全般に対する大きな貢献となるように感じられる．以下では，本書の内容について概略と要点説明しその意義について検討を行いたい．

近代化のモデル

国によって歩む道が異なるのはなぜだろうか．本書は，ゲーム理論に基づいたモデルによってこの問題を分析する．本書のモデルを簡単化したものを紹介したい[1]．本書では，エリート（高所得者）と市民（低所得者）の2つの階級か

---

1) 以下のモデルが本書の第4〜6章のモデル展開をまとめたものであり，記号についても彼らに従っていることをここに明記しておく．ただし，このブックガイドでは費用関数 $C(\tau)$ を二次関数として特定化することで具体的な解を求められるように工夫してある．

らなる階級構造が想定され，それぞれの階級は所得によって特徴付けられる．この2つの階級の課税を通じた所得の奪い合いが本書で検討される階級闘争である．エリートは所得 y^r を持ち，市民は所得 y^p を持つ（$y^r > y^p$）．全体として1の人口が存在し，エリートの割合 δ は市民の割合 $1-\delta$ より小さいものと仮定し，平均所得を $\bar{y}$ で表す．

　多数決制によって政策が決定される民主的政治体制では，どのような所得の再分配がなされるだろうか（第4章）．所得税によって再配分を考えよう．τ の課税率の下での税収は $\tau \bar{y}$ であるが，これに対して政策コスト $C(\tau)\bar{y}$ がかかるものとする．すなわち，税収のうちの一部分 $C(\tau)\bar{y}$ が，税の徴収や配分のための費用によって失われてしまう．ここでは，$C(\tau) = \tau^2/2$ と特定化しておこう（著者たちはこのような特定化は行わず，一般的関数 C のまま議論を進めている）．このような想定の下で再配分は税収を等分する形でなされるものとすると，課税前所得 y をもつ個人の課税後所得は次の式で与えられる．

$$(1-\tau)y + \left(\tau - \frac{\tau^2}{2}\right)\bar{y}$$

当然のことながら，エリートは再分配によって得することがないために，彼らにとって望ましい税率はゼロである．市民にとっての最適税率は，一階条件 $(1-\tau)\bar{y} = y^p$ によって定められる．市民の人口の方が多いため，民主的政治体制においては市民階級の望むような再分配政策が採用される．それゆえ，$y^p/\bar{y} = s$ とすれば，民主的政治体制下での税率は $\tau^D = 1-s$ となる．低い s が大きな不平等に対応していることに注意すれば，所得の不平等は高い税率をもたらすことが理解できる．

　他方，エリートが実権を握っている非民主的政治体制においては，市民階級の起こす「革命」の可能性が鍵となって再配分が決定される（第5章）．政策決定者たるエリートにとっての最も望ましい税率はゼロであり，彼らはなるべく税率を下げたいと考えている．一方で，市民階級は政策に携わることはできないが「革命」を起こすことができる．市民による革命は必ず成功するものの，全体の所得の μ の割合が喪失してしまう．残った $1-\mu$ の割合の所得を市民階級のみで分割することになるため，$r = (1-\mu)/(1-\delta)$ と書くと，革命後の市民階級の所得は $r\bar{y}$ で与えられる．このとき，エリートたちの所得はもちろ

んゼロである．もし所得再分配を行わないのであれば，市民は革命を起こしたほうが所得は増加する，ということを意味する次の不等式を「革命制約（revolution constraint）」と呼ぶ．

$$r\bar{y} > y^p \Leftrightarrow r > s$$

この不等式が満たされていなければ，どのような低い課税に対しても市民階級が革命を起こすことはない．s が小さいことは不平等が大きいことを意味するため，この不等式は階級間での不平等が大きいほど革命が起こりやすくなることを意味する．

いま，エリートによって税率の設定が行われた後に，革命を起こすかどうかの判断を市民が行うものとする．この非民主的政治体制のモデルの構造は，本質的に最後通牒ゲームと同じものとなっている．そこで先手である提案者は，拒否／革命という選択をされないすれすれの留保効用水準を相手に与えることを選択する．すなわち，市民階級の課税後所得がちょうど革命後の所得と同じになるように税率を設定する．よって，以下が成立する．

$$(1-\tau)y^p + \left(\tau - \frac{\tau^2}{2}\right)\bar{y} = r\bar{y} \Leftrightarrow (1-\tau)s + \tau - \frac{\tau^2}{2} = r \qquad (1)$$

これを満たす最適課税率は $\tau = 1 - s - \sqrt{1 - 2r + s^2}$ となる．革命制約の下で，$0 < \tau < 1-s$ を満たすことが簡単に確認できる．エリートにとっては富の再配分は不利益となるが，革命によってすべてを失うことを避けるために，一定の再配分をすることで市民を懐柔しようとする．

このような推論は，エリートが自身の提案する税率にコミットメントできることに依存する．もしも，市民階級が革命を起こさなかった場合に，エリートが税率を設定し直すことができるのであれば結果は大きく異なる．そのような税率再設定の場面では，貴族階級は課税率ゼロという誘惑から逃れられない．それゆえ，革命制約が満たされているかぎり，エリートたちの「空約束」を信用しない市民階級は革命を起こす．このように非民主的体制が維持されるかどうかは，政策に対するコミットメントと関連していることが理解される．

こうした分析を前提に，非民主的政治体制から民主的政治体制への移行が検討される（第 6 章）．現状は非民主的政治体制にあるものとしよう．権力者で

あるエリート階級は，上述の各体制下で達成される配分を予測し，民主主義的政治体制に移行するかどうか選択するものとする．まず重要なのは革命制約が満たされているかどうかである．革命によって失うもの (μ) が大きければ，どのような課税率のもとでも革命は起こらない．このような場合には，エリートは民主化を行わず，自身の権力を維持し課税率をゼロとしてしまう．一方で，μ が革命制約を満たす程度に小さければ，革命は市民にとって十分に利益にかなったものとなる．しかし，このときエリートは2つの方向で革命を回避しうる．それは非民主的政治体制の下で革命を回避させられる程度の課税を行うか，民主化することで市民の理想的税率を受け入れるかである．革命費用 μ が小さいほど，非民主的政治体制において革命を抑制するための税率が高くなるために，どちらの手段で革命を回避すべきは非民主的政治体制においてどの程度政策にコミットメントができるかどうかに応じて決まる．もしコミットメントができなければ，非民主的政治体制ではエリート階級の政策は信用されず革命を起こされてしまう．そのような場合には，民主化したほうが望ましい．しかし，革命費用 μ が非常に小さければ，どちらの方法でも革命を防ぐことができない．

以上が本書の分析の核となる民主化の議論の概略である．こうした議論に加えて，非民主的政治体制における「弾圧」の可能性や民主的政治体制における「クーデター」の可能性が論じられている．どちらもエリートによる暴力にほかならない．クーデターの費用や弾圧の費用が十分に低ければ，これらはエリートにとって権力を形成・維持するために有効な手段となる．これらの民主化と非民主化の分析を通じて，近代におけるさまざまな政治体制の経路の背後にある基本的メカニズムが明らかにされる．本書の後半ではさまざまな拡張が検討されているが，それについてはぜひ実際に読んでいただきたい．

本書の意義と「近代化」の経済学

本書の分析は，近代化理論（modernization theory）と近代経済学の融合によって誕生したものである．公共選択理論や近年の政治経済学といった分野においては，財政・社会保障といった，民主的政治体制下におけるさまざまな政治的問題が扱われているものの，政治体制自体のプロセスについては注目されて

こなかった．その一方で，政治学を始めとする社会科学の広範な領域において，前近代から近代への移行の研究は重要な地位を占めている．これまでの体制移行の研究領域においてマルクスの思想が大きな役割を果たしてきたのに対して，近代経済学の寄与は相対的に小さいと述べたとしても過言ではないだろう．本書の重要な貢献は，近代経済学による政治体制の移行に関する包括的分析の可能性を示したことにある．

以下では，いくつかの論点を挙げたい．本書のモデルにおいては，政治的発展の経路を決定的にする要素は革命費用，弾圧費用，クーデター費用といった費用パラメータである．これらの「生の権力」が原動力となり，戦略的環境を媒介として「制度的権力」が生成される．革命費用が低いことは市民階級の革命を起こす暴力が大きいことを意味するが，それが必ずしも革命そのものに直接結びつくわけではない．実際，市民の潜在的暴力に直面したエリートの革命への恐怖がエリートから民主化という譲歩を引き出し，市民階級は「制度的権力」を手に入れる．このように，体制を移行させて制度的権力を手に入れるためには暴力による下支えが必要となる．すなわち，ここではこれら暴力の度合いのみが，歴史を支配する本質的な下部構造なのである．

しかし，多様な政治体制を実現している各国の状況を鑑みれば，これら暴力が根源的要素とは必ずしも言えないことが感じられる．もちろん，それらが重要であることは疑いないが，重要かどうかと根源的かどうかは別の問題である．ある階級の暴力の度合いは，ある部分において，より根源的要素に従って内生的に定まっているように思われる．例として，経済成長における貯蓄率や技術進歩の役割について考えてみたい．ある国がその他の国より経済成長することを，その国の外生的な技術進歩の速さや貯蓄率といった要素に帰着させていいのだろうか．多くの経済成長理論の研究の主要な目的は，これらを内生化することでより根源的な要素に遡ることにある．このような意味で，暴力を規定する根源的要素について考察する余地はある．本書では副次的な役割をしか与えられなかった生産関係といった要素が，階級の持つ暴力と関係している可能性は残されている．

別の論点を挙げておこう．少なくとも一面的には，「旧体制」を破壊するに至った要因は市民の《憎悪》であった．本書の見方を徹底するならば，憎悪の

増大が暴力行為／革命の費用の減少と対応すると見なすことで，本書の分析的枠組みに取り込みうる．しかし，Tocqueville（1955 [1856]）や Arendt（1973 [1948]）によって強調されているのは，むしろ，なぜ強大な憎悪が生み出されたのかという問題である．それは貴族階級の権力の弱体化と分配構造の連関によるものだったというのが，彼らの見立てである．すなわち，こうした見方に従えば，市民の暴力／体制打倒の費用といったものは，分配構造やエリートの権力の諸関係によって内生的に定められる．このように考えれば，不平等を直接的に革命と結びつける「革命制約」によって革命の誘因を捉えるのは難しいように思われる[2]．実際，トクヴィルは，「この革命が勃発したのは，この中世の制度が比較的よく残っていて，民衆がその苦痛と過酷さに最も強く悩まされていた地方ではなく，逆に，民衆がその苦痛と過酷さをほとんど感じていなかった地方である」[3]と述べている．この主張は，不平等は革命を促進するという本書の中核となる制約と整合的でない．

最後の論点は，日本の経験との関連についてのものである．本書で分析されたモデルをそのまま応用することで日本の体制移行を説明することは難しいように思われる．その1つの理由として，明治維新が本書で定義されている市民革命とは性質を異にすることが挙げられるだろう．ムーアは，日本の革命を「上からの革命」と説明している（Moore, 1967, 第5章）．すなわち，革命と呼ばれているものの性質も多様であって，さまざまな利害に基づいている．こうした革命自体の多様性は本書の分析に取り入れられていない．

とはいえ，こうした論点は本書のなした多大な貢献を否定するものではない．まず，階級構造や革命の性質の工夫，パラメータの内生化などを通じてモデルを発展させることで，上述の論点を統一的に説明することも可能かもしれない．すなわち，本書で提示されたものはあくまでもプロトタイプだと考えることができる．さらに，広範に応用が可能な発展的モデルが考えられたとしても，プロトタイプの価値が揺らぐことはない．実際，ソロー・モデルは成長モデルのプロトタイプと見なせるが，経済成長の経路を考察する上で最も便利な思考の道具である．同様にして，本書のモデルは政治体制の経路を考察する上

---

2) それは，前述の考え方によれば，分配の平等度 $\bar{y}^p/\bar{y}$ と μ が内生的に関連しているためである．

3) Tocqueville（1955 [1856]；邦訳，p. 131）．

での有用な道具となるだろう．プロトタイプにおいて，権力と権力の相互的な関係がどのように政治体制の移行に関連するのかが最も明確に表現される．この点については，政治体制の移行局面におけるコミットメントの役割が典型的である．エリートにとって税を自由に再設定する機会は，彼らに最終的に負の影響を与えエリート自身の利益を損なうものになり得る．オーストリアにて大蔵大臣を務め，実際に政治に携わったヨーゼフ・シュンペーターは『資本主義・社会主義・民主主義』で次のように述べている．

> なんらかの「支配」の性質や作用形式を説明することは，つねになまやさしいことではない．法制的な権力は，けっしてそれを行使する能力を保証するものではなく，重要な主柱であるとともに，また拘束でもある．(Schumpeter, 1942, 邦訳, 391 頁)

ところで，シュンペーターのこの主著において，すべてに先んじて検討されているのはマルクスの学説であった．

† Acemoglu, D. and J. A. Robinson (2006). *Economic Origins of Dictators and Democracy*, Cambridge: Cambridge Universtiy Press. (※未邦訳).

参考文献

Arendt, H. (1973 [1948]), *The Origins of Totalitarianism* (New edition), New York: Harcourt, Brace, and Jovanovich. (大久保和郎訳『全体主義の起源』みすず書房, 1972 年).
Moore, B. (1967), *Social Origins of Dictatorship and Democracy: Lord and Peasant in the Making of the Modern World*, Boston: Beacon Press.
Schumpeter, J. A. (1942), *Capitalism, Socialism and Democracy*, New York: Harper and Brothers. (中山伊知郎・東畑誠一訳『資本主義・社会主義・民主主義』(新装版) 東洋経済新報社, 1995 年).
Tocqueville, A. de. (1955 [1856]), *The Old Regime and the French Revolution*, translated by Stuart Gilbert, Garden City, NY: Anchor Doubleday. (小山勉訳『旧体制と大革命』筑摩書房, 1998 年).

あとがき

　思えば楽しくも知的刺激に満ちたプロジェクトであった．みなで集ったのは2年前の8月のある日だけであったが，浅学の私には驚かされること多々であった．間宮先生と私を除けば（宇野さんも？）若手の政治哲学と経済理論の俊秀が，すべて手弁当で，社会科学研究所の一室に一堂に会したわけである．

　このミニコンファランスでは，朝から夕刻までほとんど休む間もなく精力的に議論が繰り広げられたが，互いに知見を広め合うことに大いに資したと思う．理論経済学者は政治思想の歴史と文脈を学び，政治哲学者は現代の理論経済学の基礎に自らの専攻がどれほど密に関連しているかを知る良いきっかけとなったと思う．こうした対話は互いに極めて重要で，これからも深めていきたいと切に思う次第である．

　私事で恐縮だが，「研究者が忙しいとぼやくことこそ実は怠慢で，時間は作るものだ」と大言壮語したら，若さの塊としか言いようのない井上さんから，即妙な切り返しを受け，新厚生経済学に依拠した功利主義を主張したら，功利主義研究の若き第一人者である児玉さんから，「大瀧先生の功利主義は変な功利主義です」と一刀両断に切り捨てられ（加藤さんや釜賀さんは内心喜んでいたかもしれないが），とにかくよく勉強した一日であった．

　コンファランス終了後，各自割り勘で，本郷の焼き鳥屋で懇親会となった．若者の特権であるアナーキーな呑み会となったが，実に楽しかった．加藤さんと釜賀さんは，間宮先生の処女作である『モラル・サイエンスとしての経済学』（ミネルヴァ書房，1986年）を読み経済学を志した若者である．また田村さんは，京都大学の一回生のときに，間宮先生の講義で経済学の手ほどきを受けた．「伝説の先生」と懇談できた彼らの思いは如何ばかりであろうか．

　こうして完成した原稿を読んでみると，ある深い感慨に浸らざるを得ない．つまり知を愛することの美しさである．研究者にとって著作物は己の生きた証であり，それゆえに悪戦苦闘し，すべてを注ぎ込むものなのである．読者諸賢

は，本書から是非そのひたむきな思いを感得していただきたい．本書が，昨今書店に平積みにされる軽薄な大学教員が肩書きを利用して思い付きで書いた「似非学術書」とは，敢然と一線を画すものであることは，直ちに明らかであろう．interdisciplinary とは，discipline が確立した研究者同士で成立しうる厳粛な概念であり，1つの学問の基礎すら怪しい耳学問の「似非学者」が，小田原評定することではない．本書の達成はそのことを証明していると確信する．

なお，各部の末尾にはブックガイドが付されている．これは，編者である宇野・加藤・大瀧が自らの責任で選書し依頼したものである．所収の論文と関連しかつ政治哲学・理論経済学の「背骨」をさらに深く理解していただくために作成した．紹介されている書物の相互連関については，ブックガイドの解題をぜひ参照していただきたい．

また本書において，序章の加藤論文，第6章の間宮論文，ブキャナン・タロックの書評論文は新たに書き下ろしたものであり，他は東京大学社会科学研究所紀要『社会科学研究』第63巻第3，4合併号，第64巻第2，3号および第66巻第1号に所収の論文を書き改めたものであることを付記しておく．

最後になるが，出版情勢の厳しい中，こうした「硬い本」の出版を快く引き受けていただき，かつ編集の労を厭われなかった東京大学出版会の黒田拓也氏・大矢宗樹氏・神部政文氏に心から感謝の念を表したい．

2015年4月14日

執筆者を代表して　大瀧　雅之

索　引

あ行

アーレント，ハンナ（ハナ）　155
愛国者　253
アウレーリウス　1
アサド，タラル　145
アセモグル，ダロン　18
圧力団体　325
アビー，ルース　144
アメリカの金融政策運営　240
アメリカ労働連合（AFL）　207
アリストテレス　15, 31, 32, 64-66, 88, 101, 104
アロー，ケネス　237, 265
アローの不可能性定理　17, 265, 272, 291
一般理論　216, 249, 255
井上達夫　107, 109-111, 113, 116, 118, 119, 123, 124
入会権　184, 187, 188
入会林野　186
インフレ・デフレ　234
ヴァージニア学派　18, 328
ウィーン学派　255
ウィトゲンシュタイン　246, 247
ウィルソン，ウッドロー　139, 338
ウェーバー，マックス　129
ウェスト，コーネル　146
ヴェブレン　14, 171-173, 195, 198-209
ヴェルサイユ条約　229, 230, 255
ウォルツァー，マイケル　25-27
ウルフ，バージニア　250
英仏協定　221
エージェンシー問題　324, 325
エッジワース　135
怖れ　197

か行

海外直接投資　236
階級闘争　339, 340
外部性　328
快楽主義　104, 151
快楽主義的人間像　198
格差原理　6, 12, 41, 42, 46, 55, 60
革命　340
確率論　247

重なり合う合意（overlapping consensus）　28, 45
カサノヴァ，ホセ　143, 145
仮想的な保険　335
貨幣愛　260
『貨幣改革論』　229, 233
貨幣供給量　237, 239, 240
　　──のコントロール　239
貨幣経済　187, 252, 258
川本隆史　105, 106
環境保全　176
カント　30-32, 41, 65, 88, 99, 108, 109, 159
完備性　268, 300
寛容　258
管理権能　182
『企業の理論』　205
帰結主義　2, 6, 12, 14, 81, 93
基軸通貨　225
規制緩和　189
既得権益　204-206
キムリッカ，ウィル　107, 111-114, 116, 120, 126
キャッチング-アップ基準　299, 313
キャッチング-アップ社会厚生準順序　313-318
協調の失敗　235, 236
共同収益　185, 187
共有地の悲劇　170
金（通貨制度）　248, 249
近代化　338, 339
近代化理論　343
近代市民社会　175, 176
金本位制　250
金融化　170
具体的な人間像　244
グリーン，トーマス・ヒル　93, 94
繰り延べ払い　222
『グレート・ギャツビー』　201, 202
グローバル化　219, 225, 251
グローバルな人材育成　220
経済学者のディシプリン　243, 245
経済計画論争　12, 13
啓蒙主義　283-285

索引

ケインズ　14, 78, 79, 93, 94, 197, 210-213, 219, 220, 222, 224, 229, 231, 232, 245, 248, 250, 252
『ケインズの政治的遺産』　235
ケリー，エリン　131
ゲルマン的共同体　185
ゲルマン法的な合有　178
顕示的閑暇（conspicuous leisure）　199, 201
顕示的行為　202
顕示的消費（conspicuous consumption）　199, 201
原初状態　8, 9, 27, 28, 41, 43, 45, 50, 51, 54-56, 58-60, 66, 67, 71, 99, 154, 286, 298, 301
現代総有論　189, 191, 192
公共空間　146, 192
公共選択　18, 331
　　──学派　18, 321
　　──理論　328, 331, 332
公共的推論　285, 286
工場（industrial Plant）　204
厚生経済学　11, 12, 18, 91, 93, 265, 266, 295
『厚生経済学』　3
　　──の基本定理　11, 151
厚生主義　2, 5-8, 13, 295
公正としての正義　99, 105, 106, 129, 134, 135
合成の誤謬　216, 235, 236
合有　180
効用増分に関する衡平性　308-310, 312
効用流列　295, 299
　　──の優劣評価　296
功利原理　116
功利主義　1-5, 8, 12, 16, 17, 30, 32, 33, 70, 77-83, 86, 88, 89, 91-95, 100, 103-109, 151-154, 158, 165, 166
　　──的社会厚生準順序　308, 309
　　──批判　5, 8, 33, 45, 99, 100, 106, 107, 120, 124, 164
公理的特徴付け　300, 301, 307-309, 312
公理的分析　295, 296, 298-300
コーエン，ヨシュア　131
コールバーグ，ローレンス　69
国益　196
国際安定化基金案（ホワイト案）　223
国際金本位制　230
国際清算同盟案（ケインズ案）　223
個人主義　258
個人所有　176, 179
個人的善　153, 154, 156, 158-161
国家債務危機　226

コノリー，ウィリアム　143
コモンズの悲劇　174
コリングウッド，ロビン・ジョージ　132, 133
コンドルセ　15
　　──のパラドックス　266, 267, 269, 275, 279, 281, 282, 288

さ行

サーカス　254
再軍備　221
財政健全化　210
財政主権の統合　227
サイモン，ハーバート　64
サッチャー　169
マハムード，サバ　143
サミュエルソン，ポール　237, 265
産業社会　173, 200
産業的企業　172
産業とビジネスの分離　208
惨事便乗型資本主義　171
サンデル，マイケル　25-27, 29-40, 45, 47, 78, 107, 108, 110, 116, 129, 137-142, 158, 165, 166
ジェイムズ，ウィリアム　144
ジェファソン，トマス　37, 139, 296
シカゴ学派　18, 321, 323
私化された社会　192
シジウィック，ヘンリー　2, 63, 78, 79, 86-95, 132, 135
市場　10-14, 32, 38, 40, 84, 137, 177, 198, 204, 259
　　──経済　12, 13, 18, 91, 237-240, 242, 252
　　──の失敗　90, 91, 324, 325, 328
事前的（ex ante）な平等　321, 335
実在的総合人　183, 184, 191
質的分属説　182, 183
実物経済の問題　240
私的所有権　170
シャーマン反独占禁止法　207
社会契約論　8, 286, 328, 329
社会構成関数　269, 272, 273, 275, 276, 278, 283, 284, 288, 290, 331
社会厚生準順序　299, 300, 304
社会厚生順序　300
社会主義　26, 80, 83, 84, 90-92, 135, 231, 235
社会主義革命　230, 231
社会選択の原理　105, 107
社会的介入　91, 93
社会的選好　267, 269-273, 276, 288

索　引

社会的基本財　7, 319
社会的善　153, 154, 156, 158-161, 165, 196
社会的選択理論　17, 265, 267-269, 276, 279, 280, 282-287, 291, 295, 307, 331
自由（freedom）　159
収益権能　182
集会　183
集合的合理性　331
自由所得（free income）　205
集団的合理性　269, 331, 332
熟練的手工業　204
シュンペーター　345
所有権　14, 170-173, 175, 176, 178-182, 184
進化論的ゲーム　151, 157, 160, 161, 164
進化論的に安定な集合（evolutionary stable Set）158
新古典派経済学　198, 233, 254
新自由主義　151, 152, 170, 171, 251
　　——的政策　169, 170
心理的快楽主義　87
森林保全　175
推移性　269, 273-275, 284, 299, 330, 332
スタンプ卿　215, 217
ズッカート，マイケル　133
ストレイチー，リットン　250
スミス，アダム　10, 11, 14, 83, 90, 95, 151, 152, 171, 172, 204
正義の二原理　6-9, 12, 28, 40, 42, 45, 58-61, 66, 67, 70-72, 113, 298, 301
製作本能（the instinct of workmanship）　208
政治市場　323-237
生存権　206
制度化　146, 244, 245, 249
正の感応性　277-279
政府の介入　238
世代間正義　95, 296, 300-302, 318, 319
　　——原理　296, 300-302, 310, 312
節約のパラドックス　216
セン，アマルティア　2, 14, 285
選好　268
　　——整合性　315-318
戦後復興　223
戦債　214
潜在的な豊さの中の飢餓（starving in the midst of potential plenty）　216
全体主義　155
全知全能の個人主義　177
善なき正義　165

総員　183
総手的帰属　188
総有　181, 188
総和主義　2
ソクラテス　81, 101, 120, 122

た 行

対応原理（correspondence principle）　161
代行的閑暇（vicarious leisure）　200
代行的消費（vicarious consumption）　200
大衆消費社会　201
大数の法則　157
ダウンズ，アンソニー　17
武田泰淳　162
多数決　15, 283
　　——制　329, 340
タロック，ゴードン　17, 18, 321, 328-330, 332
単純多数決制　17, 266, 267, 272, 274, 276, 278, 279, 284, 288, 330
団体所有法　188
団体的所有　177
単独所有　176
単峰的選好　274
地租　185
　　——改正　186
中立性　36, 107, 111, 138, 277-279, 284
強匿名性　303-306
強パレート　297, 300, 303-305, 308-310, 312, 316-318
定義域の極論制限性　278
定義域の非限定性　265, 270, 272-274, 284
テイラー，チャールズ　25, 27, 129, 143-147
テイラー，ハリエット　80
ティンバーゲン，ヤン　247
デューイ，ジョン　165, 196
デュピュイ，ジャン=ピエール　40
デリバティブズ　166
ド・ボルダ，ジャン=シャルル　16
ドゥオーキン，ロナルド　27, 111, 112, 244, 321, 334-337
動学的一般均衡モデル（DSGE）　244
等間隔匿名性　306, 310, 312, 314, 315, 317, 318
等間隔匿名な功利主義社会厚生準順序　311
討議による統治　288
ドーズ案　213
トクヴィル　344
特殊相対論　162
独占的な利益　206

匿名性　276-279, 284, 296, 302
　——公理　296-299, 302-307, 312
都市　190
　——環境　189
　——の眺望　190
途上国の成長　242
富の分配　219

な行
ニーチェ　104
二項独立性　271-273, 277
ニヒリズム（虚無主義）　257
ニューディール政策　218
ニューケインジアンのフィリップス曲線　233
人間像　27, 82, 198
ネーゲル, トマス　136
ノージック, ロバート　25, 28

は行
バーク, エドマンド　248
ハーサニ, ジョン　56, 60
ハーバーマス, ユルゲン　146
ハーマン, バーバラ　131, 132
ハイエク　13, 14, 215, 252
賠償問題　230
バトラー, ジュディス　146
バトラー, ジョセフ　132, 135
林芳紀　114
バリー, ブライアン　66
パレート基準　3-5, 18, 332
パレート原理（公理）　5, 265, 271-273, 279, 282, 284, 299, 303, 304, 316, 317
パレート効率性　4, 40, 43, 158, 165, 167, 324
パレート効率的（Pareto efficient）　153, 161
反射性　299, 300
反照的均衡　9, 44, 52, 53, 65, 67, 69, 71, 73, 74, 99, 298, 301, 302, 312, 313, 318, 319
バンデューラ, アルバート　68
ピグー　3, 18, 89, 249
ビジネス的企業　172
非正規雇用者　241
非独裁制　265, 272, 277
美への確信　163
ヒューマニズム　156
ヒューム　77, 95, 129, 132, 135
ブキャナン, ジェームズ　17, 18
不在所有権（absentee ownership）　173
普通人（the common man）　204-207, 209

富裕層　85, 196, 222
ブラウン, ロジャー　68
プラグマティズム　195
ブラックバーン, サイモン　132
プラトン　101
フランケナ, ウィリアム　104, 114, 120-122, 125
ブランダイス, ルイズ　139
ブラント, リチャード　70, 71
プリーストリー, ジョセフ　77
フリードマン, ミルトン　237, 239, 242, 323
フリードマン的な「自由」　196
フリーマン, サミュエル　107, 111-115, 117, 119, 120, 126, 131, 132
不履行（デフォルト）　226
ブルームズベリー・グループ　219, 247
フレイザー, マイケル　133
ブロード, チャーリー. D　102, 121
分割　181
　——請求権　175
分配的正義　107, 109, 112-116, 118, 231
ヘア, リチャード　51, 54, 120
ベイルヴェト　166, 167
『平和の経済的帰結』　213, 229
ヘーゲル　27
ベラー, ロバート　143
ベンサム（ベンタム）　1, 2, 5, 6, 8, 30, 77-83, 86, 87, 92, 93, 95, 112, 113, 116, 118, 119, 135
貿易取引や国際的な金融取引の自由化　241
ボードリヤール, ジャン　201
ポッゲ, トマス　136
ホッブズ　129, 132, 135
ボルダ・ルール　16, 288

ま行
町式目　191
マッキンタイア, アラスデア　25, 27
マルクス　129, 132
マルサス　83
ミル, ジョン＝スチュアート　2, 30, 79-88, 90, 92, 93, 95, 108, 114-117, 119, 132-135
ミル, ジェームズ　80
ミルズ, チャールズ・ライト　202
民主主義　15, 17-19, 266, 283, 296
民主制　92
ムーア, ジョージ・エドワード　78, 79, 94, 101, 102, 151, 164, 165, 246
無知のヴェール　8, 9, 26, 31, 41, 55, 56, 58, 73,

99, 301
無知の個人主義　177
メンダス, スーザン　99, 120
モグリッジ, ドナルド　196, 211
持分権　181
モノづくり国　208
モラル・サイエンス　248
モラルハザード　336
ヤング案　214

や行・ら行
有閑階級 (leisure class)　199, 201, 203
有限匿名性　300, 305-310, 312, 314
有効需要の原理　214
ライオンズ, デイヴィッド　136
ラッセル　93, 94, 246
リカード　83, 95
利子率　218
リップマン, ウォルター　217, 218
リベラル・コミュニタリアン論争　25-29, 39, 45, 100, 129

略奪 (predation)　172
流動化　171
倫理的快楽主義　87
ルーズベルト大統領　218
ルソー　68, 129, 132, 134, 135
冷静な頭脳と温かい心 (Cool Head but Warm Heart)　227
歴史の中で相対視する　232
ローマ法的共有　178, 179
ログローリング　330
ロス, ウィリアム・デイヴッド　101, 102, 120
ロック, ジョン　129, 132, 135, 329
ロビンズ, ライオネル　3, 18, 217
ロビンソン, ジョーン　224

A to Z
BBC　212
ESS　161
IBRD (国際復興開発銀行)　250
IMF (国際通貨基金)　250
N-パレート　299, 315-318

初出一覧

第 1 章 「リベラル・コミュニタリアン論争再訪」『社会科学研究』64-2, 2013 年.
第 2 章 「ロールズ『正義論』の再検討——第 3 部を中心に」『社会科学研究』64-2, 2013 年.
第 3 章 「イギリスにおける功利主義思想の形成——経済社会における一般幸福の意義を通じて」『社会科学研究』64-2, 2013 年.
第 4 章 「功利主義批判としての「善に対する正の優先」の検討」『社会科学研究』64-2, 2013 年.
Book Guide Ⅰ-1 「『ロールズ政治哲学史講義』(全 2 巻)(ジョン・ロールズ著 齋藤純一ほか訳 岩波書店, 2011 年)」『社会科学研究』64-2, 2013 年.
Book Guide Ⅰ-2 「政治における道徳の論じ方:M. J. サンデル著『民主政の不満——公共哲学を求めるアメリカ』(上・下)」『社会科学研究』64-2, 2013 年.
Book Guide Ⅰ-3 「現代世界における宗教, そして政治——Charles Taylor, *A Secular Age* を読む」『社会科学研究』64-2, 2013 年.
第 5 章 「理論経済学における「善」と「正義」——個人と社会の相互作用」『社会科学研究』64-2, 2013 年.
Book Guide Ⅱ-2 「VEBLEN, Thorstein. (1919) *The Vested Interests,* Transaction Publishers」『社会科学研究』66-1, 2014 年.
Book Guide Ⅱ-3 「*Keynes on the Wireless: John Maynard Keynes* (Donald Moggridge 編 Palgrave Macmillan 社刊 2010 年)」『社会科学研究』63-3/4, 2011 年.
Book Guide Ⅱ-4 「John Maynard Keynes "*Essays in Persuasion*"」『社会科学研究』66-1, 2014 年.
Book Guide Ⅱ-5 「ミルトン・フリードマンの『資本主義と自由』(村井章子訳)を読む」『社会科学研究』64-2, 2013 年.
Book Guide Ⅱ-6 「*Keynes and his Battles* (Gilles Dostaler 著)」『社会科学研究』64-3, 2012 年.
Book Guide Ⅱ-7 「*Keynes Hayek: the clash that defined modern economics* (Nicholas Wapshotto 著)」『社会科学研究』64-2, 2013 年.
第 7 章 「社会的選択理論と民主主義」『社会科学研究』64-2, 2013 年.
第 8 章 「世代間正義の公理的分析」『社会科学研究』64-2, 2013 年.
Book Guide Ⅲ-1 「*The Myth of Democratic Failure* (D. Wittman 著)」『社会科学研究』64-2, 2013 年.
Book Guide Ⅲ-3 「*Is Democracy Possible Here?: Principles for a New Political Debate* (Ronald Dworkin 著)」『社会科学研究』64-2, 2013 年.
Book Guide Ⅲ-4 「*Economic Origins of Dictatorship and Democracy* (Daron Acemoglu, James A. Robinson 著;Cambridge University Press;2006 年)」『社会科学研究』64-2, 2013 年.

既発表論文の内容についてはいずれも加筆修正をおこなっている. 序章, 第 6 章, Book Guide Ⅱ-1, Book Guide Ⅲ-2 は書き下ろしである.

執筆者紹介（執筆順）

大瀧雅之（おおたき・まさゆき）［編者］

東京大学社会科学研究所教授．専門は理論経済学．主要著作に Keynesian Economics and Price Theory: Re-orientation of a Theory of Monetary Economy（Springer，2015），『動学的一般均衡：マクロ経済学——有効需要と貨幣の理論』（東京大学出版会，2005 年），『景気循環の理論——現代日本経済の構造』（東京大学出版会，1994 年）がある．

宇野重規（うの・しげき）［編者］

東京大学社会科学研究所教授．専門は政治思想史・政治哲学．主要著作に，『〈私〉時代のデモクラシー』（岩波書店，2010 年），『トクヴィル　平等と不平等の理論家』（講談社，2007 年），『政治哲学へ——現代フランスとの対話』（東京大学出版会，2004 年）がある．

加藤　晋（かとう・すすむ）［編著］

東京大学社会科学研究所准教授．専門は厚生経済学．主要著作に，Quasi-decisiveness, Quasi-ultrafilter, and Social Quasi-orderings（Social Choice and Welfare, 41, 2013），Independence of irrelevant alternatives revisited（Theory and Decision, 76-4, 2014）がある．

井上　彰（いのうえ・あきら）

立命館大学大学院先端総合学術研究科教授．専門は政治哲学．主要著作に，『政治理論とは何か』（共編著，風行社，2014 年），The Future of Bioethics: International Dialogues（共著，Oxford University Press, 2014），『実践する政治哲学』（共編著，ナカニシヤ出版，2012 年）がある．

中井大介（なかい・だいすけ）

近畿大学経済学部准教授．専門は経済思想史．主要著作に『功利主義と経済学——シジウィックの実践哲学の射程』（晃洋書房，2009 年）がある．

児玉　聡（こだま・さとし）

京都大学大学院文学研究科准教授．専門は倫理学．主要著作に，『功利主義入門——はじめての倫理学』（筑摩書房，2012 年），『功利と直観——英米倫理思想史入門』（勁草書房，2010 年）がある．

小田川大典（おだがわ・だいすけ）

岡山大学大学院社会文化科学研究科教授．専門は政治思想史．主要著作に「後期ロールズとジョン・ステュアート・ミル」（『政治思想研究』12, 2012 年），「現代の共和主義——近代・自由・デモクラシー」（『社会思想史研究』32, 2008 年）がある．

一ノ瀬佳也（いちのせ・よしや）

立教大学法学部特任准教授．専門は政治思想史，公共哲学．主要著作に，「アダム・スミスの道徳哲学と政治論——フランシス・ハチスンを媒介として」（『千葉大学　公共研究』2-2, 2005 年），「アダム・スミスにおける「政治」と「経済」——「道徳-政治経済」の理論」（千葉大学博士論文，2004 年）がある．

執筆者紹介

高田宏史（たかだ・ひろふみ）

日本学術振興会特別研究員．専門は現代政治理論，政治思想史．主要著作に『世俗と宗教のあいだ──チャールズ・テイラーの政治理論』（風行社，2011年），『ポスト代表制の政治学──デモクラシーの危機に抗して』（共著，ナカニシヤ出版，2015年），『理性の両義性（岩波講座政治哲学 第5巻）』（共著，岩波書店，2014年）がある．

間宮陽介（まみや・ようすけ）

青山学院大学総合文化政策学部特任教授．専門は社会経済学．主要著作に『丸山眞男を読む』（岩波書店，2014年），『法人企業と現代資本主義』（岩波書店，1993年），『ケインズとハイエク──「自由」の変容』（中央公論社，1989年）がある．

岡田尚人（おかだ・なおと）

TANAKAホールディングス株式会社（執筆時，首都大学東京都市教養学部4年）．

薄井充裕（うすい・みつひろ）

日本政策投資銀行設備投資研究所長．専門は都市開発，地域整備．主要著作に『都市開発と証券化──新しい資金調達の可能性を探る』（共著，日本経済新聞社，1990年），『変わる日本の国土構造──新しい国づくりの視点』（編著，ぎょうせい，1996年），『PFIと事業化手法──公共投資の新しいデザイン』（編著，金融財政事情研究会，1998年），『都市のルネッサンスを求めて──社会的共通資本としての都市1』（宇沢弘文，前田正尚と共編，東京大学出版会，2003年），『スポーツで地域をつくる』（堀繁，木田悟と共編，東京大学出版会，2007年）がある．

神藤浩明（じんどう・ひろあき）

日本政策投資銀行設備投資研究所副所長兼経営会計研究室長．専門は日本経済，統合報告．主要著作に，「グローバル新時代における経営・会計のイノベーション──共生価値と統合思考がもたらす持続可能な経済社会」（小西範幸との共著，『日本経済 社会的共通資本と持続的発展』東京大学出版会，2014年），「統合報告の制度と実務」（小西範幸との共編著，『経済経営研究』35-1，2014年）がある．

玉井義浩（たまい・よしひろ）

神奈川大学経済学部教授．専門は理論経済学．主要著作に「リスクプレミアムと不確実性プレミアムのトレード＝オフ」（『商経論叢』50-1，2014年），「ナイト流不確実性と実質賃金の硬直性」（『社会科学研究』63-1，2011年），「労働市場の長期的硬直性」（根岸隆・三野和雄編『市場・動学・経済システム』日本評論社，2011年）がある．

堀内昭義（ほりうち・あきよし）

東京大学名誉教授．専門は金融．主要著作に『日本経済と金融危機』（岩波書店，1999年），『インセンティブの経済学』（共著，有斐閣，2003年）がある．

渡部　晶（わたべ・あきら）

財務省大臣官房地方課長．専門は公共政策実務．主要著作に「独立行政法人改革について」（『ファイナンス』586，2014年），「わが国の通貨制度（平成）の運用状況について」（『ファイナンス』561，2012年）がある．

高田裕久（たかた・ひろひさ）

日本経済研究所調査局上席研究主幹．専門は経済史．主要著作に，「書評 "円"の国際化で日本は復活する！」（『社会科学研究』63-5/6，2012年）がある．

釜賀浩平（かまが・こうへい）

上智大学経済学部准教授．専門は理論経済学．主要著作に，On the leximin and utilitarian overtaking criteria with extended anonymity (co-authored with Takashi Kojima, *Social Choice and Welfare* 35, 2010), Extended anonymity and Paretian relations on infinite utility streams (co-authored with Tsuyoshi Adachi and Susumu Cato, *Mathematical Social Sciences*, 72, 2014) がある．

執筆者紹介

海老名剛（えびな・たけし）

信州大学経済学部講師．専門は理論経済学．主要著作に，Complementing Cournot's Analysis of Complements: Unidirectional Complementarity and Mergers (co-authored with Takanori Adachi, *Journal of Economics*, 111-3, 2014), Spatial Cournot Equilibria in a Quasi-linear City (co-authored with Toshihiro Matsumura and Daisuke Shimizu, *Papers in Regional Science*, 90-3, 2011) がある．

田村正興（たむら・まさおき）

京都大学大学院薬学研究科助教．専門は理論経済学，産業組織論．主要著作に，Anonymous Giving as a Vice: an Application of Image Motivation (*Theoretical Economics Letters*, 2, 2012), Monetary Growth Theory under Perfect and Monopolistic Competitions (joint with Masayuki Otaki, *Theoretical Economics Letters*, 3, 2013) がある．

社会科学における善と正義
ロールズ『正義論』を超えて

2015年5月21日　初　版

［検印廃止］

編　者　大瀧雅之・宇野重規・加藤　晋

発行所　一般財団法人　東京大学出版会
　　　　代表者　古田元夫
　　　　153-0041 東京都目黒区駒場 4-5-29
　　　　http://www.utp.or.jp/
　　　　電話 03-6407-1069　Fax 03-6407-1991
　　　　振替 00160-6-59964

印刷所　大日本法令印刷株式会社
製本所　誠製本株式会社

© 2015 Masayuki Otaki, Shigeki Uno and Susumu Cato, Editors
ISBN 978-4-13-030206-7　Printed in Japan

JCOPY 〈(社)出版者著作権管理機構　委託出版物〉
本書の無断複写は著作権法上での例外を除き禁じられています．複写される場合は，そのつど事前に，(社)出版者著作権管理機構（電話 03-3513-6969，FAX 03-3513-6979, e-mail: info@jcopy.or.jp）の許諾を得てください．

編著者	書名	判型	価格
B. W. ベイトマン／平井俊顕／M. C. マルクッツォ 編	リターン・トゥ・ケインズ	A5判	5600円
アマルティア・セン 著／後藤玲子	福祉と正義	46判	2800円
大瀧雅之 著	動学的一般均衡のマクロ経済学―有効需要と貨幣の理論	A5判	3500円
塩野谷祐一 著	経済哲学原理―解釈学的接近	A5判	5600円
塩野谷祐一 著	経済と倫理―福祉国家の哲学	A5判	5600円
宇野重規 著	政治哲学へ―現代フランスとの対話	A5判	3500円
松本礼二／三浦信孝／宇野重規 編	トクヴィルとデモクラシーの現在	A5判	6400円

ここに表示された価格は本体価格です．ご購入の際には消費税が加算されますのでご了承ください．